U0871725

四書讀本

沈知方主编
蒋伯潜注释
上海辞书出版社哲社编辑室整理

上海辞书出版社

刊行序

余幼读《四书》，仅能上口，圣贤微言大义，无从窥见其一二。辍学经商，在上海与夏萃芳先生办商务印书馆，又与陆费伯鸿先生创办中华书局，未几又创办世界书局，四十年中，无不与书业为缘。其中茹苦含辛，垂成而败者不知凡几，而总其大要，无不立业于艰困之际，成功于奋勤之中，乃知困难之来，正天所以玉成吾人也。同时佚豫嬉乐，足以肆志，而疏忽粗略，即为败事之根。斯时回味《四书》中一二语，遂觉无不深中肯綮，可见圣贤救世之心，发为言论，垂训万古，非无故也。急欲得其意趣，而学浅才疏，未能会通，因请同邑王缁尘先生为之讲解。先生学识富丰，究心经学，每多创获；解释尤不厌往复再三，曲譬善喻，务在发其聋聩，开其茅塞。更觉以前种种经过，或困于心智，或局于论量，或囿于浅见，或昧于时势，未能应付得当，有时心旌摇摇，无所适从，皆见理不明，读书不多之故也。

岁月空过，老大徒悲，每一念及，为之慨然兴叹。今听先生讲解，乃知圣训出于体验，事业根于学问，立身之本，诚正二字足以尽之；处世之道，忠恕二字足以概之；百川以海为宗，群言以圣为宗，否则，词华虽工，亦徒以饰鞶帨，娱心意而已，非所以立己立人也。

当"一·二八"沪战发生时，炮火连天，鸟无静枝，鱼无恬波，老弱填于沟壑，妻子散至四方：景象之惨，亘古罕见。思彼孔孟二圣当春秋战国之世，暴乱日作，欲救以仁义，而时君皆迂视之，不得行其道，乃退而授徒著书，以遗后人。时至今日，《四书》非救人之药石乎?!因又请王先生演为广解，期业务之暇，资以自习。总念圣人之言，如菽粟布帛，皆人心之所恒具，天理之所常在。为父兄者，苟得此一帙，置诸案头，便足教其子弟。人人能教其子弟，则社会国家可臻于和平，而一切尔诈我虞、杀人越货之行为，皆可免除。岂特尧舜小康，大同盛世，庶几近之。版既锓，名曰《广解四书读本》。复虑义有未周，理有未契，曾请硕学名儒，一再校订，“八一三”事变以后，又请富阳蒋伯潜先生重加译述。

盖余自经营书业，出版书籍数十万册，从无若此书之慎重者，以深知圣人之言，皆吾人日用之珍，身由之而修，业由之而建，政由之而成，教由之而兴。译得其当，理随事解，语或乖迕，差以千里，不可不慎也。稿既成，因易名为《语译广解四书读本》。

呜呼！经师难遇，经师尤以通俗为难，若蒋先生之所译述，庶无间然矣。

又事变以还，人心多怀疑惧，书业尤呈紧缩状态；甚者痛心于当前之损失，日夜忧叹，不知所措。余皆深非之，即世界书局总厂被占，损失达数百万金，余亦未尝置念；而日日思所以自勉者，惟此后如何计画，现时如何努力而已！

即在同孚村粹芬阁延聘通儒学者，编撰群籍，数年之间，成数百万言，此书即其一也。天不假缘，衰病侵寻，深惧溘然奄化，无以见余之志，故先将此稿付儿子志明印行。大地沉霾，兵祸未已，深愿世人手此一编，以为立身行事之标准。所望读者勿以偏见自专，勿以断章取义，勿以附会趋时，勿以违圣为高。

余老矣，侥天之幸，得以康复，更当尽力书业；万一不起，即以此为一生出版之纪念。

民国二十八年四月粹芬阁主人绍兴沈知方序

耕莘閣四書敘

戊己之交天下大亂東南惟上海一埠以外國租界得以無事
然自播於吾人之耳者大砲之震撼與夫啼飢號寒
之聲之慘且烈也嗚呼此誠千古未有之浩劫也
哉余與劉方先生日夕相見未嘗不盡然傷懷而歎禍變
之萌之有自也癥結不去一旦橫潰以至於此夫吾
人之所逆料亂離我為有所見但書其力不足救於今
日又安知不為天下後世法使孔孟不見重於當世而著書
立說諄諄焉惟恐其不遠也數千年來昭若日星矣
宋儒所集之四子書蓋尤其精粹者也東方諸國人士
奉誦不輟上下講之以修齊治平為立身行事之大法
急於當日反以激成大變以殺伐為事使孔孟而生於斯世
吾知其痛心疾首為何如也此固不僅一時一國之憂也
學術無界域道義無畔岸以其真際求即為世界

人類之所能勝，西方有聖人也，東方亦有聖人也，或對器械以節
人力，或藉德義以範後世，要所以為聖者不同，而濟世振
人之心，固未有異也。是宜取而論之，詳以告之後人，即
於大同昇平之世，而無復稱異之生。吾志猶未，而心猶昔，然
言近迂而其理實嚴，能切而有味也。讀通人而之解釋，益可
證矣。雖然孔子微之大義，固未易盡也，能得真傳者之
修訂，猶未愜吾意焉。孔子為我國之聖哲，而又今年為其
六十生年壽辰紀念者，此書成，即為最榮譽之紀念品也。余方
躊躇無以應，適友人伯潛先生倉皇自當陽避難來
滬，余因以請，閱數月而書成，稿件即寄之余，即知方
先生周甲之期也。於是三人視之而笑，乃為之敘，亦以為
大磁新了中匯國者所吾三人者。嗚呼！二十八年七月廿二
日敘於上海輯蔡閣

可園蔡□培

序

数十年前英公使朱尔典回国时，福州严几道先生流涕送之，以中国之阽危也。朱公使语之曰："中国无虑危亡。可虑者，吾欧洲耳。"严讶而询之。朱曰："中国有宝书，发而读之，治平之基在是矣。"严询何谓宝书，朱曰："四书五经是矣，而四书为尤要。"呜呼，外人之尊吾经借若是，而吾国忽焉不讲，岂非大惑不解者耶！庚辰季秋沈知方先生哲嗣以粹芬阁四书读本见视，嘱为序言，余受而读之。原书盖知方先生主稿，而蒋君伯潜佐成之，蔡君可园为之序。书成适值知方先生花甲之辰，可谓最高尚之纪念。是编虽间杂语体，然为浅近易解起见，其苦心可谅也。其中索隐，皆有独得之处，而分类一部，尤能提纲挈领，爰申其意而焉之序。

《论语》一书，为道德之渊薮，政治之纲领，与修己治人之道，悉备于此。近今学子，多有未读《论语》者，若不知分类研究之法，何由得其门径。清阮文达尝采取论语言仁各章，别为一篇，余仿其例，拟分十类，曰学，曰孝，曰仁，曰信，曰政，曰君子小人之辨，曰六艺论，曰教育立品准，曰人心风俗鉴，曰至圣救世不遇略史。而学孝仁政四者为尤要，非孝无以为学，非仁无以行政。比类读之，别其为浅为深、为精为粗而研究之，力行之。用之则行，舍之则藏，可谓君子儒矣。

或疑居今世而论古大学，不免近于迂阔，不知自古以来，学制随时变更，而学道而万世不易。孟子论学校曰：人伦明于上，小民亲于下。明伦者，明德之效；小民亲于下，亲民之效也。列为三纲领，分为八条目。格致诚正，其全体也；修齐治平，其大用也。古本《大学》，列诚意章为修身之本，而诚意尤在谨好恶，自如恶恶臭，如好好色起。其后正心章，有所好乐，有所忿懥。修身章好而知其恶，恶而知其美。治国章其所令反其所好，而民不从。平天下章惟仁人能爱人，能恶人，反之而好人之所恶，恶人之所好，是谓拂人之性，皆以好恶为纲维。而篇末则曰，仁者以财发身，不仁者以身发财，此谓国不以利为利，以义为利也。又曰，小人之使为国家，灾害并至。呜呼，可谓哉，治国者其懔之哉。

《中庸》精义，具于首章，性命本源，不在空谈，而在力行修养。其大要有三，曰涵养，曰省察，曰扩充。涵养者，戒慎恐惧，寂然不动未发之时也；省察者，莫见乎隐，莫见乎微，慎独之功，未发将发之时也；扩充者，已发之验，致中和之要，天地之在，人犹有所憾，弥纶辅相之力也。而下篇则归结于至诚，不诚别无物。诚伪之界，人心生死之判也。诚故能成己成物，而心日以纯，不诚则自用自专，而心日以死。余于自著《中庸大义序》中已明揭之，又作《中庸首章五辨》以精研之。《中庸》准《周易》而作，经纶天下之大经，其在斯乎。

孟子生战国之世，目观战争攻杀之惨，慨然曰：此所谓率土地而食人肉也。今世一大战国也，吾辈志在救人，非熟读孟子之书，阐发其学说不为功，余尝分《孟子》为十类，曰孝弟学，曰尊孔学，曰心性学，曰政治学，曰贵民学，曰非战学，曰文辞学，曰外交学，曰雄辩学，曰气节学。人心滔滔于利，安其危而利其灾，故七篇之始，首辨义利，大声疾呼以救之，其篇末叙道统之传，而先之曰经正则庶民兴，庶民兴斯无邪慝，民生胥渐，泯泯棼棼，正气一振，则邪气自消，所以提倡而廓清之者，非吾辈之责而谁责哉。

余尝有言，救国先救民，救民先救心，而救心大要，当训练国民之知觉。知觉宜清而不宜昏，宜通而不宜滞，宜先而不宜后，若事事落于人后，国之所存者幸矣。孟子言良心，言良知，又引殷元圣之言曰：先知觉后知，先觉觉后觉，灵警之谓也。然唯知觉之善良者，乃能灵警，否则为机变之巧矣。《论语·季氏篇》言生而知之，学而知之，在《九思》章前，是知觉在思想之先矣。《中庸》言生知安行，学知利行，是知觉在力行之先矣。《大学》言致知格物，郑君解之曰：知于善深，则来善物，知于恶深，则来恶物。朱子解之曰：推及吾之知识，欲其所知无不尽，皆合外内之道者也。明王阳明先生解之曰：致吾心之良知于事事物物，正其不正，以归于正。引《孟子》之说以释《大学》，所谓由善良而至于灵警也。今日欲求救心之法，当以阳明学为主，余尝著《阳明学术发微》，窃愿学者读之，救心以救民，救民以救国，质诸邦人君子，或不迂视吾言。

太仓唐文治茹经序于海上南阳寓庐

蒋序

二十五年冬，粹芬阁主人沈知方先生以余友蔡君可园之绍介访余于西湖，余与先生始相识。翌年春，余左足以跌仆废。及秋，中日之战起，杭州、富阳相继陷，匿山中逾半岁，以可园之招，避地来沪，得复与先生相见。前年冬，先生出《四书广解》稿，谓曰："四书者余童年之所习也。及长，寘之胸臆不敢忘。今老矣，阅世久，益觉其可宝。小之一人之身心，大之家国天下，莫之能违也。注家虽多，要以朱子为能，发其义蕴而病后生之未能尽喻也。释以今语，应有裨于初学。是稿经通人笔削已非一次，今以就正，愿为之润色焉。"余以可园故，又见其意之诚也，许之。避地蝨处，无故籍可资参考，仅就平时记忆所及，采汉宋诸家之说，绎述朱注，间亦为之补正而下笔未能自休。芜杂之讥，知所难免。越半载，始杀青。时先生已卧病，余亦以用力过勤，病脑甚剧。幸可园为之校阅补苴，始成是编耳。先生病中犹殷殷念及是书，曰将印行为周甲之纪念。呜呼！孰知今兹方排印成书而先生之归道山已一年乎！哲嗣志明以书成告，且请序其端。适余以覆车折左臂，杜门养疴，爰为述其概略，如此既伤逝者，行自念也。

富阳蒋伯潜序于沪西鹪寄庐

中华民国二十九年十一月一日

叙

粹芬阁主人沈知方先生三十余年前商务印书馆之老同事也。当时先生主发行所，余主编译所。虽同一机关以职务攸分，乃不克朝夕相见。因此先生之学问志趣，亦不得其详。但知先生之精明强干，既立功于商务，后即创办中华书局，又办世界书局，至今此两大公司，屹然与商务鼎足而三。屡经战乱，营业未蒙停顿。先生之功，有足多焉。先生既殁，哲嗣志明，能世其业，竞竞焉继志述事。以先生平日最服膺之粹芬阁《四书读本》，印行公世。俾学子得自修善本，岂唯表扬先德，抑亦嘉惠士林，一举而两善备焉。昔赵普以半部《论语》佐宋太祖得天下，余乃恍然于知方先生事业之成就，决非偶然，其根本所在，实得力于《四书》也。志明以是书出版，嘱为弁言，因述余与先生之关系如此，至于读本之内容，则唐蔡诸叙已详言之，可勿赘矣。

民国三十年三月蒋维乔叙

語譯廣解四書讀本序

沈知方先生既卒之明年其子志明持語譯廣解四書讀本請序於余余與沈氏有姻婭之雅顧未識先生也志明且以梓芬閣藏書目贈乃知先生平昔收藏富不惟詩書啓後而將以先覺覺世之後覺者也低徊之不忍置先生之於是書也自序曰聖訓出於體驗事業根於學問立身之本誠正二字足以盡之處世之道忠恕二字足以概之嗚呼余二十五歲而孤當先君子易簀之日執吾手曰堯舜之道孝弟夫子之道忠恕持此以往庶乎可以為人余深誌之不敢忘及建光華大學其始也以知行合一為校訓其後易以格致誠正先生所謂誠正忠恕者適相合焉烏得無言先生又言四書非救人藥石乎身由之而修業由之而建政由之而成教由之而興譯得其當理隨事解語或乖迕差以千里嗚呼天生孔子為萬世師孔子聖之時者也曾子子思孟子皆得聖人之一體其言所以救時也自春秋以迄戰國天下汶汶矣其禍始於身之不修故孔子曰修己以安人曾子曰十目所視十手所指其嚴乎子思曰反諸身不誠不順乎親矣誠身有道不明乎善不誠乎身矣孟子曰國之本在家家之本在身渺焉一身而事之建政之成教之興皆其責焉危矣哉重矣哉故大學曰壹是皆以修身為本其本亂而末治者否矣然則四書者其修身之本與由漢以來注四書者衆而集大成於紫陽朱子謂紫陽不講訓詁而學之為故習之如烏數飛其注論語開宗明義精切如此謂紫陽再三易稿求無弊而已聖賢精

佀不知中人以上可以語上聖人多為中人以下言也高而無當奚取焉余自幼熟讀四書而學庸論語且讀朱註及長取孫夏峯四書近指李二曲四書反身錄黃薇香論語後案更讀之益有以發揮旁通然非所以語初學也先生於四書可謂勤矣先之以王緇塵先生之講解佀之以碩學名儒之校訂終之以蔣伯潛先生之譯述廣采漢宋諸家之說間為朱註補正其兢兢於語或乖迕差以千里者誠鄭重之也雖然非王蔣諸先生好學深思精心結撰使讀者明白曉暢而得津逮之功何能成先生之志哉惜乎書出而先生逝矣然書在而先生不死矣抑余尤有言者曾南豐曰論詐之便而諱其敗言戰之善而蔽其害相率而為之者莫不有利焉而不勝其害有得焉而不勝其失也今也利害得失之間顯著於寰海矣豈惟中國哉而中國自唐虞三代而下莫不有學其人自幼至於長未嘗去於學之中學也者小而六藝大而天下國家無所不包形上形下格致與誠正並重其學詩也興觀羣怨而外必曰多識鳥獸草木之名又豈以空疏無具之躬漫焉而談民人社稷哉今海外且譯四子書矣彼豈無所見而為此迂闊乎亦知其有不可少也人以為不可少而我忽之傎矣況斯讀本明易淺近溫故而知新下學而上達古之語錄求人人能曉其意非異也吾願學者手此一編以正其心以修其身以端其趣以去其蔽措之天下國家其本既立知識技能亦遂之而餘裕矣質諸邦人君子以為何如

民國三十年四月鄞張壽鏞序并書

廣解四書讀本足為治學津梁
即嘗推熟誦者亦資印證

吕思勉

目录

大学读本

《大学》本《小戴礼记》中之一篇，宋以前并不单行。宋仁宗天圣八年，以《大学》赐新第进士王拱宸等。程颐尝云："《大学》，孔氏之遗书，而初学入德之门也。于今可见古人为学次第者，独赖此篇之存，而《论》《孟》次之。"朱子作《大学章句》以与《中庸》《论语》《孟子》并列为"四书"。是本篇之自《小戴礼记》中抽出，特加提倡，起于宋朝。朱注说："大，旧音泰，今读如字。"按：唐陆德明《经典释文》也说："大，旧音泰；刘音直带反。"旧音，指汉儒郑玄等音读；刘氏名宗昌，著有《礼记音》一书。朱子是从刘宗昌的音读的。朱子认为本篇中有脱简错简，作《章句》时，有所移补，故"四书"中之《大学》，与《十三经注疏》本《小戴礼记》中之《大学》篇不同。朱子又分之为"经"一章，"传"十章；以为"经"为孔子之意而曾子述之，"传"则曾子之意而门人记之。按：郑玄《礼记目录》仅言子思作《中庸》而不及《大学》之作者。虞松《刻石经于魏表》引汉贾逵的话："孔伋穷居于宋，惧家学之不明，作《大学》以经之，《中庸》以纬之。"这是说《大学》也是子思所作了。至朱子，方断定出于曾子，所以清代的汉学家多不信他。但子思是曾子的弟子，安知朱子所说曾子门人记《大学》之传者，不就是子思呢？这一篇，可以说是儒家最有系统的一篇文章，以"明明德"为"新民"之本，以诚、正、修、齐为治平之基，把道德论和政治论打成一篇，熔人生哲学和政治哲学于一炉，以发挥其"德治"的主张，组织至为完密。

大学之道，在明明德，在亲民，在止于至善。

朱子注："大学者，大人之学也。"朱子所谓"大人"就是孟子说的"大人者不失其赤子之心者也"的"大人"。孟子尝说乐正子是善人，是信人，又解释道："可欲之谓善，有诸己之谓信，充实之谓美，充实而有光辉之谓大。"道德修养完满，故能充实而有光辉。"大学之道"就是养成此种充实而有光辉的理想的人格之修养方法。朱子《〈大学章句〉序》首句说："《大学》之书，古之大学所以教人之法也。"是以"大学"为古代所办的大学，似与注中所说"大人之学"自相矛盾。其实，古代小学所教，只是书、数及洒扫、应对、进退之节；俊秀子弟升入大学以后，方教以穷理、正心、修己、治人之道，使能养成充实光辉的理想的人格。朱子的两种说法，并不是相反的。

"明德"，是光明的德性，是人人生来具有的，是备具众理，足以应付万事的。有时，这种光明的德性为人欲所蔽，便昏昧不明了。这和太阳隐于乌云，镜子蒙着灰尘一般，看似昏暗，本体的光明，却并未消失；乌云吹散了，灰尘拭净了，仍可以恢复它本来的光明。上一个"明"字是动词，"明明德"是要把人欲除去，使本有的明德格外光明起来。这是修养方法的第一步。

"亲民"的"亲"字，王守仁仍作亲字解。他以为本篇下文"君子贤其贤而亲其亲，小人乐其乐而利其利""如保赤子""民之所好好之，民之所恶恶之，此之谓民之父母"皆是"亲"字意；《尚书·尧典》"克明峻德"就是"明明德"，"以亲九族"至"平章百姓，协和万邦"便是"亲民"。（详见阳明先生《传习录》）这样讲法原也可通。朱子说"亲当为新"，是根据程颐的话；因为下文所引《汤》之《盘铭》《康诰》、《诗经》的句子，都以"新"字为主。《尚书·金縢》篇，成王说："惟朕小子其新逆。"成王这句话是说要亲自迎接周公。“亲逆”写作“新逆”，正和“新民”写作“亲民”一样，这是程朱读“亲”为“新”的一个有力的旁证。新是去旧维新的意思；“新民”是使人人能去其旧染之污，“日日新，又日新”地振作起来。由“明明德”而“新民”，便是《论语》孔子所说的“己欲立而立人，己欲达而达人”，《中庸》所说的“成己”“成物”，孟子所说的“先知觉后知，先觉觉后觉”。由此可知大人之学，不但要能自明其明德，以独善其身，还要能使人人自新，以兼善天下哩！

“至善”，就是“最善”的意思。“止至善”就是以“至善”为最后的目的，定要做到，不半途而废的意思。无论是修己的“明明德”，还是化民的“新民”，都要达到这“至善”的地步；下文的“为人君止于仁，为人臣止于敬，为人子止于孝，为人父止于慈，与国人交止于信”，也是说要“止于至善”而已。

以上所说“明明德”“新民”“止于至善”是《大学》的三大纲领。

知止而后有定，定而后能静，静而后能安，安而后能虑，虑而后能得。

“知止”就是知道所当止的最善的境界。一个人如果能够晓得最善的境界，以之为理想的目的，才有一定的意志；意志一定，心就能静，不会妄动了；心不妄动，不论到什么地方，都能感到安稳；到处安稳，思虑自然周到；思虑处处能周到，做人才能达到理想的目的，最善的境界，而得其所止了。

物有本末，事有终始；知所先后，则近道矣。

万物各有本末，譬如一株树，根株为本，枝叶为末。万事各有终始，始就是开端，终就是结局。“本”和“始”是“所先”，“末”

和“终”是“所后”。就上文所说言之，则“明明德”是“本”，“新民”是“末”；“知止”是“始”，“能得”是“终”。就下节所说言之，则“平天下”是“末”，是“终”，是“所后”；“格物致知”是“本”，是“始”，是“所先”。能了然于事物之终根本末，而知所先后，则循序渐进，不至错乱凌躐，故曰“近道”。

古之欲明明德于天下者，先治其国；欲治其国者，先齐其家；欲齐其家者，先修其身；欲修其身者，先正其心；欲正其心者，先诚其意；欲诚其意者，先致其知。致知在格物。

《中庸》说：“譬如行远，必自迩；譬如登高，必自卑。”这是儒家的根本主张。本节就是推说这个道理的。

“明明德于天下”，就是“平天下”。平天下必须先把自己的国家治好；如自己的国还不能治，怎能使天下的人都悦服呢？但要治理一国，又必须先把自己的家整理好；要整理一家，叫家里的人都看自己的样子，听自己的命令，必须使自己的行为，可做人家的模范；所以说：“欲治其国者，先齐其家；欲齐其家者，先修其身。”大凡一个人以心为主宰，要修身，必须使心无邪念；要心无邪念，必须使心意诚实。所以说：“欲修其身者，先正其心；欲正其心者，先诚其意。”但人怎么才能诚意呢？第一要知道事物的缓急先后；要知道事物的缓急先后，就须“先致其知。”所以说：“欲诚其意者，先致其知”。“致”是推而极之之意。至于怎样才能“致知”呢？他说：“致知在格物。”“格物”二字却有许多的解释了。

朱《注》说：“格，至也。物，犹事也。穷至事物之理，欲其极处无不到也。”又说：“物格者，物理之极处，无不到也。”所以格物是要穷尽事物之理，无不知晓之意。王守仁早年读了这几句，就对着一株竹，细细地格起来；后来竟格不出所以然，而至于生病了。他于是恍然大悟,以为"格物"之"格",当解作《孟子》"格君心之非"的"格"。故说:"物者,事也。凡意之所发,必有其事;意所在之事谓之物。格者,正也。正其不正,以归于正之谓也。"又说:"致知云者,致吾心之良知焉耳。"(详见《大学问》)王氏认为吾心本有良知,不假外求,故以朱子"即物穷理"之说为务外遗内,博而寡要。但其他就以此相号召。流弊所至,致学者束书不观,以为只要凭吾心之知,即可应付万事,反不如朱子"即物穷理"之说较为切实。清陈澧说:"格物但当训为至事;至事者,犹言亲历其事也。天下之大,古今之远,不能亲历;读书即无异亲历也。故格物者,兼读书阅历言之也;致知者,犹言增长见识也。"(见《东塾读书记》)陈氏所说,浅近切实,可为朱注发明。

物格而后知至,知至而后意诚,意诚而后心正,心正而后身修,身修而后家齐,家齐而后国治,国治而后天下平。

这段是将上文的意思,反复郑重说明。"物格",是事物都阅历到;"知至",是知识已推完尽;由此而意以诚,心以正,身以修,家以齐,国以治,天下以平。身修以上,是"明明德";齐家以下,是"新民"。"物格""知至",则知所"止";意诚以下,是得所"止";所"止"者,诚、正、修、齐、治、平,即"至善"之域。

自天子以至于庶人,壹是皆以修身为本。其本乱,而末治者否矣。其所厚者薄,而其所薄者厚,未之有也。

"庶人",就是小百姓。"壹是",同"一切"。正心、诚意、致知、格物,无非是为的修身;齐家、治国、平天下,其根本还在修身。所以说:"自天子以至于庶人,壹是皆以修身为本。"

"本"指修身;"末"指齐家、治国、平天下;身既不修,而要想家齐、国治、天下平，这是一定做不到的。所以说："其本乱，而末治者否矣。"一个人在社会里，势不能无亲疏厚薄。所厚者无过于"身"而家次之，国与天下又次之；对于最厚的身尚不能修，怎能泽及天下呢？所以说："其所厚者薄，而其所薄者厚，未之有也。"

上面一大段，朱子以为是"经"，是"孔子之言，而曾子述之"。以后十段，朱子以为是"传"，是"曾子之意，而门人记之"。此段为本篇总论，先述大学之道有"明明德""亲民""止至善"三纲领；次述"格物""致知""诚意""正心""修身""齐家""治国""平天下"八条目。以下再分段述之。

［问题］

（一）《大学》本为何书中之一篇？何时始单行？何人定为"四书"之一？

（二）何谓"大学"？

（三）何为大学三纲领，八条目？

（四）何谓"明明德"？何谓"亲民"？

（五）何谓"格物致知"？

《康诰》曰："克明德"。《大甲》曰："顾諟天之明命"。《帝典》曰："克明峻德。"皆自明也。

《康诰》是《尚书》中的篇名，周公封康叔作。"克"字，作能够解；"克明德"就是能够明明德。"大"，同泰。《大甲》也是《尚书》中的篇名。大甲，商王，汤之孙。既立，无道，伊尹放之于桐。后大甲悔过，复归于亳，作《太甲》。"諟"同是，作"此"字解。"顾"

是顾到的意思,就是要顾到天命我的明德的命令。《帝典》就是《尧典》,也是《尚书》中的篇名。“峻”,作大字解。《尧典》作“俊”。以上所引《尚书》三语,都是说自明其明德,故曰“皆自明也”。

上面一段,朱子以为即是传之首章,释“明明德”。

汤之《盘铭》曰:“苟日新,日日新,又日新。”《康诰》曰:“作新民。”《诗》曰:“周虽旧邦,其命维新。”是故君子,无所不用其极。

汤,就是成汤,为商朝的开国圣王。“盘”,就是盥洗的盆。成汤于盥洗的盆上,刻着“苟日新”等三句话。“苟”,作诚字解。新,除去旧染之污的意思。说人诚能日去其旧染之污,又当“日日新”“又日新”,始终不间断地养成新习惯、新生活、新道德。“作”即振作兴起之意。自己固要做成一个新的人,同时并要鼓励他人,也做一个新的人。“周虽旧邦,其命维新”是《诗经·大雅·文王》篇里赞美文王的句子。周从立国到文王时已数百年,所以称为“旧邦”。文王时更新百度,使人民个个自新,这就是文王所以受天命,王天下的缘故。所以说“其命维新”。“是故君子无所不用其极”,是作《大学》的人总结本节的话,说君子于自新新民,皆欲止于至善,无不尽心极力地做去。

上面一段,朱子以为是传之二章,释“新民”。

《诗》云:“邦畿千里,惟民所止。”《诗》云:“缗蛮黄鸟,止于丘隅。”子曰:“于止,知其所止。可以人而不如鸟乎!”

“邦畿千里”二句,见《商颂·玄鸟》篇。古时天子之国,称邦畿,地方有一千里之大,为人民所聚集居止之处,所以说“惟民所止”。“缗蛮黄鸟,止于丘隅”二句,见《小雅·緜》篇。“缗”,音民。“缗蛮”,鸟叫的声音。“黄鸟”,是一种小鸟。“丘隅”,山的一角。说缗蛮缗蛮地叫着的黄鸟,栖止在山的一角里。孔子对这两句诗经叹美道:“像这种小鸟,尚且晓得可栖止的地方去栖止,何以人而不如鸟吗?”一句。

《诗》云:“穆穆文王,于缉熙敬止。”为人君,止于仁;为人臣,止于敬;为人子,止于孝;为人父,止于慈;与国人交,止于信。

“穆穆文王”二句,见《大雅·文王》篇。“穆穆”,深远的意思。“于”,音乌,叹辞。“缉”,作继续解。“熙”,作光明解。诗人赞美文王能继续明其明德,敬其所止,必于至善,毫不苟且。作《大学》的人,因再说明做人应该做到那样,才算止于至善,所以说:“为人君的,应做到仁爱万民;为人臣的,应做到敬事君上;为人子的,应做到孝顺父母;为人父的,应做到慈爱子女;与国人交往,应做到言而有信。”

按:以上四段(“《康诰》曰‘克明德’”以下至“与国人交止于信”),《礼记》本在“此以没世不忘也”之后。朱子认为是错简故移于此。

《诗》云:“瞻彼淇澳,菉竹猗猗!有斐君子,如切如磋,如琢如磨。瑟兮僩兮,赫兮喧兮。有斐君子,终不可諠兮。”如切如磋者,道学也。如琢如磨者,自修也。瑟兮僩兮者,恂慄也。赫兮喧兮者,威仪也。有斐君子,终不可諠兮者,道盛德至善民之不能忘也。

此节所引《诗经》,见《卫风·淇澳》篇。“瞻”,就是望。“淇”,水名。“澳”,音郁。水边的地方。《毛诗》作“奥”。“菉”,通绿。“猗”,音依。“猗猗”,茂盛的样子。意思是说望那淇水旁边绿色的竹,竟这样的茂盛啊!“斐”,文质彬彬的样子。意思是说君子道德茂盛,如淇澳的菉竹一般。“切”是剖开,“琢”是雕刻,磋磨是磨它光来。这是以治玉石骨角比喻君子之修养,循序而进，精益求精。“瑟”，严密的样子。“僩”，读若限，武毅的样子。“赫喧”，煊赫盛大的样子。说君子的仪容，严密而武毅，又煊赫而盛大。“諠”音萱，作忘记解。说这样的君子，是使人终身不能忘记的。“如切如磋者，道学也”以下，是作者的申说。“道学”“自修”说君子的修治工夫。“恂慄”，因恐惧而发抖，是战战兢兢，不敢疏忽委靡的意思。及其道德修治已成，他煊赫盛大望之俨然的仪容，必能使人肃然起敬。这样文质彬彬的君子，道德已极盛大，人民是终身不会忘记的。“如切如磋者道学也”以下一段，亦见《尔雅·释训》篇。本为古代解释《诗经》之文，作者引之。

《诗》云：“于戏！前王不忘。”君子贤其贤而亲其亲，小人乐其乐而利其利，此以没世不忘也。

“于戏前王不忘”句，见《周颂·烈文》篇。“于戏”，同呜呼。朱子说，“前王”指文武。“君子”是“后贤后王”。“小人”指后世的人民。“乐”，音洛。后世蒙前王之泽，被前王之化，故君子则贤其所贤，亲其所亲；小人则乐其乐，利其所利；所以前王虽然殁世，人终不能忘记他的。

上面四段，朱子以为是传之三章，释“止于至善”。

按：以上二段（《诗》云：“瞻彼淇澳”以下至“此以没世不忘也”），《礼记》本在“故君子必诚其意”之下，朱子认为是错简，故移于此。

子曰：“听讼，吾犹人也。必也，使无讼乎！”无情者，不得尽其辞；大畏民志。此谓知本。

“听讼”，听诉讼者的言语，就是现在审判官的审讯讼事。“使无讼”是以德化人，使他们自己向善，不致涉讼。上两句，是《论语·颜渊》篇记孔子的话。作《大学》的人，“无情者，不得尽其辞”是说人都感化向善，即使偶然有人涉讼，也不敢把不实不尽的言辞来渎陈。“民志”，是社会中多数人的意志所表现的“社会的制裁”。能以道之以德，齐之以礼，则虽有恶人，亦大大畏惧社会的制裁，不敢以虚辞诬控他人了，这就叫“知本”。

上面一段，朱子以为是传之四章，释“本末”。

按：此段，《礼记》本在“止于信”之下，“所谓修身在正其心者”之上。朱子认为是错简，故移此。

此谓知本，此谓知之至也。

此两句，《礼记》本在“其所厚者薄，而其所薄者厚，未之有也”之下。朱子移此。“此谓知本”句，程子以为是多余的话，应该删去。“此谓知之至也”以上，朱子以为“别有缺文，此特其结语耳”。

又说这是传之五章。“盖释格物致知之义，而今亡矣。”因又取程子之意以补之道：“所谓致知在格物者，言欲致吾之知，在即物而穷其理也。盖人心之灵，莫不有知；而天下之物，莫不有理。惟于理有未穷，故其知有不尽也。是以大学始教，必使学者，即凡天下之物，莫不因其已知之理而益穷之，以求至乎其极；至于用力之久，而一旦豁然贯通焉，则众物之表里精粗无不到，而吾心之全体大用无不明矣。此谓物格，此谓知之至也。”

上述一段为朱子所补《大学》之缺文。今仍附录于此，以便读者之研究。

所谓诚其意者，毋自欺也。如恶恶臭，如好好色，此之谓自谦；故君子必慎其独也。

上“恶”字，上“好”字，都读去声。“谦”读为“慊”，苦劫反，是惬意的意思，即《孟子》“行有不慊于心”之慊。“恶恶臭，好好色”，发于心之自然，非有所矫饰，故以为诚意之喻。诚意的第一要着在“毋自欺”，故君子必慎其独。

小人闲居为不善，无所不至；见君子而后厌然，揜其不善而著其善。人之视己，如见其肺肝然，则何益矣？此谓诚于中，形于外。故君子必慎其独也。

“闲居”就是独居的意思。小人闲居，没事的时候，什么坏事都会做出来。厌然，遮遮掩掩的样子。“揜”与“掩”通。小人虽为不善，但一见君子，他就觉得自己的行为不好，遮遮掩掩地把不善的地方遮掩起来，好的地方显露起来。可是在别人看来，好像看见他的肺肝一般，早已明白，这样遮掩又有什么好处呢？这就叫“诚于中，必形于外”，故君子必慎其独。

曾子曰：“十目所视，十手所指，其严乎！”

这是引曾子的话，申明上述“如见其肺肝然”的意义。十目十手，极言看着他，指着他的人之多，这是多么的严厉呢！

富润屋；德润身；心广体胖。故君子必诚其意。

“富润屋”是说有钱的人，装修住屋；这是比喻。“德润身”就是《孟子》所说的“粹然现于面，盎于背，施于四体”。“胖”，音盘，即“盘”之假借字。盘，乐也，安舒也。能诚其意，则心无愧怍而广大宽平；体亦因之安乐舒泰了。

上面四段，朱子以为是传之六章，释“诚意”。

按：这四段（“所谓诚其意者”以下至“故君子必诚其意”），《礼记》本在“《诗》云：‘瞻彼淇澳……’”之上。朱子把以下诸段移在前面，故此下即接“所谓修身在正其心者”一段。

所谓修身在正其心者：身有所忿懥，则不得其正。有所恐

惧，则不得其正。有所好乐，则不得其正。有所忧患，则不得其正。心不在焉，视而不见，听而不闻，食而不知其味。此谓修身在正其心。

朱子引程颐说，“身有”之身当作“心”。“懥”，音致。“忿懥”，恨恨发怒的意思。“好”，去声。“乐”音义效切，亦去声。好乐，就是爱好喜欢的意思。这是说凡人有所忿懥、恐惧、好乐、忧患，则其心为情感所动，往往不得其正。若心不专注，另想别事，就是开着眼睛看，侧着耳朵听，张着口吃，也不看见，不听到，不知道它的滋味了。所以说修身，在正其心。心正，则知不为情感所蔽了。

上一段，朱子以为是传之七章，释“正心修身”。

所谓齐其家，在修其身者：人之其所亲爱而辟焉，之其所贱恶而辟焉，之其所畏敬而辟焉，之其所哀矜而辟焉，之其所敖惰而辟焉。故好而知其恶，恶而知其美者，天下鲜矣。故谚有之曰：“人莫知其子之恶，莫知其苗之硕。”此谓身不修不可以齐其家。

朱《注》：“之犹于也。”古书上“之”字作“于”字用的很多。例如《吕氏春秋·应言》篇：“则莫宜之此鼎矣。”“之”字也用作“于”字。“辟”同僻，是偏的意思。“亲爱”，指自己所亲爱的人。“贱恶”，指自己所看不起或厌恶的人。“恶”去声。“畏敬”，指自己所害怕和所敬重的人。“哀矜”，指自己所哀怜的人。“敖”同傲。“敖惰”，指自己所骄傲和怠慢的人。对这四种人，情感既然不同，便不免有一种偏见了。“好而”之“好”、“恶而”之“恶”皆去声。“鲜”，上声，少也。爱好这人而能知道他的劣点，厌恶这人而能知道他的优点的，是天下少有的。“谚”，就是俗语。人对于自己的儿子，总是不知他的恶处；自己所种的苗，总以为还不茂盛。溺爱者不明，贪得者无厌，就因为情感上存着偏见的缘故。治家，最忌的是这类偏见。有了偏见，则家人骨肉之间便永远不得和洽。所以说："身不修，不可以齐其家。"

上面一段，朱子以为是传之八章，释"修身齐家"。

所谓治国，必先齐其家者：其家不可教，而能教人者，无之。故君子不出家而成教于国。孝者，所以事君也。弟者，所以事长也。慈者，所以使众也。《康诰》曰："如保赤子。"心诚求之，虽不中，不远矣。未有学养子而后嫁者也。

"弟"，同悌。"中"，去声。此段是说治国当先从齐家做起。若自己家里的人尚不能教导，哪里还能教导别人呢？人能孝亲，就可以事君；能敬兄，就可以事长上；能慈爱下辈，就可以使役民众。孝、悌、慈，都是家庭里的道德；故君子不出家外，而可以成教于国。"如保赤子"，是《尚书·康诰》篇中的句子。婴儿虽不能言，如保姆能诚诚实实的去推求他的意思，关心他的饥饱、冷暖、痛痒，虽然未必能够事事猜中，但相差也不远了。一般的女子并未先学养儿子的方法，而后去嫁人，所以只要齐家得法，把孝、悌、慈等家庭道德，推之于事君、事长、使众，而又心诚求之，国自然也能治了。

一家仁，一国兴仁。一家让，一国兴让。一人贪戾，一国作乱。其机如此。此谓一言偾事，一人定国。尧舜帅天下以仁，而民从之。桀纣帅天下以暴而民从之。其所令，反其所好而民不从。是故君子有诸己，而后求诸人；无诸己，而后非诸人。所藏乎身不恕，而能喻诸人者，未之有也。故治国，在齐其家。

"帅"，同率。这段仍申说治国必先齐家的道理。倘若一家人能够仁爱，则一国人的仁爱之心，也都引起来了。一家人能够礼让,则一国的人礼让之心也都引起来了。倘若做领袖的人贪心狠戾,那末一国的人,也因而作乱了。天下一切的事情都是动机,这样动机极微,影响很大。所以说一言可以败事,一人可以定国。再以历史证之:尧舜以仁爱领导天下,百姓也跟着他为仁爱之事;桀纣以残暴领导天下,百姓也跟着他做残暴之事。上行下效,是一定的道理。若自己所行的是残暴之事,而要想使百姓做仁爱的事,是必不肯听从的。所以君子必定先使自己有了善行,而后方可求之他人;先使自己没有恶行,而可以责之他人。如此说来,自己没有推己及人的恕道,而想人家信从你的话,是一定不会有的。又总结说:"故治国,在齐其家。"

《诗》云:"桃之夭夭,其叶蓁蓁。之子于归,宜其家人。"宜其家人,而后可以教国人。《诗》云:"宜兄宜弟。"宜兄宜弟,而后可以教国人。《诗》云:"其仪不忒,正是四国。"其为父子兄弟足法,而后民法之也。此谓治国,在齐其家。

"夭夭",形容桃花的鲜艳。"蓁蓁",形容桃叶的茂盛。"之子"就是"这个女子"。女子出嫁,叫"于归"。女子嫁了人,要与夫家的人和睦。这四句诗,见《周南·桃夭》篇。一家的人能和睦,才能推其道以教一国的人。"宜兄宜弟"一句,见《小雅·蓼萧》篇,是说一个人与兄弟必须和睦。兄弟和睦,才能推其道以教一国的人。"其仪不忒,正是四国"二句,见《曹风·鸤鸠》篇。"仪",是做人的法则;"忒",是差错的意思。要自己做人的法则没有差错,然后方能匡正四方的国家。作者三引《诗经》的句子,又重言以申之道:正因为一家做父、做子、做兄、做弟的都足以使人效法,百姓自然也效法他们了。这就是所谓"治国,在齐其家"。

上面三段。朱子以为是传之九章,释"齐家治国"。

所谓平天下，在治其国者，上老老而民兴孝；上长长而民兴弟；上恤孤而民不倍。是以君子有絜矩之道也。

“老老”，上一个老字，作孝养解；下一个老字，作老人解。“长长”，皆去声，上一个长字，作敬重解；下一个长字，作长辈解。说在上位的人，能够孝养老人，则百姓自然看样，大家都孝养他的父母了。在上位的人能够敬重长辈，则百姓自然看样，大家都敬重他的兄长了。在上位的人能够体恤孤弱，则百姓也自然看样，不忍背故旧，而弃孤儿了。“倍”同背，字本作背。背死者，则不恤其孤了。“絜”音亦，作度字解，“矩”是作方的工具。《荀子》说：“五寸之矩，尽天下之方。”“絜矩之道”，就是推己度人之道。《论语》所说的“己所不欲，勿施于人”是消极方面的推己度人之道，《中庸》所说的“所求乎子以事父，所求乎臣以事君，所求乎弟以事兄，所求乎朋友先施之”则是己之所欲，施之于人，是积极方面的推己度人之道。就是本篇上文所说的“有诸己而后求诸人，无诸己而后非诸人”也是推己度人之道。推己之心以度人，和执矩以度天下一切的方形一样，所以叫“絜矩之道”。

所恶于上，毋以使下；所恶于下，毋以事上；所恶于前，毋以先后；所恶于后，毋以从前；所恶于右，毋以交于左；所恶于左，毋以交于右。此之谓絜矩之道。

“恶”，去声，厌恶的意思。《中庸》说：“忠恕违道不远；施诸己而不愿，亦勿施于人。”《论语》子贡也说：“我不欲人之加诸我也，我亦欲无加诸人。”无论对于上下左右前后的人，都应当如此。这就是“絜矩之道”。照此看来，絜矩之道，就是“忠恕”。故曾子解释孔子“吾道一以贯之”之言说：“夫子之道，忠恕而已矣。”（见《论语》）

《诗》云："乐只君子，民之父母。"民之所好好之，民之所恶恶之，此之谓民之父母。

"乐"，音洛。"只"音纸，语助词。所引二语见《小雅·南山·有台》篇。"好""恶"皆去声。快乐的君子，怎样能做"民之父母"呢？就是民所喜欢的，我从而喜欢之；民所厌恶的，我从而厌恶之。在上的人，能够与民同好恶，共甘苦，就无愧为民之父母了。

《诗》云："节彼南山，维石岩岩。赫赫师尹，民具尔瞻。"有国者不可以不慎，辟则为天下僇矣。

所引《诗经》见《小雅·节南山》篇。"节"，音截，高峻的样子。师尹，周太师尹氏。"赫赫"，威严的样子。"瞻"，是瞻仰之意。以高峻的南山，岩石巉岣，比威严赫赫的师尹，正是百姓所同瞻仰的。"辟"，同僻，偏也。"僇"，同戮。言有国者为民众所瞻仰，故不可以不慎。如不能行絜矩之道，与民同好恶，而有所偏私，就要为天下人所诛戮了。

《诗》云："殷之未丧师，克配上帝。仪监于殷，峻命不易。"道得众，则得国；失众，则失国。

所引《诗经》见《大雅·文王》篇。"丧"，去声，失也。"师"，众也。说殷代帝王在未失民心以前，还能够配上帝而为天下之主。"仪"作宜字解。"监"，作观察解。"峻"，大也。"易"，去声，说后来王天下者，当观察殷纣丧亡的缘故。要知道受天的大命而为天子，是不容易的。"道"，言也。此诗言得民众之心，则能得国；失民众之心，则失国。

是故君子先慎乎德。有德此有人，有人此有土，有土此有财，有财此有用。德者，本也。财者，末也。外本内末，争民施

夺。是故财聚则民散，财散则民聚。是故言悖而出者，亦悖而入；货悖而入者，亦悖而出。

“先慎乎德”，是说先要谨守自己的道德。“有人”，指人民的归附；“有土”，指境土的拓展；“有财”“有用”，指国家财用的充足。“德者，本也；财者，末也。”说治国当以德为本，以财为末。“外”，作疏远轻视解；“内”，作亲近重视解。说人君如果以德为轻，而疏远之，以财为重，而亲近之，则百姓必然看样，起而争夺。“争民”，是争利于民；“施夺”，是施劫夺之政于民。上行下效，君既争利，必酿成《孟子》所说“上下交征利”的情形，故朱子以为“争斗其民而施以劫夺之教”，就是上文所说“一人贪戾，一国作乱”的意思。推其原因，仍是在上者本末倒置，重财轻德之故。所以人君如果把百姓的财聚集在自己的库内，则百姓势必散而之四方；倘把库内的财散与百姓，则百姓必聚集拢来，为国出力。悖，作逆字解。“言悖而出者，亦悖而入”是宾；“货悖而入者，亦悖而出”是主。货即是财。人君搜刮百姓的财货，叫“悖入”；百姓作乱把君主的财货夺了去，叫“悖出”。

《康诰》曰：“惟命不于常。”道善则得之，不善则失之矣。《楚书》曰：“楚国无以为宝，惟善以为宝。”舅犯曰：“亡人无以为宝，仁亲以为宝。”

“命”，天命。天命不是常在那一姓的。《康诰》这句话，是说君主善，就能得天命；不善，就要失去天命。《楚书》，楚国的古书。它说楚国没有什么可宝贵，行善最为宝贵。舅犯，晋文公重耳的母舅。狐偃，字子犯。重耳因骊姬之乱，出亡在外，舅犯跟着他。这两句话，是重耳之父献公死了，秦穆公使人劝他图谋复国时，舅犯教他答复使者的。见《礼记·檀弓》篇。“亡人”就是出亡的人，重耳自称之词。

《秦誓》曰："若有一个臣，断断兮无他技，其心休休焉，其如有容焉。人之有技，若己有之，人之彦圣，其心好之，不啻若自其口出，实能容之。以能保我子孙黎民，尚亦有利哉！人之有技，媢疾以恶之，人之彦圣，而违之俾不通，寔不能容。以不能保我子孙黎民，亦曰殆哉！"

《秦誓》，《尚书》中的篇名。秦穆公出师袭郑，回师到了殽的地方，为晋国所败。穆公乃作此誓以告群臣。"断断兮"，诚实专一的样子。"休休"，宽容的样子。"彦"，美士有文。"不啻"，就是不但。"寔"，和实同。"黎民"，就是众民。"媢疾"，就是妒嫉。"恶"，去声。"违"，是离弃的意思。"殆"，是危殆的意思。《秦誓》这段话是说：倘若有一个臣，诚实专一，似乎并无特长，而其胸襟宽大，有容人之量，看他人的技能和他自己的技能一样；见他人的彦才圣德，便有爱好之心，他人的话简直看作是他自己说的；实在是能容人。这样的人必能保我的子孙黎民，且有利于国家。如其人见之有技能，便以妒忌之心厌恶他；见人之才彦圣德便设法离弃他，使不得通于君主，实在是不能容人。这样的人，必不能保我的子孙黎民，国家便也危险了。

唯仁人放流之，迸诸四夷，不与同中国。此谓唯仁人，为能爱人，能恶人。

这一段是承上文说的。那种媢疾技能，压抑彦圣的人，独有仁人，才能把他放流出去，迸弃在夷狄的地方，不与同居中国。这就是说只有仁人，才能爱人，才能恶人。"恶"，去声。

见贤而不能举，举而不能先，命也。见不善而不能退，退而

不能远，过也。好人之所恶，恶人之所好，是谓拂人之性，菑必逮夫身！

郑玄《礼记·大学》篇注说："'命'当为'慢'，声之误也。举贤而不能使君以先己，是轻慢于人也。"《程子外书》说："'命'当作'怠'，字之误也。"朱子对这二说，也没有决定。俞樾《群经平议》说："'先'盖'近'字之误。'见贤而不能举，举而不能近'与'见不善而不能退，退而不能远'正相对成文。'近'，古文作'岸'，篆文作㞋；'先'字篆文作𠂒；两形相似，因而致误耳。"这段仍是承上文而言。见贤人而不能荐举，或已荐举而不能使人君亲近他，还可以说是命运如见不善而不能罢退，或即罢退而不能"迸诸四夷"，这却是过失了。"好""恶"皆去声。"拂"，就是违反。"菑"，同灾。"逮"，就是及。"夫"音扶。至于好恶与人相反，媢疾才技彦圣的人，必有灾祸及到他的身上的。

是故君子有大道，必忠信以得之，骄泰以失之。生财有大道，生之者众，食之者寡，为之者疾，用之者舒，则财恒足矣。

"大道"，就是重要的原则。君子治国平天下，必有他重要的原则，就是"忠信以得之，骄泰以失之"。生财，也有他重要的原则，要使生产的人多，坐食的人少；做生产事业的做得快，消耗的用得慢；财便常常充足了。

仁者以财发身，不仁者以身发财。未有上好仁而下不好义者也；未有好义其事不终者也；未有府库财非其财者也。

仁者散财以聚民，可王天下，这叫"以财发身"。不仁者搜刮民财，必致身遭祸殃，这叫"以身发财"。在上者，以仁心待臣民；在下的臣民，也必能以忠义事君上。臣民都能以忠义事君上，那末无论什么事体都不会不成功了。府库里的财货，也都是他的财货了。

孟献子曰："畜马乘不察于鸡豚。伐冰之家，不畜牛羊。百乘之家，不畜聚敛之臣。与其有聚敛之臣，宁有盗臣。"此谓国不以利为利，以义为利也。

孟献子，鲁国的大夫，仲孙氏，名蔑。"乘"，去声，四马曰乘。古代士初试为大夫，始得备车子，驾四马。卿大夫之家，丧祭始得用冰。"伐"，作凿字解，"伐冰之家"，就是指卿大夫之家。"百乘之家"，指卿大夫有封邑的。"聚敛之臣"，指善于搜刮百姓的。"盗臣"指窃取公家财物的。孟献子说：做大夫的，不当再细察养鸡养猪的小利；卿大夫之家，不当畜牛羊以图利；有可以出车百乘的封地之家，不当再养那些搜刮民财的家臣。与其有损义的聚敛之臣，宁可有损财的盗臣。这是说国家不以财货为利，而以"义"为利。

长国家而务财用者，必自小人矣；彼为善之。小人之使为国家，菑害并至，虽有善者，亦无如之何矣。此谓国不以利为利，以义为利也。

"长"，上声。"长国家"，就是做一国的领袖。俞樾《群经平议》说："'必自小人'者，必用小人也。"《诗·绵》篇及《江汉》篇，《毛传》、郑《笺》都说："自，用也。"俞氏又说："'彼'，当以小人言。'彼为善之'句申说上文必用小人之故。言长国家而务财用所以必用小人者，以务财用之事惟彼为善之也。'善'与'能'同义。""小人之使为国家"犹云"为国家而惟小人是用"，则灾害并至，虽尚有善人，也无法挽救了。这也是说国家不以财货为利，而以"义"为利。

以上共十四段，朱子以为是传之十章，释“治国平天下”。朱子又说：“凡传十章，前四章，统论纲领指趣。后六章，细论条目工夫。其第五章，乃明善之要。第六章，乃诚身之本。在初学尤为当务之急，读者不可以其近而忽之也。”

［问题］

（一）朱子所补释“格物致知”的一章，大意如何？
（二）诚意何以须从慎独做起？
（三）心何以不正？
（四）齐家最忌的是什么？
（五）能齐家的，何以便能治国？
（六）何谓“絜矩之道”？
（七）治国当以何为本，以何为末？
（八）生财之大道如何？
（九）何谓“以义为利”？
（十）朱子《大学章句》所分的各章，其要旨如何？

附《大学》古本（录自《小戴礼记》）

大学之道，在明明德，在亲民，在止于至善。知止而后有定，定而后能静，静而后能安，安而后能虑，虑而后能得。物有本末，事有终始，知所先后，则近道矣。古之欲明明德于天下者，先治其国；欲治其国者，先齐其家；欲齐其家者，先修其身；欲修其身者，先正其心；欲正其心者，先诚其意；欲诚其意者，先致其知；致知在格物。物格而后知至，知至而后意诚，意诚而后心正，心正而后身修，身修而后家齐，家齐而后国治，国治而后天下平。自天子以至于庶人，壹是皆以修身为本。其本乱，而末治者否矣。其所厚者薄，而其所薄者厚，未之有也。此谓知本；此谓知之至也。所谓诚其意者，毋自欺也。如恶恶臭，如好好色，此之谓自谦。故君子必慎其独也。小人闲居为不善，无所不至，见君子而后厌然，揜其不善，而著其善。人之视己，如见其肺肝然，则何益矣？此谓诚于中，形于外。故君子必慎其独也。曾子曰："十目所视，十手所指，其严乎！"富润屋，德润身，心广体胖，故君子必诚其意。《诗》云："瞻彼淇澳，菉竹猗猗。有斐君子，如切如磋，如琢如磨，瑟兮僩兮，赫兮喧兮；有斐君子，终不可諠兮。"如切如磋者，道学也。如琢如磨者，自修也。瑟兮僩兮者，恂慄也。赫兮喧兮者，威仪也。有斐君子，终不可諠兮者，道盛德至善，民之不能忘也。《诗》云："于戏！前王不忘。"君子贤其贤而亲其亲，小人乐其乐而利其利，此以没世不忘也。《康诰》曰："克明德。"《大甲》曰："顾諟天之明命。"《帝典》曰："克明峻德。"皆自明也。汤之《盘铭》曰："苟日新，日日新，又日新。"《康诰》曰："作新民。"《诗》曰："周虽旧邦，其命惟新。"是故君子无所不用其极。《诗》云："邦畿千里，惟民所止。"《诗》云："缗蛮黄鸟，止于丘隅。"子曰："于止，知其所止；可以人而不如鸟乎？"《诗》云："穆穆文王，于缉熙敬止。"为人君，止于仁。为人臣，止于敬。为人子，止于孝。为人父，止于慈。与国人交，止于信。子曰："听讼，吾犹人也；必也使无讼乎！"无情者，不得尽其辞，大畏民志。此谓知本。所谓修身在正其心者：身有所忿懥，则不得其正；有所恐惧，则不得其正；有所好乐，则不得其正；有所忧患，则不得其正。心不在焉，视而不见，听而不闻，食而不知其味。此谓修身在正其心。所谓齐其家在修其身者：人之其所亲爱而辟焉，之其所贱恶而辟焉，之其所畏敬而辟焉，之其所哀矜而辟焉，之其所敖惰而辟焉，故好而知其恶，恶而知其美者，天下鲜矣。故谚有之曰："人莫知其子之恶，莫知其苗之硕。"此谓身不修，不可以齐其家。所谓治国必齐其家者，其家不可教，而能教人者，无之。故君子不出家，而成教于国。孝者，所以事君也；弟者，所以事长也；慈者，所以使众也。《康诰》曰："如保赤子。"心诚求之，虽不中，不远矣。未有学养子，而后嫁者也。一家仁，一国兴仁；一家让，一国兴让；一人贪戾，一国作乱；其机如此。此谓一言偾事，一人定国。尧舜率天下以仁，而民从之；桀纣率天下以暴，而民从之。其所令，反其所好，而民不从。是故君子有诸己，而后求诸人；无诸己，而后非诸人。所藏乎身不恕，而能喻诸人者，未之有也。故治国在齐其家。《诗》云："桃之夭夭，其叶蓁蓁。之子于归，宜其家人。"宜其家人，而后可以教国人。《诗》云："宜兄宜弟。"宜兄宜弟，而后可以教国人。《诗》云："其仪不忒，正是四国。"其为父子兄弟足法，而后民法之也。此谓治国，在齐其家。所谓平天下在治其国者：上老老，而民兴孝；上长长，而民兴弟；上恤孤而民不倍。是以君子有絜矩之道也。所恶于上，毋以使下；所恶于下，毋以事上；所恶于前，毋以先后；所恶于后，毋以从前；所恶于右，毋以交于左；所恶于左，毋以交于右：此之谓絜矩之道。《诗》云："乐只君子，民之父母。"民之所好好之，民之所恶恶之，此之谓民之父母。《诗》云："节彼南山，维石岩岩。赫赫师尹，民具尔瞻。"有国者不可以不慎；辟，则为天下僇矣。《诗》云："殷之未丧师，克配上帝。仪监于殷，峻命不易。"道得众则得国，失众则失国。是故君子先慎乎德；有德此有人，有人此有土，有土此有财，有财此有用。德者，本也；财者，末也。外本内末，争民施夺。是故财聚则民散，财散则民聚。是故言悖而出者，亦悖而入，货悖而入者，亦悖而出。《康诰》曰："惟命不于常。"道善则得之，不善则失之矣。《楚书》曰："楚国无以为宝，惟善以为宝。"舅犯曰："亡人无以为宝，仁亲以为宝。"《秦誓》曰："若有一个臣，断断兮，无他技，其心休休焉，其如有容焉；人之有技，若己有之；人之彦圣，其心好之，不啻若自其口出；实能容之。以能保我子孙黎民，尚亦有利哉！人之有技，媢嫉以恶之；人之彦圣，而违之俾不通；实不能容。以不能保我子孙黎民，亦曰殆哉！"唯仁人放流之，迸诸四夷，不与同中国。此谓唯仁人为能爱人，能恶人。见贤而不能举，举而不能先，命也；见不善而不能退，退而不能远，过也。好人之所恶，恶人之所好，是谓拂人之性，菑必逮夫身。是故君子有大道，必忠信以得之，骄泰以失之。生财有大道，生之者众，食之者寡，为之者疾，用之者舒，则财恒足矣。仁者以财发身，不仁者以身发财。未有上好仁，而下不好义者也；未有好义，其事不终者也；未有府库财，非其财者也；孟献子曰："畜马乘，不察于鸡豚；伐冰之家，不畜牛羊；百乘之家，不畜聚敛之臣，与其有聚敛之臣，宁有盗臣。"此谓国不以利为利，以义为利也。长国家而务财用者，必自小人矣。彼为善之。小人之使为国家，菑害并至，虽有善者，亦无如之何矣。此谓国不以利为利以义为利也。

中庸读本

四書讀本

《中庸》本《小戴礼记》中之一篇。《汉书·艺文志》六艺略有《中庸说》。《隋书·经籍志》经部有梁武帝《中庸讲义》,则此篇之另出单行,当在《大学》之前。宋儒始特加提倡。程颐谓此篇乃孔门传授心法,善读者玩索有得,终身用之有不能尽者。朱子作《中庸章句》乃与《大学》《论语》《孟子》并列为"四书"。按:《中庸》为子思所作,见于《史记·孔子世家》及孔颖达《礼记正义》引郑玄《目录》。子思名伋,孔子之孙,曾子之弟子。《汉书·艺文志》诸子略儒家有《子思子》。梁沈约谓《小戴礼记》中之《中庸》《表记》《坊记》《缁衣》皆取于《子思子》。(见《隋书·音乐志》引)今《子思子》已亡,本篇是否取自此书,固不可考,但为子思所作,则自来学者都无异辞。惟清人崔述谓《中庸》必出《孟子》后;袁枚谓《论》《孟》言山均称泰山,而《中庸》独称华岳,疑出于西京儒生依托;独对《中庸》作者发生疑问。篇名《中庸》者,郑玄《目录》说:"名曰《中庸》者,以其记中和之为用也;庸,用也。"本篇"君子中庸"句郑玄注又说:"庸,常也;用中为常道也。"朱子《中庸章句》题下注说:"中者,不偏不倚,无过不及之名;庸,平常也。"又引程颐说:"不偏之谓中,不易之谓庸;中者天下之正道,庸者天下之定理。"似乎郑玄、朱子对于"庸"字,各有两种解释。其实,非常之理,决不可常常用它;可以常用的,就是这看似平常的中道。"用也""平常也""常道也""不易之定理也"这几种训解,本来是可以相通的。本篇为儒家人生哲学的名著,论心性多精语,宋明理学家都奉为先儒的心传;而所谓"中庸之道",实足以支配我国数千年来之民族思想;所以到现代仍有研究的价值。

天命之谓性，率性之谓道，修道之谓教。道也者，不可须臾离也；可离非道也。是故君子戒慎乎其所不睹，恐惧乎其所不闻。莫见乎隐，莫显乎微，故君子慎其独也。

“天命”是说由天所命；“性”，指人的本性。人的本性，由于天之所命。其所谓天，即是“自然”。性不是造作的，乃是自然生成的，所以说：“天命之谓性。”《荀子·正名》篇说：“性者，天之就也。”《性恶》篇说：“不可学不可事而在天者，谓之性；可学而能，可事而成之在人者，谓之伪。”（“伪”是“人为”的意思。）王充《论衡·初禀》篇也说：“性，生而然者也。”古代学者，对于性的善恶虽见解不同，但以性为先天生成的一点，则无异议。“天命之谓性”也是这个意思。“率”是遵循的意思。孟子的性善说出于子思。本篇说：“率性之谓道”就是性善说的本意。性命自天，率性为道，故董仲舒说：“道之大原出于天。”性是人性，道即人道；圣人以礼乐刑政之属为教于天下，亦无非是率循人性，修明人道而已。这三句，是一书的总纲，也就是程子所说的“始言一理”。

“须臾”，就是一息，指极短的时间而言。既然是人道，便是一息不可离开的。倘若可离开，那就不是人道了。所以说：“道也者，不可须臾离也；可离，非道也。”

“戒慎”，就是警戒谨慎之意；“恐惧”，就是担心之意。是说君子对于做人的道理，虽无人目睹，也要警戒着，谨慎着；无人耳闻，也要恐惧着，担心着。暗得看不见的地方叫“隐”，细得看不见的物事叫“微”。暗得看不见的地方，却是最显露的；细得看不见的物事，却是最显著的。这就是《大学》所说的“诚于中必形于外”，“人之视己，如见其肺肝然”，看似隐微，实则不啻"十目所视，十手所指"，所以君子必须慎独，虽独居也不敢须臾离道。

喜怒哀乐之未发，谓之中。发而皆中节，谓之和。中也者，天下之大本也。和也者，天下之达道也。致中和，天地位焉，万物育焉。

"中节"之"中"，去声。喜怒哀乐是人人都有的情感。但当喜怒哀乐的情感未发动的时候，此心寂然不动，故无过与不及的弊病，这就叫做"中"。如果情感发了出来，也能无过无不及，恰中其节，这就叫做"和"。"中"，是天下事事物物的大本；"和"，则天下都可通行，所以说是"达道"。天地的运行，万物的化生长养，循着这"中和"二字的原则。人如能把中和之道推而极之，则可以与天道同功，所以说："致中和，天地位焉，万物育焉。"这是儒家天人合一的哲学；以现代语释之，就是把"宇宙观"和"人生观"打成一片，以"宇宙论"为人生哲学的基本。

上面两段，朱子以为是第一章。又说："子思述所传之意以立言。首明道之本原出于天而不可易，其实体备于己而不可离(指'天命之谓性'至'可离非道也')；次言存养省察之要(指戒惧慎独数句)；终言圣神功化之极(指'天地位万物育'数句)。盖欲学者于此，反求诸身而自得之，以去夫外诱之私，而充其本然之善；杨氏所谓'一篇之体要'是也。其下十章，盖子思引夫子之言，以终此章之义。"

[问题]

(一)《中庸》本何书之一篇？何人始定为"四书"之一？

(二)《中庸》何人所作？见于何书？以"中庸"名篇，其意义如何？

（三）何谓“性”？何谓“道”？何谓“教”？

（四）君子何以须“慎独”？

（五）何谓“中”？何谓“和”？

仲尼曰：“君子中庸，小人反中庸。君子之中庸也，君子而时中；小人之（反）中庸也，小人而无忌惮也。”

陆德明《经典释文》说王肃本作“小人之反中庸也”。《十三经注疏》本《礼记·中庸》篇无“反”字。程子、朱子均以为当有“反”字。君子能用中和之道，所以说“君子中庸”；小人不能用中和之道，事事和君子的行为相反，所以说“小人反中庸”。俞樾《群经平议》说两“而”字皆当作“能”字解。（古书“而”“能”二字常通用，例如，《战国策》“而解此环不？”就是“能解此环否？”）时代不同，则其所谓“中”者亦异。“时中”，就是随时而处其中，无过不及。无忌惮，就是无所禁忌，胆大妄为，所以反乎中庸。按：无忌惮之小人，虽事事反于中庸，而悍然自以为中庸，故“反”字不加亦可通。谢良佐《上蔡语录》、倪思《中庸讲义》，都如此说。

上面一段，朱子以为是第二章。

子曰：“中庸其至矣乎！民鲜能久矣！”

《论语·雍也》篇，子曰：“中庸之为德也，其至矣乎，民鲜久矣！”此处所引，即《论语》所记。“鲜”，上声，少也。

上面两句，朱子以为是第三章。

子曰：“道之不行也，我知之矣。知者过之，愚者不及也。道之不明也，我知之矣。贤者过之，不肖者不及也。人莫不饮食也，鲜能知味也。”

“知”同智。“鲜”，上声。“道”是做人之道，指“中庸”而言。聪明的人，以为中庸之道，太平常而不肯行；愚笨的人，智力有所不及，又不能行中庸之道；所以道不行了。贤德的人，以为中庸的道理太平常，不必加以阐明；不肖的人，又不求了解其意义；所以道不明了。但是中庸为人人所共由之道，不可须臾离，如人的饮食一般，故又以饮食为喻。虽然没一个人不饮食，但能真正知味的却很少呢！按：《四书辨疑》说此段“行”“明”二字当互易。因为“知”“愚”就“知”言，“贤”“不肖”就“行”言；二字互易，意更明白。司马光《与王介甫书》全引此段，正“行”“明”二字互易。王安石《书李文公集后》、苏轼《中庸论》皆引此文，作“道之不行，我知之矣；贤者过之，不肖者不及也。”

上面一段，朱子以为是第四章。

子曰：“道其不行矣夫！”

“夫”音扶，与今语所用的“吧”字同。

上面一句，朱子以为是第五章。

子曰：“舜其大知也与！舜好问而好察迩言，隐恶而扬善，执其两端，用其中于民，其斯以为舜乎！”

“知”同智。“与”同欤。“好”去声。“舜其大知也与”，是孔子叹美舜的话。“迩言”就是浅近平凡之言，或左右亲近之言；在平常人，不是忽视它，就先入易中而为它所蔽；舜则必细察之。“好问”，就是《论语》所说的“不耻下问”“以能问于不能，以多问于寡”；“察迩言”，含有《诗经》“询于刍荛”和《孟子》“善知言”的两层意思。既问之，既察之，又隐其恶而扬其善；其有过或不及，则执其两端，折衷而用之，以求合乎中庸之道。舜之所以为舜，舜之所以为大智，就是因此。孟子说舜“取诸人以为善”，也是指此而言。

上面一段，朱子以为是第六章。

子曰："人皆曰'予知'，驱而纳诸罟擭陷阱之中而莫之知辟也。人皆曰'予知'，择乎中庸而不能期月守也。"

"予知"之"知"，同智。"罟"，音古。"擭"，音画。"罟"，是捕鱼鸟的网；擭，是捕兽的机槛；陷阱，是捕兽的陷坑。"辟"同避。"期"，音基；"期月"，匝月。人人都说自己聪明，而被人驱入罟擭陷阱之中，却不晓得避免；人人都说自己聪明，而自己所选的中庸之道，竟守不到一个月之久。这样，还能说自己是个聪明人吗？前二句是宾；后二句是主。

上面一段，朱子以为是第七章。

子曰："回之为人也，择乎中庸，得一善，则拳拳服膺而弗失之矣。"

回，孔子弟子颜回，字渊。"拳拳"，奉持弗失的样子。"服膺"，存在心中。上章孔子叹一般人不能常守中庸之道；此章却举出弟子颜渊的做人，择乎中庸之道，得了一句善言，一件善行，就能奉持弗失，常常记在心里。

上面一段，朱子以为是第八章。

子曰："天下国家可均也，爵禄可辞也，白刃可蹈也，中庸不可能也。"

"均"，作平治解。天下国家虽大，也有方法可以平治；高爵厚禄虽可恋，也不难辞掉；白晃晃的刀虽可怕，也可以有冲上去的时候；只有那中庸之道，却是不容易做得到的。

上面一段，朱子以为是第九章。

子路问强。子曰:“南方之强与?北方之强与?抑而强与?宽柔以教,不报无道,南方之强也,君子居之。衽金革,死而不厌,北方之强也,而强者居之。故君子和而不流,强哉矫;中立而不倚,强哉矫;国有道,不变塞焉,强哉矫;国无道,至死不变,强哉矫!”

“与”同欤。“而”同尔。子路,孔子弟子,字仲由。好勇,所以问孔子怎么叫做“强”。孔子答道:“你问的是南方人的强呢?北方人的强呢?还是你自己的强呢?”“宽柔以教”,是说把宽洪大量、柔和容忍的道理去教人。“不报无道”,是说即使人家以无道待我,我也不怀报复之心。这是“南方之强”。“衽”作带着解。金革,就是刀枪甲胄之类,是说着了甲胄,带了刀枪,和人去作战,即使死了也不以为厌恨。这是“北方之强”。南方之强,是君子所居;北方之强,则是你们强者所居。“强哉矫”,是形容强者武勇的神气。“和而不流”,是说以和待人却不为流俗所移。“中立而不倚”,是说守中庸之道,而无所偏倚。就是“穷”,指未达之时而言。国有道,则虽达而在上,仍不变其未达时之所守;这就是孟子所谓“富贵不能淫”。国无道,则虽困穷危险,甚而至于死亡,宁可杀身成仁,舍生取义,亦不变其平生之所守;这就是孟子所谓“贫贱不能移,威武不能屈”。这才可说是君子之强。

上面一段,朱子以为是第十章。

子曰:“素隐行怪,后世有述焉;吾弗为之矣。君子遵道而行,半途而废;吾弗能已矣。君子依乎中庸,遁世不见知而不悔,唯圣者能之。”

朱子注:“素,按《汉书》当作索。盖字之误也。”按:《汉书·艺文志·方技略》引此“素”作“索”;颜师古注,以“求索隐暗”释之。故朱《注》又说："素隐行怪，谓深求隐僻之理，而过为诡异之行也。""索隐"是好为非常之行，就是上文的"知者过之"；"行怪"是好为非常之行，就是上文的"贤者过之"。倪思《中庸集义》则不以朱子的改"素"字为"索"字为然。他说，"素"即是"平素""素常"之意，与下文"素其位而行"之"素"字同义。"素隐"是以隐居为素常。则"素隐行怪"正指老庄派之退隐曲全，宁为曳尾之龟、断尾之鸡，陈仲子之食李三咽、食鹅一哇之类。后世虽亦有称述之者，我却是不做的。还有些君子，本是遵着中庸之道而行，做到半路，又自己废弃了。我却不能这样地随意废止的。总之，"素隐行怪"的是太过；"半途而废"的是不及；君子则始终依着中庸之道做去，虽因此而不为世用，遁迹山林，无人知我，也不悔恨。这只有圣人做得到啊！

上面一段，朱子以为是第十一章。又说："子思所引夫子之言，以明首章之义者，止此。盖此篇大旨，以智仁勇，三达德为入道之门，故于篇首，即以大舜、颜渊、子路之事明之。舜，知也；颜渊，仁也；子路，勇也。三者废其一，则无以造道而成德矣。"总之以上数章，都在反复说明中庸的难能可贵。

［问题］

（一）何谓"时中"？

（二）中庸之道，何以不行不明？

（三）舜何以能成为"大知"？

（四）君子之强如何？

（五）何谓"素隐行怪"？

君子之道，费而隐。夫妇之愚，可以与知焉，及其至也，虽圣

人亦有所不知焉。夫妇之不肖，可以能行焉，及其至也，虽圣人亦有所不能焉。天地之大也，人犹有所憾。故君子语大，天下莫能载焉；语小，天下莫能破焉。《诗》云："鸢飞戾天，鱼跃于渊。"言其上下察也。君子之道，造端乎夫妇；及其至也，察乎天地。

"与"，去声，参预也。朱子说："费，用之广也。隐，体之微也。"君子之道，其用很广大，而其体则极微妙。就其大体而论，则一般愚夫愚妇都能预闻知道。至于精微深妙之处，虽圣人也有所不知。就其一端而论，一般愚夫愚妇能够做的，如要做到精微深妙之处，则虽圣人也有所不能！"天地之大，人犹有所憾"者，如雨旸寒暑不时之类。道则至大无外，故天下莫能载；至小无内，故天下莫能破。一般人如何能完全知道，完全履行呢？所引《诗经》见《大雅·旱麓》篇。王引之说："《广雅》云：'察，至也。'此引《诗》以明君子之道之大，上至于天，下至于地也。"（见《经义述闻》）《管子·内业》篇："上察于天，下极于地。""察"字亦作"至"字解。道之初步，夫妇可以与知，可以能行，故曰"造端乎夫妇"，及其至极，则上至于天、下至于地，故曰"察乎天地"。

上面一段，朱子以为是第十二章。是子思之言，申明首章道不可离之意。

子曰："道不远人。人之为道而远人，不可以为道。《诗》云：'伐柯伐柯，其则不远。'执柯以伐柯，睨而视之，犹以为远。故君子以人治人，改而止。

上面说过："率性之谓道。"道即是人道。在日常生活之中，而不可须臾离者，故曰："道不远人。"若人之为道而远于人生，远于人情，便不是人道了。所引《诗经》，见《豳风·伐柯》篇。"柯"，就是斧柄。"则"，作法则榜样解。"睨"，是斜着眼看。"伐柯”，是砍木头作斧柄。执着斧柄，去砍木头；这木头，也是拿来做斧柄的。我们如果要晓得所砍的木头的长短粗细，只要看他手里执着的斧柄怎样就好了。现在砍木头的人，不看手里的斧柄，却斜着眼睛去看别的地方，要找斧柄的样子，岂不是大笑话吗？故君子以人治人，能改即止；其所以治人者，都是一般人所与知而能行的。这就是张载所说“以众人望人则易从”的意思。

“忠恕违道不远，施诸己而不愿，亦勿施于人。

《论语》，曾子说：“夫子之道，忠恕而已矣。”就是“忠恕违道不远”的意思。朱《注》说：“尽己之心为忠，推己及人为恕。”“忠”就积极方面说，“恕”就消极方面说；其实是一贯的。《论语》所说：“己欲立而立人，己欲达而达人”是“忠”；“我不欲人之加诸我也，我亦欲无加诸人”是“恕”。《大学》所说：“老吾老以及人之老，幼吾幼以及人之幼”是“忠”；“所恶于上，无以使下；所恶于下，无以事上……”是“恕”。所谓“忠恕”，就是《大学》的“絜矩之道”。上文所说的“以人治人”，亦就是“忠恕”而已。

“君子之道四，丘未能一焉：所求乎子以事父，未能也；所求乎臣以事君，未能也；所求乎弟以事兄，未能也；所求乎朋友先施之，未能也。庸德之行，庸言之谨；有所不足，不敢不勉；有余不敢尽。言顾行，行顾言，君子胡不慥慥尔！”

丘，孔子的名。以所求乎子者事父，以所求乎臣者事君，以所求乎弟者事兄，以所求乎朋友者先施之于朋友；这四者都是“君子之道”。《大学》论“絜矩之道”一节，是就消极方面说；此节论“君子之道”，则就积极方面说；可以互相发明。自己说未能做到一样，是他老先生自谦的话。孔子又说：我只是实践平常的道德，谨守平常的言论。行为方面，自己觉得欠缺的，不敢不勉励;言论方面,虽然自觉有余,却不敢尽言。这就是《论语》所说"欲讷于言而敏于行","言之不出,耻躬之不逮"的意思。《广雅》"慥,言行急也。""慥慥"犹"蹙蹙","汲汲",黾勉不敢缓之意。(王引之《经义述闻》说)因为言要顾到行,故不可不谨;行要顾到言,故不敢不勉。君子怎么不汲汲地自勉呢!朱子说:"慥慥,笃实貌。言'君子之言行如此,岂不慥慥乎'赞美之也。"义亦可通。

上面三段,朱子以为是第十三章。

君子素其位而行,不愿乎其外。素富贵,行乎富贵。素贫贱,行乎贫贱。素夷狄,行乎夷狄。素患难,行乎患难。君子无入而不自得焉。

"素"是"现在"的意思。君子做人,在怎样的地位,就怎样做法。不希望做地位以外的事,在富贵的地位,就照富贵地位去做人;在贫贱的地位,就照贫贱地位去做人;就是在夷狄的地位,也就照夷狄的地位去做人;在患难的地位,也照患难的地位去做人。君子不论在什么地位,都是随遇而安,悠然自得,不作非分之望,所以能"无入而不自得焉。"

在上位,不陵下;在下位,不援上。正己而不求于人,则无怨,上不怨天,下不尤人。故君子居易以俟命,小人行险以徼幸。子曰:"射有似乎君子,失诸正鹄,反求诸其身。"

此段是作《中庸》的人所加的话。在上等的地位,不欺陵下面的人;在下面的地位,不攀援上面的人。一个人只要自己规规矩矩地做去,一概不求人,自然没有什么怨望,上不致怨天,下不致尤人了。君子素其位而行,不愿乎其外,无入而不自得,故能安心居于平易的地位,以待天命的到来。小人却要冒险钻营,妄求富贵,希望幸而偶然得到也。"徼",平声,求也。"幸"是不当得而偶然得之者。末了又引孔子的话以譬喻明之。古代射时所张的箭靶叫做“侯”。侯之中，缝上一块皮，叫做“鹄”。鹄之中，画着一个中心，叫做“正”。“失诸正鹄”，就是射不着侯中的正鹄。射不着正鹄，不怨别的，只是反求诸己，怨自己的身子不正而已。这一点，却有似乎君子做人之道。

上面两段，朱子以为是第十四章。

君子之道，辟如行远必自迩，辟如登高必自卑。《诗》曰：“妻子好合，如鼓瑟琴。兄弟既翕，和乐且耽。宜尔室家，乐尔妻孥。”子曰：“父母其顺矣乎！”

“辟如”和“譬如”相同。“迩”，作近解，和远字相对。“卑”，作低解，和高字相对。“行远自迩，登高自卑”就是上文“造端乎夫妇”、《大学》“治国必先齐家”、《诗经》“刑于寡妻，至于兄弟，以御于家邦”的意思。故本段全就家庭方面说。所引《诗经》见《小雅·棠棣》篇。“如鼓瑟琴”是以瑟琴喻其和谐。“翕”，就是合。“乐”音洛，也是“耽”，欢乐的意思。“妻孥”，就是妻子。妻子和好，兄弟投合，室家一定很相宜，妻子一定很欢乐了。孔子读了这《诗》便叹道：“果然能够这样，他的父母，一定也很乐意了啊！”

上面一段，朱子以为是第十五章。

子曰：“鬼神之为德，其盛矣乎！视之而弗见，听之而弗闻，体物而不可遗。使天下之人，齐明盛服，以承祭祀，洋洋乎如在其上，如在其左右。《诗》曰：‘神之格思，不可度思，矧可射思！’夫微之显，诚之不可揜如此夫！”

“鬼神”，视之弗见，听之弗闻，但又无乎不在，为物之体，而物所不能遗。“齐”，同斋字，就是斋戒；“明”，作洁净解。鬼神能使天下之人，都斋戒沐浴，整齐衣冠以奉承祭祀；祭祀的时候，又像鬼神在他之上，在他之左右，无不充满着流动着。所引《诗经》，见《大雅·抑》篇。“格”，作来字解。“思”，语助词。“度”，入声。“矧”作况字解。“射”音亦，作厌怠、不敬解。《诗经》作“斁”。鬼神来享受祭祀，无形无声，不可意度，又何况厌怠不敬呢！“夫”音扶。“揜”同掩。此段是以鬼神喻道，并非专论鬼神。视之弗见，听之弗闻，就是所谓“隐”。如在其上，如在其左右，体物不遗，无乎不在，就是所谓“费”。《老子》状道，尝说：“视之不见名曰夷，听之不闻名曰希，搏之不得名曰微”“无状之状，无物之物，是谓恍惚”“惚兮恍兮，其中有象；恍兮惚兮，其中有物；窈兮冥兮，其中有精”；“周行而不殆，可以为天下母”；也是同一说法。所以末二句说：所谓道者，其微之显，诚之不可揜，也如此吧！“此”字就指上文所说的“鬼神之德”。

上面一段，朱子以为是第十六章。按：以上五章，旨在说明君子之道，用费体隐，而又不远乎人，仍是申明首章之意。

［问题］

（一）何谓“费而隐”？

（二）何谓“道不远人”？

（三）何谓“忠恕”？

（四）何谓“素其位而行，不愿乎其外”？

（五）此处何以忽插入论鬼神一段？

子曰：“舜其大孝也与！德为圣人，尊为天子，富有四海之内，宗庙飨之，子孙保之。故大德，必得其位，必得其禄，必得其名，必得其寿。故天之生物，必因其材而笃焉。故栽者培之，倾者覆之。”

"与",同欤。孔子说:"像舜这样真是个大孝的人吧! 论他的道德,已至圣人之境;论他的地位,已是天子之贵;论他的富,已有四海之大;死了之后,世世受宗庙的祭飨;他的子孙,又世世代代能保守着。由此可见有大德的圣人,必得尊位,必得大禄,必得高名,必得大寿。因为天之生人物,必因其材质而加厚之。如同树木一样,可栽植之材,必加以培溉;将倾倒之树,始因而斫伐。"

"《诗》云:'嘉乐君子,宪宪令德。宜民宜人,受禄于天。保佑命之。自天申之。'故大德者必受命。"

"乐",音洛。所引《诗经》见《大雅·假乐》篇。"嘉",作善字解,《诗经》作"假"。"宪宪",兴盛的样子,《诗经》作"显显"。"令德",就是美德。"宜民宜人"说宜于治理人民。"受禄于天"说受天禄,作天子。"保佑命之"说天必保佑他,命他为天子。"申",就是重;说天重申其命。孔子既引《诗经》,又加以断语道:"所以有大德的人,必受天命。"这就是《孟子》所说:"古之人修其天爵而人爵从之"的意思。

上面两段,朱子以为是第十七章。

子曰:"无忧者其惟文王乎! 以王季为父,以武王为子,父作之,子述之。武王缵大王、王季、文王之绪,壹戎衣而有天下,身不失天下之显名,尊为天子,富有四海之内,宗庙飨之,子孙保之。

"大"同太。文王姬姓,名昌,殷之诸侯,为西伯。王季,名季历,文王父。武王名发,文王子灭纣而为天子。王季、文王、武王三代,父亲创业,儿子继志述事。"缵"便是继承;"绪"就是功业。太王,即《诗经》之古公亶父,王季之父。"壹戎衣"而有天下,说武王一著戎服，他用兵伐纣，便得了天下。按：朱子说“壹戎衣”见《尚书·武成》篇。但《今文尚书》无武成“壹戎衣”即《康诰》之“壹戎殷”。郑玄注本篇说，“衣”读如“殷”。因为古“依”字作“㐆”，“殷”字亦从“㐆”声。“壹”同殪，是诛灭之意。“戎”，作大解。“壹戎殷”就是灭大殷。这是陈乔枞《礼记郑读考》的解法，附录于此。

“武王末受命，周公成文、武之德，追王大王、王季，上祀先公以天子之礼。斯礼也，达乎诸侯大夫，及士庶人。父为大夫，子为士，葬以大夫，祭以士；父为士，子为大夫，葬以士，祭以大夫。期之丧，达乎大夫。三年之丧，达乎天子。父母之丧，无贵贱一也。”

“期”，音基，是周年的意思。“末”，年老的意思。说武王末年方受命为天子。周公，名旦，武王弟，相成王，继成文王、武王之德业。“追王”，就是追溯上去，把先代加了王号。“太王”，王季文王的王号，是周公所追加的。“先公”，是说太王以前的祖宗。“斯礼”，指以天子之礼祭祀以前的祖宗。从天子到诸侯大夫，及士与百姓都照这个礼做。所以葬时用死者的爵位行礼，祭时则用其子的爵位行礼。旁系亲属的期年之丧，只到大夫为止，天子诸侯，可以降服。直系亲属的三年之丧，则天子也须遵守。至于父母之丧，则毫无贵贱的分别了，按：三年之丧不尽为父母之丧，嫡孙承重为祖父母，继立者为先君，天子为后，也都是三年服。故与父母之丧分别而言。详见王夫之《四书稗疏》。

上面两段，朱子以为是第十八章。

子曰：“武王、周公，其达孝矣乎！夫孝者，善继人之志，善述人之事者也。春秋，修其祖庙，陈其宗器，设其裳衣，荐其时食。

"达",作通字解。"达孝"犹《孟子》所谓"达尊";天下之人通谓之孝,故曰达孝。"夫",音扶。善继志,善述事,指上文武王缵绪,周公成德而言。"祖庙",祖宗神位所在的庙;"宗器",为先世重要的祭器。"裳衣",是祖先穿过的衣服。"时食",就是四季应时之食物。"荐",祭祀时进献的意思。这是由武王周公,善继志善述事,说到祭祀也,是子孙不忘先人的意思。

"宗庙之礼,所以序昭穆也。序爵,所以辨贵贱也。序事,所以辨贤也。旅酬下为上,所以逮贱也。燕毛,所以序齿也。

宗庙里的神位,左边称"昭",右边称"穆",行礼于宗庙,子孙亦以为序。"序爵",以官爵的大小为序,所以辨别贵贱。"事",是宗庙中行礼时的职事,分别才能,使各司一职,所以说:"辨贤。"旅酬,是众人同饮酒的意思。"逮",作及字解。按:《礼记·郊特牲》《仪礼·特牲馈食礼》,均说使宾弟子、兄弟之子各举觯于其长,这便是"旅酬"。"下"及"贱"即指弟子等而言。皆得举觯,是下为上所酬,是普及于贱者了。"燕",同饮宴的宴;"毛",同耄、老也。宴老人,以年齿为序。这一节所说,都是宗庙祭祀燕饮的礼节。

"践其位,行其礼,奏其乐,敬其所尊,爱其所亲,事死如事生,事亡如事存,孝之至也。

"其",指祖先而言。"践",履也,登也。登先祖之位,行祖先之礼,奏祖先之乐,敬祖先之所尊爱祖先之所亲,奉事已死亡的尊亲如生存时一样。可说是孝之极了。

"郊社之礼,所以事上帝也。宗庙之礼,所以祀乎其先也。明乎郊社之礼,禘尝之义,治国其如示诸掌乎!"

“郊”，是祭天；“社”，是祭地；祭天地，就是奉事上帝。宗庙里所供的是祖先；“宗庙之礼”，就是祭祀祖先。“禘”，是天子在宗庙中最重要的大祭。“尝”，是每年秋天所行的常祭，如同今人的做七月半。《论语·八佾》篇：“或问禘之说。子曰：‘不知也。知其说者之于天下也其如示诸斯乎！’指其掌。”与本节同意。天地是人之本，祖先是生之本，祭祀天地祖先，同是不忘本，同是一种敬鬼神的诚意。故因孝而述及祭祀祖先，又述及祭祀天地。古代以政治宗教合一，儒家尤重祭祀。祭祀时人人都恭敬诚虔，如有鬼神在上监察一般，为非作恶的念头，自然没有了。这是圣人神道设教的本意，可以通于治国。

［问题］

（一）何谓“因材而笃”？

（二）何谓“继志，述事”？

（三）古代祭祀与政治关系如何？

哀公问政。子曰：“文武之政，布在方策。其人存，则其政举。其人亡，则其政息。人道敏政，地道敏树。夫政也者，蒲卢也。

哀公是鲁国的国君，名蒋。“方”，就是木版。“策”，就是竹简编成的册子。古时用木版竹简代纸。方策，即指书籍而言。这是说文王、武王所施行的政事，都载在书籍上面。文王、武王存在的时候，一切政事都能举行。文王、武王死了，他的政事，也就息灭了。这是儒家主张“人治”的说法。“敏”，是快的意思。“夫”，音扶。蒲卢是一种容易生长的植物。人道莫敏于政治，地道莫敏于树植。蒲卢更是容易生长的，故以为政治易见成效之喻。

“故为政在人，取人以身，修身以道，修道以仁。仁者人也，亲亲为大；义者，宜也，尊贤为大。亲亲之杀，尊贤之等，礼所生也。

人存政举，人亡政息，故曰“为政在人”。应该怎样取人呢？先要看他的本身，能不能修。何以修身，曰道。何以修道，曰仁。《孟子·尽心》篇说：“仁也者，人也。”《礼记·表记》说：“仁者，人也。”“仁”从二人，为人相偶之道，故古书多以“人”释“仁”。这就是说仁是做人的根本原则。《论语·学而》，有子说：“孝弟也者，其为仁之本与。”《孟子·尽心》篇说：“仁之实，事亲是也。”又说：“亲亲仁也。”儒家言仁，由亲及疏，故以“亲亲”为本。《法言·重黎》篇也说：“事得其宜之为义。”以“宜”训“义”，取其音义都近。亲亲是由于情感，尊贤是由于理智，故义以尊贤为大。“杀”，音所界切，作等差解。先由最亲的人，以推之于次亲的人，再由次亲的人，以推之于疏远的人，一等一等地推去，叫做“亲亲之杀”。贤者也有等级；最贤者，最宜尊敬；依次推去，叫做“尊贤之等”。“亲亲之杀，尊贤之等”，是礼所由产生的。

（在下位，不获乎上，民不可得而治矣。）

这三句，郑玄注应属于下，此处误重，应删。

“故君子不可以不修身；思修身，不可以不事亲；思事亲，不可以不知人；思知人，不可以不知天。

这是承上文说的。君子要治国，便“不可以不修身”，“修身以道，修道以仁”而仁以“亲亲为大”，故“思修身，不可以不事亲”。想以孝事亲，必须知尊贤之义，庶几取友必端，可以辅仁，故“不可以不知人”。人之性，命自天，大道即天理，知人须先知自然之理，故“不可以不知天”。

“天下之达道五，所以行之者三。曰：君臣也，父子也，夫妇也，昆弟也，朋友之交也：五者天下之达道也。知、仁、勇三者，天下之达德也，所以行之者一也。

“达道”，就是人人共由之路。人与人的关系，无非是君臣、父子、夫妇、兄弟、朋友五种。（现在政体共和，似已无所谓君臣。其实，人民对于一国的领袖、一个机关中的职员对于主管者，仍有广义的君臣关系。）达德，就是人人应有的德性。“知”，同智，智慧、仁爱、勇敢，是知情意三种心理作用修养到极处的名称，是到处要用到最重要的德性。朱子说：“所以行之者一也”的“一”是“诚”。按：何孟春订注的《孔子家语》“一也”之下，有“一者诚也”句，正与朱子相合。王引之《经义述闻》说“一”是衍文。“所以行之者也”，正与上文“所以行之者三”相应，不当有“一”字；此因下文“所以行之者一也”句而衍。《史记·平津侯主父列传》“智、仁、勇，此三者，天下之通德，所以行之者也。”《汉书·公孙弘》传：“仁、智、勇三者，所以行之者也”皆无“一”字。郑玄《礼记注》，于下文“所以行之者一也”句注：“一，谓当豫也。”于此句不释“一”字，则郑注本无“一”字可知。理由也很充分。

“或生而知之，或学而知之，或困而知之，及其知之一也。或安而行之，或利而行之，或勉强而行之，及其成功一也。”

上智的人，不待教训学习，自然能知晓；次一等的，须教训学习，才能知晓；再次一等的，一时学不会，必须苦苦地学习，才得知晓。所以就资质说，人可分为三等。三等人虽有高下之别，但到既明晓之后，还是一样的。至于就实践说：有的人安然自得地做去，有的人以为有利才去做，有的人是勉强着做的。这三等人，做时虽各不同，但到成功之后，还是一样的。

子曰："好学近乎知，力行近乎仁，知耻近乎勇。

"近乎知"的"知"，同智。此节"子曰"二字，朱子以为是衍文。《中庸·或问》说《孔子家语》"成功一也"之下，还有哀公的说话，所以其下又用"子曰"。今无哀公的问说，而尚有"子曰"二字，所以是衍文。按：《孔子家语》是王肃所造的伪书。朱子据《家语》以议《中庸》，怕不妥当。翟灏《四书考异》说："按《汉书·公孙弘传》此间有'故曰'二字；'子'字或是'故'字之误。"孔子的意思是说好学虽非"知"，但能求知，即可以破愚，故"近乎知"。力行虽非仁，但能求仁，即足以忘私，故"近乎仁"。知耻虽非勇，但能知耻，即可以起懦，故"近乎勇"。

"知斯三者，则知所以修身；知所以修身，则知所以治人；知所以治人，则知所以治天下国家矣。

"斯三者"，指好学、力行、知耻。修身无非是修养智、仁、勇三达德。所以说："如斯三者，则知所以修身。"修身、齐家、治国、平天下，本是一贯的，所以说："知修身，则知所以治人；知治人，则知所以治天下国家矣。"

"凡为天下国家有九经，曰：修身也，尊贤也，亲亲也，敬大臣也，体群臣也，子庶民也，来百工也，柔远人也，怀诸侯也。

"为"，就是治理的意思。"九经"，就是九项大纲。"体"就是体恤，朱子所谓"设身处地以察其心"。"子庶民"就是爱民如子。"来"，就是《孟子》"劳之来之"之"来"字，亦作"勑"，是劝勉的意思。(此王引之《经义述闻》说,与下文“所以劝百工也”正相应。)朱《注》说:“柔远人,所谓‘无忘宾旅’者也。”“远人”,指远方之人;《论语》说的“近者悦,远者来”,《孟子》说的“天下之旅皆悦而愿出于其途”就是“柔远人”的效果。

“修身则道立,尊贤则不惑,亲亲则诸父昆弟不怨,敬大臣则不眩,体群臣则士之报礼重,子庶民则百姓劝,来百工则财用足,柔远人则四方归之,怀诸侯则天下畏之。

上文说“修身以道”,故“修身则道立”。尊贤,则事理明,自然进道而不会惑乱了;敬大臣,则信任专,自然临事而不昏眩了。体恤群臣,则才能之士皆思感恩图报,而知所以尊敬君上了。爱民如子,百姓必为之感动,互相劝勉,以事其上了。劝勉百工,使之制器造物,则生之者众,为之者疾,财用自然充足了。柔远人,则四方之人,自然都来归附了。怀诸侯,则天下各国,都畏服来朝了。这都是说九经的效验。

“齐明盛服,非礼不动,所以修身也。去谗远色,贱货而贵德,所以劝贤也。尊其位,重其禄,同其好恶,所以劝亲亲也。官盛任使,所以劝大臣也。忠信重禄,所以劝士也。时使薄敛,所以劝百姓也。日省月试,既禀称事,所以劝百工也。送往迎来,嘉善而矜不能,所以柔远人也。继绝世,举废国,治乱持危,朝聘以时,厚往而薄来,所以怀诸侯也。凡为天下国家有九经,所以行之者一也。

上面说九经的效验,这段说施行九经的方法。“齐”同斋,斋戒的意思。“明”是洁净,盛服,大礼服。“谗”是专说人家坏话的谗人;“色”指女色。“货”,就是财货。“德”,就是道德。“劝”,是奖励的意思。“尊其位,重其禄”,就是孟子所说“亲之欲其贵,爱之欲其富”的意思。“好”“恶”皆去声。古代同姓贵族，为一国重望所系，故须“同其好恶”。“劝亲亲”，是以“亲亲”为天下倡。“官盛任使”，是说大臣当使属员盛多，听其任使，这是劝勉大臣的方法。“忠信重禄”，是说勉士以忠信之行，又给以重禄，这是劝勉士人的道理。“时使”就是《论语》的“使民以时”，使百姓服公役当在农事空闲的时候；“薄敛”，就是减轻粮税，废除苛捐杂税；这是劝勉百姓的方法。“省”是视察，“试”是考验。“既”同槩，同饩。“既禀”，是公家发给的粮食。“称”，去声，是相当的意思。对于百工的工作，当日省月试，视其勤惰上下，为所给既禀多少的标准：这是劝勉百工的方法。远方的人过境，去的送他，来的迎他；有善行的嘉奖他，才能薄弱的矜恤他：这是怀柔远人的道理。诸侯之国，有世系已绝的，使得继续；国事已废的，使得振兴；他们国内若有乱事，当为之治平；若有危险，当为之扶持；朝天子以聘各国，当使之依一定的时期；至于币帛，送来的不妨薄，送去的必须丰厚：这是怀诸侯的方法。以上所说，是治天下国家的九项大纲的办法，所以“所以行之者”却只有个“诚”字。如其不诚，则虽有种种办法，都变成虚文故事了。郑玄注说：“一谓当豫也。”所当豫者，就是这个“诚”。（齐召南《中庸注疏考证》说）郑、朱二家之意，仍是相通的。

“凡事豫则立，不豫则废。言前定，则不跲；事前定，则不困；行前定，则不疚；道前定，则不穷。

“豫”，就是准备的意思。凡百事体，都要先有准备，然后能做得成功。如果没有豫备，必致废败而无所成。“跲”，音颊，朱《注》云：“踬也”。踬就是蹶倒的意思。俞樾《群经平议》据张参《五经文字》说当作“佮”，就是《老子》“将欲歙之”的“歙”字，是闭塞的意思。譬如演说、辩论,必须先把要说的话豫先备好,才不至于理由站不住,也不至格格不吐了。做事也是如此,把步骤豫先定好,方不会感到困难。“疚”,就是《论语》“内省不疚”的疚,是惭愧悔恨的意思。一切行为,也须豫先加以思考决定,才不会惭愧悔恨;这就是《论语》“行寡悔”的意思。推而至于做人之道,也须豫先定妥,则不至于行不通。凡事有诚心去做,才能豫先准备;如果没有诚心,随随便便地做事,就毫无豫备了。

“在下位,不获乎上,民不可得而治矣。获乎上有道,不信乎朋友,不获乎上矣。信乎朋友有道,不顺乎亲,不信乎朋友矣。顺乎亲有道,反诸身不诚,不顺乎亲矣。诚身有道,不明乎善,不诚乎身矣。

在下位的人,不能获得上面的信任,则百事掣肘,不能治百姓了。要获得上面的信任,必须对朋友先有信用;对朋友没有信用,必不能获得上面的信任的。要对朋友有信用,须先能孝顺自己的双亲;如果双亲尚不能孝顺,就不能使朋友相信了。孝顺双亲,先要反省自己做人是不是诚实;不诚实,则对双亲也都出以虚伪,怎么说得上孝顺呢?要诚实,又必须心中真能明白善恶;对于善恶还不明白,如何能诚实呢?这一段说“明善诚身”为“治民”之本,和《大学》以“致知”“诚意”为“治平”之本,是同一道理。

“诚者,天之道也。诚之者,人之道也。诚者,不勉而中,不思而得,从容中道,圣人也。诚之者,择善而固执之者也。

天道运行,真实无妄,至公无私,所以说:“诚者,天之道也。”人既受天命之性以生,自不能违背天道而求,所以“诚之”,所以说:“诚之者,人之道也。”从,七容反;“从容”,不勉强的意思。圣人自然合于天道,故不必勉强,自能合乎中和。“进而知之”,故不思而得,“安而行之”,故从容中道。至于常人,拣定好的行为,坚执着做去了,所谓“择善而固执之”,就是上文所说“择乎中庸得一善。则拳拳服膺,而弗失之”的意思。按朱《注》说:“中,并去声。”似两“中”字都作“合”字解。但《答徐彦章书》又说:“‘不勉而中’之中,以未发言,恐未妥。此‘中’字却是发而无过不及之‘中’。”则两“中”字当如本字读平声了。既非“生知”故须“择善”;不能“安行”,故须“固执”。

“博学之,审问之,慎思之,明辨之,笃行之。有弗学,学之弗能弗措也;有弗问,问之弗知弗措也;有弗思,思之弗得弗措也;有弗辨,辨之弗明弗措也;有弗行,行之弗笃弗措也。人一能之,己百之;人十能之,己千之。果能此道矣,虽愚必明,虽柔必强。”

这一段是承上文“择善固执”而言。怎样择善固执以诚之呢?这要从学问思辨行为上着力了。“措”,是丢在一边就此作罢的意思。除非不学;既学了,不到学识渊博,决不肯便罢;除非不去问人;既问人,不到完全明白,决不肯便罢;除非不去思想,既思想了,非到想出道理来,决不便罢;除非不去辨别;既辨别了,非到是非得失完全明白,决不便罢;除非不去做,既做了,非到切切实实的做出成绩来,决不便罢。人家学了一遍就会了,我就学他一百遍;人家学十回就会了,我就学他一千回。一个人果然能够这样方法做,即使是个呆笨的人,也聪明起来了;是个柔弱的人,也刚强起来了。

上面十四段,朱子以为是第二十章。

[问题]

(一)何谓“五达道”“三达德”?

（二）就“知”“行”二方面说，人可以分为几等？

（三）何为治天下国家的“九经”？其效果如何？方法如何？

（四）“明善”“诚身”何以是“治民”之本？

（五）何谓“诚者”？何谓“诚之者”？

（六）愚者欲明，柔者欲强，应当如何努力？

自诚明，谓之性。自明诚，谓之教。诚则明矣；明则诚矣。

自诚而明，即上文之“不思而得，从容中道”自然合于天道，这全然是从天性而来的，所以说：“自诚明，谓之性。”自明而诚，即上文之由“明善”而“诚身”，这是从努力于学问思辨而得的，所以说“自明诚，谓之教。”前者是“生知安行”，从本以沿流；后者是“学知利行”“困知勉行”，由流以溯源。但到了成功以后，还是一样的，所以说：“诚则明矣；明则诚矣。”

上面一段，朱子以为是第二十一章。

唯天下至诚，为能尽其性；能尽其性，则能尽人之性；能尽人之性，则能尽物之性；能尽物之性，则可以赞天地之化育；可以赞天地之化育，则可以与天地参矣。

人之性，命自天，而诚是天道，故惟至诚的圣人，才能尽自己的性。人和人，所命于天的性，都是一样的；所以说：“能尽其性，则能尽人之性。”更推而广之，则“能尽人之性”者，亦“能尽物之性”了。天地间森罗万象，无非是物；既能尽物之性，则我与天地合一，“可以赞天地之化育”了。可以赞天地之化育，则可以与天地并立了。这就是首章“致中和，天地位焉，万物育焉”的意思。张载《西铭》所说的“乾父坤母，民胞物与”；陆象山所说的“宇宙便是吾心，吾心即是宇宙”也是这个道理。这是儒家最伟大的哲学理想。

上面一段，朱子以为是第二十二章。

其次致曲，曲能有诚，诚则形，形则著，著则明，明则动，动则变，变则化，唯天下至诚为能化。

上段说的是圣人，这里说的是贤人。“其次”，是次于圣人一等的意思。“曲”，指细微的偏于一方面事情。“致”，作用心去做，一点不放松的意思。细微的一方面的事，都能做到诚的地步，则“诚于中，必形于外”，所以说：“诚则形，形则著，著则明。”“明则动”是说能感动众人。“动则变，变则化”两句，是说感动众人之后，全社会、全人类，自能改变恶习，化成善俗了。这些都是由至诚而来的，所以说：“唯天下至诚为能化。”按：康有为《中庸注》说：“‘诚’，有诸己之信也；‘形’‘著’充实之美也；‘明’‘动’充实而有光辉之大也；‘变’‘化’大而化之之圣也。”康氏用《孟子·尽心》篇语，就自身道德之进步言，说亦可通。

上面一段，朱子以为是第二十三章。

至诚之道，可以前知。国家将兴，必有祯祥；国家将亡，必有妖孽。见乎蓍龟，动乎四体。祸福将至；善，必先知之；不善，必先知之。故至诚如神。

“祯祥”是吉兆，“妖孽”是凶兆。“蓍”，是一种灵草，古用以筮；“龟”，古用以卜。“四体”，即手足，指人的动作威仪而言，如执玉高卑，其容俯仰之类。这段说至诚如神，可以前知，看似迷信之谈。其实，国家兴亡、人事祸福，都有其前因后果的关系。常人蔽于情感，蔽于私欲，往往当局而迷。惟至诚之圣人，无妄念、无私欲，不为情感所牵动，其理知，如天青似洗，皓月当空，无微不照，故于兴亡祸福之机，了如指掌。且所谓“祯祥”“妖孽”，亦不专指麟凤之瑞，物怪之妖而言。丰年厚俗、义士仁人，也都是国家的祯祥；水旱之灾、浇漓之俗、奸慝贪残之人，也都是国家的妖孽。如此推想，方能明“至诚前知”之理，方能信“至诚前知”之说。

上面一段，朱子以为是第二十四章。

诚者，自成也。而道，自道也。诚者，物之终始；不诚，无物。是故君子诚之为贵。诚者，非自成己而已也，所以成物也。成己，仁也；成物，知也；性之德也，合外内之道也，故时措之宜也。

“道也”之道，音导。“诚”是自己完成人格的要件；“道”是自己当行的路径；所以说：“诚者自成也，而道者自道也。”“物”，兼事物而言。万事万物，终始本末，无不以诚为主。所以“诚者，物之终始”。沟水易涸，唐花易萎，推而至于道德，事功、文艺，苟出虚伪，终归泯灭；所以说“不诚无物”。因下断语说：“是故君子诚之为贵。”更进一层说，则所谓诚者，不但可以完成自己的人格，还可以使一般人都完成人格，许多物都完成其所受于自然的性格。这就是《论语》说的“己立立人，己达达人”。《大学》说的“明明德”而“新民”。能完成自己的人格的人，就是“仁”；能使一切人和物都完成其受于自然之性，就是“知”。所以说：“成己，仁也；成物，知也。”知与智同。仁知是天生的德性，不假他求，所以说“性之德也”。“内”指“己”，“外”指“物”；成己成物，物我一体，无内外之殊，所以说“合外内之道也”。能有此成己成物之德，则“用行”“舍藏”“兼善”“独善”，无施不宜；所以说：“故时措之宜也。”

上面一段，朱子以为是第二十五章。

故至诚无息，不息则久，久则征，征则悠远，悠远则博厚，博厚则高明。博厚，所以载物也。高明，所以覆物也。悠久，所以成物也。博厚配地，高明配天，悠久无疆。如此者，不见而章，不

动而变，无为而成。

这一段申说至诚的效用。至诚法天，天行不息，故至诚亦无息。既是不息，自然可以持久。诚于中者既恒久而不息，形于外者自能有著明之征验，悠远而无穷。所以能积之广博而深厚，发为高大而光明。“博厚”，就是《孟子》所谓“充实之美”；“高明”就是《孟子》所谓“有光辉之大”。“博厚载物”指地；“高明覆物”指天；“悠久成物”指天地运行不息以化育万物。惟圣人能参天地，赞化育，而无穷极。“如此者，不见而章，不动而变，无为而成。”是这一段总结的话。“见”音现，说圣人的道德，能够这样博厚、高明、悠久，所以必自己表现，自然彰明；不必有所动作，而自然变化入神，人不必有所施为，而自然成就远大了。

天地之道，可一言而尽也：“其为物不贰，则其生物不测。”天地之道，博也，厚也，高也，明也，悠也，久也。今夫天，斯昭昭之多，及其无穷也，日月星辰系焉，万物覆焉。今夫地，一撮土之多，及其广厚，载华岳而不重，振河海而不泄，万物载焉。今夫山，一卷石之多，及其广大，草木生之，禽兽居之，宝藏兴焉。今夫水，一勺之多，及其不测，鼋鼍蛟龙鱼鳖生焉，货财殖焉。

“可一言而尽也”，就是说“可一言以蔽之”。“一言”，即指下“其为物不贰，则其生物不测”一句。不贰，就是“至诚”。天地化生万物，所以有令人不可测度之妙者，就是因为它的“至诚无息”。什么叫“天地之道”呢？天地之道就是“博呀，厚呀，高呀，明呀，悠呀，久呀。”这都是“至诚”的效果。夫音扶。“多”字从重“夕”，故有重复积累之义。“昭昭”是小小的光明。“振”是“洒”的意思。《史记·司马相如列传》“振豁通谷”，《索隐》引郭璞云：“振，犹洒之也。”《七经考文》说：“‘卷’，本作‘拳’。拳石，谓石小如拳。”“勺”同杓,挹水之器。更就天地山水推而言之:天,不过这一点点的亮光所积;但是说到那无穷大的天体,则日月星辰,都悬于天,所有万物,无不被它所覆盖。地,不过是一撮土所积,但是说到那广厚的大地,则载着华岳那样高大的山,也不觉其重;洒着大河大海那么多的水,也不会泄去;所有的万物,都能载得住。山不过是拳头般的石块所积,但是说到那广大的山,则草木生在上面,禽兽也栖在上面,金银煤铁藏在山里的宝货,也从那里发掘起来。水,不过是一杓一杓的水所积;但是说到那深广不测的海洋,则鼋鼍蛟龙鱼鳖等类,都生在那里,货物财富都靠它而生产。天地山水,这样广大繁富的宇宙,推其所以能成为如此的原理,却不外一个“诚”字而已。

《诗》云:“维天之命,于穆不已。”盖曰,天之所以为天也。“于乎不显,文王之德之纯。”盖曰文王之所以为文也,纯亦不已。

“于”,作呜。“乎”,作呼。“不”,同丕。所引《诗经》见《周颂·维天之命》篇。“于”音乌,是慨叹的声音。“穆”,深远的意思。“不已”就是“不息”。这二句说天之所以为天的道理。“于乎”同呜呼,也是叹词。“不”为发声,无义。见王引之《经传释词》。“纯”即是“不贰”的意思。此二句说文王之所以得号为文的缘故。“不贰”“不息”皆由“至诚”,是文王之道即天道,故曰“纯亦不已”。

上面三段,朱子以为是第二十六章。

[问题]

(一) 何谓“自诚明”? 何谓“自明诚”?

(二) 至诚何以能前知?

（三）何谓“成己”“成物”？

（四）“至诚”何以可参天地？

大哉圣人之道，洋洋乎发育万物，峻极于天，优优大哉！礼仪三百，威仪三千，待其人而后行。故曰：苟不至德，至道不凝焉。故君子尊德性而道问学，致广大而尽精微，极高明而道中庸，温故而知新，敦厚以崇礼。是故居上不骄，为下不倍。国有道，其言足以兴；国无道，其默足以容。《诗》曰：“既明且哲，以保其身”其此之谓与！

“洋洋”，充满的样子。“峻”作高字解。“优优”，宽裕的样子。这段首赞圣人之道之大，充满宇宙之间，足以发育万物、高与天等，宽裕广大。礼仪为周朝所定的大仪节，如冠婚丧祭之礼。威仪，为周朝所定的小仪节，如动作周旋之容。“三百”“三千”，极言其条数之多。“待其人而后行”，就是上文“人存政举”的意思。“至德”，指圣人之德。“凝”，成功的意思；就是《尚书·皋陶谟》“庶绩其凝”的凝字。《易·系辞》说“苟非其人，道不虚行”也是这个意思。

“尊”，是恭敬奉持之意。“德性”，即“天命之性”，吾心之理。“道问学”，就是“讲学问”。汉儒、清儒章句训诂之学，是“道问学”；宋明诸儒心性义理之学是“尊德性”。“尊德性而道问学”，则合汉学、宋学之长，广大精微，各臻其极；但虽极高明之境，而仍由乎中庸。“温故而知新”，就是《论语》子夏所谓“日知其所亡，月无忘其所能”。“敦厚”，就是笃厚。笃厚而崇尚礼节，则重在践履，不至如后世学者之好新奇、骛高远、尚空谈、轻实践了。“倍”同背，作悖逆解。君子居上位，既不骄傲；在下位也不做逆乱之事。当国家有道的时候,他的说话足以振兴国家。当国家无道的时候,君子就默而不言,亦足使自己免于祸害。《诗》曰:"既明且哲,以保其身。"这是引《诗经》以解释"默足以容"一句的意义的。所引《诗经》见《大雅·烝民》篇。"与"同欤。

上面一段,朱子以为是第二十七章。

子曰:"愚而好自用;贱而好自专;生乎今之世,反古之道;如此者,烖及其身者也。"

"烖",同灾。"反古之道",朱《注》说:"反,复也。"郑玄《注》也说:"谓孔之人不知今王之新政可从。"反古就是复古,便不合于"时中"了。这段又引孔子的话。本是愚笨的人,偏要自以为是;本是卑贱的人,偏不肯听人指导,凭自己的意思做去,生在现今的时代,偏要复古;这样的做人,必定要受灾祸的。

"非天子,不议礼,不制度,不考文。今天下,车同轨,书同文,行同伦。虽有其位,苟无其德,不敢作礼乐焉;虽有其德,苟无其位,亦不敢作礼乐焉。"

"行",去声。非圣人在天子之位,不能作礼乐,制法度,考定文字。按:许慎《说文解字·序》说七国之时,"车涂异轨,律令异法,衣冠异制,言语异声,文字异形"。且老、庄、申、商、杨、墨诸子,异学蜂起,正是车不同轨、书不同文、行不同伦,与此处所说相反。本篇所以如此说者,不过因春秋之末,东周之共主尚存,而当时之有位者皆无圣人之德,有其德如孔子者,又无天子之位;无德而妄作,便是愚而好自用了;无位而妄作,便是贱而好自专了。这是作者的一种曲笔,而其意则重在有位无德、有德无位,不敢作礼乐数句。不是圣德的人,虽在天子之位,不敢作礼乐。虽有圣德的人,不在天子之位,也不敢作礼乐。

子曰："吾说夏礼，杞不足征也。吾学殷礼，有宋存焉。吾学周礼，今用之，吾从周。"

周定天下以后，封夏之后为杞国，殷之后为宋国。"征"，就是证明的意思。按《论语·八佾》篇，子曰："夏礼吾能言之，杞不足征也；殷礼吾能言之，宋不足征也；文献不足故也。足，则吾能征之矣。"又说："周监于二代，郁郁乎文哉，吾从周。"与此所说略同。《论语》言"宋不足征"，而此言"有宋存焉"者，《史记》言子思居宋，作《中庸》故讳之。（阎若璩说，见《四书释地》）

上面三段，朱子以为是第二十八章。

王天下有三重焉，其寡过矣乎！上焉者，虽善无征；无征，不信；不信，民弗从。下焉者，虽善不尊；不尊，不信；不信民弗从。故君子之道，本诸身，征诸庶民，考诸三王而不缪，建诸天地而不悖，质诸鬼神而无疑，百世以俟圣人而不惑。质诸鬼神而无疑，知天也。百世以俟圣人而不惑，知人也。

"王"，去声。"三重"，郑玄注说就是"三王之礼"。朱子《章句》引吕氏的话，说就是议礼、制度、考文。康有为《中庸注》"重"字读平声，作重复解。"三重"，说据乱、升平、太平三世之中，又各有三世；小三世之中，又各有其三世。明此世运升降之理，则可以寡过。此今文《公羊》家之说。"上焉者，虽善无征，无征不信，不信民弗从"是说时王以前，如夏商的礼，虽然很好，因年代湮远，无从证明；既已无从证明，便不能使人相信；不能使人相信，又怎能使百姓遵行呢？"下焉者，虽善不尊，不尊不信，不信民弗从。"是说如孔子般在下位的人，虽善于礼，因不在尊位，人也不信；不信，则百姓又哪能遵行呢？所以君子之道，必定要从自身做起，然后证之百姓，又考之三代王者，没一些缪（同谬）戾，建立于天地之间，并不反悖；即使问之鬼神，亦无所疑虑，等到百世以后，圣人出来，也不会有什么疑惑了。“质诸鬼神”之“质”，作就正解。“知天”是知天理；“知人”是知人情。

是故君子动而世为天下道，行而世为天下法，言而世为天下则，远之则有望，近之则不厌。

道为人所共由，与法度准则，为人所共遵者同义。说君子的举动、行为、说话，可为世世天下人做模范。远者慕之，故有望；近者悦之，故不厌。

《诗》曰："在彼无恶，在此无射。庶几夙夜，以永终誉。"君子未有不如此，而蚤有誉于天下者。

“恶”，音污。“射”，作妒。“蚤”，通早。所引《诗经》见《周颂·振鹭》篇。“恶”，去声，厌恶的意思。“射”，《诗》作“斁”，郑玄注音亦，朱子音妒，也是厌恶的意思。此处与“誉”字叶韵，以音妒为宜。“夙夜”，就是早夜。“蚤”，借作早。“在彼无恶”，即上文的“远之则有望”。“在此无射”即上文的“近之则不厌”。庶几早夜孳孳，以恒久永保其令誉。君子未有不如此，而能早有令誉于天下的。

上面三段，朱子以为是第二十九章。

［问题］

（一）何谓“尊德性而道问学”？

（二）何谓“温故而知新”？

（三）如何方可议礼制度考文？

（四）何谓“王天下有三重”？

（五）何谓“在彼无恶，在此无射”？

仲尼祖述尧舜，宪章文武，上律天时，下袭水土；辟如天地之无不持载，无不覆帱。辟如四时之错行，如日月之代明。万物并育而不相害，道并行而不相悖，小德川流，大德敦化，此天地之所以为大也。

“祖述”是宗其道而传述之。“宪章”是取法的意思。“律”，也是法。“袭”，就是因。“辟”同譬。“帱”也是覆盖的意思。“错”“代”，都是更迭的意思。“悖”是反背的意思。“川流”是如川之流。“敦”是笃厚，“化”是化育。这一段是子思赞孔子之道，远宗尧舜，近法文武，上法天时之顺，下因水土之宜。其道之大，如天之无不覆，地之无不载；其至诚无息，如四时之更迭而运行，日月之更迭而普照。万物并育于其间而不相害，是说天地之大；诸子之道，与之并行而不相悖，是说孔子之道之大。“小德川流”，即指“并行不悖”之诸子之道，如川之流，以海为归，所谓诸子俱出于六艺，各得一察焉以自好，终殊途而同归。“大德敦化”，指孔子之道，如天地之化育万物。天地之所以为大在此；孔子之道之所以为大亦在此。

上面一段，朱子以为是第三十章。

唯天下至圣，为能聪明睿知，足以有临也。宽裕温柔，足以有容也。发强刚毅，足以有执也。齐庄中正，足以有敬也。文理密察，足以有别也。

思想纯正而灵敏，叫做“睿”。“知”同智。“发”是奋发的意思。“执”就是守。“齐”同斋。“齐庄”是敬肃庄重的意思。“文理”即条理。“密察”是详细而明白。“聪明睿知”是“圣”，足以临民。“宽裕温柔”是“仁”，足以容物。“发强刚毅”是“义”，足以励其守。“齐庄中正”是“礼”，足以致其敬。“文理密察”是“智”，足以辨别是非。唯天下至圣，方能备此五德。

溥博渊泉，而时出之。溥博如天，渊泉如渊。见而民莫不敬，言而民莫不信，行而民莫不说。

“见”，去声，同现。“说”，同悦。“溥博”是周遍而广大的意思；“渊泉”是幽静而深浚的意思。这是说圣人之德，周遍广大，幽静深浚，而又时时表现仪容于言行之间，其溥博则如天；其渊泉则如渊；其表现于仪容言行，人民莫不尊敬，莫不信服，莫不欢悦。

是以声名洋溢乎中国，施及蛮貊；舟车所至，人力所通，天之所覆，地之所载，日月所照，霜露所队，凡有血气者，莫不尊亲；故曰配天。

“施”同迤，旁及的意思。“队”，同坠。这段是综结上两段的。圣人之德如此，所以他的声名，充满于中国，旁及南方之蛮，北方之貊，国外未开化诸民族。凡是船只和车子所能到的，人的力量所能通的，天所覆的，地所载的，日月所照及的，霜露所下着的地方，凡有血气的人，无不尊敬他，亲爱他的。所以说圣人之道之大，是可以和天相配的。

上面三段，朱子以为是第三十一章。

唯天下至诚，为能经纶天下之大经，立天下之大本，知天地之化育，夫焉有所倚？肫肫其仁，渊渊其渊，浩浩其天。苟不固聪明圣知达天德者，其孰能知之？

“经纶”，本为织丝的名词，引伸作治理解。“大经”，就是上文所说“凡为天下国家有九经”的九项治平的大纲。“大本”，就是上文所说“中也者天下之大本也”的“中”。“知化育”，就是上文所说的“赞天地之化育”。“夫”音扶。“焉”，平声，作“何”字解。“焉有所倚”，就是说何尝倚着别的呢？“肫”音之纯反。“肫肫”,诚恳之貌;“渊渊”,静穆之貌;“浩浩”,广大之貌。这三句是说天下至诚的圣人,态度诚恳,则粹然仁者;气象静穆,则渊泉如渊;胸襟广大,则溥博如天。惟英雄能识英雄,惟圣人能知圣人;所以说如其不是本来聪明圣知,通达天德的人,谁能知道他呢。

上面一段,朱子以为是第三十二章。

[问题]

(一) 孔子之道,怎样的伟大?

(二) 至圣的人,具有什么五种德性?

(三) 至圣的人,何以可以配天?

(四) 圣人的态度、气象、胸襟如何?

《诗》曰“衣锦尚䌹”,恶其文之著也。故君子之道,暗然而日章。小人之道,的然而日亡。君子之道,淡而不厌,简而文,温而理,知远之近,知风之自,知微之显,可与入德矣。

“衣”,去声。“锦”,是有彩色的绸衣。“䌹”,音迥,同褧䌹,是禅衣,就是单层的罩衫。“尚”,就是加。“恶”,去声。“衣锦尚䌹”,是说穿了有彩色的绸衣,外面一定还要加上一件单衫,因为嫌那锦衣的文彩太显著的缘故。按《诗经·卫风·硕人》篇:“衣锦褧衣。”又《郑风·丰》篇:“衣锦褧衣,裳锦褧裳。”均与此所引不同。故毛奇龄《四书賸言》说所引的是逸《诗》,康有为《中庸注》说所引的是《鲁诗》。俞樾据孔颖达《礼记正义》说有俗本作“衣锦褧裳”,以为“尚”字是“裳”字的假借字,本作“衣锦尚䌹”,是撮举《郑风·丰》“衣锦褧衣,裳锦褧裳”二句之辞。《说文日部》引《齐风·鸡鸣》篇“东方明矣,朝既昌矣”二句,亦撮举其辞曰“东方昌矣”，正与此同例。（见《古书疑义举例》“古人引书每有增减例”）照俞说，这句是说衣裳为锦制的，都有䌹衣䌹裳了。这是引《诗》以衣裳为比喻。“故君子之道，暗然而日章；小人之道，的然而日亡。”方是本意。“章”作显著解。“的然”之“的”，钱大昕说当作“的”，“音勺，明也。”（见《十驾斋养新录》）正是“暗然”的反面。这二句说君子之道，如衣锦尚䌹，文采不露，但日久，自然会渐渐显著起来；小人则反是，乍看是文采鲜明，但天天销亡下去。君子之道，就待人一面说，虽淡淡不见亲密，然不会使人讨厌；其本质说，虽简易温柔，而文理粲然。

“知远之近，知风之自，知微之显。”俞樾《古书疑义举例》说：“此三句，自来不得其解。若谓远由于近，微由于显，则当云‘知远之由于近，知微之由于显’文义方明。不得但云‘远之近，微之显’也。且‘风之自’句，义不一例。‘微之显’句，亦与第一句不伦。既云‘远之近’，则当云‘显之微’矣。今按此三‘之’字，皆连及之词。‘知远之近’者，知远与近也。‘知微之显’者，知微与显也。‘知远之近，知风之自，知微之显，可与入德矣。’犹《易·系辞》云：‘君子知微知彰，知柔知刚，万夫之望也。’然则‘知风之自’句，当作何解？风读为凡，风字本从凡声，故得通用。《庄子·天地》篇：‘愿先生之言其凡也。’风即凡字；犹云：‘言其大凡也。’自者，‘目’字之误。《周官》宰夫职：‘二曰师，掌官成以治凡。三曰司，掌官法以治目。’郑《注》曰：‘治凡，若月计也。治目，若今之日计也。’然则‘凡之与目’，事有巨细，故以对言，正与远近微显一例。”按俞氏此解，比前人所解好得多。《考工记》“作其鳞之而”就是说“做它的鳞和须”，“之”字亦用作连及之辞。“可与入德”之“与”作“以”字解。《礼记·玉藻》：“大夫有所往，必与公士为宾。”“与”字亦作“以”字用。这几句是说君子能知远与近，知微与显，知大凡与细目这样，才可以入道德之门了。

《诗》云："潜虽伏矣，亦孔之昭。"故君子内省不疚，无恶于志。君子之所不可及者，其唯人之所不见乎！

"恶"，音污。所引《诗经》见《小雅·正月》篇。"潜"，作隐藏解。"伏"，不见的意思。"孔"，作甚字解。"昭"，作明字解。这是引《诗经》以释"暗然而日章"一句的。"疚"，作悔恨解。"恶"，去声。君子只要自己心里反省，没有什么悔恨，无愧于心，那就行了。所以接着说，君子之所不可及者，全在于人所不见的地方哩！

《诗》云："相在尔室，尚不愧于屋漏。"故君子不动而敬，不言而信。

所引《诗经》见《大雅·抑》篇。"相"，去声，作看字解。"尔"，就是你，指君子。"屋漏"，屋的西北隅最深之处。这二句说君子独居内室，亦能无愧于心。所以君子没有行动，人都敬重他；没有说话，人都相信他。

《诗》曰："奏假无言，时靡有争。"是故君子不赏而民劝，不怒而民威于鈇钺。

所引《诗经》见《商颂·烈祖》篇。"奏"，作进字解。"假"，假之通借字。假音格，作至字解。"靡有"，就是没有。此处引《诗》仅断章取义，说进至无言，时无与之争者。"无言"者，默化潜移；靡有争者，人皆信之。即上文"不言而信"，下文"不赏而民劝，不怒而民威于鈇钺"的意思。"鈇"同斧；"钺"是大斧。鈇钺，古代杀人之器。

《诗》曰："不显惟德，百辟其刑之！"是故君子笃恭而天下平。

所引《诗经》亦见《烈祖》篇。"不"，发声，无义；"不显"就是

"显"的意思。"辟"就是君。指诸侯。"刑",同型,"刑之"是奉为典型。"不显",说君子所显著的,只有德行;凡百人君,自能奉他为典型的。"笃恭而天下平"就是《论语》赞舜"无为而治""恭己正南面而已矣"的意思。

《诗》曰:"予怀明德,不大声以色。"子曰:"声色之于以化民,末也。"《诗》曰:"德辅如毛",毛犹有伦,"上天之载,无声无臭",至矣!

这段三引《诗经》,一见《大雅·皇矣》篇,一见《小雅·烝民》篇,三见《大雅·文王》篇。"以"字作与字解。《仪礼·乡射礼》:"主人以宾揖","以"亦解作与。此处所说的"明德",就是大学的"明德"。这两句说,我怀明德以化民,不在大声与大色。"声",指言论;"色"指仪容。子曰:"声色之于以化民,末也。"是孔子赞这二句的话。"輶",作轻字解。说道德之感化,不着痕迹,犹如毛一般的轻。这一句是所引之《诗》。"伦",比较的意思。但毛还是比较的轻。"则如毛"还是不足以形容"德"。这句是作者加的按语。下又引《诗经·毛传》说:"载,事也。"《论语·阳货》篇"天何言哉?四时行焉,百物生焉;天何言哉!"行四时,生百物,即是上天之事。言必如此二句,方为形容尽致。

上面六段,朱子以为是第三十三章。

[问题]

(一)何谓"衣锦尚䌹"?

(二)何谓"知远之近,知风之自,知微之显"?

(三)何谓"不愧屋漏"?

(四)何谓"笃恭而天下平"?

(五)何谓"上天之载,无声无臭"?

论语读本

四書讀本

第一　学　　而

古人著书，皆先有文而后加题目。其题目，往往取首句中二三字，但作标题，别无他义。本篇第一章，第一句为“子曰学而时习之”，故取“学而”二字，作为本篇的题目。以下各篇同。

子曰：“学而时习之，不亦说乎？有朋自远方来，不亦乐乎？人不知而不愠，不亦君子乎？”

“说”，同悦。“乐”音洛。“愠”，音运。何晏《论语集解》“马（融）曰：‘子者，男子之通称，谓孔子也。’”按：春秋时称卿大夫皆曰“子”，曰“夫子”，故马氏以为男子之通称。孔子曾为鲁大夫，故其弟子亦称之曰“子”，曰“夫子”。私人聚弟子讲学，以孔子为最早；故此后相沿，遂称师曰夫子。又《集解》王（肃）曰：“时者，学者以时诵习之。诵习以时，学无废业，所以为说怿。”王氏以诵习释习，似专指读书而言。朱子《集注》则曰：“学之为言效也。人性皆善，而觉有先后；后觉者，必效先觉之所为，乃可以明善而复其初也。习，鸟数飞也。学之不已，如鸟数飞也。既学而又时时习之，则所学者熟，而中心喜说，其进自不能已矣。”朱子训“学”为“效”，“习”为“学之不已”，则可以兼包“知”（书本）“行”（行为）两方面而言，较王说为精当。因为《论语》所说的“学”皆是学做人，且偏重于行为方面的实践也。“时习”者，如朱《注》引谢氏云：“坐如尸，坐时习也；立如齐，立时习也。”无时不习,一也。如“春秋教礼乐,冬夏教《诗书》”“柔日读经,刚日读史”;按时而习,二也。学是知新,习是温故;学是“日知其所亡”,习是“月无忘其所能”。能如此,则博学笃行,虽愚必明,虽柔必强,所以中心喜悦。颜回好学,虽贫因不改其乐,便是因此。

《集解》包(咸)曰:“同门曰朋。”按:《白虎通·辟雍》篇说师弟子之道有三,一为朋友之道,即引本篇此语为证。《孟子》,子濯孺子曰:“其取友必端矣。”亦谓弟子曰友。《史记·孔子世家》云:“孔子不仕,退而修诗书礼乐;弟子弥众,至自远方。”此云“有朋自远方来”,即指弟子至自远方。《孟子》以“得天下英才而教育之”为君子三乐之一,与此“有朋自远方来,不亦乐乎”之意正同。

朱《注》:“愠,含怒意。君子,成德之名。尹氏曰:‘学在己,知不知在人,何愠之有?’程子曰:‘虽乐于及人,不见是而无闷,乃所谓君子。’”此皆以“人不知”为“人不知我”。《集解》云:“凡人有所不知,君子不怒。”焦循《论语补疏》引《魏略》记乐详为博士,五经并授,其或质难不解,详无愠色,牵譬引喻,至忘寝食为证。按:“学而时习”是“学不厌”;“人不知而不愠”是“教不倦”;二者为孔子一生精神,故列之首章。

有子曰:“其为人也孝弟,而好犯上者,鲜矣!不好犯上,而好作乱者,未之有也。君子务本,本立而道生。孝弟也者,其为仁之本与?”

有子,名若,孔子弟子。《史记·仲尼弟子列传》裴骃《集解》引郑玄云:“鲁人。”按:《论语》记孔子弟子皆称字,闵损、冉求二人各一称子,惟有若、曾参二人皆称子;编撰次第,又以有子、曾子之言为第二章、第三章，盖弟子门人尊此二人之故。“弟”，今作悌。朱注：“善事父母为孝，善事兄长为弟。”“好”，去声。“鲜”，上声，少也。“与”，今作欤。“为仁”犹言行仁。“欲仁”而“志于仁”，“用力于仁”以“求仁”是谓“为仁”。《孟子》云：“仁之实，事亲是也。”《中庸》云：“仁者，人也，亲亲为大。”故“为仁”以孝弟为本。“务本”，即致力于孝弟。“本立道生”，谓孝弟之行立，则仁道由此生。孔子之道，以仁为本。

子曰：“巧言令色，鲜矣仁。”

“鲜”，音险。“巧言”，是说话说得好听，其实都是骗人的话。“令色”，是专用一种媚人的态度，去奉承人家。《尚书·皋陶谟》云：“何畏乎巧言令色？孔壬。”孔壬就是“甚佞”的意思。下《雍也》篇亦有“仁而不佞”之语。仁者诚实无伪，故适与“佞”相反。

曾子曰：“吾日三省吾身：为人谋而不忠乎？与朋友交而不信乎？传不习乎？”

《史记·仲尼弟子列传》，曾子名参，字子舆，南武城人，孔子弟子。“省”，音醒，察也。这是说每日以三事自己反省。朱《注》云：“尽己之谓忠；以实之为信；传，谓受之于师；习，谓熟之于己。曾子以此三者日省其身，有则改之，无则加勉。其自治诚切如此，可谓得为学之本矣。”又引尹氏曰：“曾子守约，故动必求诸身。”按：郑玄《注》云：“《鲁》读‘传’为‘专’，今从古。”《说文解字》云：“专，六寸簿也。”犹今之扎记簿，所以记述师言。此别一说。

子曰：“道千乘之国，敬事而信，节用而爱人，使民以时。”

“道”，去声，作治字解。“乘”，亦去声。千乘之国，指诸侯之国，可以出兵车一乘千的。“敬”，是谨慎郑重的意思；“事”，指政事。不敬事，则朝令暮改，如何能“信”？“用”，指国家的财用。不节，则国用不足，必致横征暴敛，如何能“爱人”？古时候国家有大工程，都叫百姓来充工役。孔子以为国家要兴工程，须等到农事已过，百姓闲暇的时候，才使他来做工。就是《孟子》“不违农时”的意思。

子曰：“弟子入则孝，出则弟，谨而信，泛爱众，而亲仁；行有余力，则以学文。”

“弟子”对兄父而言，指青年为弟为子者。故《仪礼·特牲馈食礼》注云：“弟子，后生也。”“出则弟”之“弟”，今作“悌”。“孝”，专对父母言；“弟”，则对兄及其他长于我者而言；故曰“入则孝”，专指在家；“出则弟”，兼指对外。又，《礼记·内则》云：“异为孺子室于宫中。”“入”，指由己室入父母所居之室。又云：“十年，出就外传。”“出”，指就传而言。说亦可通。朱《注》云：“谨者，行之有常也；信者，言之有实也。”是谓“谨而信”句兼言行二方面说。窃疑孝弟指行，谨信指言。必慎言，乃能有信。“谨而信”，就是《中庸》的“庸言之谨”。“泛”，广博普遍的意思。《广雅·释诂》：“亲，近也。”仁，指有仁德之人。朱《注》：“文指诗书六艺之文。”按：“行”字统上孝弟、谨信、爱众、亲仁而言。以余力学文，可见孔门之学，“行”重于“知”。

子夏曰：“贤贤易色；事父母能竭其力；事君能致其身；与朋友交，言而有信：虽曰未学，吾必谓之学矣！”

子夏，姓卜，名商，孔子弟子。《史记·仲尼弟子列传》集解引郑玄说是温人。温，卫邑，与《孔子家语·七十二弟子解》云

“卫人”者合。孔颖达《礼记·檀弓》疏云是魏人。“贤贤”，上一个“贤”字，作动词用，是敬重的意思；下一个“贤”字是名词，指贤人。朱《注》云：“贤人之贤而易其好色之心。”则“易”误作“亦”，是替换的意思。《汉书·李寻传》引此语。颜师古注：“易色，轻略于色，不贵之也。”则“易”字作轻易解，当读去声。又《广雅·释言》：“易，如也。”王念孙《疏证》云：“《论语》：‘贤贤易色。’易者，如也。犹言好德如好色也。”义亦可通。三说虽不同，“贤”字皆泛指贤人。宋翔凤则谓贤贤易色，即《关雎》之义，是明夫妇之伦。（见《朴学斋札记》）如宋氏说，则“贤贤易色”明夫妇之伦；“事父母能其竭力”明父子之伦；“事君能致其身”明君臣之伦；“与朋友交言而有信”明朋友之伦。《孟子》谓三代之学，“皆所以明人伦”；故末句云：“虽曰未学，吾必谓之学矣。”《中庸》云：“君子之道，造端乎夫妇。”故“贤贤易色”列于首句。

子曰：“君子不重，则不威，学则不固。主忠信，无友不如己者。过，则勿惮改。”

朱《注》云：“重，厚重；威，威严；固，坚固也。轻乎外者，必不能坚乎内；故不重，则无威严，而所学亦不坚固也。”按：“不重”，就是轻薄。“威”，指威仪。轻薄之人，必无威仪，必不能使人尊敬。故曰“不重则不威”。《集解》引孔（安国）曰：“固，蔽也。”郑玄《礼记·曲礼》注云：“固，谓不达于理也。”亦蔽塞之义。下文孔子告子路云：“好仁不好学，其蔽也愚；好知不好学，其蔽也荡；好信不好学，其蔽也贼；好宜不好学，其蔽也绞；好勇不好学，其蔽也乱；好刚不好学，其蔽也狂。”可见固蔽皆由于不好学；学，则不至有所固蔽了。孔注较朱注为长。“主忠信”，言为人之道，以忠信为主。故上文曾子以不忠不信反省其身。《集解》引郑（玄）

云:"主,亲也。"则谓"主忠信"为亲近忠信之人,即上文"亲仁"之意,而与下句"无友不如己者"相连。"无",同毋,禁止之词。朱《注》云:"友所以辅仁;不如己,则有益而无损。""惮"是畏难的意思。人非圣人,孰能无过。常人有过,亦未常不知愧悔,但往往因苟安畏难之故,而不能即改。故曰"过则勿惮改"。

曾子曰:"慎终追远,民德归厚矣!"

"慎终",说父母的丧事,须办得谨慎。"追远",指祭祀祖先;虽时久远,必须追祭,示不忘本也。丧葬祭祀,无非示民不忘本;故能易浇薄之风俗,使民族道德归于敦厚。这一章是说明儒家所以重丧葬祭祀之旨。墨子尝讥儒家不信鬼神而隆丧祭之礼,是犹无鱼而下网,无客而行客礼。盖未明此旨耳。

子禽问于子贡曰:"夫子至于是邦也,必闻其政。求之与?抑与之与?"子贡曰:"夫子温、良、恭、俭、让以得之。夫子之求之也,其诸异乎人之求之与?"

子禽,姓陈,名亢,孔子弟子。即《史记·仲尼弟子列传》之原亢籍。原氏出于陈,陈原同氏;亢字籍,一字子禽。(见臧庸《拜经日记》)按:《礼记·檀弓·郑注》为齐人。子贡,姓端木,名赐,亦孔子弟子,卫人。"之与"的"与",同"欤"。"与之"的"与",是告语的意思;石经作"予"。此章记子禽看见孔子每到一个国家,必定与闻这国家的政治,因问子贡道:"还是夫子自己去求来的呢?还是人君自己情愿告诉他的呢?"

"温"是和气,"良"是易直,"恭"是庄敬,"俭"是节制,"让"是谦逊。子贡说:"夫子有此五项美德,所以到一个国家,得与闻这国家的政治。夫子之得与闻政治,原不是求;即说是求,我想也是和他人之求不同罢。"

子曰:“父在,观其志;父没,观其行。三年无改于父之道,可谓孝矣。”

一个人于父在的时候,家中事务,自然由父作主,为子者不得自专,所以这时只能看他的志向。若父一没,他就可以自专,这时应看他所行的事。倘若父死已有三年,还是照着父在时的老规矩行事,这个人可说是孝子了。所以说“三年”者,因为父死有三年之丧。这是《集解》所引孔安国说。汪中《释三九》云:“三年者,言其久也。何以不改也?为其为道也。若其非道,虽朝没而夕改可也。”“三年云者,虽终其身可也。”(见《述学》)较孔说为长。

有子曰:“礼之用,和为贵。先王之道,斯为美,小大由之。有所不行,知和而和,不以礼节之,亦不可行也。”

《礼记·祭义》云:“礼者,履此者也。”《易·系辞》云:“履以和行。”虞翻注即引“礼之用和为贵”语盖礼之体在敬,而其用则在和。礼主于让,故以和为用。“先王”指古先圣王制礼者。“斯”,指礼。先王之道,礼为最美,故事无大小,人无大小,皆由礼而行。然知礼之用在和,而一味和气,不以礼节制之,亦不可行。必知礼之用以和为贵,而又节之以礼,则能如《中庸》所说“和而不流”矣。

有子曰:“信近于义,言可复也。恭近于礼,远耻辱也,因不失其亲,亦可宗也。”

朱《注》云:“义者,事之宜也。复践言也。”信而不近于义,则其言必不能践。即勉强践之以全其信,亦尾生之信而已。《大戴礼记·曾子立事》云:“久而复之,可以知其信矣。”欲其言之久而可复,必近于义方可。《礼记·表记》云:“恭以远耻。”恭之所以能远耻辱者,必近礼方可。下文云:“恭而无礼则劳。”恭而背礼,不但过劳,旁人必窃笑他,轻侮他,如何能远耻辱?《诗·皇矣·毛传》云:“因,亲也。”“因不失其亲”,就是亲不失其所当亲。上文云“亲仁”,则所当亲者,即是仁人。“宗”是尊敬的意思。《曾子立事》云:“观其所爱亲可以知其人矣。”《孟子》亦有“端人取友必端”之语。故所亲者不失其所当亲,则此人也可尊敬了。

子曰:“君子食无求饱,居无求安,敏于事而慎于言,就有道而正焉,可谓好学也已。”

“好”,去声。此章“饱”字,当作餍足肥鲜解。“安”字,当作逸居安乐解。“无求”者,谓不必强求之。颜回一箪食,一瓢饮,在陋巷,不改其乐,即是“君子食无求饱居无求安”的一个实例。君子志道安贫,故不暇及此,“敏”是勤敏,“慎”是谨慎,下文云:“君子欲讷于言而敏于行。”意与此同。就有道之人以正其是非。不敢自以为是,故能如此,可以说是“好学”了。

子贡曰:“贫而无谄,富而无骄,何如?”子曰:“可也。未若贫而乐,富而好礼者也。”子贡曰:“《诗》云:‘如切如磋,如琢如磨’其斯之谓与?”子曰:“赐也,始可与言《诗》已矣!告诸往而知来者。”

“乐”,音洛。《古文论语》作“贫而乐道”。“好”,去声。“谓与”之“与”今作“欤”。穷人看见富人,往往去谄媚他;富人看见穷人,往往要骄傲他。世俗之人,往往不能免此。故子贡问孔子道:“贫的人不谄,富的人不骄,怎么样?”孔子说:“好是好的;但还不及贫的人能悠然自乐,富的人能事事遵礼而行。”子贡听了此话,知道孔子所说的道理,比自己更高一层,因把《诗经·卫风·淇澳》篇“如切如磋，如琢如磨”的两句话引来比喻。治骨角的匠人，把骨角切成片段，还要把它磋光；治玉的匠人，把玉雕琢好了，还要把它磨光；都是精益求精的道理。做人如“贫而无谄，富而无骄”也算好了；但还得更进一层做到孔子所说的“贫而乐，富而好礼”。孔子见子贡善解《诗》意，所以也深赞子贡曰：“赐也，始可与言《诗》已矣！”“往”，是其所已言的；“来”，是其所未言的。这是子贡“闻一以知二”的事实。

子曰：“不患人之不己知，患不知人也。”

古代文法，凡否定语，用代词作止词，可以放在动词之前。此云“不己知”即是“不知我”。好名之心，人所同有。自己有才学，有道德，就想人家知道我，称赞我。孔子的意思，却以为我虽有才学道德，人家不知我，于我无损，所以说：“不患人之不己知。”人虽不知我，我却不可不知人。例如：我知道某人有才学，有道德，我就应该敬重他，或者请教他；知道某人是个坏人，我就可以远避他，或者防备他；所以“知人”倒是一件很重要的事情。故曰：“患不知人也。”

［问题］

（一）《论语》一书，性质如何？何人所撰？

（二）《论语》第一章的大旨如何？足以表现孔子何种精神？

（三）孔门论“学”，“行”重于“知”；试就《学而》篇中举例说明之。

（四）“为仁之本”是什么？

（五）本篇言治国之道如何？

（六）何谓“贤贤易色”？

（七）何谓“学则不固”？

（八）儒家重丧葬祭祀，其旨何在？

（九）何谓“三年无改于父之道”？

（十）居贫、居富其道如何？

第二　为　政

子曰：“为政以德，譬如北辰，居其所而众星共之。”

“为政”，是说人君施行政治。孔子重在德治，以身作则，以德感人，是曰“为政以德”。“北辰”，北极，是天之中极。“共”同拱。北极在其位而不动，许多星都在周围绕着它，向着它。人君为政以德，则无为而治，天下归之，其象亦如此。此章可与下文“无为而治者，其舜也与”一章参看。

子曰：“《诗》三百，一言以蔽之，曰‘思无邪’。”

《诗》就是《诗经》。《诗》共三百十一篇，此云三百，举其大数。中有“笙诗”六篇，有目无辞，凡三百零五篇。“一言”就是一句话。“蔽”是包括的意思。“思无邪”，见《诗经·鲁颂·駉》篇。朱《注》引程子曰：“思无邪者，诚也。”《易·文言》云：“修辞立其诚。”诚即是真；文学以“真”为第一义，《诗》三百篇，大之美刺朝廷政治，小之抒写男女情感，皆能立其诚，故“思无邪”也。旧以“纯正”释“无邪”，则《诗经》中多写男女恋情之作，怎么可以说“思无邪”呢？

子曰：“道之以政，齐之以刑，民免而无耻。道之以德，齐之以礼，有耻且格。”

“道”，同导，谓教导之也。“政”，政令；刑，刑罚。“齐”，谓整饬之使归一律。以政令教导之，有不从者，以刑罚整饬之，则民但求避免刑罚，而无羞耻之心。以德教导之，以礼整饬之，则人民自知罪恶之可耻，而归于正。“格”，正也。就是《尚书·冏命》“格其非心”之格。《礼记·缁衣》云：“夫教之以德，齐之以礼，则民有格心；教之以政，齐之以刑，则民有遁心。”正与本章所说相同。“道之以政，齐之以刑”，是法家的“法治”；“道之以德，齐之以礼”，是儒家的“德治”。《大戴礼》孔子答卫将军文子云：“以礼齐民，譬之于御则辔也；以刑齐民，譬之于御则鞭也。”法家的政治手腕是鞭策，儒家的政治手腕是驾驭。

子曰：“吾十有五而志于学；三十而立；四十而不惑；五十而知天命；六十而耳顺；七十而从心所欲，不逾矩。”

此章系孔子七十以后，自己追述之言，可见圣人成德立身，始终本末，学者宜仔细体察之。“吾十有五而志于学。”朱《注》云：“古者十五而入大学。心之所之谓之志。此所谓学，即大学之道也。志乎此，则念念在此而为之不厌矣。”“三十而立”，朱《注》谓：“有以自立。”“四十而不惑”，朱《注》谓：“于事物之所当然，皆无所疑。”“五十而知天命”，朱《注》谓：“天命即天道之流行而赋于物者，乃事物所以当然之故。此犹近人之言天演。为宇宙间一切事物自然变化，自然进行之原理。”“六十而耳顺”，《集解》引郑玄说：“耳闻其声而知其微旨。”朱《注》谓“声入心通，无所违逆。”盖圣人对人，只要一闻其言，早已明白其言的真伪。其人胸中之是非。本书末章云：“不知命，无以为君子也；不知礼，无以立也；不知言，无以知人也。”此言三十知礼，五十知命，六十知言。二章可以参看。“七十而从心所欲，不逾矩。”矩，所以为方，法度之器。此指做人之道而言。圣人到了此时，随便什么地方，凡一言一动，一视一听，不必注意，无不悉合乎道，故朱《注》以《中庸》“安而行之”“不勉而中”释之。

孟懿子问孝。子曰：“无违。”樊迟御，子告之曰：“孟孙问孝于我，我对曰‘无违。’”樊迟曰：“何谓也？”子曰：“生，事之以礼。死，葬之以礼，祭之以礼。”

孟懿子，鲁大夫，姓仲孙，名何忌。懿，谥法。樊迟，名须，孔子弟子。郑玄《目录》云齐人，《孔子家语·七十二弟子解》及《左传》杜预注并云鲁人。

此章记孟懿子问孝道于孔子，孔子只告以“无违”二字。于樊迟御车时，再以告之樊迟。樊迟也不懂，所以问曰：“何谓也？”孔子乃具体地对他说：“生，事之以礼。死，葬之以礼，祭之以礼。”“生，事之以礼”者，“冬温夏清，昏定晨省”之属也；“死，葬之以礼”者，“为之棺椁衣衾而举之，卜其宅兆而安厝之”之属也。“祭之以礼”者，“春秋祭祀，以时思之；陈其簠、簋而哀戚之”之属也。均见邢昺《疏》。

按：“冬温夏清”，是使亲冬得暖，夏得凉；“昏定晨省”，是夜间服事亲睡，晨起时问安。棺椁衣衾，宅兆安厝，是葬的事；簠簋哀戚，是祭的事；则所谓“无违”者，是不违礼的意思。皆为事亲之礼。

孟武伯问孝。子曰：“父母唯其疾之忧。”

孟武伯，孟懿子之子，仲孙彘也。武，是谥。“唯”，通惟，独也。朱《注》云：“言父母爱子之心，无所不至，唯恐其有疾病，常以为忧也。人子体此，而以父母之心为心，则凡所以守其身者，不容不谨矣。”

又一说，谓“其”字，指父母而言。谓人子以忧父母之疾为孝。此说亦可通。但“父母”字当略读。《淮南子·说林》云:“忧父之疾者子,治之者医。”高诱注即引“父母唯其疾之忧”语以证之。《孝经·孝行章》云:“孝子之事亲也,病则致其忧。”皆以子忧父母之疾为孝。

子游问孝。子曰:“今之孝者,是谓能养。至于犬马,皆能有养;不敬,何以别乎?”

子游,孔子弟子,姓言,名偃。《史记·仲尼弟子列传》说是吴人,《孔子家语·七十二弟子解》说是鲁人。“养”,谓饮食供奉。做人子的养亲,更须有恭恭敬敬的心思,才算是孝。若只知饮食供奉而无恭敬的心思,那么,与养犬马,没有分别了。朱注即如此解。又一说:犬能守宅,马能代人任劳,也可算是养人;但犬马是不知恭敬的。人子养亲而不知恭敬,与犬马养人,没有分别了。《集解》引包(咸)说,即如此解。

王引之《经传释词》说“是谓能养”之“是”字,作“只”解。言今世所谓孝者,只说能养父母而已。《礼记·坊记》云:“小人皆能养其亲,不敬,何以辨?”义与此章同,惟易“犬马”为小人。刘宝楠《论语正义》引《公羊传》何休注“大夫有疾称犬马”,《孟子》子思言“今而后知君之犬马畜伋”,谓犬马指卑贱之人,若臧获之类。此又一说。

上面三说都可通。总之,孔子的意思,以为人子孝亲,不仅能养,尤重在能敬。

子夏问孝。子曰:“色难!有事,弟子服其劳;有酒食,先生馔,曾是以为孝乎?”

“食”,音俟。“馔”,音撰。“色难”,谓奉事父母,须和颜悦色,使父母欢喜;这种和颜悦色,是很难的。朱注即如此解。一说“色”是承顺父母的颜色。《集解》引包(咸)说如此。“有事,弟子服其劳”,谓家中有事,弟子出其劳力,给父兄去做。“先生”,谓父兄。“馔”,犹饮食。“有酒食,先生馔”,谓有酒食的时候,请父兄先吃。孔子的意思,说做子弟的,若只代父兄服劳做事,有酒食的时候,请父兄先吃,难道就可称孝吗?子弟事父兄,最要紧的,为和颜悦色,使父兄欢喜。

子曰:“吾与回言终日,不违如愚;退而省其私,亦足以发,回也不愚!”

回姓颜,字子渊,(《论语》中多将“子”字省去,称颜渊。)孔子弟子,鲁人。“不违如愚”者,颜回没有一句话违反孔子;孔子说如何,他也以为如何,似乎自己没有一些识见,像呆子一样。“退而省其私”者,等到他退出去以后,我去考察考察他私下的议论。“亦足以发”者,他私下的议论,识见很高,亦足发明义理的大体。故又说“回也不愚”。

子曰:“视其所以,观其所由,察其所安,人焉廋哉!人焉廋哉!”

《说文》云:“视,瞻也。”《穀梁传》隐公五年云:“常视曰视,非常曰观。”《尔雅·释诂》云:“察,审也。”“视”“观”“察”,虽同是看的意思,而有浅深粗细之不同。朱《注》云:“以,为也。”“以”是所做的事,“由”是做这件事的原因理由。“安”是心之所安,意之所乐。先看他所做的事的善恶;更进一步,详观他做这件事的因由;再进一步,细察他做了这件事,是否安心乐意的。“焉”,平声,何也,安也。“廋”隐匿也。用这三步方法去观察人,则人之善恶,可以完全明瞭了。

子曰:“温故而知新,可以为师矣!”

朱《注》云:“温,寻绎也。故者,旧所闻;新者,今所得。言学能时习旧闻,而每有新得,则所学在我,而其应不穷,故可以为人师。”按:本书首章说“学而时习之”,“学”是知新,“习”是“温故”。下文子夏曰:“日知其所亡,月无忘其所能。”“知其所亡”是知新;“无忘所能”是温故。《论衡·谢短》篇云:“知古不知今,谓之陆沉;知今不知古,谓之盲瞽。温故知新,可以为师;古今不知,称师如何?”则以古已有之者为“故”,今始有之者为“新”。在今日言之,则我国固有之文化道德为“故”,世界各国日新月异之事物哲理为“新”。“温故”,“知新”,不可偏废。且善“温故”者,常能收“知新”之效。天下未知之理,未有之物,皆从已知已有者发明之。能如此,则可以为人师。

子曰:“君子不器。”

“君子”,指成德之人。此云“君子不器”与《礼记·学记》之“大道不器”正同。下愚之人,不能成器;有一材一艺之人,各有所长,亦各有所短,如器之各适其用;至于成德之人,则体无不该,用无不适,是为不器之君子。下文记孔子答子贡曰:“汝器也。”瑚琏虽是珍贵之器,但终没有到“君子不器”的程度。

子贡问君子。子曰:“先行其言而后从之。”

朱《注》引周氏曰:“‘先行其言’者,行之于未言之前;‘而后从之’者,言之于已行之后。”按:本书下文云:“其言之不怍,则为之也难。”又云:“古者言之不出,耻躬之不逮也。”《大戴礼·曾子制言》云:“君子先行后言。”又《曾子立事》云:“君子微言而笃行之,行必先人,言必后人。”都可与此章所说互相印证。凡事,说时易，做时难，事情没有做，先发议论，这是世人的通病，子贡也未能免此。

子曰："君子周而不比，小人比而不周。"

朱《注》云："周，普遍也；比，偏党也；皆与人亲厚之意。但周公而比私耳。"王引之《经义述闻》云："'周''比'皆训为亲、为密、为合。以义合者，周也；以利合者，比也。"可见君子小人之分，"周""比"之别，全在公私义利之间。

子曰："学而不思，则罔；思而不学，则殆。"

《集解》包曰："学不寻思其义，则罔然无所得。不学而思，终卒不得，徒使人精神疲殆。"朱《注》云："不求诸心，故昏而无得；不习其事，故危而不安。"王引之《经义述闻》云："思而不学，则事无征验，疑而不能定也。"以上三说，解"殆"字各不同。以王说为长。

《中庸》云："博学之，审问之，慎思之，明辨之。"学问是"学"，思辨是"思"。本书下文子夏云："博学而笃志，切问而近思。"博学切问是"学"；笃志近思是"思"。《荀子·劝学》云："小人之学也，入乎耳，出乎口。"即指"学而不思。"《孟子》云："心之官则思；思则得之，不思则不得也。"即谓学而不思，迷惘无所得。本书下文，子曰："吾尝终日不食，终夜不寝，以思，无益，不如学也。"即说徒思之无益。皆可与本章参证。汉学家偏重训诂考据，其弊易流为"学而不思"；宋学家陆王一派空谈心性，其弊易流为"思而不学"。

子曰："攻乎异端，斯害也已！"

自来学者，解释此章，颇多异说。《集解》及朱《注》均训"攻"

为“治”，如《考工记》“攻木”“攻金”之攻；“异端”，如杨墨背圣人之道者；言治异端之道则有害。此一说也。孙奕《示儿编》训“攻”为“攻人之恶”之攻；训“已”为“止”；攻异端，如孟子之距杨墨，能攻之距之，则其害止。此又一说也。焦循《论语补疏》则“攻”训“治”，训“错”，为切磨之意；“已”训“止”；攻乎异端能相切磨攻错而不执一，则其害自止，即《韩诗外传》所谓“别殊类，使不相害，序异端，使不相悖”之意。此又一说也。近人马一浮则云：“四书言‘端’者凡数见，一曰‘执其两端’，一曰‘我叩其两端’，一即‘攻乎异端’。盖‘端’必有两，若攻其异之一端，则有害。还须求其同之一端，则诸子百家，皆有同之一端。”马氏之意，即《易》所谓“天下一致而百虑，殊途而同归”，诸子之道术虽不同，而其旨则一。此又一说也。以上各说，当以《集解》、朱《注》为正解。

子曰：“由，诲女，知之乎？知之为知之，不知为不知，是知也。”

由，孔子弟子，姓仲，字子路，《史记·仲尼弟子列传》云：卞人。“女”，即汝字。“诲”，是“教诲”。“是知也”之“知”，同智。孔子呼子路之名而告之曰：“我教诲汝，汝知之否耶？”“诲汝”二字一读。朱《注》云：“夫子告之曰：‘我教汝以知之之道乎！’”则以“知之”为诲之之义矣。按《荀子·子道》所记则此为子路初见孔子时事。孔子告子路有云：“故君子知之曰知之，不知曰不知，言之要也；能之曰能之，不能曰不能，行之要也。”又《儒效》篇云：“知之曰知之，不知曰不知；内不自以诬，外不自以欺。”又《非十二子》篇云：“言而当，知也；默而当，亦知也。”并与此章同义。朱《注》谓子路好勇，盖有强不知以为知者，故夫子告之云云。

子张学干禄。子曰：“多闻阙疑，慎言其余，则寡尤。多见阙殆，慎行其余，则寡悔。言寡尤，行寡悔，禄在其中矣！”

子张，孔子弟子，姓颛孙，名师。《史记·仲尼弟子列传》云：陈人。《吕氏春秋·尊师》篇云：鲁人。按：颛孙氏出自陈公子颛孙，昭公时颛孙奔鲁，见《通志·氏族略》。“干”，求也。“禄”，禄位也。子张想学做官，孔子即和他谈禄。朱《注》引吕氏云：“疑者，所未信，殆者，所未安。”又引程子云：“尤，罪自外至者也；悔，理自内出者也。”又云：“修天爵，则人爵至；君子言行能谨，得禄之道也。子张学干禄，故告之以此，使定其心，而不为利禄所动。若颜、闵，则无此问矣。”孔子之意，谓多所闻，于其疑而未信者，则阙而不言；即其余无可疑者，亦谨慎言之，则言论可以少过尤。多所见，于其疑而未安者，阙之而不行；即其余无可疑者，亦谨慎行之，则行为可以少悔恨。如此谨慎言行，则如孟子所说：“修其天爵，而人爵从之”不待干求而自得，故曰：“禄在其中矣。”

哀公问曰：“何为则民服？”孔子对曰：“举直错诸枉，则民服。举枉错诸直，则民不服。”

哀公，鲁国的君主，名蒋，“哀”是死后之谥。“孔子对曰”者，凡对君上的话，都加一“对”字，表示尊敬的意思。“举”，用也。“直”，正直之人也。“错”，废置也。“枉”，邪枉；不正直之人也。此章言要民服从，只要举用正直之人，废置邪枉之人；若举用邪枉之人，废置正直之人，则民不服。

季康子问：“使民敬忠以劝如之何？”子曰：“临之以庄则敬。孝慈则忠。举善而教不能则劝。”

季康子，鲁卿，季孙氏，名肥，康是谥。

“使民敬忠以劝”者，说使人民能够恭恭敬敬、忠心服事君上，并且互相劝勉。“以劝”之“以”，连词。阎若璩《四书释地》云：“与也。”王引之《经传释词》云：“以劝者，而劝也。”“临”，居上临下。“庄”，庄重有威严也。孔子说：执政者临民能有庄重威严的态度，则人民自然会恭敬；能够孝顺他的父母，慈爱他的人民，则人民自然会忠；能举用善人，而教化未能为善的人，则人民自然能互相劝勉。

或谓孔子曰："子奚不为政?"子曰:"《书》云:'孝乎惟孝，友于兄弟。'施于有政，是亦为政。奚其为为政?"

朱《注》据伪古文《尚书·君陈》篇："惟孝友于兄弟，克施有政"以为"孝乎"二字当连上读，故曰："'书云孝乎'者，言《书》之言孝如此也。""惟孝"以下十字，乃引《书》语。按：古文《尚书》为东晋梅赜所献，乃王肃之伪书，不足据。《后汉书·郅恽传》郑敬云："虽不从政，施之有政，是亦为政。"则"孝乎惟孝，友于兄弟"二语，乃逸《书》之文。"施于有政"之下，为孔子语。"孝乎惟孝"者，是赞孝之词，其句法与《礼记》之"礼乎礼"、《素问》之"形乎形，神乎神"同。"友于兄弟"者，兄友而弟弟也。孝弟所以齐家，推之治国，则孝者所以事君，弟者所以事长。（见《大学》）"施"者，推而行之之谓。孔子不仕，以孝弟教人。孝弟施于有政，是亦为政矣，何必以居位为"为政"呢？

子曰:"人而无信，不知其可也。大车无輗，小车无軏，其何以行之哉?"

"信"字有二义：说话必须真实；说了话，必须能践言。人而无信，则他人对之，毫无信用，如何能行？故以车为喻，说人而无信，如大车无輗，小车无軏，不能行也。

"輗"音倪，"軏"音月。大车是载重之车，驾牛；小车是乘人之车，驾马。车前有"辕"，就是车杠。辕的前端连着一根横木，叫做"衡"。衡下缚"轭"，则为曲形，以驾于牛马之项。辕端持衡之关键，则大车名“輗”，小车名“軏”。盖辕端与衡均凿圆孔，以輗軏直贯而束之，则衡轭可以活动，可以转折，而车不致左右倾侧。详见刘宝楠《论语正义》引凌涣《古今车制图考》。

子张问：“十世可知也？”子曰：“殷因于夏礼，所损益可知也。周因于殷礼，所损益可知也。其或继周者，虽百世可知也。”

“世”，谓易姓之世，“十世”就是十代。古时候所谓“礼”，包一切典章、制度、政令、仪式以及社会上之习俗而言。“因”是沿袭，“损”是减除，“益”是增加。子张问孔子道：“十世以后的事情，可预知吗？”孔子答以殷继夏，周继殷，大部分的礼是沿袭前代的；其所损所益，亦可考见。将来继周而兴者，其于周礼，亦必有所因袭损益，不难推想，虽百世亦可测知，何况十世呢？历史是人类社会的演化，其间自有因果关系可寻，故察往可以知来。

陈礼《东塾类稿》则谓子张所问，乃十世以后可知十世以前之事否。因孔子言夏殷之礼，杞宋已不足征，则十世以后，恐更不可知。孔子答以殷礼因夏，周礼因殷，其所损益，犹可考见。其后继周者，虽历百世，仍可考知。至今周礼尚存，即夏殷之礼，亦尚有可考者。则以载籍已备，故百世可知也。此说亦通。

子曰：“非其鬼而祭之，谄也。见义不为，无勇也。”

人死称“鬼”。“非其鬼”，是说不是自己祖先的鬼。“谄”，求媚也。“义”，就是应该做的事情。“无勇”，是没有勇气。“非其鬼而祭之”，是不当祭而祭；“见义不为”，是当为而不为。上二句是宾，下二句是主。

［问题］

（一）本篇哪几章是论“德治”的？其说如何？

（二）何谓“思无邪”？
（三）孔子自述修养之进程如何？
（四）孔子答人问“孝”，何以各有不同？试列举其说。
（五）孔子观人之法如何？
（六）何谓“温故而知新”？
（七）“学”与“思”何以乃能偏废？
（八）本篇孔子论君子之说如何？
（九）何谓“攻乎异端，斯害也已”？
（十）本篇孔子论“言”“行”之说如何？

第三　八　佾

孔子谓季氏八佾舞于庭：“是可忍也，孰不可忍也？”

朱《注》云：“季氏，鲁大夫季孙氏也。”《集解》包咸谓指桓子。“八佾”，天子之乐，以八人为一排，共八排，六十四人。诸侯之乐，则六六三十六人；卿大夫之乐，则四四十六人。士之乐，则二二四人。《广雅释诂》“谓，说也。”言孔子评论季氏此事；下二句，方是孔子之言。季氏，不过鲁国一大夫，照礼，只能用十六人的乐；今竟僭用八佾于家庙，是目无天子了。故孔子大不谓然，对人说道：“像这样僭妄无礼的事，若可容忍，还有什么事不可容忍呢？”

三家者以《雍》彻。子曰：“‘相维辟公，天子穆穆’，奚取于三家之堂？”

“雍”，平声。“相”，去声。“辟”，音必。朱《注》云：“三家，鲁大夫孟孙、叔孙、季孙之家也。《雍》，《周颂》篇名。彻，祭毕而收其俎也。天子宗庙之祭，则歌《雍》以彻。是时三家僭而用之。”“相维辟公，天子穆穆。”是《雍》颂里面的两句。“相”，助也。“辟公”，诸侯也。“穆穆”，谓天子容貌之庄严。周代，天子祭祖先，诸侯都来助祭。《雍》颂有这两句。三家之堂，也歌《雍》颂，如这两句，又何所取义呢？

子曰："人而不仁，如礼何？人而不仁，如乐何？"

《礼记·儒行》云："礼节者，仁之貌也；歌乐者，仁之和也。"故"人而不仁"，必不能行礼乐。所以孔子说，"如礼何？""如乐何？""如"，奈也。就是说"人而不仁，奈此礼乐何？"孔子的感叹，亦为季氏等而发。季氏等以诸侯大夫僭用天子的礼乐，把礼乐的根本意义、根本精神，都失去了！

林放问礼之本。子曰："大哉问！礼，与其奢也，宁俭；丧，与其易也，宁戚。"

《集解》郑玄曰："林放，鲁人。"是否孔子弟子，放是名或是字，诸注皆未言。林放问"礼之本"，是问礼的本原是怎样一个意义。"子曰：'大哉问'"者，孔子见一般人之行礼，都不过是糊里糊涂，跟着大家去做，从来未有研究到礼的本原意义者；今见林放此问，能从大处着想，故赞美之，曰："大哉问。""奢"，是侈陈种种排场；"俭"，是减省，连应该备的东西也不备；二者皆不合礼，但与其过奢，宁可过俭。《集解》包曰："易，和易也。"朱《注》："易，治也，……在丧礼，则节文习熟而无哀痛惨怛之实者也。戚则一于哀而文不足耳。"《礼记·檀弓》：子路曰："吾闻诸夫子，丧礼，与其哀不足而礼有余也，不若礼不足而哀有余也。"与此同义。人子居丧，"易"与"戚"都是不合的。但与其徒重节文，而无哀痛之实，宁可哀戚而礼文不备。孔子的意思是说种种仪式，并不是“礼之本”,“礼之本”在质不在文。

子曰:“夷狄之有君,不如诸夏之亡也。”

“亡”,同“无”。“夷狄”,谓蛮夷戎狄等野蛮部落也。“诸夏”,谓中国,诸侯各国也。邢《疏》云:“此章言中国礼义之盛而夷狄无也。……言夷狄虽有君长而无礼义;中国虽偶无君,若周召共和之年,而礼义不废,故曰‘夷狄之有君,不如诸夏之亡也。’”朱《注》引程子曰:“夷狄且有君长,不如诸夏之僭乱,反无上下之分也。”邢程二说适相反。按:此章上下各章,皆叹僭礼之事,当以程说为长。

季氏旅于泰山。子谓冉有曰:“女弗能救与?”对曰:“不能。”子曰:“呜呼!曾谓泰山不如林放乎?”

“女”,同汝。“与”,今作欤。“旅”,是古时候一种祭祀的名称。古代,天子祭天下的名山大川,诸侯祭自己国内的山川,大夫只能祭家庙。“季氏旅于泰山”是大夫僭用诸侯的礼,目中无鲁君也。

冉有,名求,孔子弟子,郑玄《目录》云,鲁人。时为季氏家臣,故孔子谓之曰:“汝弗能救止乎?”冉有径答以“不能”,孔子乃叹曰:“呜呼!曾谓泰山之神不如林放乎?”意言泰山之神决不受此违礼之祭祀也。

子曰:“君子无所争。必也射乎?揖让而升,下而饮,其争也君子!”

君子重礼让,故无所争。“射”,是比试武艺。比试必想得胜,所以君子只有在比射的时候,不能无争。古礼,射箭的时候,人须走到堂上去射。上去的时候,还要对同队比试的人,谦逊一回，作一个揖，这就是“揖让而升”。箭射过以后，仍作一个揖，走出堂来。等到大家都射过下来，胜负已决，负者乃饮罚酒，这就是“下而饮”。君子在和人竞争的时候，还是这样雍容有礼，所以说：“其争也君子！”

子夏问曰：“‘巧笑倩兮，美目盼兮，素以为绚兮’，何谓也？”子曰：“绘事后素。”曰：“礼后乎？”子曰：“起予者商也！始可与言《诗》已矣！”

“巧笑倩兮，美目盼兮，素以为绚兮”，上二句见《诗经·卫风·硕人》第二章；但无下一句，故朱子说是逸《诗》。《诗毛传》云：“倩，好口辅也。盼，目白黑分也。”《字林》云：“盼，美目也。”按：“口辅”就是“颊”。上两句是说美人笑的时候嫣然启齿，双颊微窝，秋波流盼之美。“素”，是绘画时用的粉；“绚”，是五彩的颜色。朱《注》云：“素，粉地，画之质也，绚，采色，画之饰也。”又云：“绘事，绘画之事也。后素，后于素也。《考工记》曰：‘绘画之事后素功。’谓先粉地为质而后施五彩。犹人有美质，然后可加文饰。礼必以忠信为质，犹绘事必以素粉为先。”《集解》引郑云：“凡绘画，先布众色，然后以素分布其间，以成其文；喻美女虽有倩盼美质，亦须礼以成之。”适与朱说相反。按：《论语》记孔子论礼，重在礼之本质，而不重在繁文缛节，当以朱《注》为长。子夏以《诗》上二句说美人之貌，下一句忽说绘事，故以为问。孔子以“绘事后素”答之者，言“美”在质而文饰次之；若本无巧笑美盼之姿，而徒以脂粉服装为饰，是益增其丑而已。此即上文诸章所说：“人而不仁如礼何”，“礼与其奢也宁俭，丧与其易也宁戚”之意。子夏因此悟到礼之本在质不在文，礼之节文是后来所加的文饰，与美人之服饰，绘事之采色相同。孔子嘉其能闻一知二，故赞为“起予”，赞为“可与言《诗》”。

子曰：“夏礼，吾能言之；杞不足征也。殷礼，吾能言之；宋不足征也。文献不足故也。足，则吾能征之矣。”

“杞”，音起。周武王为天子后，封夏朝的后代为杞国，封殷朝的后代为宋国。上篇云：“殷因于夏礼，所损益可知也；周因于殷礼，所损益可知也。”故此于夏殷之礼，俱曰“吾能言之”。“征”，验也，证也。言杞宋二国均不足以为证验。“文”，指典册。《集解》引郑云：“献，犹贤也。”《尔雅·释言》云：“献，圣也。”此言杞、宋二国典册既亡佚，又无秉礼之遗贤，故不足为征验。如文献犹足以资考证，则我能征之矣。此章与《礼记》中《中庸》《礼运》二篇所载，大旨相同。

子曰：“禘自既灌而往者，吾不欲观之矣！”

“禘”，音地。“灌”，音贯。古时五年一大祭，叫做“禘”。灌者，以酒洒地上，以迎所祭之祖也。（按现在俗礼，于祭祀完毕后，以酒洒地，称为“奠酒”，意思是送所祭之祖。与古时之“灌”，意思相同，不过先后异耳。）以酒洒地后，把祖宗的木主排列起来，然后致祭。鲁文公二年，举行禘祭，列僖公于闵公之上，《春秋》认为逆祀。本章所讥，亦指此事。僖公是闵公的庶兄。在闵公的时候，僖公是臣。他弑了闵公，自即君位，是以兄继弟的君位。文公以为僖公是兄，闵公是弟，自己是僖公的儿子，所以把父亲的木主，排在叔父的上面。孔子以为闵公为君在先，僖公为君在后，不应该把僖公的木主反排在闵公的上面。但孔子自己是鲁臣，不便说鲁国上代君主失礼，而心中实大大不以为然，所以只得说“吾不欲观之矣！”按禘礼之说，学者聚讼纷纭，故对此章亦解释不同。此从《集解》孔安国说。

或问禘之说。子曰:"不知也。知其说者之于天下也,其如示诸斯乎?"指其掌。

《集解》孔曰:"答以不知者,为鲁讳。"则此章系接上章而言。或人闻孔子"吾不欲观之矣"之言,故问孔子耳。《中庸》云:"明乎郊社之礼,禘尝之义,治国其如示诸掌乎!"仲尼燕居所记略同。皆可与此章参看。此云"示诸斯",而又记其动作曰"指其掌"。"斯"即指"掌"而言。

祭如在。祭神如神在。子曰:"吾不与祭如不祭。"

"祭",是祭祖先;"祭神",是祭各种神道。祭时极诚极敬,如真有祖先或神在上一般。但一般人的"祭",都不过儿戏了事,所以孔子说:"吾不与祭,如不祭。"

此章大旨是说祭祀之礼,重在诚敬,重不在祭品与仪式。

王孙贾问曰:"'与其媚于奥,宁媚于灶'何谓也?"子曰:"不然!获罪于天,无所祷也。"

王孙贾,王孙氏,名贾,卫国大夫,即下文所记为卫灵公治军旅者。"与其媚于奥,宁媚于灶"二句,是那时候通行的俗语。"奥",室之西南隅。《集解》云:"奥,内也,以喻近臣;灶,以喻执政。贾,执政者,欲使孔子求昵之,故微以世俗之言感动之也。"按:《孟子》记弥子瑕语子路曰:"孔子主我,卫卿可得也。"弥子瑕为灵公之幸臣,贾为卫之执政,均欲与孔子接近。贾此语,殆即为弥子瑕之言而发。孔子答以"获罪于天,无所祷"者,明己不媚奥,亦不媚灶也。

朱《注》谓"灶为五祀之一;祀灶当设主于灶陉,祭事,又设馔于奥以迎尸而祭于奥。"按:上数章皆言祭祀,本章孔子复以"获罪于天，无所祷也”为答，故朱子就祭祀之礼释之。

子曰：“周监于二代，郁郁乎文哉！吾从周。”

“周”，是周朝。“二代”，指夏、殷。“监”有察看和比较的意思，言周因夏、殷之礼，察其得失，较其长短，而损益之。“郁郁”是文物盛的样子。“文”是文物，指礼仪典制等，至周而更为完备。所以说：“吾从周。”

子入太庙，每事问。或曰：“孰谓鄹人之子知礼乎？入太庙，每事问。”子闻之曰：“是礼也？”

“太庙”，鲁国祀周公之庙。“鄹”，是鲁国的一个县名，孔子父叔梁纥所治。“鄹人之子”，谓孔子也。孔子入太庙，每件事情，都去问人，所以或人笑孔子道：“那个说鄹人之子知礼呢？”孔子答道：“这些是礼吗？”盖以当时祭祀诸典均不合礼，故反诘之。按《集解》及朱《注》均谓孔子知而复问是谨慎之至，故谓“每事问”即是“礼”。今从庄述祖（《别记》）、俞樾（《古书疑义举例》）说。

子曰：“‘射不主皮’，为力不同科，古之道也。”

朱《注》谓“射不主皮”是《乡射礼》语，“为力不同科”是孔子解《礼》之意如此。“皮”是射侯之鹄，以皮为之。“科”即是等。射主中，不主贯皮，因为射者之力不同等。又引《乐记》“武王克商，散军郊射，而贯革之射息”，以明“射不主皮”为古之道。《集解》马融释“射不主皮”曰：“言射者不但以中皮为善，亦兼取和容。”释“为力不同科”曰：“为力，力役之事，亦有上中下设三科焉，故曰不同科。”是马以二者并为“古之道”，与朱说异。

子贡欲去告朔之饩羊。子曰：“赐也！尔爱其羊，我爱其礼！”

“告”，音谷。“饩”，音戏。朱《注》云：“告朔之礼，古者天子常以季冬颁来岁十二月之朔于诸侯，诸侯受而藏之祖庙，月朔则以特羊告庙请而行之。“饩”，生牲也。鲁自文公始不视朔，而有司犹供此羊，故子贡欲去之。”刘文淇《论语骈枝》则谓“告”读如字，“告朔”是天子颁告朔于诸侯，“饩羊”则待天子告朔之使者用之。周自幽王之后，不复告朔，而鲁之有司，尚循例供此饩羊，故子贡欲去之。按：《周礼》太史云：“颁告朔于邦国。”《孔子三朝记》曰：“天子告朔于诸侯。”《穀梁传》文六年曰：“天子不以告朔。”皆为刘说之证，较朱《注》为长。子贡之欲去饩羊，非真惜此区区；但愤王政之不行，故有为而发。孔子之答，则以礼虽不行，而其迹尚存，后世尚可藉以考见古制耳。

子曰：“事君尽礼，人以为谄也。”

当时君弱臣强，事君多简傲无礼，故反以事君尽礼者为谄。孔子此言，非因人以为谄而愤慨，特叹时人莫知事君之礼而已。

定公问：“君使臣，臣事君，如之何？”孔子对曰：“君使臣以礼，臣事君以忠。”

鲁定公名宋，昭公弟，“定”是谥。昭公出奔，定公继立。公室卑弱，太阿倒持，故有此问。孔子答以“君使臣以礼，臣事君以忠”者，正因当时君既失礼，臣又不忠也。

子曰：“《关雎》乐而不淫，哀而不伤。”

“雎”，音居。“乐”，音洛。《关雎》是《诗经》里第一篇诗的题目。这篇诗的第一句是“关关雎鸠”（雎鸠，鸟名；关关，鸣声），取第一句中两字为题，所以称为“关雎”。此诗歌咏君子思得淑女为配，求之不得，则辗转反侧，寤寐思之；求之既得，则钟鼓乐之，琴瑟友之。然其得之也，虽乐而不至淫；其未得之也，虽哀而不至伤。这才是发于情而止于礼义，故孔子称之。

刘文淇《论语骈枝》谓此《关雎》为乐章名。古之乐章皆三篇为一章，故《关雎》《葛覃》《卷耳》乐章统名《关雎》。“乐而不淫”，指《关雎》《葛覃》，“哀而不伤”，指《卷耳》。按：《葛覃》咏归宁，《卷耳》则怀其夫行役远方。按：本篇所记，多论礼乐，刘氏之说亦通。

哀公问社于宰我，宰我对曰：“夏后氏以松，殷人以柏，周人以栗，曰：‘使民战栗。’”子闻之曰：“成事不说。遂事不谏。既往不咎。”

宰我，孔子弟子，名予，字子我，郑玄《目录》云：鲁人。“社”是祀后土的地方。古时一个国家成立，必立社祭祀后土，又必因土地之宜，种一种树木于社。以明这个土地的性质，宜种何种树木。哀公不知社树的用意，所以问于宰我。“夏后氏以松，殷人以柏，周人以栗”者，宰我列举三代的社树以对哀公。“曰：‘使民战栗’”者，是接着又说周朝之以栗为社树，是使民慄慄危惧的意思。古时候慄慄危惧的“慄”字，就写作“栗”。他因当时鲁君对臣民毫无威严，所以特造这话，以告哀公，希望他能重振乾纲。宰我的话，固然有他的用意，但孔子听到了之后，大不谓然，就对宰我道：“事已成不可复解说，事已遂不可复谏止，事已往不可复追咎。”历言三者，以责宰我，使他以后知道慎言。

按：“问社”，《鲁论》作“问主”，此从《古论》。“主”是社主。宰我所答的“松”“柏”“栗”是做社主所用之木材。

子曰：“管仲之器小哉！”或曰：“管仲俭乎？”曰：“管氏有三归，官事不摄，焉得俭？”“然则管仲知礼乎？”曰：“邦君树塞门；管

氏亦树塞门。邦君为两君之好，有反坫；管氏亦有反坫。管氏而知礼，孰不知礼？"

管仲，名夷吾，字仲，谥曰敬。齐大夫，相齐桓公，齐国大强，为五霸之首。"器小"，言管仲的器量狭小也。或听了孔子说管仲器小，误以为是俭省，故问曰："管仲俭乎？""曰：'管氏有三归，官事不摄，焉得俭'"者，是孔子答或人之辞。"三归"，《集解》包咸说："妇人谓嫁曰归。"管仲娶三姓女，故曰"管氏有三归"。朱《注》云："三归台名，事见《说苑》。"按：管仲筑三归之台，见《善说》篇。俞樾《群经评议》谓"三归"者，言管仲朝自而归，家有三处；一处有一处之官，不相兼摄，故下云"官事不摄"。包慎言《温故录》则训"归"为"馈"，谓家庙以三牲献，背大夫少牢只具羊豕二牲之礼。此外异解尚多，不备举。大夫家中有家臣。"摄"，是兼管各种事务。管仲家中，每一事派一人管理，与君主国家一般，故曰"官事不摄"。排场阔绰如此，故曰"焉得俭"也。"然则管仲知礼乎？"是或人又问。因孔子说管仲并不俭省，乃又疑管仲为知礼也。"曰：'邦君树塞门；管氏亦树塞门。邦君为两君之好，有反坫；管氏亦有反坫。管氏而知礼，孰不知礼？'"又是孔子答或人之言。"邦君"，谓一个国中的君主。"树塞门"者，所以隔内外，或用木屏风，或用土墙，或在门内，或在门外，古代只有国君可用。若大夫家中，只能用帘子，挂在庭阶前。今管仲家中，也树塞门，便是僭了。"坫"，筑土为之，在两楹之间。两国君主相会，应酬饮酒以后，把酒器还放坫上。坫为反爵之用，故曰"反坫"，这也只有君主可用。今管仲家中，也用这"反坫"之礼，亦是僭礼。故说："管仲如知礼，还有哪一个人不知礼呢？"

按：孟子尝谓管仲得君如彼之专，行乎国政如彼其久，而不能以齐王，故卑之而不屑为；可与本章孔子所云“器小”参看。管仲相桓公，九合诸侯，不以兵车，孔子尝称之，其功烈亦未可谓卑。特以此自满，不能进其君于王，故又讥其器小易盈耳。

子语鲁大师乐曰：“乐其可知也。始作，翕如也；从之，纯如也，皦如也，绎如也，以成。”

“大”，古与“太”通。大师是乐官。“乐”，音乐之乐；“从”，今作纵。此章记孔子对鲁太师论乐之语。“始作”，是说音乐初动手的时候。“翕”，是合的意思，说各乐器的相合。“从之”，是说乐的声音扬开以后。“纯”，是和谐的意思。说音调的和谐。“皦”是明白的意思，说音节的分明。“绎”，是相续不断的意思。说全套音乐之一气呵成。“以成”，是说音乐一套已经完全奏成。“如”，字是状词的语尾。

仪封人请见，曰：“君子之至于斯也。吾未尝不得见也。”从者见之。出曰：“二三子何患于丧乎？天下之无道也久矣！天将以夫子为木铎。”

“仪”，是卫国一个邑名。“封人”，是掌封疆之官。“仪封人”，就是仪县地方做封人的官的。孔子到卫国的时候，仪封人来求见孔子，说道：“各国有名的人来到这道，我是未尝不得见的。”“从者”，是弟子从孔子者。见之，是引导仪封人见孔子。“二三子何患于丧乎”三句，是仪封人见了孔子以后，走出去对弟子们说的话。“二三子”，是对孔子许多弟子而言。“丧”，是指孔子去鲁失位。“木铎”，形如摇铃，金口木舌，古时发布政教时，振之以告百姓。“天将以夫子为木铎”者，言天不久将使孔子得位以行其道。一说谓木铎徇于路，所以教人。言天使孔子失位，周流列国，将使垂教万世耳。亦通。

子谓《韶》："尽美矣，又尽善也。"谓《武》："尽美矣，未尽善也。"

此章记孔子评论《韶》《武》二种乐章之语。《韶》是虞舜的乐。《武》是武王的乐。古时候帝王功成治定以后，常造一种乐章以歌舞太平。"尽美"，是说这种乐的音调、舞的形状，都极其完美。"尽善"，是说这种乐章所含的道德意义也。丝毫没有缺陷。舜受尧之禅，以揖让得天下，故舜的乐，"尽美"而又"尽善"。武王伐纣征诛得天下，故武王的乐，虽"尽美"而未"尽善"。

子曰："居上不宽，为礼不敬，临丧不哀，吾何以观之哉？"

"居上"，指在上位的人；居上位的人，要宽宏大度。"为礼"，指行礼的时候；行礼的时候，要恭恭敬敬。"临丧"，指到有丧事的人家；到有丧事的人家去，应有一种悲哀的情态。否则，其为人便不足观。

［问题］

（一）何谓"八佾"？

（二）何谓"以《雍》彻"？

（三）何谓"旅于泰山"？

（四）何谓"文献"？

（五）何谓"射不主皮"？

（六）何谓"告朔"？

（七）孔子所谓"礼之本"何在？

（八）孔子何以谓"管仲器小"？

（九）孔子论三代之礼，其说如何？

（十）本篇记孔子论乐语如何？

第四　里　　仁

子曰："里仁为美，择不处仁，焉得知。"

"焉"，平声，安也，此处用作副词。"知"，今作智。《集解》郑曰："里者，民之所居。居于仁者之里，是为美不处仁者之里，不得为知。"朱《注》云："里有仁厚之俗为美。择里而不处于是焉，则失其是非之本心，而不得为知矣。"郑谓"里仁"为"居仁者之里"，朱谓"里仁"为"里有仁厚之俗"，虽不无出入，然皆以此章所论，指卜居择邻而言。按：《孟子》云："矢人岂不仁于函人哉？矢人惟恐不伤人，函人惟恐伤人；巫匠亦然；故术不可不慎也。孔子曰：'里仁为美，择不处仁，焉得智？'"似训"里"字为"处"，泛指立身处事而言。孟子以"仁为人之安宅"，故曰"旷安宅而弗居"，即此章所谓"择不处仁"也。此解亦通。

子曰："不仁者，不可以久处约；不可以长处乐。仁者安仁，知者利仁。"

"乐"，欢乐之乐。"知"，今作智。"约"是窘困的意思。不仁之人，不可以长久处在窘困的境地。若长久处在窘困的境地，必定有为非作恶的事情做出来。但又不可长久处于富贵安乐的境地。若长久处在安乐的境地，也必骄奢淫逸，做出不好的事情来。仁者能素位而行，随遇而安，久处约而不为贫贱所移，长处乐而不为富贵所淫。知者知，仁是于己于人都有利的，所以也能行仁。此章所说"安仁""利仁"即《中庸》之"安而行之""利而行之"。

子曰："唯仁者，能好人，能恶人。"

“好”“恶”皆去声。“唯”，独也。“仁者”大公无私，故能好人，能恶人。不是仁人，则往往发于自己情感之私了。《大学》言“惟仁人为能爱人，能恶人”与本章同意。

子曰：“苟志于仁矣，无恶也。”

朱《注》：“苟，诚也。志，心之所之也。其心，诚在于仁，则必无为恶之事矣。”按：下文有“观过知仁”语仁者亦未尝无过失，但决不至有心作恶耳。

子曰：“富与贵，是人之所欲也；不以其道，得之不处也。贫与贱，是人之所恶也；不以其道，得之不去也。

“恶”，去声。读以“得之”二字连上“不以其道”为句，误。此章言富贵为人所共欲，贫贱为人所共恶；君子岂不欲处富贵，去贫贱乎？惟不以其道，则得富贵而不处，得贫贱而不去耳。如此讲解，方近人情。《吕氏春秋·有庆》篇高诱注：“不以其道，得之不居。”毕沅校，谓“得之”当连下读，是其证。

“君子去仁，恶乎成名？君子无终食之间违仁，造次必于是；颠沛必于是！”

“恶”音乌，平声。“违”，离也。朱《注》云：“终食，一饭之顷。造次，急遽苟且之时。颠沛，倾覆流离之际。”按：“造次”即“仓卒”之转音，“颠沛”即“颠仆”之转音。君子之所以成为君子者，以其仁也。若去仁，则何以成其为君子之名？故君子即在一饭之顷，仓卒忽遽之间，颠仆困顿之际，亦不离“仁”也。《中庸》云：“道也者，不可须臾离也；可离非道也。”“仁”，即是为人之道，故不可须臾离。此节与上节本为一章，分作两段讲，较易明白，但其意仍可连贯。盖君子所“处”者“仁”，苟不以其道，而处富贵，是处不仁矣；不以其道，而去贫贱，是去仁矣。

子曰："我未见好仁者，恶不仁者。好仁者，无以尚之。恶不仁者，其为仁矣，不使不仁者加乎其身。有能一日用其力于仁矣乎？我未见力不足者。盖有之矣，我未之见也！"

"好""恶"皆去声。"好仁者"是一等，"恶不仁者"是一等，"用其力于仁者"又是一等，"好仁"是"仁"，是"安仁"，故曰"无以尚之"。"恶不仁"是"智"，是"利仁"，则能不使不仁之事加诸其身。"用力于仁"是勇，是"强仁"。"用力于仁"即勉力以"为仁"。世人不肯"强仁"，往往诿为力不足；其实未有力不足者。"盖"，疑辞。末二句，包上三层说。言世或有此三等人，而我未尝见之。

子曰："人之过也，各于其党。观过，斯知仁矣。"

"党"，类也。朱《注》引程子曰："君子常失于厚，小人常失于薄；君子过于爱，小人过于忍。"又引吴氏曰："于此观之，则人之仁不仁可知矣。"按：毗刚毗柔，毗仁毗义，人之个性，各有不同，故过失亦各有其类。皇侃《疏》引殷仲堪之言曰："直者以改邪为义，失在于寡恕；仁者以恻隐为诚，过在于容非。"故观其过，则可以知其仁。

子曰："朝闻道，夕死可矣！"

"朝"，音招，早也。朱《注》云："朝夕，甚言其时之短。"按：此章极言欲闻道之亟，虽朝闻而夕死，亦所甘心。《集解》云："言将至死不闻世之有道。"误。

子曰："士志于道，而耻恶衣恶食者，未足与议也！"

"恶"，如字读。《礼记·学记》云："士先志。"《孟子》云："士尚志。”士之志，当在于“道”。若以恶衣恶食为耻，则其志在乎口体之养矣；“未足与议”者，言此等人非真志道者，故未足与之论道也。必如颜渊之箪食瓢饮，不改其乐，子路之衣敝缊袍与衣狐貉者立而不耻，方可谓之“志道”，方足与之论道。

子曰：“君子之于天下也，无适也，无莫也，义之与比。”

此章何氏《集解》无注。皇《疏》采范宁曰：“适，莫，犹厚薄也。比，亲也。君子于人，无有偏颇厚薄，唯仁义是亲也。”朱子《集注》云：“适，丁历反。适，专主也。《春秋传》曰：‘吾谁适从’是也。莫，不肯也。比，从也。”又引谢氏曰：“适，可也。莫，不可也。……于无可无不可之间，有义存焉。”按：《经典释文》云：“适，郑作敌。莫，郑音慕，无所贪慕也。”《史记·范雎蔡泽列传》“攻适伐国”、《田单列传》“适人开户”，皆以“适”为“敌”。“莫”“慕”，一声之转。敌即仇敌之“敌”，是反对的意思。“慕”是向慕的意思。君子于天下之人之事，无敌莫之成见，惟“义之与比”。比，是接近的意思。

子曰：“君子怀德，小人怀土。君子怀刑，小人怀惠。”

朱《注》云：“怀，思念也。怀德，谓存其固有之善；怀土，谓溺爱其所处之安；怀刑，谓畏法；怀惠，谓贪利。”按：《孟子》言“有恒产者有恒心，无恒产者无恒心。”怀土，正指其念念在于恒产，在于田宅。“刑”，当包礼法而言。畏礼法，故能自儆。《尚书·皋陶谟》云：“安民则惠，黎民怀之。”可见小人所思念者惟在恩惠。

子曰：“放于利而行，多怨。”

“放”，依也。“放于利而行”，是说，每事依利而行。“多怨”

者，多招人家的怨也。朱《注》引程子曰："欲利于己，必害于人，故多怨。"所以做事不当依利而行，当依义而行。

子曰："能以礼让为国乎？何有？不能以礼让为国，如礼何？"

"为国"，就是治国。"何有"，就是说有什么难处。"礼"是"让"之文；"让"是"礼"之实。如不能以礼让为国，则礼之实已亡，则所谓"礼"者，只是形式而已，故曰"如礼何"也。

子曰："不患无位，患所以立。不患莫己知，求为可知也。"

"位"，指职位。"所以立"，指所以立乎此位之才德。"莫己知"，说无人知己；"可知"，说己有可以使人知之之实。《荀子·非十二子》云："君子能为可贵，不能使人必贵；己能为可用，不能使人必用己；能为可信，不能使人必信己。故君子耻不修，不耻见污；耻不信，不耻不见信；耻不能，不耻不见用。"与本章之旨同。

子曰："参乎！吾道一以贯之。"曾子曰："唯。"子出，门人问曰："何谓也？"曾子曰："夫子之道，忠恕而已矣！"

"参"，音森，曾子名。"唯"，曾子应之也。"门人"，弟子也。皇《疏》谓是曾子弟子；刘宝楠《正义》谓是孔子弟子；当以后说为是。"吾道一以贯之"，曾子已明白这个意思，故径应之曰"唯"。其余弟子不懂"一贯"的道理，等孔子走出去以后，问曾子道："这是什么意义呢？"曾子因同学们不懂，而"一贯"二字的意义，一时不容易讲清楚，所以把孔子的道，总括成两个字道："夫子之道，忠恕而已矣！"

朱《注》云："尽己之谓忠；推己及人之谓恕。'而已矣'者，竭尽而无余之辞也。"按《大学》论"挈矩之道"节"所恶于上无以使下……"云云；《中庸》"忠恕违道不远，施诸己而不愿，亦勿施于人”并谓“君子之道”，当以所求乎子者事父，所求乎臣者事君，所求乎弟者事兄，所求乎朋友先施之；本书下文亦云“己欲立而立人，己欲达而达人”，皆论忠恕之道。刘氏《正义》云：“己立己达，忠也；立人达人，恕也。二者相因，无偏用之势。”盖孔子之道，虽千端万绪，其实都是一贯的，不过“忠恕”二字而已。

按：《广雅·释诂》云：“贯，行也。”王念孙《疏证》谓“一以贯之”，即“一以行之”。阮元谓“一”与“壹”同。“一以贯之”者，言孔子之道，皆于行事见之，非徒以文学为教。下文问子贡云：“汝以予为多学而识之者欤?”又告之曰：“予一以贯之。”盖恐子贡但以多学而识学圣人，而不于行事学圣人也。此别一解，说亦可通。

子曰：“君子喻于义，小人喻于利。”

朱《注》云：“喻，犹晓也。义者，天理之所宜；利者，人情之所欲。”又引程子云：“君子之于义，犹小人之于利也。唯其深喻，是以笃好。”按：陆九渊访朱子于南康，尝在白鹿洞书院讲此章。与程朱所说之旨同。包慎言《温故录》则谓君子小人以位言在位之君子，于己不当言利，而治小人则当因其所利而利之。此别一说。

子曰：“见贤思齐焉；见不贤而内自省也。”

“贤”是有贤德的人。“思齐”者，想和他一样，没有高低也。“内自省”者，自己反省，有没有像他不贤的行为。《荀子·修身》篇云：“见善，修然，必以自存也；见不善，愀然，必以自省也。”与本章同旨。

子曰：“事父母几谏，见志不从，又敬不违；劳而不怨。”

“几”，《集解》朱《注》皆曰：“微也。”几谏者，以微言谏之；即《礼记·内则》所说，“父母有过，下气怡色，柔声以谏”也。《檀弓》云:“事亲有隐而无犯。”郑玄注:“无犯,不犯颜而谏。”亦即本章“几谏”之意。“见志不从,又敬不违”者,谏了父母,见父母之志,不肯从我的话,我仍旧要恭恭敬敬,对待父母,不可违抗父母;即《内则》所说“谏若不入,起敬起孝,悦则复谏”也。“劳而不怨”者,王引之《经义述闻》谓“劳”当训为“忧”,亦承上“见志不从”而言。《曲礼》“三谏而不听,则号泣而随之”。可谓忧矣。若如通解,谓服劳不怨,则与上文“几谏”无关,当从王说。

子曰:“父母在,不远游。游必有方。”

“远游”,即现在所谓“出远门”。“方”,是一定的地方。父母在的时候,不可出远门。因为父母有时思念儿子,或有疾病,离得路远,不容易回家看视父母,故曰“不远游”。“游必有方”者,出门去住在哪里,必有一定的地方。如此,则父母有事,可通信,或派人到这地方来叫回去。《礼记·曲礼》云:“所游必有常。”《玉藻》云:“亲老,出不易方。”与本章同旨。

子曰:“三年无改于父之道,可谓孝矣!”

此章已在《学而》篇见过,弟子于孔子之言,各以所闻记之;或编者偶有失校,故重出而逸其半。

子曰:“父母之年,不可不知也;一则以喜,一则以惧。”

“父母之年”,谓父母的年纪。见父母年纪大,已臻寿考,所以欢喜;见父母年纪老,将近衰亡,则又忧惧;故曰“一则以喜,一则以惧。”

子曰:“古者言之不出,耻躬之不逮也。”

“古者言之不出”,是说古人说话,不肯轻易出口。“躬”,身也。“逮”，及也。古人以话出了口而做不到，为一件可耻的事，故不肯随便说。此章所说，即“君子欲讷于言而敏于行”的意思。

子曰：“以约，失之者鲜矣！”

“约”字，《集解》引孔说，作“俭约”讲。朱《注》引谢氏，则云：“不侈然以自放之谓约。”又引尹氏云：“非止谓俭约也。”其义较长。“约”，是“泰”之反，凡谨言、慎行、不浪费，皆是“约”。《礼记·曲礼》云：“傲不可长，欲不可纵，志不可满，乐不可极”，皆言“约”之道。“鲜”，上声，少也。以约守身，而失之者少矣。

子曰：“君子欲讷于言而敏于行。”

“讷于言”的意思，是说话慎重，不可轻易出口。“敏于行”的意思，是做事要捷速。与上文“敏于事而慎于言”这句话同义。

子曰：“德不孤，必有邻。”

《易·文言》云：“同声相应，同气相求。”故德立于己，则善言集，良朋来，如住家之有邻舍，不至于孤零零。

子游曰：“事君数，斯辱矣！朋友数，斯疏矣！”

“数”，音朔。朱《注》引程子曰：“数，烦数也。”又引胡氏曰：“事君谏，不行，则当去；导友善，不纳，则当止。至于烦渎，则言者轻，听者厌矣。是以求荣而反辱，求亲而反疏也。”吴嘉宾谓“数”与“疏”对；数者昵之至于密者也。君子之交淡如水，小人之交甘如醴；君子淡以成，小人甘以坏。事君交友，皆如此。足以补朱《注》之说。

郑玄说：“数”当训为数君友之过，即互相责让的意思。《曲礼》云：“为人臣之礼，不显谏。”本书谓对于朋友，当忠告善道不可则止。并与本章同义。此别一解。

［问题］

（一）不仁者何以不可久处约，长处乐？

（二）何谓“安仁”“利仁”？

（三）何谓“观过知仁”？

（四）何谓“无适无莫”？

（五）何谓“一以贯之”？何谓“忠恕”？

（六）本篇论君子小人之别如何？

（七）本篇论事父母之道如何？

（八）本篇论言行之说如何？

第五　公 冶 长

子谓公冶长：“可妻也。虽在缧绁之中非其罪也。”以其子妻之。

公冶长，孔子弟子，公冶是姓，长是名。《史记·仲尼弟子列传》云：齐人，《家语》云：鲁人。“妻”，去声，谓以女给他为妻。《集解》引孔子曰：“缧，黑索也。绁，挛也。所以拘罪人。”“挛”是系的意思。“在缧绁之中”，谓被拘系狱中。孔子说公冶长这个人，可以把女儿给他为妻。虽曾被拘系在监牢里，是一桩冤枉的事情，公冶长并没有犯什么罪，就以自己的女儿嫁给他。

子谓南容：“邦有道，不废；邦无道，免于刑戮。”以其兄之子妻之。

南容，孔子弟子，鲁人，姓南宫，名　（《家语》作韬），字子容。

《史记·仲尼弟子列传》谓南宫括（括亦作适），字子容。朱《注》及刘宝楠《正义》谓 、括、容同是一人。朱《注》又云："谥敬叔"，则误以南容为南宫说非是。"说"亦作"阅"。南宫敬叔反，必载宝而朝，孔子以为不如速贫，见《檀弓》。《汉书·古今人表》亦分列南宫敬叔、南容为二人。朱子因郑玄《礼记注》而误。孔子说南容这个人，国家有道的时候，政府必不废弃他；国家无道的时候，也不至陷于刑戮，所以把侄女儿嫁给他。按：《史记·孔子世家》孔子有庶兄，字孟皮，病足。是时孟皮已卒，故孔子为其女主婚。

子谓子贱："君子哉，若人！鲁无君子者，斯焉取斯。"

子贱，孔子弟子，姓宓（音伏），名不齐，《家语》云：鲁人。若，此也。"若人"，犹言"这个人"，指子贱。说鲁国若没有君子，他何所取以成其君子之德呢？"斯焉取斯"，"焉"平声，安也，作副词用；上一个"斯"字，指子贱，下一个"斯"字，指君子之德。

按：《新序·杂事》篇记子贱治单父，单父大治，末即引孔子赞语，与此同。《吕氏春秋·察贤》篇言子贱治单父，鸣琴不下堂，而单父治以能任人，故逸。《韩诗外传》亦记子贱治单父而民附，答孔子云："所父事者三人，所兄事者五人，所友事者十有二人，所师者一人。"正言鲁君子之多。惟君子乃能取君子为师友，故赞之曰"君子哉若人"。则下"斯"字指子贱所交之人言，亦可通。

子贡问曰："赐也何如？"子曰："女，器也。"曰："何器也？"曰："瑚琏也。"

子贡见孔子历评诸弟子，便问孔子："赐也何如？"赐，是子贡的名。弟子对师，自己称名，是古礼。"子曰：'女器也'"者，是孔子答子贡之问。“女”，即“汝”字。“器”是说成材的人。子贡听孔子说自己是个成材的人，又问孔子是何种材器。“曰：‘瑚琏也。’”又是孔子答子贡之问。瑚琏是两种贵重的器，宗庙中用以盛黍稷，以玉为饰的。夏曰瑚，商曰琏。其制如何，已不可考。子贡虽未能为不器的君子，却是可贵重的宗庙之器。

或曰：“雍也，仁而不佞。”子曰：“焉用佞？御人以口给，屡憎于人。不知其仁。焉用佞？”

雍，孔子弟子，姓冉，字仲弓。郑玄《目录》云，鲁人。《论衡·自纪》篇以为是冉伯牛之子。《曲礼·释文》云：“口才曰佞。”时人以佞为贤；仲弓厚重简默；故或人称其仁而惜其不佞。“焉”，平声，安也。口给是言辞敏捷，辩才无碍的意思，所谓“利口”也。以口给御人，则常数为人所憎恶，故重言“焉用佞”，以明佞之无用。“不知其仁”之“其”字，即指仲弓或人称其仁，故孔子答以“不知其仁”。下文孔子责子路云：“是故恶夫佞者。”本章孔子之意重在斥“佞”，而不轻以“仁”许人之旨亦可见。

子使漆雕开仕。对曰：“吾斯之未能信。”子说。

漆雕，复姓；开，名。孔子弟子。按《史记·仲尼弟子列传》云，字子开。《汉书·艺文志》有漆雕启，当是名启，字子开。汉人避景帝讳，故改作开。郑玄《目录》云，鲁人。“斯”，此也。“说”，即悦字。孔子使漆雕开去做官。漆雕开对孔子道：“我对于做官这件事，自己还不能相信。”孔子所以闻此言而悦者，因为做官，是人人欢喜的，贤如子张，尚欲学干禄；今漆雕开竟说还不能相信自己能做官，岂不是很难得吗？

子曰：“道不行，乘桴浮于海，从我者其由与？”子路闻之喜。

子曰："由也，好勇过我；无所取材。"

"桴"，音孚，用竹木编成，犹现在的竹筏木筏，筏上面，也可造屋住人。也叫做䈬。"浮"，泛也。阎若璩《潜丘札记》据《汉书·地理志》以为指泛渤海往朝鲜，即下文"欲居九夷"之意。此言当发于周游之后，以中国莫能用己，而朝鲜有箕子之遗风，故有此叹。由，子路名。"与"，同欤。子路勇，故可从泛海也。子路听了孔子的话，以为孔子真个要叫他同到海上去。不觉欢喜起来，不知是因为道不行，心中感慨而发。孔子见子路认了真，而如此高兴，所以又戏之说："由你比我还要好勇；只是我连做桴的材料都还没有哩！"（《集解》引郑玄云："无所取材者，无所取桴材。以子路不解微言，故戏之耳。"朱《注》则云："材与裁同，古字借用。"讥其不能裁度事理。不如郑说生动多矣。）

孟武伯问："子路仁乎？"子曰："不知也。"又问。子曰："由也，千乘之国，可使治其赋也；不知其仁也。"

孟武伯，见《为政》篇注。"千乘之国"，见《学而》篇注。"赋"，军赋，谓出车徒以供兵役，就是《左传》"悉索敝赋"之赋。按：《先进》篇子路自言治国三年，可使有勇而且知方，可见子路善治军旅。孔子不轻以仁许人，故答孟武伯之问，但举子路所长，而云"不知其仁"。《史记·仲尼弟子列传》作季康子问，误。

"求也何如？"子曰："求也，千室之邑，百乘之家，可使为之宰也；不知其仁也。"

此节及下节，都是孟武伯问孔子的话。孔子答辞，均与上节同一用意。求，孔子弟子冉求。"千室之邑"，有一千家人家的县。"百乘之家"，卿大夫之家，有车子一百辆。"宰"，兼指邑宰及家宰而言。

“赤也何如?”子曰:“赤也,束带立于朝,可使与宾客言也;不知其仁也。”

赤姓公西字子华,孔子弟子。郑玄《目录》云:鲁人。古时做官的人,朝服,必加带。“朝”,是朝廷。“宾客”,是邻国派来的使者。《先进》篇子华自言愿为小相,可见他是一个外交人才。孟武伯,是鲁国执政的大夫,今来问孔子弟子仁不仁,故孔子把子路等三个人的特长都告诉他,当然含有介绍的意思;且因此可见孔子对于弟子的性质才能,都在平时留心,所以他们的长处随口说得出来。

子谓子贡曰:“女与回也孰愈?”对曰:“赐也,何敢望回?回也闻一以知十;赐也闻一以知二。”子曰:“弗如也!吾与女弗如也!”

“女”,今作汝。回,颜渊名。赐,子贡名。孔子对子贡说:“你与颜回两个人,哪一个好些?”子贡对孔子说:“我哪里敢望颜渊呢?颜渊听得一件道理,他推悟开去,能够晓得十件;我听得一件道理,推悟开去,只晓得二件。”孔子听了这话,又对子贡道:“你确是不及他的。就是我看来,你也是不及他。”“吾与女”的与,许也;是赞许的意。皇《疏》说“吾与女,弗如也”,谓我和你,都不如颜渊非是。

宰予昼寝。子曰:“朽木不可雕也。粪土之墙不可杇也,于予与何诛?”

“杇”,音污。亦作圬。“诛”,是责备的意思。宰予就是宰我,见《八佾》篇注。“昼寝”,就是困午觉。“朽”,腐也。“雕”,雕刻也。“粪土”，犹言秽土。“粪土之墙”，是秽土筑成的墙，杇，镘也。就是用石灰粉饰墙头。“与”，同欤，语助词。(清王引之《经传释词》训此“与”字，为“犹”。)孔子见宰予困午觉，说道：“腐烂的木头，不可雕刻了；秽土的墙，不可镘了。对于宰予，还要责备他做什么呢？”

按：韩李《论语笔解》谓“昼”旧文作“画”。李匡义《资暇录》云：“‘寝’，梁武帝读为寝室之寝；‘昼’，当作‘画’字。言其绘画寝室。”周密《齐东野语》谓尝见隋侯白所注《论语》，亦言“昼”当作“画”，春秋时士大夫多盛饰其居室。宰予画寝，是亦未能免俗。故孔子斥之。其曰“于予与何诛”者，言“俗尚奢华，于宰予独何责乎？”——此别一解，其说亦通。

子曰：“始吾于人也，听其言而信其行，今吾于人也，听其言而观其行。于予与，改是。”

此章《注疏》及皇本与上章并为一章。朱《注》亦引胡氏曰：“‘子曰’，疑衍文。”孔子此言，仍为宰予而发。“始”，是从前；“今”，是现在。宰予列言语之科，是个很会说话的人。孔子见他在困午觉，以为这是一件极懒惰的事情，和他平常的说话全不相符，所以叹道：“从前我对于人听了他的话，就相信他的行为；现在我对于人，听了他的话，倒还要看看他的行为。这是因为宰予而改变的。”

子曰：“吾未见刚者。”或对曰：“申枨。”子曰：“枨也欲，焉得刚？”

《集解》引包曰：“申枨，鲁人。”按：申枨，字子周，即《史记·仲尼弟子列传》之申党，《史记·索隐》作申堂，汉《王政碑》作申棠，《文翁礼殿图》作申傥，同是一人。朱《注》曰：“刚，坚强不屈之意。”孔子说:“我没有看见过刚强不屈的人。”或人之意,以为申枨,是个刚者。孔子听了或人的话,便驳他道:“申枨这个人,是多嗜欲的,哪里能够刚强不屈呢?”多欲之人,心役于物,易为富贵所淫,贫贱所移,故曰“焉得刚”。“焉”,平声,安也。

子贡曰:“我不欲人之加诸我也;吾亦欲无加诸人。”子曰:“赐也!非尔所及也。”

子贡所言,即《大学》絜矩之道,亦即上文所云“一以贯之”的忠恕之道,较“己所不欲,勿施于人”更进一层。因“勿”者,尚是禁之之词,“无”则出于自然矣。故孔子以“非尔所及”答之。

子贡曰:“夫子之文章,可得而闻也。夫子之言性与天道,不可得而闻也。”

“夫子”,子贡称孔子。“文章”,指孔子所修的《诗》《书》《礼》《乐》。《史记·孔子世家》云:“孔子以《诗》《书》《礼》《乐》教弟子,盖三千焉。”故云“可得而闻”。性与天道,指《易》《春秋》二书。《汉书·李寻传赞》云:“幽赞神明,通合天人之道者,莫著乎《易》《春秋》。”下引子贡语云云。则《易》与《春秋》皆弟子所罕闻。详见刘宝楠《正义》。

子路有闻,未之能行,唯恐有闻。

“唯恐有闻”之“有”,为“又”之借字。此章是编《论语》的人,记子路的好处。“有闻”者,听了孔子的话;“未之能行”者,这句话的道理,还未做到也。“唯恐有闻”者,恐怕孔子又有第二句话说出来,来不及做也。

子贡问曰:“孔文子何以谓之文也?”子曰:“敏而好学,不耻下问,是以谓之文也。”

孔文子，卫国大夫，名圉，亦称仲叔圉，“文”是他的谥。俞樾《群经平议》云：“下问者，非仅以贵下贱之谓；凡以能问于不能，以多问于寡，皆是。”按：《谥法》：“勤学好问曰文。”正与孔子所答之语相合。

子谓子产：“有君子之道四焉：其行己也恭，其事上也敬，其养民也惠，其使民也义。”

子产，郑大夫，姓公孙，名侨。孔子说：子产这个人，有四件君子之道。自己做人，是规规矩矩的；他事君上，是恭恭敬敬的；他抚养人民，是有恩惠的；他使用人民，是很合宜的。

子曰：“晏平仲，善与人交，久而敬之。”

晏平仲，齐大夫，姓晏，名婴，字仲，平是谥。孔子道：“晏平仲这个人，可说善于交友了；他和人交友，时间虽长久，仍旧能够恭敬而不失礼。”朋友相交得长久了，往往熟不知礼，狎亵起来。因为狎亵了，往往有轻佻怠慢的言动，甚至因此坏了交情。独晏平仲能久而敬之，故孔子赞其善与人交。

子曰：“臧文仲居蔡，山节藻棁，何如其知也？”

臧文仲，鲁大夫，臧孙辰也，仲是字，文是谥。“蔡”是大龟。旧说谓蔡的地方出产大龟，所以古时就称大龟为“蔡”。“蔡”，或谓即蔡国，或谓是山名，在今黄梅、广济二县之间。俞樾《群经平议》云：“蔡当读𢿱。《说文》：‘𢿱，楚人谓卜问吉凶为𢿱，读若赘。’龟所以卜问吉凶，因即名之曰𢿱，盖楚语也。龟本荆州所贡，故沿袭其语耳。𢿱与蔡音相近。孔广森《经学卮言》谓‘蔡蔡叔’之‘蔡’，即‘𢿱三苗’之‘𢿱’。然则以蔡为蔡犹以蔡为𢿱矣。”较旧解为长。古时以龟为灵物。龟大一尺二寸，尤为灵物。这种大龟只有国君得宝藏之，以供卜吉凶之用。大夫卜，但用龟之小者。臧文仲不是国君，也宝藏这种大乌龟，是僭人君之礼也。“节”，是屋柱上面架梁的。架梁的“节”上，刻着山，故曰“山节”。“棁”，梁上的短柱。“藻”，是水草。这短柱上画着水草，故曰“藻棁”。《礼记·明堂位》说：山节藻棁，是天子的庙饰。藏龟必于庙。臧文仲宝藏大龟，作龟室以居之，而僭用天子的庙饰，妄求灵物福佑，这不是极愚笨而可笑的事吗？故曰“何如其知也”。“知”同智。

子张问曰：“令尹子文，三仕为令尹，无喜色。三已之，无愠色。旧令尹之政，必以告新令尹，何如？”子曰：“忠矣！”曰：“仁矣乎？”曰：“未知。焉得仁？”

令尹，楚执政之官。子文，楚大夫，姓斗，名谷于菟。（音“垢乌徒”。楚人谓乳为“谷”，谓虎为“于菟”。子文初生于郧，因是私生子，被弃于野，而虎乳之，故名。事见《左传》宣公四年。）子张问孔子道：“楚国的子文，三次做令尹的官，没有欢喜的神色。三次免令尹的官，没有怨恨的神色。又他于新令尹上任的时候，必定把自己卸任以前所施行的政事，告知新令尹；像这样的人，如何？”孔子道：“可算‘忠’了！”子张又问：“像子文这样的人，可算‘仁’吗？”孔子道：“未知。”接着又道：“哪里好算仁呢？”“焉”，平声，安也。

按全祖望《经史问答》，子文仅再仕而已。此云“三”者，是虚数，见汪中《释三九》。

“崔子弑齐君，陈文子有马十乘，弃而违之。至于他邦，则曰：‘犹吾大夫崔子也！’违之。之一邦，则又曰：‘犹吾大夫崔子也！’违之。何如？”子曰：“清矣！”曰：“仁矣乎？”曰：“未知。焉得仁？”

此节与上节相连，也是子张问孔子的话。崔子，名杼，齐大夫。齐君，为齐庄公，名光。陈文子，名须无，亦齐大夫。马十乘，四十匹也。子张因孔子只许令尹子文以忠，不许以仁，因又举陈文子所行事，以问孔子也。

齐大夫崔杼弑齐庄公。见《左传》襄公二十五年。陈文子见齐国乱了，弃掉了自己家中的四十匹马，避到别国去，"弃而违之"的"违"，是离去的意思。到了别个国里，看看情形，那执政的人，也和崔杼一样；于是又换一国。不料这时候各国都是如此。子张很看重陈文子这个人，所以又问孔子曰："何如?"孔子说陈文子可以算是清白的人了。子张又问："像这样的人，可算'仁'吗?"孔子也答以"未知"。接着也直告之曰："焉得仁?"

如令尹子文、陈文子，在当时都算是人品极高的人。而孔子只许他是"忠"，是"清"，而不许以"仁"，可见"仁"人是不易做到的。

季文子三思而后行。子闻之曰："再斯可矣!"

季文子，鲁大夫季孙行父也，文为其谥。季文子每做事，必要想过三回，然后去做。孔子听人家这样说，因曰："做事能够想两回去做，已可不至于弄错了。"

按：《左传》载文子将使于晋，求遭丧之礼而行，后晋襄公果卒。杜预注以为此即"三思而后行"。故朱《注》引以为证。凡人做事，不可不仔细，又不可太仔细。三思，则顾虑必多，不能见义勇为。后来鲁宣公篡立，文子不能讨，反为他使齐纳贿，就是顾虑大多之故。

子曰："宁武子，邦有道则知，邦无道则愚。其知可及也，其愚不可及也!"

宁武子，卫大夫，姓宁，名俞，武是其谥。“知”，同“智”。宁武子当卫成公有道的时候，出其才智，帮同施行政治；成公无道的时候，装着呆木的神情，以免祸患。（按：武子未事文公。朱《注》以有道属文公，无道属成公，似误。见全祖望《经史问答》。）孔子称赞他：“其知可及也，其愚不可及也。”盖人情莫不好名，往往处无道君主之下，仍不能韬光匿采，以致丧失生命，而于国事仍无济。孔子深惜之，故称宁武子，以为时人衒智者戒。

子在陈曰：“归与！归与！吾党之小子狂简，斐然成章，不知所以裁之。”

陈，是春秋时的一国。孔子此时在陈国，见道不行而思归鲁也。“与”，今作欤。“党”，乡党之党；“吾党”，犹云：我的故乡。“小子”，指弟子。孔子去鲁周游，弟子留于鲁者多，故思念之也。“狂简”，志大而略于事，言虽怀进取之志，而阅历尚少。（此从朱《注》。《集解》孔云：“简，大也。”）“斐然”，有文章之貌。言其学问文章，都可以成就。但尚不知所以裁正之，使成全材耳。

按：张栻《论语解》云：“方圣人历聘之时，《诗》《书》《礼》《乐》之文，固已付门人次序之矣。及圣人归于鲁，而后有所裁定。”则谓“成章”及“裁之”，皆指《诗》《书》《礼》《乐》而言。则此一说，亦可通。

子曰：“伯夷、叔齐，不念旧恶，怨是用希。”

“恶”，音鄂；伯夷、叔齐，殷末孤竹君之二子。父殁，让国于中子，闻文王善养老，而往归焉。武王灭纣，夷齐不食周粟，隐居首阳山，采薇而食，卒饿死。《史记》有传。朱《注》云：“孟子称其‘不立于恶人之朝，不与恶人言；与乡人立，其冠不正，望望然去之，若将浼焉’。其介如此，宜若无所容矣。然其所恶之人，能改即止，故人亦不甚怨之也。”按：《大戴礼记·曾子立事》云：“朝有过，夕改则与之；夕有过，朝改则与之。”即此“不念旧恶”之义，亦即《中庸》所谓“以人治人，改而止”也。

子曰：“孰谓微生高直？或乞醯焉；乞诸其邻而与之。”

微生，是姓；高，是名；鲁国人。“醯”，音希，醋也。“与”同予。微生高素有直名。孔子却不以为然，所以说：“谁说微生高直呢？有人向他去讨醋，他自己家里没有，却向邻家讨了醋来，转给来讨醋的人。”

子曰：“巧言令色，足恭，左丘明耻之，丘亦耻之。匿怨而友其人，左丘明耻之，丘亦耻之。”

朱《注》：“足，将树反。足，过也。”“足恭”，是过于恭敬的意思。《集解》孔曰：“足恭，便僻貌。”邢《疏》云：“便僻其足以为恭，谓前却俯仰，以足为恭也。”《表记》，孔子曰：“君子不失足于人，不失色于人，不失口于人。”《尔雅·释训》有“口柔、面柔、体柔。”巧言是口柔，即失口于人；令色是面柔，即失色于人；足恭是体柔，即失足于人。详见臧庸《拜经日记》。故孔说较朱《注》为长。孔氏又云：“左丘明，鲁太史，丘是孔子自称其名。”朱《注》引程子云：“左丘明，古之闻人也。”又引谢氏云：“夫子自言‘丘亦耻之’，盖‘窃比老彭’之意。”“匿怨而友其人”者，谓我对某人，本有怨恨，却故意装出没有怨恨的样子，仍旧和他为友。此章所举二种人都是虚伪的小人，故左丘明与孔子耻之。

颜渊、季路侍。子曰：“盍各言尔志？”子路曰：“愿车马，衣轻裘，与朋友共敝之而无憾。”颜渊曰：“愿无伐善，无施劳。”子路曰：“愿闻子之志。”子曰：“老者安之，朋友信之，少者怀之。”

季路即子路。“侍”者，侍坐于孔子身边也。“盍”，何不也。孔子对颜渊、子路说：“何不各人说说你们的志向？”

朱《注》：“衣，去声，服之也。敝，坏也。”按阮元《校勘记》云：“《唐石经》，‘轻’字旁注。案《石经》初刻本无‘轻’字。‘车马衣裘’见《管子·小匡》及《外传·齐语》，是子路本用成语。后人涉《雍也篇》‘衣轻裘’而误加‘轻’字。”钱大昕复举四证以明之。“轻”为衍字无疑。旧读于“共”字句绝。按：《白虎通·三纲六纪》篇引此，至“敝之”绝句。《北齐书·唐邕传》，显祖赐邕裘云：“朕意在车马衣裘与卿共敝。”“敝之”亦连上读。若连下读，则“敝之”专指朋友矣。子路说自己的志向，情愿把车马、衣裘与朋友同坐同穿，就是坐破穿破也不恨朋友。

朱《注》云：“伐，夸也。善，谓有能。施，亦张大之意。劳，谓有功。《易》曰：‘劳而不伐’是也。”颜渊说自己的志向，在不矜说自己的善处，不张大自己的功劳。

子路以自己和颜渊二人的志向都说过了，遂问孔子的志向如何。孔子说自己的志向，在于“老者安之，朋友信之，少者怀之。”“少”，去声，指年少之人。朱《注》云：“老者养之以安，朋友与之以信，少者怀之以恩。”

子曰：“已矣乎！吾未见能见其过而内自讼者也。”

“已矣乎”，是叹辞，犹俗语的“罢了”，恐其终不得见而叹之也。“讼”，犹责也。“能见其过而内自讼”者，言能够见到自己的过失，而在自己腹内责罚自己也。能自讼其过，可谓不自欺，必能慎独矣。

子曰：“十室之邑，必有忠信如丘者焉，不如丘之好学也。”

“十室之邑”，极言其地方之小。丘，是孔子自称其名。孔子说："虽然是只有十家人家的小地方，也必定有天性忠信和我一样的人，不过没有像我好学罢了。"此章之旨，在勉人好学，与"丘非生而知之者，好古敏以求之者也"一章相同。言忠信为天生之美质，好学始可以有成也。

［问题］

（一）孔子为什么以女妻公冶长，以其兄之女妻南容？

（二）孔子不轻以"仁"许人，试举本篇所记以证之。

（三）子路、冉求、公西华，各有何种特长？

（四）"昼寝"有何别解？

（五）孔子对于孔文子、子产、晏平仲、宁武子的批评如何？

（六）"臧文仲居蔡，山节藻棁"此何讲法？

（七）何谓"巧言令色足恭"？

（八）孔子、颜渊、子路之志愿如何？

第六　雍　　也

子曰："雍也，可使南面。"仲弓问子桑伯子。子曰："可也；简。"仲弓曰："居敬而行简，以临其民，不亦可乎？居简而行简，无乃大简乎？"子曰："雍之言然。"

按：此章"仲弓问"以下，《集解》本另为一章。"南面"，人君之位。孔子称赞仲弓，说他有人君之度。朱《注》云："子桑伯子，鲁人。胡氏以为'疑即庄周所称子桑户者'是也。"按：庄子《山木》篇作子桑雽，《大宗师》篇作桑户。仲弓闻孔子许己可以南面，因问子桑伯子何如。孔子答以"可"也者，仅可而有所未尽之辞。简者,不烦之谓。《楚辞》云:“桑扈赢行。”《说苑》亦记子桑伯子不衣冠而处,孔子以为质美而无文,并以“易野”释“简”。可与本章参阅。“居敬”即舜之“恭己”;“行简”,即舜之“无为而治”。子桑伯子盖道家者流;秉要执本,以简御繁,是人君南面之术;但仍须“居敬”方可。否则,便是太简了。“大”同太,过也。

哀公问弟子孰为好学。孔子对曰:“有颜回者好学;不迁怒,不贰过。不幸短命死矣!今也则亡,未闻好学者也。”

《论语》中所说的“学”,都是学做人,非如后世之以读书为学也。观此章所记,更为显然。“好”,去声。朱《注》云:“迁,移也;贰,复也。怒于甲者,不移于乙;过于前者,不复于后。”按:《易·系辞》云:“子曰:颜氏之子,其殆庶几乎!有不善,未尝不知;知之。未尝复行也。”此即言颜子之“不贰过”。颜子先孔子而卒。《家语》谓年三十二。李锴《南史》辨之,谓《史记·仲尼弟子列传》言颜子少孔子三十岁,其卒在伯鱼之后,伯鱼卒,孔子年七十;颜子卒于孔子七十一岁之年,已四十一矣。“亡”,同无。《释文》云:“本或无‘亡’字。”俞樾《群经平议》谓“亡”与下句意复,系衍字。

子华使于齐,冉子为其母请粟。子曰:“与之釜。”请益。曰:“与之庾。”冉子与之粟五秉。子曰:“赤之适齐也,乘肥马,衣轻裘。吾闻之也:‘君子周急不继富。’”

“与”,读上声,通予。“釜”,音府。“庾”,音羽。“秉”,音丙。子华,孔子弟子,公西赤字。冉子,郑玄《注》谓即冉有。《集解》及朱《注》均云:六斗四升为釜,十六斗为庾,十六斛为秉,五秉共八十斛。戴震《考工记·补注》谓二斗四升曰庾,十六斗曰薮,《论语》“与之庾”谓于釜外更益二斗四升。盖与之釜,已当;所益不得过于始与。其说较长。孔子使子华到齐国去。冉有为子华之母;向孔子请粟。孔子说:“给她六斗四升。”冉有请加多些。孔子说:“加她二斗四升。”冉有还以为少,自己给了她八十斛。孔子说:“子华到齐国去,乘的肥马,穿的轻裘,可见他家并不穷。我听到过一句老话,说:‘君子是周急不继富的。’”周,给不足。也见《礼记·月令》注。“周急”,谓周济困急。“继富”,谓增其富。

原思为之宰,与之粟九百。辞。子曰。“毋!以与尔邻里乡党乎!”

原思,孔子弟子,姓原名宪,字子思。此时孔子为鲁司寇,以原思为家宰。“与之粟九百”者也,家宰应得之禄。此但云“九百”,未言是斗是石,故朱《注》以为不可考。《集解》引孔氏曰:九百斗,亦是想当然耳之辞。“辞”者,原思辞不肯受也。“子曰‘毋’”者,孔子说不必辞也。“以与尔邻里乡党乎”是说你如果用不到,把这粟拿回去,分送给你邻舍同里的人罢!

子谓仲弓曰:“犁牛之子,骍且角;虽欲勿用,山川其舍诸?”

“犁”,音离。“骍”,音星。“子谓仲弓”者,不是孔子对仲弓说,是孔子批评仲弓这个人也。“犁牛”,杂色的牛。皇《疏》载另一说云:“犁牛,耕牛。”“骍”,纯赤色;“角”,牛角周正,而长短合式。“犁牛之子骍且角”者,言杂色牛生出来的小牛,却毛赤色而角周正也。“虽欲勿用,山川其舍诸”者,是说这种好的小牛,可用以祭祀山川之神。虽欲弃置勿用,山川之神,也是不肯舍掉它的。此章完全是比喻。《史记·仲尼弟子列传》有“仲弓父贱人,孔子曰犁牛之子”云云。“贱人”,谓微贱之人,故以耕牛为喻。仲弓可使南面,故以骍且角而可用作牺牲之牛为喻。《论衡·自纪》篇云："毋犁牸骍，无害牺牲。"又云："伯牛寝疾，仲弓洁全。"以仲弓为伯牛之子，则此章盖以杂色之牛，喻伯牛之有恶疾也。

子曰："回也，其心三月不违仁，其余则日月至焉而已矣。"

朱《注》云："三月，言其久也。"犹今人言"一年到头"。按：即汪中《释三九》所谓"三"是虚数。三月，孔子称赞颜回，说他心里一年到头不与仁离开，无时无刻不以仁存心。"其余"，谓颜回以外的各弟子；他们心里，或一月，或一日，偶然存心于仁而已。

季康子问："仲由可使从政也与？"子曰："由也果，于从政乎何有？"曰："赐也可使从政也与？"曰："赐也达，于从政乎何有？"曰："求也可使从政也与？"曰："求也艺，于从政乎何有？"

"与"，今作欤。"从政"者，从事政治也。仲由，即子路；赐，即子贡；求，即冉有。"果"者，能决断也；"达"者，通达事理也；"艺"者，多才能也。"何有"者，犹今言"有什么"，谓不难也。凡人有一种长处，就可以在社会上做事。季康子问这三个人，孔子把他们的才具，老老实实答之，不过分称赞自己的弟子，也不谦虚说自己的弟子没有才能，可谓不亢不卑。

季氏使闵子骞为费宰。闵子骞曰："善为我辞焉！如有复我者，则吾必在汶上矣！"

"闵"，音敏。"骞"，音牵。"费"，此处音秘。"汶"音焚。季氏，鲁国执政大夫，季孙氏也。《集解》引孔曰："季氏不臣，而其邑宰数畔，闻子骞贤，故欲用之。"如孔说，则此季氏当指季康子。闵子骞，孔子弟子，姓闵，名损性，字子骞。郑玄《目录》云：鲁人。费，鲁地名，是季氏的食邑。"宰"，邑长。闵子骞不愿做季氏食邑的官，因对季氏使者如此也。"辞"，是辞谢。"复"，是再来召我。汶，水名，在鲁国和齐国交界的地方。“必在汶上”者，言必定逃到汶水上去躲避，将去鲁而往齐也。

伯牛有疾。子问之，自牖执其手曰：“亡之！命矣夫？斯人也，而有斯疾也！斯人也，而有斯疾也！”

“牖”，音有。伯牛，孔子弟子，姓冉，名耕，郑玄《目录》云：鲁人。“有疾”，有病也。“牖”，窗也。“亡之”，犹言“没命了”。又连连叹惜两句道：“这真是命里注定的罢？这个人而会害这种病！这个人而会害这种病！”痛惜之深，复次与哭颜渊同。朱《注》云：“牖，南牖也。礼，病者居北牖下。君视之，则迁于南牖下，使君得以南面视己。时伯牛家以此礼尊孔子。孔子不敢当，故不入其室，而自牖执其手，盖与之永诀也。”按：《史记·仲尼弟子列传》言“伯牛有恶疾”。《淮南子·精神训》云：“伯牛为厉。”厉即疠之省。《说文》云：“疠，恶疾也。”古以癞为恶疾，即今麻风之类，是一种传染病。伯牛染此恶疾，将死，孔子往视之。因系传染恶疾，故不让孔子入室。而孔子师生情重，仍自牖执其手，按其脉。“亡之”，言脉息已绝，故有“斯人斯疾”之叹。朱《注》似嫌迂曲。

子曰：“贤哉！回也。一箪食，一瓢饮，在陋巷，人不堪其忧；回也不改其乐。贤哉！回也。”

“箪”，竹器，犹今之饭篮。“瓢”，盛水之器，以瓠瓜为之。“陋巷”，房屋低旧的小弄。王念孙则谓“陋巷”即指所居之室；古时里中道曰巷，人所居亦谓之巷，故《广雅》并列二训。（见《经义述闻》引）“乐”，欢乐之乐。大凡一个人，处富贵则欢乐，处贫贱则忧愁；只有乐道之士，富贵贫贱，都不足以动其心。此章孔子赞颜渊，说他吃的只有一篮饭，一瓢汤；住的是房屋低旧的小弄；

在别人将忧愁得了不得;而他仍旧不改欢乐的态度。

冉求曰:"非不说子之道,力不足也。"子曰:"力不足者,中道而废;今女画。"

"说",今作悦。"女",今作汝。"画",读如笔画之画,止也。非有以止之而自止,谓之"画"。冉求对孔子说:"不是不喜欢夫子的道;所以不行道者,因为我自己力量不足。"按:《里仁》篇云:"有能一日用其力于仁矣乎? 吾未见力不足者。"此言"力不足者,中道而废"者,特因冉求之言指出真是力不足者以示之。现在你是自己画了一个界限,不向前进行,其实一点力也没有用,哪里好说是力不足呢?

子谓子夏曰:"女为君子儒,无为小人儒!"

"女",今作汝。"无",同毋。孔子时,一般学者都称为"儒"。但学者之中,也有君子,有小人。此章孔子勉励子夏为君子儒,不要为小人儒也。

子游为武城宰。子曰:"女得人焉耳乎?"曰:"有澹台灭明者,行不由径,非公事,未尝至于偃之室也。"

武城,鲁邑名。"女",今作汝。子游为武城之邑宰。孔子问他:"你得贤能的人了吗?"澹台,是姓;灭明,是名;字子羽,武城人。《史记·仲尼弟子列传》亦在弟子之列。偃是子游的名,子游说:"有个澹台灭明者,他走路,走大道,不走小路捷径;不是有公事,不到我的衙门里来。"此言澹台灭明人品之方正。

子曰:"孟之反不伐;奔而殿,将入门,策其马曰:'非敢后也,马不进也。'"

孟之反，鲁大夫，名侧。自己称自己的能干、自己的功劳，叫做“伐”。战败逃跑叫做“奔”。在军队后面拒敌叫做“殿”。“殿”，去声。“策”，马鞭也；以马鞭鞭马，也叫“策”。哀公十一年，鲁国和齐国战，鲁军大败逃回。孟之反独在后面，拒追敌兵。将入国门，乃用马鞭鞭马，对人说：“我并不敢在后面抵拒敌兵，因为马不向前走，所以在后面也。”事见《左传》。

子曰：“不有祝鮀之佞，而有宋朝之美，难乎免于今之世矣！”

祝鮀，卫大夫，字子鱼。“佞”，有口才也。宋朝，宋公子朝，美而淫。仕于卫，通于宣姜及南子。“而”，与也。《韩非子·说林》：“以管子之圣而隰朋之智。”句法正与此同。（见王引之《经传释词》）“难乎免于今之世”者，言现在之难免于祸害也。此孔子伤时之言。

子曰：“谁能出不由户？何莫由斯道也？”

“道”，是做人的道理，为人人所当共由，犹之无论何人不能不由门户出入也。《礼记·礼器》云：“未有入室而不由户者。”彼云：“出”，此云“入”。其义一也，人知出入由户，而不知立身处世之当由道，故孔子叹之。

子曰：“质胜文则野；文胜质则史；文质彬彬，然后君子。”

“质”，是本质；“文”，是文饰。“野”者，朴实无文，鄙陋如野人也。《礼记·仲尼燕居》云：“敬而不中礼，谓之野。”敬是礼之质；不中礼，谓无礼之文也。史者，本为掌文辞之官；辞多浮夸，故以为“野”之反。《仪礼·聘礼记》云：“辞多则史。”亦言其文胜于质。彬彬，《集解》包曰：“文质相半之貌。”

子曰：“人之生也，直；罔之生也，幸而免。”

郑玄《注》云:“始生之性皆正直。”此即“人之初,性本善”的意思。及为坏的习气所染,方有邪曲诬罔。人而失其正直的天性,则难免遭祸患而死。若罔而仍得生者,幸而免耳。

子曰:“知之者不如好之者;好之者不如乐之者。”

“好”,去声。“乐”,欢乐之乐。此章包括一切学问道德之修习而言。“知之者”,不过知道此学此道之如何而已。“好之者”,则对于此学此道有进一层的爱好。“乐之者”,则“乐此不倦”,比好之者更进一层。颜子的陋巷箪瓢,不改其乐;孔子的饭疏饮水,乐在其中,发愤忘食,乐以忘忧;对于道,都已到“乐之者”的地步。艺术家、科学家、文学家、宗教家,其研究信仰到登峰造极时,也有这种景象。

子曰:“中人以上,可以语上也。中人以下,不可以语上也。”

人之资质,大概可分为三等:最高的为上智,最低的为下愚,平常的皆中人也。“语”,告也,谓教之也。孔子因材施教,故视其人之资质而所语不同。子贡谓“夫子之言性与天道,不可得而闻”亦是因此。

樊迟问知。子曰:“务民之义,敬鬼神而远之,可谓知矣。”问仁。曰:“仁者先难而后获,可谓仁矣。”

“知”,今作“智”。“民”即是“人”。“务民之义”者,犹云做人所当做之事也。“敬鬼神而远之”者,言虽敬重鬼神而不迷信之也。能如此,可谓智了。“获”,得也。“难”,做艰苦的事也。这句意义,以皇《疏》所采范宁之说为长,即“艰难之事,则为物先,获功之事,而处物后,则为仁矣”。亦即宋范仲淹所谓“先天下之忧而忧,后天下之乐而乐”也。

子曰："知者乐水，仁者乐山。知者动，仁者静。知者乐，仁者寿。"

"知"，今作智。"乐山""乐水"之"乐"，音耀，喜好也。下一"乐"字，为欢乐之乐。朱《注》云："知者远于事理，而周流无滞，有似于水，故乐水；仁者安于义理，而厚重不迁，有似于山，故乐山，动、静，以体言；乐、寿，以效言也。"此章说智者、仁者分三层，实则一气贯串。盖智者乐水，由性好动；成功多，故常乐。仁者乐山，由性好静，欲念少，故能寿。

子曰："齐一变，至于鲁，鲁一变，至于道。"

《集解》包曰："言齐鲁有太公周公之余化。太公大贤，周公圣人；今其政教虽衰，若有明君兴之，齐可一变使如鲁，鲁可一变使如大道行之时。"按：《说苑·政理》篇、《汉书·地理志》均言太公治齐为霸术，伯禽治鲁为王道。孔子之时，维齐强鲁弱，然齐终是霸国，鲁还存有王化。故以为齐国一变，始可至鲁，鲁国再一变，即可如大道行之时也。

子曰："觚不觚，觚哉！觚哉！"

"觚"，音孤。朱《注》云："觚，棱也。或曰酒器，或曰木简，皆器之有棱者也。不觚者，盖当时失其制而不为棱也。'觚哉！觚哉'言不得为觚也。"按：此章全为比喻之辞。言觚之所以名为觚者，以其方而有棱为觚之形也。若觚而不成觚形，则有觚之名，无觚之实，岂得谓之觚乎。孔子主正名，名与实当相符，觚不觚，盖以喻当时之君不君，臣不臣，父不父，子不子耳。旧说皆泥于"觚"言，至不可解。

宰我问曰："仁者虽告之曰：'井有仁焉'其从之也？"子曰：

“何为其然也？君子可逝也，不可陷也；可欺也，不可罔也。”

“井有仁”的“仁”，通“人”。朱《注》引刘聘君云：“‘有仁’之‘仁’当作‘人’。”“从”，谓随之入井以救之。“其从之也”的“也”，用与“欤”字同，亦疑问助词。“逝”，往也；“可逝”言可使之往。“不可陷”，言陷之入井。欺，谓诳之以理之所或有，罔，谓昧之以理之所必无。与孟子所云：“君子可欺以其方，难罔以非其道”同一意思。下文孔子告子路云：“好仁不好学，其蔽也愚。”宰我以为仁者忠厚可欺，故为此问；孔子则据理以驳之。

子曰：“君子博学于文，约之以礼，亦可以弗畔矣夫？”

“畔”，音叛。“夫”，音扶。“文”，典籍也。博览典籍，可以多知前言往行。“礼”，是做人的种种规则仪式。博学于文而不以礼约束自身，则往往有文而无行。如能博文约礼，则可以不违道。故曰“亦可以弗畔矣夫”。“畔”，同叛，即背也。按：此章重见，《颜渊》篇，但无“君子”二字。

子见南子。子路不说。夫子矢之曰：“予所否者天厌之！天厌之！”

“说”，今作悦。南子，是卫灵公的夫人。孔子到卫国，南子慕孔子之贤，遽然请见。孔子不便辞谢，就去见她。子路不说者，旧解谓以南子是淫妇，孔子居然去见她，故不悦。按：南子虽淫乱而有知人之明，故于蘧伯玉及孔子，皆特敬之。子路疑孔子之见南子，将诎身行道，故不说耳。“矢”，旧解多以为誓，下三句即誓辞。殊于情理未合。惟宦氏《论语稽》训为“直陈”。（皇《疏》引蔡谟《注》亦曰：“矢，陈也。”）直陈，即直言也。“予所否者”之“否”，当读作否塞之否。“天厌之”之“厌”，与《左传》“将以厌众”之厌同，厌也，阻塞也。言“我所以否塞而不得行其道者，天实阻止”。意谓天未欲平治天下，故阻我不得行其道，我岂不知天命，而欲诎身行道，乃见南子以要卫君乎？臧仓沮鲁平公见孟子，孟子曰：“吾之不遇鲁侯，天也；臧氏之子，焉能使余不遇哉！”与孔子所说，意虽相似，而义实相同。

子曰：“中庸之为德也，其至矣乎？民鲜久矣！”

“鲜”，音险。郑玄《目录》云：“名曰中庸者，以其记中和之为用也。庸，用也。”又注《中庸》“君子中庸”句云：“庸，常也。用中为常道也。”朱《注》引程子云：“不偏之谓中，不易之谓庸；中者天下之正道，庸者天下之定理。”中庸之德，谓不偏不倚，无过不及，而可以常用之德。鲜，上声，少也。言中庸为至德，而一般人少此至德久矣。《中庸》亦引此语，作：“中庸其至矣乎！民鲜能久矣。”字句虽稍异，意义则同。

子贡曰：“如有博施于民，而能济众，何如？可谓仁乎？”子曰：“何事于仁？必也圣乎？尧舜其犹病诸？夫仁者，己欲立而立人，己欲达而达人。能近取譬，可谓仁之方也已！”

“夫”，音扶。子贡说：“如有人广布恩泽于民，而能使大众都得着救济，怎么样？可以算仁人吗？”孔子答道：“能够如此，何止于仁呢？一定是圣人了罢？这是尧舜还愁做不到的。”接着又正色告子贡道：“所谓‘仁’者，是推己以及人；自己能立了，使人也要能立；自己能达了，使人也要能达。能够就近取譬于己，推而及之他人，可以说是为仁的方法。”

按：下文孔子告子贡可以终身行之的“恕”，说：“己所不欲，勿施于人。”与本章之“己立立人，己达达人”同为推己及人，惟消极积极二方面，各就一方面说而已。《大学》所说絜矩之道，亦是此义。己立,己达,是成己;立人,达人,则成物矣。但欲成物,必先能成己;故为仁之方,在于取譬于近,不必好高骛远,遽欲能成博施济众之圣功也。“仁”,是德目;“圣”,则为成德之名。为仁而能至乎其极,则为圣人。上文子贡云:“吾不欲人之加诸我也,我亦欲无加诸人。”孔子以为非其所及。故于子贡此问,答以博施济众为圣人之事,尧舜犹病;又告以为仁之方,在能近取譬也。

[问题]

(一)何谓“居敬行简”?何谓“太简”?

(二)颜子之好学何如?

(三)冉有为公西华请粟,孔子不肯多予;原思不受所予之粟,孔子强之接受;何故?

(四)孔子问伯牛之疾,何以自牖执其手而叹?

(五)孔子称颜子三月不违仁,又称不改其乐,二章有何关系?

(六)何谓“知之”“好之”“乐之”?

(七)孔子论“知”“仁”之说如何?

(八)何谓“博文约礼”?

(九)孔子见南子,子路何以不悦?孔子何以自解?

(十)孔子告子贡为仁之方如何?

第七　述　　而

子曰:“述而不作,信而好古,窃比于我老彭。”

“窃”,音切。“述”者,传述旧文以教后人;“作”者,自己创作著书立说也。孔子序《书》删《诗》定《礼》正《乐》赞《易》修《春秋》

而成六经，不过把古人已有的经典，采择纂辑之，教授弟子而已，故曰“述而不作。”“信而好古”，相信古圣人之经典而爱好之也。下文云：“盖有不知而作之者，我无是也。”又云：“好古，敏以求之。”与本章之旨同。“窃比于我老彭”者，朱《注》云：“窃比，尊之之辞；我，亲之之辞。老彭，商贤大夫，见《大戴礼》，盖信古而传述者也。”按：《大戴礼记·虞戴德》篇老彭与仲傀并举，《汉书·古今人表》亦列老彭于仲虺下，仲虺即仲傀。则老彭亦商初人也。郑玄注云：“老，老聃，彭，彭祖。”则以老彭为二人。据《楚辞·天问》王逸《注》及《史记·五帝本纪》，则彭祖为尧臣。此不曰彭老而曰老彭者，宋翔凤以为老聃有亲炙之谊，且尊周史。与朱《注》异。

子曰："默而识之，学而不厌，诲人不倦，何有于我哉?"

“识”，今作志。朱《注》云：“识，记也。默识，谓不言而存诸心也。”“厌”是满足厌弃的意思。“倦”是倦怠的意思。“何有于我哉”句，旧注多不得其解。此句“何有”二字，与上文“于从政乎何有”句同一用法。译作白话，就是说“这于我有什么呢?”言此我已能之，没有什么了不得也。如此解，方与本篇下文所记答公西华，《孟子·公孙丑》所引答子贡，自承“不厌”“不倦”两节相合。

子曰："德之不修，学之不讲，闻义不能徙，不善不能改，是吾忧也！"

孔子以修德、讲学、徙义、改过为做人的四个要紧条件。一个人的修德是修治道德。讲学是讲习学问。徙义改过就是《易·益卦》所说“见善则迁，有过则改。”孔子以不能此四者为己忧，盖以勉学者耳。曰：“是吾忧也。”

子之燕居，申申如也，夭夭如也。

“夭”，音腰。此弟子记孔子之态度也。“燕居”，犹闲居，谓闲暇无事之时。朱《注》引杨氏曰：“申申，其容舒也。夭夭，其色愉也。”按：如杨说，则“申申”“夭夭”二句意义重复。《汉书·万石君传》云：“子孙胜冠者在侧，虽燕必冠，申申如此。”颜师古注云：“申申，整饬之貌。”“申申”，言其敬；“夭夭”，言其和。“申申如”，故“望之俨然”；“夭夭如”，故“即之也温”。此孔子燕居时之神情态度。

子曰：“甚矣，吾衰也！久矣，吾不复梦见周公！”

孔子屡言“吾从周！”盖思得位行道，仍行周公之礼也。因周礼是周公所创，孔子常常想着周公这个人，所以常常梦见周公。此言“久不梦见周公”者，伤己衰老，而道终不行也。此语当是孔子晚年所说。

子曰：“志于道，据于德，依于仁，游于艺。”

“据”，音句。此孔子教人进德修业的方法。“志于道”者，心之所之，在于道也。“据于德”者，行道而有得于心，则执守之弗失也。“依于仁”者，无终食之间违仁也。“游于艺”者，习礼、乐、射、御、书、数、六艺以供娱乐也。《礼记·少仪》言“士游于艺”。《学记》言“君子之于学，藏焉息焉修焉游焉。”亦艺于游息中习之，犹今日学校中之课外活动也。

《子》曰：“自行束脩以上，吾未尝无诲焉。”

古者相见必有贽。弟子来学，奉束脩以为贽，是礼物之薄者。脩，以肉切为条而干之者也，故脩字从肉，不可作“修”。每条肉折成一朐。五条为五朐，有十脡，扎成一束，就叫做“束脩”。

(后人亦有以束带修饰,或约束修饰,训“束脩”二字者。但《檀弓·穀梁》明言“束脩”为馈问之物,余义实不可从。)孔子言:“有人拜己为师,只要送过拜师的礼物,不论它的礼物轻至束脩,或比束脩厚,我总一样地教诲他。”按:古代学术在官,故“事师”必须“宦学”,“入官”乃能“学古”。私人讲学之风,自孔子开之。且自行束脩,未尝无诲,故虽贫如颜渊原思,亦得及门受业。教泽之广,盖由于此。

子曰:“不愤,不启;不悱,不发;举一隅,不以三隅反,则不复也。”

此章,孔子自言教人之法也。朱《注》云:“愤者,心求通而未得之意;悱者,口欲言而未能之貌。启,谓开其意;发,谓达其辞。物之有四隅者,举一可知其三。反者,还以相证之义。复,再告也。”按:人于学有所不通,而亟欲通之,则心愤愤然;因而启导之,则豁然贯通矣。欲言未能者,即《学记》所谓“力不能问”也。“力不能问,然后语之”,则恍然以为先得我心矣。举一反三,即孟子所谓“欲其自得之”。“不复”者,即《学记》所谓“语之而不知,虽舍之可也”。孔子教人之法,与现代教育学上的新教学法不谋而合。

子食于有丧者之侧,未尝饱也。子于是日哭,则不歌。

此章记孔子吊丧时之态度。临丧则哀,所以“未尝饱”。“哭”,谓往吊而哭;余哀未灭,所以“不歌”。二者皆出于情之自然,弟子见而记之,非谓孔子有意如此做作也。《礼记·檀弓》云:“食于丧者之侧,未尝饱也。”又云:“吊于人,是日不乐。”与本章所记同为一事。

子谓颜渊曰:“用之则行,舍之则藏,唯我与尔有是夫!”

"舍",今作捨,即捨弃。"用之则行,舍之则藏"者,即孟子所说"可以仕则仕,可以止则止","达则兼善天下","穷则独善其身"。"夫"音扶,即今语之"吧"。"是"指上"用""舍"二句。"唯我与尔有是夫"者,言只有我同你二人,有这样的态度也。颜渊之道德学问,都与孔子相仿佛,故孔子以此称之。

子路曰:"子行三军则谁与?"子曰:"暴虎冯河,死而无悔者,吾不与也;必也,临事而惧,好谋而成者也。"

此节与上节同章。子路好勇,能治军旅,听见孔子称赞颜渊,心想打仗非颜渊所能,所以问:"夫子要行三军的时候,叫哪个人同去呢?""暴",音抱。"冯",音凭。《尔雅·释训》云:"暴虎徒搏;冯河徒涉。"《说文》:"淜,无舟渡河也。"《玉篇》:"徒涉曰淜。"此作"冯",为淜之假借字。言徒手打虎,无舟渡河,不顾危险,死而不悔的人,虽行三军,我不与之俱也。必须"临时而惧,好谋而成"者,方与他同去。"惧"是慎战不轻敌的意思。焦循《补疏》谓:成,犹定也。定即决定。"好",去声。

子曰:"富而可求也,虽执鞭之士,吾亦为之;如不可求,从吾所好。"

朱《注》云:"执鞭,贱者之事。设言富若可求,则虽身为贱役以求之,亦所不辞。然有命焉,非求之可得也。则安于义理而已矣!何必徒取辱哉?"按:"而",如也。"如可求","如不可求",相对成文。"而""如"古通。"好",去声。此章之旨,重在明富之不可求,不若从吾所好,安贫乐道之为愈。

子之所慎:齐、战、疾。

"齐",今作斋。祭祀鬼神时须斋戒也。"战",指战争。

“疾”，就是害病。这三件事情，是孔子生平最慎重的。

子在齐，闻《韶》，三月，不知肉味。曰：“不图为乐之至于斯也！”

“乐”，音乐之乐。“《韶》”是虞舜的音乐，即孔子曾称为尽美尽善者也。孔子到齐国去，听到了《韶》乐，一心专注在这上面，甚至三个月之久，不知肉的味道，说：“不料舜作的乐，好到如此！”《史记·孔子世家》亦记此事，“三月”上有“学之”二字。则“不知肉味”，因学乐之专心致志而然矣。

冉有曰：“夫子为卫君乎？”子贡曰：“诺。吾将问之。”入曰：“伯夷叔齐何人也？”曰：“古之贤人也。”曰：“怨乎？”曰：“求仁而得仁，又何怨？”出曰：“夫子不为也。”

“为”，助也。卫君，指出公辄。卫灵公逐其世子蒯聩。灵公死，国人立蒯聩之子辄，后来晋国纳蒯聩，辄拒之，于是父子争夺君位。孔子此时，适在卫国。辄很敬礼孔子。故冉有与子贡谈话，而问夫子助不助辄也。子贡听了冉有的话，便答道：“是的！我就去问。”子贡走进孔子房里，问伯夷、叔齐是如何的人。孔子答说：伯夷、叔齐是古时候的两个贤人。相传伯夷叔齐是孤竹国国君之子。伯夷是长子，照例应嗣立。国君死时，却遗命立叔齐。叔齐不肯，仍让伯夷嗣位。伯夷曰：“父命不可违。”自己逃避到别处。叔齐也不肯嗣位，跟伯夷逃到别处去。子贡又问，他两人，都逃去不做国君主，究竟怨不怨呢？孔子以为伯夷叔齐之让国，是自己的意志。这种事情，只有仁人肯做。伯夷叔齐之做这件事情，正是求仁，故曰“求仁得仁，又何怨”也。伯夷叔齐以兄弟而让位，卫君与蒯聩则以父子而争位，孔子既称赞让位的人，必不肯帮助争位的人，故子贡出去对冉有说：“夫子不为也。”

子曰:"饭疏食饮水,曲肱而枕之,乐亦在其中矣!不义而富且贵于我如浮云。"

"饭疏食"之"饭",是吃的意思。"食"音俟,解作饭。《集解》孔曰:"疏食,菜食。"是以"疏"为蔬菜之蔬。朱《注》曰:"疏食,粗食也。"解作粗。"肱",臂也。"乐",快乐。"不义而富且贵"者,言不以其道而得富贵也。这种富贵,好像空中飞过的云,孔子心里毫不想着,故曰"于我如浮云"也。此章是上文称颜渊,"一箪食,一瓢饮。在陋巷,人不堪其忧,回也不改其乐。"是一样的意思。只有孔子、颜渊,安贫乐道,能够如此。

子曰:"加我数年,五十以学《易》,可以无大过矣!"

此章自汉以后,都从古文《论语》。《鲁论》"易"字作"亦",当读作:"加我数年,五十以学,亦可以无大过矣!""加我数年",就是再加我几岁年纪。"五十以学《易》"者,是到了五十岁,可以研究《易经》也。孔子说此话时,大概是四十多岁。(邢《疏》谓在四十七时。)研究《易经》以后,就能明白吉凶消长之理,进退存亡之道,所以可以没有大过失也。朱《注》引刘聘君说,谓元城刘忠定公自言见一本"加"作"假","五十"作"卒"。又根据《史记·孔子世家》"孔子晚而喜《易》……曰:'假(与"加"通)我数年,若是,我于《易》则彬彬矣'"数语以为"是时孔子年已几七十矣。五十字误,无疑。"刘宝楠《正义》则谓:"夫子五十前得《易》冀以五十时学之,明《易》广大悉备,未可遽学之也。及晚年,赞《易》既竟,复述从前假我数年之言,故曰'假我数年,若是,我于《易》则彬彬矣。'……《世家》与《论语》所述不在一时。解者多失之。"

子所雅言,《诗》《书》执礼,皆雅言也。

近人刘大白《白屋文话》讲此节云："《汉书》鸦鸦作秦声"；言陕西的人口音，常是雅雅也。周朝旧都，在今陕西，故其口音，也像雅雅的声音。此章所记，是孔子平时说话，都用当时鲁国的土话；只有读《诗经》、读《书经》，及在喜事、丧事人家赞礼，则用陕西人口音也。"此话颇足发明郑玄之说。郑曰："读先王典法，必正言其音，然后义全。……礼不诵，故言执。"但刘氏《正义》引刘台拱《论语骈枝》说，则谓"雅"即是"夏"，"雅言"，就是周室西都的正音。但无论"雅"为"鸦鸦"，或为"夏"，其为陕西语音，则二说相同。按：周以陕西语为正音，犹民国初年以北平音为国音。此谓孔子诵《诗》读《书》及赞礼时用当时的国音耳。朱《注》训"雅言"为"常言"。解"执礼"云："礼独言执者，以人所执守而言，不徒诵说而已也。"与上说异。

叶公问孔子于子路，子路不对。子曰："女奚不曰：'其为人也，愤发忘食，乐以忘忧，不知老之将至云尔！'"

"女"，今作汝。"乐"，欢乐之乐。叶公，是楚国大夫，姓沈，名诸梁，字子高，叶是他的食邑，"公"是他的僭称。孔子曾到过楚国，故叶公去问子路："孔子为何如人？"子路不对。此事被孔子知道后，孔子便对子路说："你何不这样说，云云也。""其为人之"的"其"，孔子指自己。"发愤忘食"者，言研究一种学问，发起愤来，连吃食亦忘记也。"乐以忘忧"者，言研究学问有所得的时候，快乐得一切忧愁的事都忘记也。"不知老之将至云尔"者，言学无止境，研究不已，连老亦不晓得也。

子曰："我非生而知之者，好古敏以求之者也。"

此孔子劝人求学也。当时一般人，以孔子为生而知之的圣人。故孔子自说道："我并不是生出来就知道世界上一切道理的。我是好读古书，敏捷黾勉以求之的。”（朱《注》云：“敏，速也，谓汲汲也。”是含有敏捷黾勉二义。）

子不语：怪、力、乱、神。

世人于怪异、勇力、变乱、鬼神之事，往往津津乐道，听者亦乐而忘倦。孔子则语常不语怪，语德不语力，语治不语乱，语人不语神。即此，可以见孔子平时言论之务实。

子曰：“三人行必有我师焉！择其善者而从之；其不善者而改之。”

朱《注》云：“三人同行，其一我也。彼二人者，一善一恶，则我从其善而改其恶焉。是二人者，皆我师也。”按：“三人行”者，言与朋友游处；“三”为虚数，不必定为三人也。择善而从，不善而改，即“见贤思齐，见不贤而内自省”之意。能如此，则凡人皆吾师矣。不必泥言一人善，一人恶也。刘氏《正义》引钱坫说，谓“善与不善，谓人以我为善不善也。我并彼为三人。若彼二人以我为善，我则从之；二人以我为不善，我则改之。是彼二人者，皆为吾师。”此说，与朱《注》异，而亦可通。

子曰：“天生德于予，桓魋其如予何？”

“魋”，音颓。桓魋，是宋司马向魋。向氏出于桓公，所以又称桓氏。《史记·孔子世家》云：“孔子适宋与弟子习礼大树下，宋司马桓魋欲杀孔子，拔其树。孔子去。弟子曰：‘可速矣！’孔子曰：‘天生德于予……’”据此，则弟子们见桓魋来势凶恶，不免恐慌。孔子则从容镇静，其识见高人一等可知。桓魋见习礼，而来拔树，不过想吓走孔子，未必定要害孔子的性命。即如桓魋必欲杀孔子，则虽快奔，也不能脱；且一逃，反使他更起疑心，倒真会弄出祸来;反不如处之泰然,使人不疑,自然平安无事了。此皆孔子识见高超,临机应变处。

子曰:“二三子以我为隐乎?吾无隐乎尔!吾无行而不与二三子者,是丘也。”

孔子之道,高深广大;且不以言教而以身教,弟子们一时不能尽见尽知,还以为孔子有所隐匿,不肯告人,故孔子对弟子说明之。“二三子”,谓诸弟子。“乎尔”皆语末助词,与《诗经·齐风》“俟我于堂乎而”、《孟子》“然而无有乎尔则亦无有乎尔”,句法并同。孔子说:“你们以为我有所隐匿而不告你们吗?我实在没有有隐匿啰。我做的事,没有一件不公开的,与你们共见共闻的。“是丘也”者,孔子称自己的名,言丘是这样的也。

子以四教:文、行、忠、信。

“文”,谓《诗》《书》《礼》《乐》等典籍。“行”,谓难行。此二者,致知力行之教。忠与信则为品性上的训练。孔子以此四者教人,知识,行为,吕性三方并重也。孔子行教,以此四事为先。

子曰:“圣人,吾不得而见之矣!得见君子者,斯可矣!”子曰:“善人,吾不得而见之矣!得见有恒者,斯可矣!亡而为有,虚而为盈,约而为泰,难乎有恒矣!”

此章有两“子曰”因不是在一样说的话。朱《注》疑后一“子曰”为衍字。又云:“圣人,神明不测之号;君子,才德出众之称。”又引张子曰:“有恒者,不贰其心;善人者,志于仁而无恶。”这各是两等人;孔子,求其上者而不得,故思见其次也。“亡”,同“无”。“亡而为有”,正是下文曾子所说“有若亡,实若虚”的反面。约而为泰,义亦如此。学问道德,空无所有,本是俭腹,偏要自诩为饱学硕德，自满自侈。这种人，望他有恒，难矣。孔子此言，本有所感而发，但即可以见“有恒”为入德之门。

子钓而不纲，弋不射宿。

此章记孔子寻常所做的小事。“钓”者，用钓钩钓鱼。“纲”者，用大绳连接了网绝流捕鱼，想一网打尽也。“弋”，音亦。是用丝吊在箭上射鸟。“射宿”者，射宿着的鸟，欲出其不意也。此章所记，虽是两件小事，然可见仁者之存心与待物矣。

子曰：“盖有不知而作之者，我无是也。多闻，择其善者而从之，多见而识之，知之次也。”

“识”，今作志“知之次”的“知”，今作智。“作”，创作也。“不知而作之”者，谓并无所知，而妄事创作者也。孔子自言“述而不作”，况不知而妄作乎？故曰：“我无是也。”“多闻，择其善者而从之，多见而识之”二句，相互成文。言多闻多见，择所闻见中之善的，而遵从记志它，这样，虽不及真能创作者之上智；也可称是上智之次一等了。

互乡难与言。童子见，门人惑。子曰：“与其进也，不与其退也；唯，何甚！人絜己以进与其絜也，不保其往也。”

“絜”，音洁。互乡是一个乡村名。“难与言”者，互乡之人，多自以为是，不大好和他们说话也。“童子见，门人惑”者，是说互乡里有一个童子，来见孔子，孔子接见他；孔子的门人疑惑起来。门人之意，以为互乡人，大都是难与言的。互乡童子来见，孔子为什么见他呢？与，许也：有赞许奖掖之意。君子成人之美，不成人之恶，故当奖许其上进，而不当奖许其后退。“唯”，叹辞，犹今语之“唉”。孔子因门人疑其不当见此童子，故叹道：

“唉！何其绝人之甚也！”絜，洁也。皇《疏》本，朱《注》均径作“洁”。“人”，指童子。言此童子，则固洁己而来。我之见他，是称许他能洁己。“往”者，已过去的事也。言他过去的事，洁不洁，不必管他。按：“不保其往”，郑玄解为“不能保其去后之行”。则指将来而言。朱《注》疑此章有错简，谓“人絜”至“往也”十四字，当在“与其进也”之前。又疑“唯”字上下有阙文。

子曰：“仁远乎哉？我欲仁，斯仁至矣！”

此章是说“仁”并不在远地方。我要“仁”，“仁”就来到了！盖“恻隐之心，人皆有之”。仁者，本我心所固有，不待外求者也。为仁由己，“求则得之”，何远之有？

陈司败问：“昭公知礼乎？”孔子曰：“知礼。”孔子退；揖巫马期而进之，曰：“吾闻君子不党。君子亦党乎？君取于吴为同姓，谓之吴孟子。君而知礼，孰不知礼？”巫马期以告。子曰：“丘也幸！苟有过，人必知之。”

陈，陈国。司败，陈国的官名，即司寇。昭公鲁君，名裯，昭是谥。《左传》昭公五年，公如晋，自郊劳至于赠贿，无失礼。是昭公固娴习礼仪者。巫马期，孔子弟子，姓巫马，名施，字期。郑玄《目录》云：鲁人；《家语》云：陈人。陈司败问：“昭公知礼乎？”孔子曰：“知礼。”及孔子退，陈司败揖巫马期而进之，问曰：“吾闻君子不党，君子亦党乎？”相助匿非曰党。此言孔子不当为昭公讳也。“取”今作娶。“礼”，同姓不婚。鲁君姬姓，吴君亦姬姓。昭公娶吴君女为妻，同姓结婚，本是违礼之事。所以不称“某姬”而称吴孟子，这真是明知故犯，掩耳盗铃。“而”，如也。言昭公如知礼，谁不知礼呢？巫马期以陈司败之言告孔子。子曰：“丘也幸！苟有过，人必知之”者，孔子明知昭公之不知礼，所以听了陈词败之驳，就自己认错。但讳君之恶，亦礼也；不过孔子未说明耳。

子与人歌而善，必使反之，而后和之。

此章记孔子欢喜音乐，“反”，复也，即再歌之意。孔子与人在一处，听人唱歌唱得好，必使他再唱一遍。然后自己也唱起来和他。

子曰：“文莫，吾犹人也；躬行君子。则吾未之有得。”

朱《注》云：“莫，疑辞。犹人，言不能过人而尚可以及人。未之有得，则全未有得。皆自谦之辞。”刘宝楠《正义》引《论语骈枝》说：谓“文莫”即“黾勉”。《方言》：“侔莫，强也。北燕之郊外，凡劳而相勉，若言努力者，谓之侔莫。”《说文》：“忞，张也。慔，勉也。”“文莫”即“忞慔”之假借字。古无轻唇音，故“文莫”为双声连语，与黾勉，侔莫，皆一声之转。“文莫”，行仁义也；“躬行君子”，由仁义行也。前者为“勉强而行”，后者为“安行”。此与不自居于生知，而自承好学之旨相同。其义较朱《注》为长。

子曰：“若圣与仁，则吾岂敢？抑为之不厌，诲人不倦，则可谓云尔已矣！”公西华曰：“正唯弟子不能学也。”

“抑”，转折连词。意思与“但”字相近。“为之”，就是为学。诲人，教人也。《广雅·释诂》训“云”为“有”。“云尔”即“有此”。“则可谓云尔已矣”，就是“则可说有此了”；“此”，指上“为之不厌，诲人不倦”二者。这也是孔子自谦的话。所以公西华说道：“正唯弟子不能学也。”意思是说这二者，正唯是弟子们所学不到的。《孟子·公孙丑》，子贡问于孔子曰：“夫子圣矣乎？”孔子曰：“圣，则吾不能。我学不厌，而教不倦也。”子贡曰：“学不厌，智也；教不倦，仁也；仁且智，夫子既圣矣！”与此章所记略同。

子疾病，子路请祷。子曰：“有诸？”子路对曰：“有之：《诔》曰：‘祷尔于上下神祇。’”子曰：“丘之祷久矣！”

“疾病”，有病，而且病甚也。子路请为孔子祈祷，求神保佑。“有诸”即“有之乎”。孔子问子路，求神得佑，病者得愈，有没有这事也。孔子之意，固谓决无此事；故意反诘之。子路不解孔子之意，还以为孔子是质问他，礼有求神的事吗？所以答道：“有的。《诔》的一篇说：‘祷尔于上下神祇。’”按：“诔”本作“讄”，（讄祷也，累功德以求福也。“诔”为讄之假借字。）当是古书篇名。《周礼·小宗伯》“祷祠于上下神示”注，亦引此篇“祷尔于上下神祇”句。“尔”，语辞。“上下”谓天地；天神曰“神”，地神曰“祇”。祇音其。孔子自知素行合于神明，无所用祷，故曰“丘之祷久矣。”《困学记闻》引《太平御览》引《庄子》曰：“孔子病，子贡出卜。”孔子曰：“子待也！吾坐席不敢先，居处若斋，食饮若祭；吾卜之久矣！”与本章所记正相类。

子曰：“奢则不孙，俭则固。与其不孙也，宁固。”

“孙”，今作“逊”，本字作“愻”。《说文》：“愻，顺也。”“固”，陋也。奢则过礼而僭，故曰不孙。俭则因陋就简而不及礼，故曰固。二者既不中礼，但与其不孙，毋宁固陋。

子曰：“君子坦荡荡。小人长戚戚。”

君子是有道德，有知识的人，于各种人情物理，都看得透，他的做人，好像在平平坦坦的大道上走路，安然过去，不会有碰跌的祸患，故曰“君子坦荡荡”。“坦”，平也。“荡荡”，宽广貌。“戚戚”，时时忧虑貌。君子居易以俟命，无入而不自得，虽贫困亦不改其乐，故有坦荡荡的神态。小人患得又患失，心为物役，故长有戚戚之心也。

子温而厉，威而不猛，恭而安。

此章记孔子的态度。“温”，是和气；“厉”，是严肃。孔子对人，虽很是和气，但态度仍旧是严肃的。“威”，是威严；“猛”，是凶巴巴的样子。孔子的态度，虽因严肃而很威严，但并不凶巴巴地使人见了就害怕；虽是恭恭敬敬的，但是出于自然，故很安详。

[问题]

(一) 何谓“述而不作”？
(二) 孔子有学不厌教不倦的精神，本篇中哪几章可以见之？
(三) 本篇哪几章记孔子平时的态度？
(四) 孔子的教人之法如何？
(五) 孔子对于音乐的态度如何？
(六) 何谓“用行舍藏”？
(七) 何谓“雅言”？
(八) 孔子教人以何四者为主？
(九) 孔子不自承“生知”“安行”，试举本篇所记以说明之。
(十) 孔子何以见互乡童子？

第八　泰　　伯

子曰：“泰伯，其可谓至德也已矣！三以天下让，民无得而称焉。”

泰伯之父曰古公(后武王追尊曰太王)，为周国之君。古公生三子，长泰伯，次仲雍，三季历（后武王追尊曰王季）。季历生子曰昌，即周文王（亦是武王追尊）。古公见昌与众不同，想把自己的君位，传于季历，再传于昌，但照例，君位应传长子。泰伯知道古公心中想传季历，就把君位让于季历。在古公病时，托辞采药，逃到江南。季历接了古公的位，再传文王，至文王之子武王遂有天下。事见《史记·周本纪》。孔子称赞他道："泰伯，其可谓至德也已矣！""至德"，言他的道德，好到极顶也；"三以天下让"者，"三"是虚数（如汪中《释三九》所说），言其屡让。《仪礼》云："三逊谓之终逊。""三以天下让"，犹云终以天下让耳。（金履祥说，见《通鉴前编》。）皇《疏》引范宁说，举二种解释，历举其事以实之泥。朱《注》云："三让，谓固逊也。"得之。"民无得而称焉"者，言世人之让，往往出于好名。如孟子所云："好名之人能让千乘之国。"唯泰伯则能让而其事又隐，人民没有能称道他的，所以谓之至德也。

子曰："恭而无礼则劳，慎而无礼则葸，勇而无礼则乱，直而无礼则绞。君子笃于亲，则民兴于仁；故旧不遗，则民不偷。"

此章记孔子教人，一切行动，都当以礼为范围标准。"恭"，是恭敬。只知恭敬而不知礼，则徒然劳苦。"慎"，是谨慎。"葸"，则是畏怯。一味谨慎而不知礼，则反成畏怯。"勇"，是武勇。专恃武勇而不知礼，则必至悖乱。"直"，即直爽。"绞"，急切也。只知直爽而不知礼，则必至操切。恭、慎、勇、直，都是做人的美德。因为无礼，便有劳、葸、乱、绞的四种弊病。

"君子"，指在上位的人。在上位的人，能够厚待亲属，则在下的人民，也闻风兴起，自然厚道仁爱起来了；能够不遗弃故交旧人，则人民为之感化，风俗不至偷薄了。"偷"，即待人刻薄冷落的意思。

曾子有疾,召门弟子曰:"启予足!启予手!《诗》云:'战战兢兢,如临深渊,如履薄冰。'而今而后,吾知免夫?小子!"

"兢",音京。"夫",音扶。此章记曾子有病,将死时的事情。"门弟子",指曾子门下的学生。"启",开也。《孝经》云:"身体发肤,受之父母,不敢毁伤。"故曾子是讲孝道的人,召集学生,叫他们把自己的衣衾开启,先看看脚,又看看手。所引《诗经》见《小旻》篇。"战战",恐惧战栗貌,"兢兢",谨戒小心也。"临",居上临下也。"履",践踏也。曾子引此二句以形容平日对于身体之恐惧戒慎。"而今而后,吾知免夫"者,意思是说"从今以后,我自己知道,可以免于毁伤了罢。"

"小子",是曾子再叫一声学生,要他们注意听这番话。

曾子有疾,孟敬子问之。曾子言曰:"鸟之将死,其鸣也哀;人之将死,其言也善。君子所贵乎道者三:动容貌,斯远暴慢矣;正颜色,斯近信矣;出辞气,斯远鄙倍矣!笾豆之事,则有司存。"

"笾",音边。孟敬子,鲁大夫,姓仲孙,名捷。孟武伯之子。"问之",是来问曾子的病。曾子对孟敬子说:"人将死的时候,与鸟将死的情形相同。鸟将死的时候,叫的声音很哀;人将死的时候,所说的都是真心话,都是善言。"所以先说此二句者,欲其信下文所言君子之道而笃守之也。"贵",重也。言君子所重乎道者,共有三件事也。"暴",粗蛮也。"慢",放肆也。"容貌",依礼而动,则周旋中礼,自然不会近于粗蛮放肆了。"颜色",以礼正之,则神色庄正,自然近于信实了。"辞",指言语;"气",指说话的声调。言语辞气以礼出之,则出言有章,自然不会近于鄙俗倍(通背)理了。笾豆,是祭祀的器皿,笾用竹做,豆用木做。有司,是专管笾豆的官。言君子所重于道者，在容貌、颜色、辞气之合礼，至于祭祀时用的那些礼器，自有专管的人，不必去操心也。孟敬子平日喜欢讲究笾豆等礼器，而不知为礼之末，所以曾子和他这样说。一说谓“远暴慢”“近信”“远鄙倍”，是说人不敢暴慢之，不敢欺诈之，不敢鄙视违背之，亦可通。

曾子曰：“以能问于不能，以多问于寡。有若无，实若虚，犯而不校：昔者吾友，尝从事于斯矣！”

“以能问于不能”，言以有才能的人问于无才能的人也。“以多问于寡”，言以见闻多的人问于见闻少的人也。“有若无，实若虚”者，言有才能，有实学，却像没有的一样，空虚的一样。“犯而不校”者，有人侵犯我，我不和他计较也。校较古通。“吾友”，《集解》马云，谓颜渊也。曾子说此话时，颜渊早死，故说“昔者”。“尝从事于斯矣”者，言颜渊能够做到上面所说的几件事也。

曾子曰：“可以托六尺之孤，可以寄百里之命，临大节而不可夺也。君子人与？君子人也。”

“与”，今作欤。《集解》孔曰：“六尺之孤，幼少之君。”“百里”，诸侯之国。“命”，政令也。一说，命为民命。“可以托六尺之孤，可以寄百里之命”者，言诸侯之国，国君死，嗣君幼，大臣能受先君之付托，辅幼君，以一身系国家人民的安危。“临大节而不可夺”者，言到了有关国家安危存亡的重大事情的时候，立定主意，不为利害所动，不为威武所屈。曾子说，如此可以托孤寄命，临大节而不夺的人，可以说他是君子人吗？真可以算是君子人也。

曾子曰：“士不可以不弘毅，任重而道远。仁以为己任，不亦重乎？死而后已，不亦远乎？”

"弘",大也,言志气远大也。"毅",刚强不屈,做事能坚持到底,不怕困难也。"士",学者之称。曾子言学者,志气不可以不远大,又不可以不有毅力。因为士的责任非常重,而应负此责任的时间又非常久,好像所行的路非常远也。这个责任,是什么呢?就是孔子所说的"仁"。故接着说,士应以这个仁为自己的责任。责任岂不重大吗?这个责任,我既负在身上,一直到死,负责的时间,岂不久远吗?弘,则可以任重;毅,则可以致远矣。

子曰:"兴于《诗》,立于礼,成于乐。"

"乐",音乐之乐。"兴",起也。《诗》,即三百篇的《诗经》。孔子曾言:"《诗》可以兴。"《诗》之感人最深,可以鼓舞人的意志,故曰:"兴于《诗》。"儒家之教,又称"礼教",把人类的视听言动,都范围在礼里面。一个人能够使视听言动,都不失礼,始可以立在社会间做个人,故曰:"立于礼。"乐者,音乐也。音乐足以涵养人的性情。人能涵养性情,使归于正,则自能高尚而无卑恶的行为,成一个完人,故曰:"成于乐。"孔子常以《诗》及礼乐教人,即是因此。

子曰:"民可使由之,不可使知之。"

此章孔子论为政之道也。"由",遵也。"不可",谓事实上做不到也。一般人民未曾全体受过教育,知识浅陋,对于国家所发施之政令法律,必不能知其意义。所以执政者只能使人民遵我的政令法律而行,以入于治道,故曰"民可使由之"也。这种种的政令法律,一时间要人民都明晓其意义,是做不到的事情,故曰"不可使知之"也。

近人有以此章所记孔子的话,为专制政治的愚民政策者,是误解"不可"二字的缘故。此章意义,实与孙中山先生的"知难行易”,“不知亦能行”的学说相符。

子曰:“好勇疾贫,乱也。人而不仁,疾之已甚,乱也。”

“疾”字当作怨恨解。“已甚”,太甚也。孔子言好勇的人,若怨恨自己的贫苦,必定要作乱。如一般盗贼,都因自己有些勇力,怨恨贫苦,所以为乱。“仁”,即人心。“人而不仁”者,犹言“人而无人心”也。这种人,既无人心,往往肆无忌惮,无所不为。你若厌恶得他太甚,使他无以自容,他会发狠道:“我横竖是个坏人,你们总看不起我;我就多做几件坏事,也不过如此。”这也要激成祸乱的。

子曰:“如有周公之才之美,使骄且吝,其余不足观也已!”

周公,姓姬,名旦。文王子,武王弟。周代的礼乐刑政,都由周公订定,则其才之美可知。“骄”者,骄傲;“吝”者,鄙吝。“使”,假设之辞。此章甚言骄吝之不可有。一个人,即使有周公一般美的才能,如果他骄傲鄙吝,则其余的善行也不足观了。

子曰:“三年学,不至于谷,不易得也!”

朱《注》曰:“谷,禄也。”此本郑玄注。古时给人俸禄,都用谷,汉代犹然。“三年学,不至于谷”,则是为学问而学问了。像这样的人,孔子也以为是不容易得着的。贤如子张,尚学干禄,况其下乎?故孔子有此叹。孔安国训“谷”为“善”,失之。

子曰:“笃信好学,守死善道。危邦不入,乱邦不居。天下有道则见,无道则隐。邦有道,贫且贱焉,耻也;邦无道,富且贵焉,耻也。”

“见”,今作现。此章论君子之学守出处。“笃信”,谓其信道之坚；好学，言其学道之勤。守死为笃信之效；善道乃好学之功。“危邦不入，乱邦不居”者，朱《注》谓：“‘君子见危受命’，则仕危邦者，无可去之义。在外，则不入可也。乱邦，未危，而刑政纪纲紊矣，故洁其身而去之。”“天下有道则见，无道则隐”者，言一国能行道的时候则出仕，不能行道的时候则隐居也。“邦有道……”“邦无道……”二层，是说明上文四句的。邦有道，而我贫贱，是我于道学有未至，故可耻；邦无道，而我亦富贵，是我于道守有未坚，故亦可耻。

子曰：“不在其位，不谋其政。”

此章之旨，即是不越职侵权的意思。即就孙中山先生民权主义说，人民虽当个个有“政权”，但也不当参预政府之“治权”也。反过来说，则在其位，心谋其政，自然责无旁贷了。

子曰：“师挚之始，《关雎》之乱，洋洋乎盈耳哉！”

师挚，是鲁国的太师。挚是人名，太师是乐官。上文“子语鲁太师乐”云云，疑即挚也。或云，下文“太师挚适齐”，郑玄注云：“平王时人。”则此云“师挚之始”者，殆其遗音也。二说未知孰是。“始”，是乐之始，就是“升歌”。“乱”，是乐之终，就是“合乐”。按：《周礼》，太师之职，大祭祀，率瞽登歌。《仪礼》，燕及大射，皆太师升歌。故曰：“师挚之始。”《关雎》《葛覃》《卷耳》《鹊巢》《采蘩》《采蘋》六篇诗。用《周南》曰：“《关雎》之乱”者，举首篇以赅之也。“洋洋”，是美盛意。

子曰：“狂而不直，侗而不愿，悾悾而不信，吾不知之矣！”

“侗”，音同。《庄子·山木》篇：“侗乎其无识。”《释文》云：“侗，无知貌。”《广雅·释言》云：“愿，悫也。”悫是谨厚的意思。

朱《注》云:“悾悾,无才能貌。”凡人有所短,亦有所长。狂者多直爽,无知识者多谨厚,无才能者多信实,尚有一端可取。若“狂而不直,侗而不愿,悾悾而不信”,则真一无可取矣。“吾不知之”者,甚绝之之辞也。

子曰:“学如不及,犹恐失之。”

刘氏《正义》云:“如不及者,方学而如不及也;犹恐失者,既学有得于己,恐复失之也。如不及,故日知所亡;犹恐失,故月无忘所能。”

子曰:“巍巍乎!舜禹之有天下也,而不与焉。”

舜、禹,皆古天子。舜受尧禅。禹受舜禅。巍巍,高大之貌。“不与”者,一说谓“不与求”也,即其有天下,非自己求而得之的意思(见何解及皇《疏》、邢《疏》);一说谓“不相关”也,即不以有天下为乐的意思(见朱《注》);一说谓“无为”也,即得人善任,不身亲其事的意思(见毛奇龄《稽求》篇);又一说,谓“不预见”也,即孔子叹自己不与禹舜并时的意思(见皇《疏》及所引江熙说)。以上四说,当以朱《注》及毛说为长。

子曰:“大哉!尧之为君也。巍巍乎,唯天为大,唯尧则之。荡荡乎,民无能名焉。巍巍乎,其有成功也。焕乎,其有文章。”

“焕”,音唤。尧,古天子,即以天下让舜者也。“大哉尧之为君也”,是孔子赞尧之语。“巍巍乎”,言其大。“则之”,效之也。“唯天为大,唯尧则之”,言尧之德峻极于天也。“荡荡乎”,言其大。康衢老人击壤之歌曰:“日出而作,日入而息,帝力何有于我哉?”此“民无能名”之实证。“巍巍乎其有成功”者,言尧治天下,其功盛高。“焕”,光明之貌。“文章”,礼乐制度也。言尧的礼乐制度，都有很光明的气象。一说“则天”，亦谓任贤使能，无为而治。见刘氏《正义》。

舜有臣五人而天下治。武王曰：“予有乱臣十人。”孔子曰：“才难，不其然乎？唐虞之际，于斯为盛。有妇人焉，九人而已。三分天下有其二，以服事殷。周之德，其可谓至德也已矣！”

“难”，平声。此章先记虞舜和周武王时的人才之盛；次述孔子才难之叹；更由周之人才联想到周之德。五人者，禹、稷、契、皋陶、伯益五个人。舜有这五个人为臣，而天下大治也。“乱”字，作“治”解，则是相反为训。“乱臣”，即治臣也。十人者：周公旦、召公奭、太公望、毕公、荣公、太颠、闳夭、散宜生、南宫适，还有一人是武王后太公女邑姜。（隋唐以前，皆谓此一人是文母，即文王妃太姒以子臣母，非是。）武王有周公等九人治外，有邑姜一人治内，所以天下亦大治也。“才难，不其然乎”者，言人才难得，岂不然乎？“唐虞之际”，即尧舜的时候。“于斯为盛”，言以唐虞比于周时，以周之人才为盛也。周武王的时候，人才虽说极盛，但十人之中，尚有一个是妇人，于此足证人才之难得也。“三分天下有其二，以服事殷”者，周文王的时候，天下土地，已有三分之二归于文王；而文王仍旧不失臣子之礼，服事殷朝的纣王，这是最难得的事。故孔子称为“至德”。

子曰：“禹，吾无间然矣！菲饮食，而致孝乎鬼神；恶衣服，而致美乎黻冕；卑宫室，而尽力乎沟洫。禹，吾无间然矣！”

“间”，音建，去声。《后汉书·殇帝纪》引此文，李贤注云：“间，非也。”《孟子》“政不足与间也”之“间”，亦训“非”。“然”，犹“焉”也。见《经传释词》。“无间然矣”者，言无可非难了也。首尾两言“无间然矣”，可见孔子对大禹之敬仰。

“菲”,薄也。言禹对于自己的饮食,极菲薄;而祭祀鬼神,则祭品极其丰洁。“黻冕”,音弗免,指所穿的礼服礼冠。禹平时的衣服,极其恶劣;礼服却极其考究。“洫”,音蓄。沟洫者,田间的水道。禹自己住的王宫房屋,极其卑陋;而对于百姓种田所需,通水道的沟洫,却竭修浚,使不至遭水旱之灾。禹薄于自奉,而厚于宗庙朝廷民事,故孔子称之。

[问题]

(一) 孔子称泰伯、文王为“至德”,其说如何?

(二) 恭慎勇直而无礼,其弊如何?

(三) 曾子将死,何以召门弟子启视手足?

(四) 何谓“弘毅”? 有何效用?

(五) 何谓“民可使由之,不可使知之”?

(六) 骄吝之害,何以如此其甚?

(七) 孔子论学守出处之道如何?

(八) 孔子如何赞美尧舜禹?

第九 子 罕

子罕言利与命与仁。

此章是弟子就孔子平日所言计之,利、命、仁三者皆罕言也。按:《易·文言》云:“利者,义之和也。”又云:“利物足以和义。”君子以义为利,故言利必及义,盖能利人物,然为义也。明于义利,故能喻义。小人则以利为利,言利不及义,昧于义利,故只喻利而不喻义。孔子未尝不言利,《易·彖象》中,言“利”者甚多,特以其理精微，故罕以语弟子耳。命为性命天命之命，其理更为微妙，故亦罕言。子贡言“夫子之言性与天道不可得而闻”，即指此。仁，则本书所记已言之详矣，亦曰罕言者，谓其不敢自居于仁，亦不轻以仁许人也。（此阮元说，见《论语论仁论》）又按《论语稽》曰：“‘言’者，自言也。‘罕’，少也，稀也。‘子罕言’者，记者旁窥已久，而见之之辞也。‘利’者，人情之所欲；夫子浑然天理，故罕言‘利’。‘命’者，天命；夫子知其不可而为之，故罕言‘命’。‘仁’者，此心生生不息之理；夫子谦不居圣仁，故罕言‘仁’。此章之意，在记者观夫子之自言，不在夫子之教人。”说颇新而义亦长。

达巷党人曰：“大哉孔子！博学而无所成名。”子闻之，谓门弟子曰：“吾何执？执御乎？执射乎？吾执御矣！”

“射”，音社。五百家曰党。“达巷”，是一个党名，犹今人称某坊、某村。此人姓名不传，故仅曰达巷党人。《史记·孔子世家》作达巷党人童子。《汉书·董仲舒传·对策》中有“此无异于达巷党人不学而自知者也”语，注引孟康曰：“人，项橐也。”皇甫谧《高士传》亦云：“达巷党人姓项名橐。”则汉时有此传说也。“无所成名”，谓不专一艺之长，无得而名也。“博学而无所成名”，即“君子不器”之意，此孔子所以为大。孔子不敢当此美誉，且以六艺御为最下，故以执御自居，兼以示门弟子为学当施博而守约，不可惑于美誉而专骛博大也。

子曰：“麻冕，礼也；今也纯，俭。吾从众。拜下，礼也；今拜乎上，泰也。虽违众，吾从下。”

《集解》孔曰：“冕，缁布冠也。古者绩麻三十升布以为之。纯，丝也。丝易成，故从俭。”此言冕是缁布做的冠，做这种冠，要三十升的麻布，一升为八十缕，三十升为二千四百缕，用二千四百缕的麻，织古制二尺二寸宽的布，细密难成，因此当时人都用丝来做冠。孔子以为用丝做冠易成，易成则价廉，用价廉之物，即为俭省。“礼与其奢也宁俭。”所以他也主张不必定照古礼，戴麻布冠，而主张从众人戴丝制冠也。

“拜下，礼也”者，古时臣与君行礼，当拜于堂下，然后升，成礼也。“今拜乎上，泰也”者，孔子时候，臣子骄傲已极，拜君就在堂上也。“泰”，即骄傲的意思。孔子以为礼是以恭敬为重的，所以他说他人尽管在堂上拜，我仍旧要在堂下拜君，尽管与众不同，仍须遵守古礼也。

这两节，以一“俭”字，一“泰”字，为最重要。因为众人俭，所以不惜违古礼而从众；因为众人泰，所以必欲违众而从古礼。朱子《集注》采程子曰：“君子处世，事之无害于义者，从俗可也；害于义，则不可从矣。”说得最好。

子绝四：毋意，毋必，毋固，毋我。

“绝”，去之也。“毋”，禁止之词。“毋意，毋必，毋固，毋我”，即绝去此四者也。“意”，当读若“益”，测度也，俗作“亿”，即“不亿不信”“亿则屡中”之“亿”。“毋意”，即《少仪》之“毋测未至”。此段玉裁《说文注》及王引之《经传释词》说。（见刘氏《正义》）较朱《注》训作“私意”，《集解》训作“任意”为长。“毋必”者，即“无适无莫”，义之与比也。“毋固”者，“君子而时中”，不固执成见也。“毋我”者，“取诸人以为善，舍己从人，与人为善”也。庄存与云：“以亿逆为意而去之，是也；以拟议为意而去之，非也。以适莫为必而去之，是也；以果能为必而去之，非也。以穷困为固而去之，是也；以贞为固而去之，非也。以足己为我而去之，非也。”亦足发明此章之旨。

子畏于匡，曰：“文王既没，文不在兹乎？天之将丧斯文也，后死者不得与于斯文也；天之未丧斯文也，匡人其如予何？”

“匡”地名，本郑邑。定公六年，鲁师侵郑，季氏家臣阳虎为政，取匡，虎与颜剋自其城缺而入。（据毛奇龄《四书賸言》说）及定公十三年（据江永《先圣图谱》），孔子过匡，颜剋御。剋举策指城缺曰：“往者之入，由此缺也。”（见《史记·孔子世家》及《琴操》）孔子貌似阳虎，又以颜剋御，故匡人以为阳虎而围之。此章所记，当即此事。“畏”者，犹《孟子》言“有戒心”也。据《孔子世家》，被围凡五日。弟子惧，故孔子解之如此。文王，周文王也。“文”，指礼乐制度而言。“兹”，此也。孔子自谓。“后死者”，亦孔子自谓，对文王而言也。言天若将毁灭周之礼乐文章，则我亦不得闻而知之；我既得与闻斯文，则天未欲丧斯文也，将使我守先王之道以待后之学者，匡人将奈我何也。与上篇因桓魋事而发之言，大旨相同。

大宰问于子贡曰：“夫子圣者与？何其多能也？”子贡曰：“固天纵之将圣，又多能也。”子闻之，曰：“大宰知我乎！吾少也贱，故多能鄙事。君子多乎哉？不多也。”牢曰：“子云，‘吾不试，故艺’。”

“大”，今作“太”。大宰，官名。大约为吴大宰。春秋时，吴宋二国皆有此官。郑玄云：此为吴太宰嚭者，因孔子适宋先后仅二次，一次在年十九娶并官氏时，子贡尚未生；一次在年五十六，去卫，由曹适宋，厄于桓魋，微服而行，子贡势不能与其太宰从容论孔子也。子贡与吴太宰嚭语凡二次，均见《左传》（在哀公七年、十二年）。故定为吴太宰。《说苑·善说》篇亦载子贡与太宰嚭论孔子事。“与”，同欤。太宰之意，殆以多能为圣。朱《注》云：“纵，犹肆也，言不为限量也。”“将圣”，即“大圣”。《诗》“有娀方将”，“我受命溥将”，将皆训大。《荀子·尧问》云：“然则孙卿怀将圣之心。”将圣亦大圣也。子贡言孔子本是天纵的大圣，而又多能。则析“圣”与“多能”为二事，盖所以晓太宰。孔子闻此问答，更晓弟子以多能非君子所尚。言因我少时贫贱，故多能鄙贱之事，此君子所不多也。“多乎”，“不多”，二多字，与《汉书·袁盎传》“诸公闻之皆多盎”之“多”字同，是称美的意思。上面所记，是一件事。“牢曰”以下，又另是一事。牢是孔子弟子，姓琴，字子开，名牢。“试”，用也。琴牢说：“孔子曾经讲过：‘我因为不用于世，所以能多学会了种种技艺小事。’”

“牢曰”以下，《集解》及皇《疏》本均另为一章。朱《注》合之。盖辑《论语》者以二事相类，故并记之。

子曰：“吾有知乎哉？无知也。有鄙夫问于我，空空如也，我叩其两端而竭焉。”

此章是孔子自谦无知，又自言教人之道。“鄙夫”，指真没有知识学问的人。“空空”与“悾悾”通，诚悫也。“叩”，反问也。鄙夫力不能问，故须反问以发之。凡事各有“两端”，如有外侮来时，抵抗则恐力有不及，不抵抗则恐国将不国，抵抗与不抵抗，即两端也。凡事有两端则疑，疑则不能不问。“竭”，是尽我所知以教之。

子曰：“凤鸟不至，河不出图，吾已矣夫？”

“夫”，音扶。“凤鸟”，即凤凰。相传舜为天子时曾飞来，文王时又曾鸣于岐山。“河”，即黄河。相传伏羲时，黄河中有一匹龙马，背上的毛有像八卦之文。这在当时叫做“龙马负图”。二者古代以为圣人在位之祥瑞。孔子此语，盖叹当时没有圣王，不能用我，行道之希望恐怕从此完了也。

子见齐衰者、冕衣裳者与瞽者，见之，虽少必作；过之，必趋。

“齐”，音咨。“衰”，音七雷反。衰同缞，粗麻布。丧服以粗麻布为衣裳，其缘不缉者曰斩衰，缉者曰齐衰。斩衰服重，齐衰较轻。见《仪礼·丧服》。此举齐衰以包斩衰。（江永说，见《乡党图考》）冕，大夫以上之冠。“冕衣裳”，指大夫之礼服。“少”，去声，年少也。“作”，起立。此章言孔子见穿丧服的人，穿大夫以上之礼服的人，眼瞎的人，虽年少于己，亦必变容起立。如行经此种人之前，必走得快些也。意思是哀有丧者，尊在位者，恤残废者。朱《注》云：“或曰：‘少当作坐。’”盖以下有“作”字故。一说，冕衣裳者，是行祭时的大夫；瞽者，是襄祭礼的乐工。孔子对这二种人与齐衰的人，所以作或趋者，因其有丧祭之事而起敬也。说见《论语稽》。

颜渊喟然叹曰：“仰之弥高，钻之弥坚；瞻之在前，忽焉在后。夫子循循然善诱人，博我以文，约我以礼。欲罢不能，既竭吾才，如有所立，卓尔。虽欲从之，末由也已！”

“喟”，叹声。犹今人说话以前，先“唉”的叹一声也。“弥”，越加也。颜渊说，孔子之道，仰望之，觉得他越加高。钻研之，越加钻不进去。“瞻”，看也。起先像在前面，可以看见；忽然又在后面，看不见也。这是甚言其道之高深微妙，不易推究。“循”，音巡。“诱”，音又。夫子，即孔子。“循循”，是一步一步，按着次序的意思。诱，引导也。“博我以文”者，把种种典章制度的典籍，教我博学也。“约我以礼”者，教我以礼约束自己也。此二语即上篇孔子所说“博学于文，约之以礼”。先博文，后约礼，即“循循"也。夫子之教人如此，故我虽欲罢，而心中总觉不肯舍去矣。但我的才力心思，既都用尽，而夫子之道，卓然如有所立于吾前，虽欲从之而无从也。《庄子·田子方》篇，颜渊曰："夫子步亦步，夫子趋亦趋，夫子驰亦驰。夫子既奔逸绝尘，而回瞠若乎后矣？"与此章所记，可以互相参证。

子疾病，子路使门人为臣。病间，曰："久矣哉！由之行诈也。无臣而为有臣，吾谁欺？欺天乎？且予与其死于臣之手也，无宁死于二三子之手乎？且予纵不得大葬，予死于道路乎？"

"间"，音建，去声。此时鲁国以币召孔子。孔子正要回鲁，忽然在路上害起病来，并且病势很沉重也。（据刘氏《正义》）子路恐孔子或竟不起，所以使弟子在寓中扮作家臣，预备治丧。盖以孔子曾为鲁司寇，应有家臣也。

病间者，孔子的病，稍觉轻些也。这时候，孔子知道子路使门人为臣的事，便斥责他道："久矣哉！由之行诈也。无臣而为有臣，吾谁欺？欺天乎？"孔子之意，以去鲁之时，已辞司寇之职，不当复有家臣。现在忽然又有了家臣这种事情，去骗谁呢？人无可欺，只可欺天耳。二三子指从行之弟子。自己的弟子，都很是关切的。假扮的家臣，有什么意思？故云"与其死于臣之手，无宁死于二三子之手"也。"纵"，虽然也。大葬者，谓反鲁得复用，以礼葬也。言己虽未必复见用，以礼大葬，亦不致死于道路，暴露不葬也。（用朱《注》说）

子贡曰："有美玉于斯，韫匵而藏诸？求善贾而沽诸？"子曰："沽之哉！沽之哉！我待贾者也。"

"韫"，藏也。"匵"，匮也。"沽"，售卖也。"贾"，即今之"价"字。二"诸"字均作"之乎"解。子贡对孔子说："有一块美玉在这里，还是在盒子里藏起来呢？还是等着高的价钱卖掉呢？”是孔子连声说：“卖了它吧！卖了它吧！我正在等合格的价钱哩！”刘氏《正义》谓“贾”当音古。“善贾”，是贾人之善者。“待贾”，亦为待贾人。说与通解异。又引《说文》段《注》曰：“贾者，凡贾卖之称也。引申之，凡卖者之所得，买者之所出，皆曰贾；俗又别其字作价，别其音入祃韵，古无是也。”这是说即使作价钱讲，照古音亦当音古也。

此章全以比喻为问答。一“求”字，一“待”字，最宜注意。子贡说“求贾而沽”，孔子则曰“待贾而沽”，直将生平不忘用世，而亦不肯枉道求用之心，全盘托出。盖孔子本以救世为主，自然想握得政权，行他的道。不过要等有相当的国君来聘请，然后始出仕也。汉末诸葛亮高卧隆中，就是美玉韫匵而藏。后来刘玄德三顾草庐，他就为刘玄德鞠躬尽瘁，死而后已，即得善贾而沽也。

子欲居九夷。或曰：“陋，知之何？”子曰：“君子居之，何陋之有？”

东方夷人有九种，故曰“九夷”。孔子因时无明君，不得行道，不过有欲居九夷之叹，此与上篇乘桴浮海之言同旨。或人以为九夷的地方极僻陋，不可居，故曰“如之何”。“君子居之，何陋之有”者，孔子以为地方虽僻陋，君子居之，用道德去感化，自然能变成一个有礼义的社会，何尝会僻陋呢？刘氏《正义》谓“九夷”指朝鲜，“君子”指箕子，非孔子自称。孔子之意，是说朝鲜已有君子之化，所以并不僻陋。此说亦通。

子曰：“吾自卫反鲁，然后乐正，《雅》《颂》各得其所。”

“乐”，音乐之乐。鲁哀公十一年冬，孔子从卫国回到鲁国，时已六十九岁。知道终不行，乃从事于正乐。《诗》三百零五篇，分《风》《雅》《颂》三部。旧说谓风诗为民歌，采自各国，可以见其风俗及风化，故曰“风”。“雅”者，正也，“正”即是“政”，为士大夫美刺政治之诗。颂则所以称颂功德，用之于祭祀之时。近人梁启超采阮元、魏源说，谓当分为“南”（《周南》《召南》）、“风”、“雅”、“颂”四类。“南”是合乐所奏，故《论语》称“《关雎》”之乱。“风”即“讽诵”，所谓“不歌而诵”者，是“徒歌”。“雅”为周代之正乐。“颂”则歌而兼舞，须兼重舞容，故曰颂。古文容貌的容字即“颂”字。本章仅举“雅颂”而不及“风”者，一说谓雅、颂既各得其所，则风诗自不致混入；一说谓此“雅颂”专指乐律而言，合于雅、颂之乐律者，则“风”亦为雅、颂。按：此章异说最多，略举重要者如下：

（一）《史记·孔子世家》载孔子语鲁太师乐云云，即接载此章。下云：“古者诗三千余篇，及至孔子，去其重，取可施于礼义，上采契后稷，中述殷周之盛，至幽厉之缺；始于衽席，故曰《关雎》之乱以为《风》始，《鹿鸣》为《小雅》始，《文王》为《大雅》始，《清庙》为《颂》始，三百零五篇，孔子皆弦歌之，以求合《韶》《武》《雅》《颂》之音。”这是说“正乐”即是“删《诗》”。

（二）郑众《周礼·太师注》、郑玄《仪礼·乡饮酒礼注》则谓“正乐”即整理《诗》的篇第。故曰“《雅》《颂》得所”。

（三）毛奇龄《四书改错》则谓“正乐”即正乐章，正《雅》、《颂》之入乐部者。所谓“《雅》《颂》得所”者，如《鹿鸣》一诗，奏于乡饮酒礼、乡射礼、燕礼，《清庙》一诗，奏于祀文王、大尝禘、天子养老、两君相见。各有其“所”正之，则各得其所矣。

（四）包慎言《敏甫文钞》则谓“雅颂”指音律言，不指诗篇言。诗之风雅颂以体别，乐之风雅颂则以律分。《大戴礼·投壶》言凡雅二十六篇，八篇可歌。所举八篇中，《鹊巢》《采蘩》《采蘋》《伐檀》《驺虞》五篇，皆风也，而亦名雅，以其音律为种也。又如《邠风·七月》，吹以养老息物则曰雅，吹以迎送寒暑则曰颂。故“正乐”者，谓正其音律之错乱，非整理其篇章也。

——以上四说，以包说最为详尽而合理。

子曰：“出则事公卿，入则事父兄，丧事不敢不勉，不为酒困，何有于我哉？”

此章记孔子自言其庸行。“出则事公卿”者，言出仕朝廷，则尽其忠勤以事公卿；“入则事父兄”者，言回到家里，则尽其孝悌以事父兄；“丧事不敢不勉”者，言遇着丧事，不敢不勉力以从礼；“不为酒困”者，言吃酒不吃醉，以致损身废事。“何有于我哉”，言于我有什么，谓不难也。旧解谓“何有于我哉”，是孔子的谦辞，但上面有“丧事不敢不勉”句，如旧解，则语气似不甚合。

子在川上曰：“逝者如斯夫！不舍昼夜。”

“逝”，去也，往也。“夫”，音扶。“舍”，止也。孔子在川上，见流水逝去，没有一停止，因道：“逝者如斯夫！不舍昼夜。”按《孟子·离娄》篇：徐子曰：“仲尼亟称于水曰：‘水哉，水哉！’何取于水也？”孟子曰：“源泉混混，不舍昼夜，盈科而后进，放乎四海；有本者如是。是之取尔。”正释此章之旨。朱《注》曰：“天地之化，往者过，来者续，无一息之停，乃道体之本然也。”

子曰：“吾未见好德如好色者也。”

“好”，去声。孔子叹一般的人，好色者多，好德者少也。孔子在卫，灵公与南子同车过市，使孔子为次乘。孔子丑之，故说此话。事见《史记·孔子世家》。

子曰：“譬如为山，未成一篑，止，吾止也；譬如平地，虽覆一

篑，进，吾往也。”

“篑”，音溃。“覆”，音腹。此章孔子劝人对于进德修业及做事当努力完成，不可半途而废也。“为山”，积土为山也。篑，笼也，编竹为之，所以盛土。此以“为山”为譬，筑一座山，只须加一土笼的土，就可成功也，但现在止住了不去加，这座山，就不成功。是我自己止住的。一块平地上，我才倒了一土笼的土，以后我天天把土盖上去，积久了，自然也会成山的。朱《注》说：“学者自强不息，则积少成多；中道而止，则前功尽弃；其止其往，皆在我而不在人。”按《尚书·旅獒》云：“为山九仞，功亏一篑。”孔子之言，盖本乎此。《孟子·尽心》云：“有为者譬若掘井；掘井九轫而不及泉，犹为弃井也。”《大戴礼·劝学》云：“锲而舍之，朽木不折；锲而不舍，金石可镂。”亦可与本章相发。

子曰：“语之而不惰者，其回也与？”

“语”，去声，告也。“与”，今作“欤”。颜渊于夫子之言无所不说，服膺弗失，身体力行，欲罢不能，故不惰也。

子谓颜渊曰：“惜乎！吾见其进也，未见其止也。”

此章是颜渊死后，孔子感叹之词。“谓”，是对他人说颜渊也。颜渊能语之而不惰，故见其进，未见其止。曰“惜乎”者，言这样一个自强不息的人，死了真真可惜也。

子曰：“苗而不秀者有矣夫！秀而不实者有矣夫！”

“夫”，音扶。稻始生的时候曰“苗”，到叶茂花开的时候称“秀”，结了谷则曰“实”。此章亦是孔子痛惜颜渊之词。言颜渊孜孜好学，而不幸早死，有如稻之苗而不秀，秀而不实，深可惜也。汉唐人解本章，说皆如此。朱《注》则云：“学而不至于成有如此者，是以君子贵自勉也。”则谓泛指求学半途而废者言。

子曰："后生可畏，焉知来者之不如今也？四十、五十而无闻焉，斯亦不足畏也已。"

“后生”即今语所谓“青年”。“焉”，平声，安也，副词。“来者”，指后一辈的人而言；“今”，指现代的成年人而言。这就是说：“青年是可畏的，怎能逆料后辈底不及现代呢？”青年之所以可畏，正因他们年富力强，进德修业，未可限量，大有“后来居上”的希望。如其不能及时努力，到了四十五十之年，而无学问道德上的声闻，则正是所谓“小时了了，大未必佳”，这亦不足畏了！青年人读此章，尤当猛省。

子曰："法语之言，能无从乎？改之为贵。巽与之言，能无说乎？绎之为贵。说而不绎，从而不改，吾末如之何也已矣。"

“法语之言”，是正言也，就是质直的教训。正言，人所敬惮，故不敢不从。但须从其言而改之，方为可贵。“巽”，音逊，柔顺也。“巽与之言”，是委婉地劝导。“说”，即悦字。“绎”，寻绎也，就是仔仔细细地省察他的话，寻出他的言外之意。必如此，方为可贵。如其闻巽与之言，徒悦其言之柔顺，而不知寻绎其微意之所在，闻法语之言，徒然面从，而不能切实改过，则是不可以理喻，不可以情感，法语巽言，均失其效矣。所以孔子说：“我也没奈何他了！”

子曰："主忠信，毋友不如己者，过则勿惮改。"

此章已见《学而》篇，但少记了一节。邢《疏》曰：“记者异人，故重出之。”

子曰："三军可夺帅也，匹夫不可夺志也。"

“三军”，泛指军队。“帅”，是军队的统帅。“匹夫”，是平民。朱《注》引侯氏曰：“三军之勇在人，匹夫之志在己。故帅可夺而志不可夺。”按：此章之旨，在说明志之不可夺。上句是比喻之辞。

子曰：“衣敝缊袍，与衣狐貉者立，而不耻者，其由也与？”

“衣”，去声，就是“穿”。《集解》引孔云：“缊，枲著。”枲著，谓以乱麻为著。《艺文类聚》《太平御览》引郑玄《论语注》云：“缊，絮著。”絮著，言以旧絮为著。古无木绵，故以乱麻或旧絮为著做绵袍也。貉，胡各反。狐，貉，皆兽名。此指狐皮、貉皮的袍子。常人自己穿了破旧的衣裳，见人家穿了簇新的狐皮袍子，往往自以为难看可耻。子路则穿了一件破旧的缊袍，与穿狐皮袍子的人，共同立在一处，而不觉得羞耻，故孔子特别称赞他。

“不忮不求，何用不臧？”子路终身诵之。子曰：“是道也，何足以臧？”

“不忮不求，何用不臧”二语，见《诗经·卫风·雄雉》篇。《毛传》云：“忮，害也。臧，善也。”按《说文》云：“忮，很也。”“忮”音志。有所恨嫉忌害叫做“忮”；有所歆羡贪慕叫做“求”。言人能不忮不求，则何用为不善也。子路常念诵此二语，以为此二语可以终身行之。孔子以其所取者太小，故告之曰：“是或一道也，但亦何足以为尽善乎？”盖望其更进一步耳。按：此章，汉人旧解，绝不与上章相涉。作疏者始谓与上章相连，孔子引《诗》以美子路，子路闻誉自喜，故终身诵之。朱《注》亦采《疏》说。似把子路看得太低且孔子既引《诗》以赞之，是已取“何用不臧”之意，而又忽云“何足以臧”，亦先后矛盾。本篇《注疏》本三十章，《经典释文》则云三十一章。陆德明所见之本，殆即分“不忮不求”以下，另为一章。《史记·仲尼弟子列传》载衣敝缊袍一事，亦无

“不忮不求”二句。故仍以分立一章为是。

子曰：“岁寒，然后知松柏之后彫也。”

孔子以松柏比坚毅卓绝的君子。以松柏岁寒后彫，喻君子之处乱世而不改其操，临患难而不变其节。寻常的草木，在春夏和暖的时候，都开花结果，枝叶茂盛；一到冬天，经了霜雪，就叶落枝枯，不见活气。只有松树、柏树，虽到寒冷的时节，仍旧不会彫枯，这是松柏能耐寒冷的缘故。按《庄子·让王》篇云：“天寒既至，霜雪既降，吾是以知松柏之茂也。陈蔡之隘，于丘其幸乎！”是此章为孔子厄于陈蔡时谓子路之言。

子曰：“知者不惑，仁者不忧，勇者不惧。”

“知”，今作“智”。朱《注》云：“明足以烛理，故不惑；理足以胜私，故不忧；气足以配道义，故不惧。”

子曰：“可与共学，未可与适道；可与适道，未可与立；可与立，未可与权。”

“与”，即“以”。《淮南子·泛论训》引此章，即“与”“以”错出。朱《注》云：“权，秤锤也，所以称物而知其轻重者也。”“可与权”，谓能权轻重，使合义也。按：可与共学，谓可与切磋琢磨，共同研究学问。但虽力学而其志或在利禄，或在声闻，或在记诵词章，故曰“未可适道”。志在适道者，又或所守不坚，半途而废，故曰“未可与立”。能守道而卓然有以自立矣，或知常而不知变，则亦未能通经达权，故曰“未可与权”。按：汉儒连下《唐棣之华》为一章，故以“权”为反经合道。程子以其近于权术权变之说而非之，故曰：“权，经也。”朱子谓以《孟子》“嫂溺援之以手”之义推之，则权与经亦当有辨云。

“唐棣之华，偏其反而。岂不尔思？室是远而。”子曰：“未之思也夫？何远之有？”

“华”，今作“花”。“夫”，音扶。“唐棣之华”四句是古时的诗，《诗经》里没有这四句，所以昔人都称为“逸诗”。“唐棣”，是一种花的名称。“偏”，通“翩”。“反”，同“翻”。“而”，语助词，此处用作状词的语尾。“反而”，犹云“翻然”。“偏其反而”，形容花朵动摇之状。朱《注》云：“此逸诗也。于六义属‘兴’，上两句无意义，但以起下两句之辞耳。其所谓‘尔’，亦不知其何所指也。”“岂不尔思，室是违而”，就是说：“不是我不想念你，可是你太住得远了。”孔子这四句诗，大概是写怀念远人之情的。孔子论诗，主张要有真实的情感。（“思无邪”当如此解，已见前。）所以对于这诗不以为然，批评道：“没有想念他吧！如果想念他，有什么远呢？”“夫”字，就是今语的“吧”字，用以表示神情语气的。武亿《经读考异》，谓“夫”字当属上读，有咏叹之趣。刘氏《正义》以为“其说良然”。今亦从之。

按：此章，《注疏》及皇本，均与上章相合为一章。意思是说普通的花，皆先开后合；独有唐棣之花，初开反背，终乃合并，是反常的。诗人见反常的花，而想到反常的“权”；又以行权是很难的，所以说不是不想行权，无如权之道很深远，不易求到。孔子则以为一个人已经至于道，已经有所建树，只要能够由常道反转来一想，就可以得到权的道理，所以说是不想权，并不是权之道深远。似嫌迂曲。

［问题］

（一）何以谓孔子罕言“利”“命”“仁”三者？

（二）何谓“博学而无所成名”？
（三）何谓“绝四”？
（四）“多能”是否即可称“圣”？
（五）何谓“乐正，《雅》《颂》各得其所”？
（六）孔子川上之语，其旨安在？
（七）孔子为山之喻，其义如何？
（八）后生何以可畏？
（九）闻“法语之言”“巽与之言”，应当如何？
（十）知仁勇三达德功效如何？

第十　乡　党

此篇系弟子记述孔子平时之仪容言动；全篇旧说凡一章；但其间事义，各以类从，故各本均分节。皇《疏》分二十一节，邢《疏》分二十二节，朱《注》分十八节，刘氏《正义》分二十五节。今酌分为二十六节。

孔子于乡党，恂恂如也，似不能言者。其在宗庙、朝廷，便便言，唯谨尔。

“乡党”，犹今言“乡里”。“恂恂”，恭敬温和之貌。“如”为状词之语尾。“恂恂如”，即“恂恂然”。“似不能言”者，是好像不能说话的样子，非真不能说话也。乡党是因为父兄宗族之所在，不欲以贤知先人，故言语寡少。便音骈，平声。

“便便”，辩也。“谨”，谨慎也。孔子在鲁国的祖庙助祭于公，或在鲁君的朝廷见君，说起话来，于礼法政事，不肯缄默，其言甚辩，但仍旧极其谨慎，不肯说错。

右第一节，记孔子在乡党与在庙朝，发言的态度不同。按：本节与下节，刘氏《正义》并为一节。今从朱《注》分之。

朝，与下大夫言，侃侃如也；与上大夫言，訚訚如也。君在，踧踖如也，与与如也。

“朝”，谓在朝廷上，此君未视朝时也。“下大夫”，指官位与孔子相并的，及位在孔子以下的。孔子仕鲁，为小司空、小司寇（依《正义》说），故亦为下大夫也。“上大夫”，即卿，官位在孔子以上的。《集解》采孔曰：“‘侃侃’，和乐之貌。‘訚訚’，中正之貌。”按《尔雅·释诂》：“衎，乐也。”此以“侃”为“衎”之通借字，故训“和乐”。《说文》：“訚，和悦而诤也。”诤者，辨其是非，不妄谐俗，故训“中正”。訚，鱼巾反。此言孔子和同等的官及下级官说话，和气而欢乐。同上级官说话，中理而正当。所谓对下不骄，对上不谄也。朱《注》据《说文》，以“刚直”释“侃侃”，不如孔说为长。《集解》又采马曰：“踧踖，恭敬之貌。与与，威仪中适之貌。”“踧踖”，读如“促节”。“与”，通“忬”，通“趌”，行步安舒也。言孔子上朝，君主在前，态度恭敬，威仪安舒也。“中适”，犹言恰到好处。

右第二节，记孔子在朝的言论仪容。

君召使摈，色勃如也，足躩如也。揖所与立，左右手。衣前后，襜如也。趋进，翼如也。宾退，必复命曰：“宾不顾矣。”

“摈”，读如宾去声，亦作傧。“君召使摈”者，言鲁君使孔子为傧以迎接宾客也。古时宾主相见，宾副曰介，主副曰摈。“勃如”，变色也。与《孟子》“王勃然变乎色”之“勃然”同，但此谓变色起敬耳。躩音觉。“足躩如”，是两脚盘旋逡巡之貌。敬君命故也。

傧不止一人，“所与立”，谓同为傧者。“左右手”者，《集解》

郑曰:“揖左人左其手,揖右人右其手。”“襜”,读若穿。朱《注》云:“整貌。”按《楚辞·九叹》:“裳襜襜而含风兮。”洪兴祖《补注》:“襜襜,衣动貌。”两手拱揖,移左移右,则衣之前后襜然飘动矣。接宾客入内时,走得快,故曰“趋进”。“翼如”者,《集解》孔曰:“言端好也。”按凌曙《典故核》所说,疾趋,须身小折,头直,手足正。《礼记·玉藻》云:“疾趋则欲发而手足无移。”疾趋而两手不动,如鸟舒翼而翔,故曰“翼如”。

宾辞,君主命摈送宾。宾退去以后,孔子为摈事毕,必回到君主前复命说:“宾已去了。”按《公食大夫礼》及《聘礼》,于宾退,送于门外之后均言“宾不顾”。故复命时曰“宾不顾矣”。

右第三节,记孔子受命为摈时的仪容。

入公门,鞠躬如也,如不容。立不中门,行不履阈。过位,色勃如也,足躩如也,其言似不足者。摄齐升堂,鞠躬如也,屏气似不息者。出,降一等,逞颜色,怡怡如也。没阶,趋进,翼如也。复其位,踧踖如也。

“入公门”者,入君主的门也。古时诸侯有三门,即库门、雉门、路门。最先入的外门为库门。“鞠躬如”者,低着头进去,如鞠躬的样子也。如不容,言公门虽高大,而自己低着头,好像公门低小,不能容纳一般,这是敬之至也。“立不中门”,是说不立在门的中央。“阈”,音域,是门限。“行不履阈”,是说走过门,不踏在门限上。位是君主的座位。进了库门,到外朝(诸侯三朝之一,其余二朝为治朝、内朝),就见君主不常御的座位。但君虽不在此位,而走过君的虚位时,亦当起敬,故色勃如,足躩如也。“其言似不足”,言走过外朝的君位以后,渐近君主,故虽和人说话,不敢放肆,像说不畅快的样子。“摄”,撩也。“齐”,音资,衣的下摆叫“齐”。升堂，由外朝入雉门，升君主常日听政的治朝之堂也。拾级登堂，故须撩起衣裳的下摆。这时孔子走路的样子，也像鞠躬一般。屏音丙，去声。“屏气，似不息”，就是屏着鼻气，像不呼吸的样子。盖在治朝，对着君主大声呼吸，似不敬也。“出”，退朝时走出治朝之堂也。等，阶级。“降一等”者，走下堂阶一级也。逞，舒展也。“逞颜色”者，屏气已久，走下堂阶一级，就舒气解颜也。“怡怡如”，是和悦的样子。陆德明《经典释文》云：“‘没阶趋’，一本作‘没阶趋进’，误。”臧琳《经义杂记》曰：“《史记·孔子世家》作‘没阶趋进’。《聘礼》注引《论语》同。《曲礼·士相见礼》疏引，并有‘进’字。趋进者，趋前之谓也；旧有此字，非误。”“没阶”，阶走完也。“趋进，翼如也”者，走完阶沿，在平地上向前走，虽不像对君主时的恭敬，亦很端正也。“复其位”者，出雉门，回到外朝，又经过君主的虚位之前也。

右第四节，记孔子趋朝的仪容。按：刘氏《正义》谓此节与下节同记聘问之事。今从朱《注》。

执圭，鞠躬如也，如不胜。上如揖，下如授。勃如战色，足蹜蹜如有循。享礼，有容色。私觌，愉愉如也。

“圭”是玉，上锐下方。诸侯各有命圭，为君聘使邻国，须执持君之圭而往。“胜”，平声。“如不胜”者，言执君之圭，像力不能胜的样子。敬之至也。《曲礼》云：“凡执主器，执轻如不克。”义与此同。“上如揖，下如授”，是说执圭的高低。朱《注》云：“谓执圭平衡，手与心齐，高不过揖，卑不过授也。”“勃如战色”者，言执圭时，小心谨慎，惟恐失礼，容色和平时不同，有像战栗的样子。蹜音缩。“足蹜蹜如有循”者，言行步促狭，不敢开大步，并且像循着轨道而行，亦表示谨慎的意思。以上是记聘问邻国授圭时的礼容。“享”,献也。行授圭礼后,乃行“享礼”。聘礼授圭;享礼授璧,而所献之物多,如皮币之属,一一罗列庭中,叫做“庭实”。圭所以申信,璧所以交欢,这时不复有战栗之色,容貌较先时从容,故曰“有容色”;此正对“勃如战色”而言。

“觌”,见也。行聘享公礼已毕,和邻国君主,以私人的资格相见,叫做“私觌”。“愉愉”,是一种很和气的神情和相貌。按《郊特牲》谓人臣无外交,故以大夫之私觌为非礼。郑玄《注》谓其君亲来,则其臣不敢私见于主国君;以君命聘,则有私见。则此言私觌,与《郊特牲》所云,并不矛盾。

右第五节,记孔子聘问邻国时授圭、享礼、私觌的内容。

君子不以绀緅饰。红紫不以为亵服。当暑,袗絺绤,必表而出之。缁衣羔裘,素衣麑裘,黄衣狐裘。亵裘长,短右袂。必有寝衣,长一身有半。狐貉之厚以居。去丧,无所不佩。非帷裳,必杀之。羔裘玄冠不以吊。吉月,必朝服而朝。

“君子”,谓孔子也。“绀”,音干。《说文》云:“绀,深青而扬赤色也。”段玉裁《注》以为即今之“天青”,又名“红青”。深青近黑,故郑玄以为玄色之类,则似借“绀”为“黚”。“緅”,读若周。朱《注》云:“绛色。”《士冠礼注》云:“赤而微黑。”《广雅》云:“緅,青也。”则亦深青而近黑之色。“饰”,领缘。“不以绀緅饰”者,言不用此二色做领缘也。绀色是斋服;以绀为饰,则像斋服。緅色是用以饰三年之丧的练服的。三年之丧,至十三月曰小祥。练为小祥祭名;练服,此时所服。今非丧服,而亦以浅绛色为饰,则类于丧服矣。故孔子缘领,不用此二色也。“亵服”者,在家中私居时所穿的衣服。红紫是间色不是正色,且近于妇人女子之服,当时人虽爱用之,孔子则虽家居的衣服,亦不用此二色;至于正服，更无论了。“袗”，音诊，单衣也。细麻布叫“絺”，音痴；粗麻布叫“绤”，音隙。“袗絺绤”者，麻布的单衫；就是现在的夏布衫。“当暑”者，当暑热的时候。“必表而出之”者，言夏布单衫，只可做外衣，着身尚须穿一件里衣，使身体的皮肉，不外露也。此朱《注》说。一说“表而出之”，谓有表衣出其上，即加上衣也。“缁衣”，黑色的衣。“羔裘”，是黑羊皮。“素衣”，白色的衣。“麑”，音尼。“麑裘”，是白色的麑皮。“黄衣”，黄色的衣。狐裘色黄。古人穿皮袄，以毛向外，而皮袄的外面更加一单衣，这单衣叫做“裼”。上所谓衣，即裼也。孔子要中外的衣服颜色相称，故裼与裘，必用一色。“亵裘”，是家居时穿的皮袄；做得长，取其暖也。“短右袂”者，右手的衣袖短些，取其便于做事。此朱《注》说。一说“右”，本作“又”，手也，非仅指右手而言。若仅指右手，则左右袂长短不同矣。亦可通。“寝衣”，郑《注》云：“今小卧被是也。”《说文》亦云：“被，寝衣也。长一身有半。”是寝衣，即现在的被。“有”，古通“又”。言睡时盖的被，比身子长半身，使手脚不外露也。朱《注》引程子云：“此错简，当在‘斋必有明衣布’之下。”故释之曰：“斋主于敬，不可解衣而寝，又不可着明衣而寝，故别有寝衣，其半盖以覆足。”与郑许说异。狐貉，狐皮袄也，毛长而暖。家居的时候，衣服贵能适体，故孔子穿狐皮袄也。一说“居”有坐的意义，此以狐貉为坐褥，非言家居的衣服。“佩”，带挂玉器也。平常时候，身边必带挂玉器。只有丧事时，把佩玉去掉。故曰：“去丧，无所不佩。”按《礼记·玉藻》云：“凡带必有佩玉，唯丧否。”又云：“君子无故，玉不去身。君子于玉比德焉。”可与此节所记相发。“帷裳”，是朝祭之服，用正幅布做，前三幅，后四幅，在裳的上畔，摄收使小，以称腰身，故襞积很多，如今之百褶裙。因为是要用正幅布做，所以并不斜杀其幅。所谓“杀”，即割削剪裁也。“杀”,去声。“非帷裳”,是帷裳以外的其他衣裳。这些衣裳,下畔倍于上畔的腰,必斜杀其幅以缝之,故曰“必杀之”也。大概当时人,于非朝祭的帷裳,亦有用正幅布做而不斜杀其幅者,孔子则不然。故门弟子记之。古人以白色为素服,玄色为吉服。“羔裘玄冠”,是吉服。故孔子不用以吊丧。“吉月”,是月之初一日。古时,初一日君臣有至太庙视朔之礼。视朔之服,为皮弁,素衣,素裳。而平日视朝之服,则为玄冠,缁衣,素裳。此处所谓“朝服”,《集解》引孔曰:“皮弁服也。”即视朔之服也。鲁自文公不视朔,而孔子独于是日,仍衣皮弁服而朝,亦我爱其礼之意也。见毛氏《四书改错》则谓孔子在初一日,必先衣皮弁服入朝,至君不视朔,然后易朝服而朝于君。本来朝服而朝,可不必记;因其不先服,故记之也。说亦可通。

右第六节,记孔子穿衣的情形。按:本节依刘氏《正义》至“齐必有明衣布”止,今从朱《注》。

齐,必有明衣,布。齐,必变食;居,必迁坐。

“齐”,今作斋。“齐”,即斋字。凡祭祀必斋,斋必沐浴。“明衣”,皇《疏》谓:“斋浴时所着之衣也。浴竟,身未燥,未堪着好衣,又不可露肉,故用布为衣,如衫而长身也。着之以待身燥。”“变食”者,《集解》引孔曰:“改常馔。”朱《注》云:“谓不饮酒,不茹荤。”“迁座”者,《集解》引孔曰:“易常处。”朱《注》同。按:变食、迁坐,亦无非求清洁也。

右第七节,记孔子斋时衣食居处之事。按:本节“明衣”句,刘氏《正义》归入上面记衣的一节;“变食”二句,归入下面记食的一节。今从朱《注》,另为一节。

食不厌精,脍不厌细。食饐而餲,鱼馁而肉败,不食。色恶,

不食。臭恶,不食。失饪,不食。不时,不食。割不正,不食。不得其酱,不食。肉虽多,不使胜食气。惟酒无量,不及乱。沽酒,市脯,不食。不撤姜食。不多食。祭于公,不宿肉。祭肉,不出三日。出三日,不食之矣。

“食”,音嗣,饭也。牛、羊、猪、鱼之类切细的,叫做“脍”。朱《注》云:“食精则能养人,脍粗则能害人;‘不厌’,言以是为善,非为必欲如是也。”如朱《注》则此二句之意为“饭米不厌其精白;肉脍不厌其细切”。刘氏《正义》引《国语·晋语》“民志无厌”句韦《注》曰:“厌,极也。”谓孔子饭蔬饮水,乐在其中,且以耻恶食为未足与议,故饭不极精,脍不极细。似较朱说为长。“饐”,音意,饭煮得太烂。“餲”,音爱,烂饭变了气味。孔子对于这种饭是不吃的。鱼坏曰“馁”,肉坏曰“败”。鱼、肉坏了的,孔子亦不吃也。食物颜色不好曰“色恶”,气味不好曰“臭恶”,都是就要坏了。“失饪”者,烹饪时火头不足,没有煮熟也,孔子都不吃。《集解》引郑玄以为“不时”者,不是吃饭的时候。朱《注》则谓“不时”是指果实未熟之类。二说并通。此皆孔子讲究卫生之处。“割”,割肉也,今人言切。“割不正”,皇《疏》及朱《注》均谓切不方正。朱《注》并引汉陆绩之母割肉未尝不方,断葱以寸为度为例。邢《疏》则谓析解牲体脊协臂臑之属,不得其正,《正义》亦主之。割不正的肉,虽然无害卫生,但孔子亦不苟食也。“酱”,种类不一,有烹时用的,有吃时加的。孔子对于食物,如无相宜之酱,不欲食之。汪烜《四书诠义》则谓酱为醢醢盐梅之总名。如《内则》所载,各以其气味物性之宜相配,此所谓“得其酱”也。详见刘氏《正义》引。“食气”之“食”,音嗣,饭也。肉所以佐饭,应适得其当。若只吃一些饭,而辅以许多肉,便是吃肉不是吃饭了,这叫做“肉胜食气”，孔子则不如此。酒为宾主尽欢而饮，若多饮而醉，往往失仪惹祸。即此所谓“乱”也。孔子饮酒虽无限量，但决不至于乱。“沽酒”，是市上买来的酒，里面多有杂质掺入。“市脯”，是市上买来的干肉，多不新鲜或不清洁。二者吃了喝了，有碍卫生，故孔子不吃不喝。“姜”，即生姜。菜中用姜，能去腥秽，故不撤去。“不多食”者，所谓“适可而止”，不贪心多吃也。一说此“不多食”，承上文“姜”说。“祭于公”者，助祭于公家也。公祭的肉，待分到，或已过了三日，故孔子必当天就吃，不再过夜，使肉更不新鲜，故曰“不宿肉”也。“祭肉”，指自己家里祭祀的肉。孔子也不会过了三日才吃。过了三日，这肉难免腐败，所以不吃它了。

右第八节，记孔子日常饮食之事。

食不语，寝不言。

“食不语”者，吃饭的时候不说话。“寝不言”者，睡觉的时候不说话。朱《注》引范氏曰：“圣人存心不他，当食而食，当寝而寝，言语非其时也。”或谓“言”与“语”不同，食则言而不语，寝则语而不言，似嫌迂曲。

右第九节，记孔子当食寝时的仪容。

虽疏食菜羹，瓜祭，必齐如也。

“疏”，粗也。“食”音嗣，饭也。“疏食”，是粗粝之饭。“疏”或云即今“蔬”字。但作蔬，则与下菜羹复。“菜羹”，是以菜为羹，“瓜”，是瓜类。“齐”，同斋，严敬貌。孔子贫贱时祭祀祖先，虽或用粗饭，菜羹或瓜类，祭品很薄，但他的容貌是很严敬的。按：“瓜”，《鲁论》作“必”。郑玄《注》主从《古论》作“瓜”。孔安国《注》云：“三物虽薄，祭之必敬。”是亦主作“瓜”也。朱《注》谓“虽薄物必祭”，则从鲁矣。又云：“古人饮食每种各出少许，置之豆间之地，以祭先代始为饮食之人，不忘本也。”是仍以本节为记饮食也。不如郑孔二说为长。

右第十节，记孔子祭时的仪容。

席不正，不坐。

古时席地而坐。设于地的席，如有移动偏斜，孔子不坐。

右第十一节，记孔子坐时的仪容。

乡人饮酒，杖者出，斯出矣。乡人傩，朝服而立于阼阶。

“乡人饮酒”者，古时行乡饮酒礼也。年老的人拿杖，故称“杖者”。《王制》云：“六十杖于乡。”则此“杖者”，指六十以上之老人。此言行乡饮酒礼时，孔子必等年纪老的人出去了，自己才出去。因老者本应敬重；此礼又贵龄崇年，主于养老，更不可对老人失敬也。“傩”，读懦平声，是古时一种风俗，即《周礼》方相氏所谓“狂夫四人，蒙熊皮，黄金四目，玄衣朱裳，执戈扬盾，帅百隶而傩”也。意在祛邪逐疫。阼阶，东面的阶；古礼以此为主人所立之阶。“朝服”，即上朝时的礼服。孔子遇乡村里举行逐疫的时候，必穿着朝服，去立在家庙的东阶之上。皇《疏》曰：“孔子闻乡人逐鬼，恐见惊动宗庙，故着朝服而立于阼阶，以侍祖先，为孝之心也。”

右第十二节，记孔子居乡之事。

问人于他邦，再拜而送之。

按邢《疏》云：“此记孔子遗人之礼也。‘问’，犹遗也。问者，或自有事问人，或闻彼有事而问之，悉有物表其意。……此孔子凡以物问遗于他邦者，必再拜而送其使者，所以示敬也。”刘氏《正义》引《论语稽》云：“士相见当再拜，今拜使者，如拜所问之人。”本节的意思，是说孔子遣使至外国访问朋友，同时以物送给朋友。当使者出国时，孔子再拜而送之，如送其所访问的朋友也。

右第十三节，记孔子遣使遗问友人。

康子馈药，拜而受之。曰：“丘未达，不敢尝。”

“馈”，音愧。康子，季康子，鲁卿。他送药品给孔子，孔子拜而受之。按：受大夫之馈而拜，礼也。“丘未达，不敢尝”者，言我还不知道这药治什么病，所以不敢尝也。《曲礼》曰：“医不三世，不服其药。”孔子不服康子的药，就是这个意思。

右第十四节，记孔子受人馈药。

厩焚。子退朝，曰：“伤人乎？”不问马。

“厩”，马房也。孔子上朝之时，家中的马房被火烧毁。孔子退朝以后，只问伤不伤人，不问马，这是贵人而贱畜也。《经典释文》云：“一读至‘不’字绝句。”盖读“不”为“否”。先问“伤人乎否”，然后问马，先人而后畜也。此别一解。

右第十五节，记孔子马厩被焚时事。

君赐食，必正席先尝之；君赐腥，必熟而荐之；君赐生，必畜之。侍食于君，君祭先饭。

“赐食”，指君以熟食赐孔子也。“必正席先尝之”者，受了君所赐的熟食以后，必恭恭敬敬地坐着，先自己来尝，然后再以余者颁赐他人。盖敬君之惠，而又不留君之惠也。“腥”，是生的肉或鱼。荐是进献的意思。因为荣君之赐，必煮熟了，先祭一祭祖先。君赐熟食所以不荐者，恐为馂余也。“生”，是活物；因系君赐，不忍即杀，所以养畜之，以待祭祀之用也。“侍食于君”者，孔子侍坐于君的旁边，陪君吃饭也。“祭”，是古礼之一。食时把种种食物先取出少许，放在俎豆边，以祭先代初造饮食之人也。“先饭”，即先尝食之，以饭赅其余的食物也。孔子侍食于君，在君祭时，自己遵礼先吃，如为君尝食一般，故曰“君祭先饭”也。

右第十六节，记孔子受君赐食及侍食的事。

疾，君视之，东首，加朝服，拖绅。

“视”者，视疾。“疾，君视之”，言孔子有病，君来看病也。“东首”，是睡时头在东面。病者头在东面，则君临榻前，适南面矣。“绅”，是大带，朝服所用。孔子有病，不能起床穿朝服见君，而又不敢以便服见君，所以君来看病，把朝服盖在身上，又把绅拖在朝服上面，以尽礼也。

右第十七节，记孔子承君问疾时事。

君命召，不俟驾行矣。

“君命召”者，君有命令来叫孔子也。上呼下曰“召”。凡遇君命来召，来不及等到马和车子驾好，即时步行而去。此言孔子急趋君命，急迫先行，不及俟驾车，及行后而家人始以车随及之耳。

右第十八节，记孔子奉君召时事。

入太庙，每事问。

已见前《八佾》篇。按：《论语稽》谓此篇“杂记圣人之事，入庙在所当记，非重出也。”

右第十九节，记孔子入太庙事。

朋友死，无所归，曰：“于我殡。”朋友之馈，虽车马，非祭肉，不拜。

“朋友死，无所归”者，孔子的朋友死了，没有家族来料理丧事也。“曰于我殡”者，孔子说由我来殡殓他也。“馈”，是送的东西。朋友虽把车马等贵重的东西来送，也视为平常的事情，而不拜。只有朋友把祭祖先的肉来送，孔子因敬重朋友的祖先，故必拜而受之。

右第二十节，记孔子的交友。

寝不尸，居不容。

“寝不尸”者，不像尸首一般直挺挺地卧在床上也。《正义》云：“夫子曲肱而枕，则侧卧可知。今养生家亦如此说。”“居”，是平日住在家里。“不容”者，不像上朝或祭祀时，有庄肃的容仪。这时的态度，十分自然活泼也。按：《经典释文》“容”一作“客”；《唐石经》亦作“客”。臧琳《经义杂记》解孔《注》“为室家之敬难久”云：“谓因一家之人，难久以客礼敬己也。”此别一解。

右第二十一节，记孔子平居仪容。

见齐衰者，虽狎，必变。见冕者与瞽者，虽亵，必以貌。凶服者式之。式负版者。

此节与《子罕》篇所说“子见齐衰者，冕衣裳者，与瞽者，见之虽少必作，过之必趋”一段，大同小异。意思亦是哀有丧，尊在位，矜残废之人。但《子罕》篇所记，为对于齐衰、冕、瞽之不相识者，而此节则为对于相识之齐衰、冕、瞽者耳。“狎”，与自己素来亲热也。“变”者，变了容色对他，异于常时也。“亵”，与狎义同。或曰“燕见”也。“貌”，礼貌。“凶服”即丧服。“凶服者”，即上所云“齐衰者”。“式”，即“轼”，是车上一条横木。此作动词用，引申为把身体凭在式上以表敬意的意思。“版”者，古时无纸，国家的图籍，都是用竹版、木版写。负版者，捧国家图籍的人也。孔子在车子上,见穿丧服的,负国家图籍的人,必在式上凭着,以表敬意。

右第二十二节,记孔子特施敬礼的人。

有盛馔,必变色而作。

“盛馔”者,即丰富的酒席。“变色而作”者,《集解》引孔曰:“作,起也。敬主人之亲馈。”现在正式宴会,还有主人亲自上菜的礼节,就是“亲馈”。此时孔子必变色而起,敬礼有加也。此节对于孔《注》“亲馈”二字,极要注意。因非亲馈,则虽为盛馔,孔子亦不若是重视也。

右第二十三节,记孔子宴会中的仪容。

迅雷风烈,必变。

忽然一声霹雳,叫做“迅雷”。忽然起了一阵大风,叫做“风烈”。“风烈”,即是“烈风”,此与“迅雷”错综以成文耳。“必变”者,敬天也。《礼记·玉藻》云:“若有疾风、迅雷、甚雨、则必变,虽夜必兴,衣服冠而坐。”义与此同。

右第二十四节,记孔子天变时的仪容。按:刘氏《正义》本节,与上节并为一节。兹因二事,性质并不相同。故分之。

升车,必正立执绥。车中,不内顾,不疾言,不亲指。

“绥”是挽以上车的一条绳索。孔子上车的时候,必正立而手执绥,表示不乱动,亦防倾跌也。“内顾”者,回头看后面。“疾言”者,说话说得响而又快也。“亲指”者,把手指头指来指去也。《正义》曰:“亲字义不可解。《曲礼》云:‘车上不妄指。’‘亲’疑即‘妄’字之误。”孔子坐在车中,不回头看后面,说话不响而快,不把手指来指去,其庄敬可知。

右第二十五节,记孔子乘车的仪容。

色斯举矣，翔而后集。曰:“山梁雌雉，时哉！时哉！”子路共之，三嗅而作。

朱《注》云:“言鸟见人之颜色不善则飞去，回翔审视而后下止。人之见几而作，审择所处，亦当如是。然此上下必有阙文矣。”又引邢《疏》曰:“梁，桥也。‘时哉’，言雉之饮啄得其时。子路不达，以为时物而共具之。孔子不食，三嗅其气而起。”引晁氏曰:“石经‘嗅’作‘戛’，谓雉鸣也。”引刘聘君曰:“‘嗅’当作‘狊’，古阒反，张两翅也。见《尔雅》。”又云:“愚按如后两说，则‘共’字当为‘拱执’之义然。此必有阙文，不可强为之说。”王引之《经传释词》云:“色斯者，状鸟举之疾也。‘色斯’即‘色然’，惊飞貌也。……哀六年《公羊传》‘诸大夫见之，皆色然惊而骇。’何《注》曰:‘色然，惊骇貌，义与此相近也。并历举汉人‘色斯’二字连用之例为证。按‘色斯举矣’，记鸟飞举之速；‘翔而后集’，记鸟翔集之迟，疑即记所见之雌雉。但为记事状物之语，不寓他义；不必过于深求，致难索解。‘山梁雌雉，时哉时哉！’则孔子见之，偶然脱口而出之语也。山石有在两岩间如梁者，谓之‘山梁’；此雉集其上也。‘共’为‘拱’之借字。《尔雅·释诂》:‘拱，执也。’‘嗅’当从刘说作‘狊’。形与‘臭’字近，因讹为‘臭’，故《五经文字》尚作‘臭’。《唐石经》乃加口作‘嗅’耳。作，飞举也。《吕氏春秋·审己》篇言‘子路揜雉而复释之’。揜即共也。盖雉以倦飞而集，子路掩而执之，亦游山时随意游戏之乐事；而旋即释之，故雉张两翅，三搏而迅飞耳。”

右第二十六节，记孔子与子路出游时琐事。文虽简短，记叙极生动。注家过于深求，望文生义，反致迂曲难晓耳。

［问题］

（一）孔子在乡党庙朝，何以言语时态度不同？

（二）孔子在朝时，对上大夫与下大夫谈论，有何不同？

（三）孔子做傧相时仪容如何？

（四）孔子聘问他国时，仪容如何？

（五）孔子对于食物的卫生如何？

（六）孔子何以不敢尝季康子送他的药？

（七）孔子于厩焚后退朝，何以问伤人而不问马？

（八）孔子对死友如何？

（九）有盛馔，孔子何以必变色而作？

（十）本篇末一节所记为何事？

第十一　先　　进

按：《乡党》以上十篇，旧称《上论》，本篇以下十篇，旧称《下论》。大概原编仅前十篇，增辑后始有后十篇，观于在体制上应居最后的《乡党》篇，排列在第十篇可知也。又后十篇，文体亦多与前十篇不同，读者细玩之自知。崔述于末五篇尤疑之，谓是后人续入也。

子曰："先进于礼乐，野人也；后进于礼乐，君子也。如用之，则吾从先进。"

"乐"，音乐之乐。"先进""后进"，犹今言"前辈""后辈"。"先进于礼乐，野人也"者，言前辈对于礼乐，文质得宜，但流俗不明白，以为是质朴的野人也。"后进于礼乐，君子也"者，言后辈对于礼乐，文过其质，但流俗不明白，以为是彬彬的君子也。这两句是说后辈不及前辈，而流俗对于野人、君子之辨的错误。“如用之则吾从先进”者，孔子自言：“我如果要行起礼用起乐来，一定从前辈的文质得宜也。”这是依程朱之说（见《集注》）解释的。《集解》邢《疏》以“先进”为前辈不因时损益礼乐而有古风的，“后进”为后辈因时损益礼乐而得时之中的。皇《疏》以“先进”为质朴的前辈，“后进”为文胜质的后辈。二说皆谓孔子之“从先进”，是要还淳返素。刘氏《正义》以为“先进于礼乐”，是先习礼乐而后服官的。因其未服官时，没有爵禄，而为平民，故曰“野人”。“后进于礼乐”，是袭先世的爵禄，起先并没有学习礼乐，到了服官之后，才思为礼乐之事的。因其袭先世的爵禄，世代为卿大夫，故曰“君子”。孔子反对当时世袭爵禄的制度，主张行古代的选举法，所以说如果有用我的，我必行先学而后服官的制度。

统观诸说，以程朱与刘氏《正义》之说为长。何、邢、皇之说，与孔子平日贵时中，贵文质彬彬之义不符，《正义》已驳之。

子曰：“从我于陈、蔡者，皆不及门也。”

孔子曾在陈、蔡之间绝粮，这时回忆相从于患难中的弟子都不在门，心里记念他们，所以说：“从我在陈蔡受难的弟子，现在都不在门下了！”按：“不及门”训“不在门”，是朱子之说。何《解》引郑玄《注》及邢《疏》皇《疏》均训为“不及仕进之门”。谓“孔子言时世乱离，非唯我道不行；只我门徒，虽从我在陈蔡者，亦不复及仕进之门”。刘氏《正义》说：“《孟子》云：‘君子之厄于陈蔡之间，无上下之交也。’无上下之交，即此所云不及门也。”又说：“夫子周游，亦赖君弟子仕进，得以维护之；今未有弟子仕陈蔡，故致此困厄也。”则以此语为孔子自言所以厄于陈蔡之故。

德行：颜渊、闵子骞、冉伯牛、仲弓。言语：宰我、子贡。政事：冉有、季路。文学：子游、子夏。

“行”，去声。此章是记述孔子的高足弟子。孔子弟子三千人，身通六艺者七十二，而此十人，尤为杰出也。朱《注》与上章合为一章，则此十人是从孔子于陈蔡者。

孔子之学，是学做人，所以“德行”列在第一。“言语”列第二者，因孔子时列国并立，做官的人，常要出国办外交，所以说话极其注重。“政事”是有政治学识而能从政的人才。“文学”者，能读诗书，知典则的人。十人均称字，其名已散见以前各篇。

子曰：“回也，非助我者也；于吾言无所不说。”

“助我”，指质疑问难，以启发孔子的施教，如孔子称子夏的“起予”。“说”，今作悦。颜渊对于孔子的话，默识心通，无所疑问的，所以不能为孔子启发也。旧解多作此说，惟皇《疏》引孙绰曰：“所以每说吾言，理自玄同耳，非为助我也。”则谓“助我”为“帮助我”，此另一说。

子曰：“孝哉闵子骞！人不间于其父母昆弟之言。”

朱《注》之胡氏曰：“父母兄弟，称其孝友，人皆信之无异词者，盖其孝友之实，有以积于中而著于外，故夫子叹而美之。”此训“间”为“异”，言父母兄弟称闵子骞孝友，别人也称闵子骞孝友，而无异辞。“孝哉闵子骞”一句，即为别人称闵子之言，故称闵子之字也。刘氏《正义》曰：“‘不’字作‘无’字解。人无非间之言，不是无非间闵子之言，乃无非间其父母昆弟之言。”此解“间”字与“禹吾无间然矣”之“间”同。“人不间于其父母昆弟之言”者，言人于其父母昆弟无间言也。《后汉书·范升传》云：“升闻子以人不间于其父母为孝，臣以下不非其君上为忠。”即本此义。《太平御览》孝部引《说苑》云：“闵子骞母死，其父更娶，复有二子。子骞为其父御车，失辔。父持其手，衣甚单，父归，呼其后母儿，持其手，衣甚厚温。即谓其妇曰：‘吾所以娶汝，乃为吾子。今汝欺我。去，无留！’子骞曰：‘母在一子单，母去三子寒。’其父默然。故曰：孝哉闵子骞，一言其母还，再言三子温。”《韩诗外传》亦载此事，并谓其母改悔，遂成慈母。据此，则人之所以无间言于其父母兄弟者，以闵子骞之能感格之。此与舜之感化父母及象正同，故孔子称其孝。

南容三复白圭，孔子以其兄之子妻之。

“妻”，去声，作动词用。孔子把侄女许给南容为妻，已见前《公冶长》篇。《诗经·大雅·抑》云：“白圭之玷，尚可磨也；斯言之玷，不可为也。”“白圭”，是白玉。“玷”，是疤点。言白玉上有一些疤点，尚可把它磨去；一个人说话说错，有了污点，被人听去，便永久被人看不起了。这四句诗，是教人说话要谨慎。南容常把这四句诗，反复念诵，其能慎言可知。所以能“邦有道不废，邦无道免于刑戮”也。“三”是虚数，言其常常复诵耳。

季康子问：“弟子孰为好学？”孔子对曰：“有颜回者好学，不幸短命死矣！今也则亡。”

“亡”，今作无。按：本章与《雍也》篇“哀公问”章，大同小异。不过那章问者为鲁哀公，此章问者为鲁大夫季康子；那章孔子答语，于“好学”下，多“不迁怒，不贰过”两句而已。崔述《洙泗考信录》，谓此未必果为两事。

颜渊死，颜路请子之车以为之椁。子曰：“才不才，亦各言其

子也。鲤也死，有棺而无椁。吾不徒行以为之椁。以吾从大夫之后，不可徒行也。”

颜路是颜渊之父，名无繇，字路。亦孔子弟子。“椁”亦作槨，现在用石椁，古有木椁。路见孔子最爱颜渊，自己家又极贫，故请孔子之车卖以为之椁也。鲤是孔子之子，字伯鱼。徒行，就是步行。孔子自言我为鲁国的大夫，别的大夫都坐车子，我也只得坐车子，不便步行跟在人后也。实为大夫，而曰“从大夫之后”者，《集解》引孔曰：“谦辞也。”刘氏《正义》则曰：“孔子初仕鲁为大夫；及去位，从士礼。其后鲁人以币召孔子归，自必复其爵而不居位，若大夫致仕者然，故但从大夫之后。”按：古代送丧事人家的礼物，车马曰赗（见《春秋公羊传·隐公元年》）。是赗丧之礼，本以车马。故孔子于旧馆人之丧，脱骖以赠。颜渊死，孔子亦必有赠，而颜路复有此请，故孔子以鲤死无椁，未尝卖车事告之。

颜渊死。子曰：“噫！天丧予！天丧予！”

“噫”，叹声。“天丧予”，意思是说颜渊丧亡，和天丧亡我自己一样。连说两句，痛悼之深也。

颜渊死，子哭之恸。从者曰：“子恸矣！”曰：“有恸乎？非夫人之为恸而谁为？”

“恸”者，悲伤过甚也。颜渊死的时候，孔子往颜渊家哭之，悲伤过甚。“从者”，是从孔子往颜渊家去的弟子，见孔子悲伤到这样地步，所以说：“子恸矣！”“有恸乎”者，是孔子不自知已之悲伤过甚，听见从者说，他就问道：“我悲伤过甚了吗？”接着又说道：“我不为这个人悲伤过甚，还为哪一个人这样悲伤呢？”“夫”音扶。“夫人”，就是“这个人”。

颜渊死，门人欲厚葬之。子曰："不可。"门人厚葬之。子曰："回也，视予犹父也，予不得视犹子也。非我也，夫二三子也！"

古代礼制甚严。诸侯、大夫、士、庶人丧葬，都有一定的制度。颜渊虽贤，但终是一个平民。厚葬，就是违礼了。门人因为仰慕颜渊的贤德，又以他是孔子最爱的弟子，所以要厚葬他。孔子以厚葬为违礼，故曰"不可"也。门人不听孔子的话，竟把颜渊厚葬了。孔子因叹道："颜回看待我同父亲一样。他若真是我的儿子，我可出主意，不使他们违礼厚葬。现在颜回的父亲颜路，竟听门人厚葬了，我虽爱颜回如子，但不便干涉。这个违礼的举动，不是我的主意，是弟子们的主意也。"

季路问事鬼神。子曰："未能事人，焉能事鬼？"曰："敢问死。"曰："未知生，焉知死？"

季路，即子路。子路问对于鬼神应如何奉事。"子曰：'未能事人，焉能事鬼'"者，刘氏《正义》说："事人，若子事父，臣事君是也。'焉能事鬼'，言鬼，则神可知。或以'事鬼'下脱'神'字，非也。"子路又由鬼而联想到死，就再问孔子。"曰：'未知生，焉知死'"，言未能知道"生"，怎能知道"死"也。盖孔子主张"务民之义敬鬼神而远之"，故于子贡问死后有知无知，亦答以"死，徐自知之，未为晚也。"（见《说苑》）与此答子路之问，其旨相同。

闵子侍侧，訚訚如也；子路，行行如也；冉有、子贡，侃侃如也。子乐。"若由也，不得其死然！"

"侍侧"，伺候在孔子旁边也。"訚訚"者，中正之貌，恭恭敬敬的相貌。"侃侃"，和乐之貌，已见《乡党》篇。"行行"，刚强之貌，见郑玄《注》。"行"，胡浪反。宋翔凤《过庭录》引《说文》解本章，说“行行”应作“侃侃”，下“侃侃”应作“衎衎”。《乡党》篇“侃侃”亦“衎衎”，同音假借字。因“侃侃”训刚强，而“衎衎”训和乐也。至“行行”二字，想是涉下文“衎衎”而误，其说亦通。孔子见四人侍于左右，各有真性情流露出来，所以很欢喜。“子乐”之“乐”，音洛。孙奕《示儿编》，说“子乐”应作“子曰”，当属下。因下云子路不得其死然，有何可乐呢？皇本“若”字上亦有“曰”字。“然”字是助词。这句话的意思就是说“由的神气，像将来要不得好死似的”。按：“孟子所谓‘得天下英才而教育之’”为君子三乐之一。孔子之乐，即因此也。“若由也不得其死然”一语，正是孔子对子路之关切忧虑。后来子路在卫国做官，果然死于乱事，可见孔子观察得不错。

鲁人为长府。闵子骞曰：“仍旧贯，如之何？何必改作？”子曰：“夫人不言，言必有中。”

“长府”是库名，是藏货财的府库。“为”，是改造。“仍”，因也。“贯”，事也。“仍旧贯”者，言因仍旧事，只加修理而不改造也。朱《注》引王氏曰：“改作劳民伤财，在于得已，则不如仍旧贯之为善。”“夫”，音扶。“夫人”，这个人也。“中”，去声。孔子赞闵子，言此人但不言耳，言则必中于事理也。此朱《注》说。刘氏《正义》引阎若璩《四书释地》说，而稍正之，谓长府是府库名，在公宫内。《左传》昭公二十五年，公居于长府；九月戊戌，伐季氏，入其门。此云“鲁人为长府”，正是昭公预谋伐季氏，欲居此而先事改作。但季氏擅权得民已久，非可以力制之，故子家羁曾力阻其谋，宋乐祁亦知鲁君之不得逞。闵子此言，正指其事，但辞微而婉耳。故孔子称之。此说与朱注异，义亦精当。

子曰：“由之瑟，奚为于丘之门？”门人不敬子路。子曰：“由

也升堂矣，未入于室也。”

“瑟”是一种乐器，鼓瑟的声音，要和而能使人优游自得才好。子路好勇喜斗，所以他鼓瑟，变成一种杀伐的声音。孔子不以为然，就对门弟子说：“由的这种鼓瑟，怎么鼓到我（丘）的门里来了？”门弟子听了孔子说子路的错处，就看不起子路，不敬重他。孔子知道门人不敬子路的原因，于是又对门人解释道：“由的人品学问，已经是好的了，不过没到顶好的地步。譬如一个人，已经走到堂上，还没有走进室内罢了！”按：子路鼓瑟事亦见《说苑·修文》篇。

子贡问：“师与商也孰贤？”子曰：“师也过，商也不及。”曰：“然则师愈与？”子曰：“过犹不及。”

“与”，今作欤。师是子张的名。商是子夏的名。弟子对师，都应称名，所以尊师也。“孰贤”者，犹云谁好也。子曰：“师也过，商也不及。”意思是说两个人都不能适中，都有短处也。子贡误以为过头好些，故又问：“然则师愈与？”故孔子答以“过犹不及”。盖孔子之道以“中庸”为主，过与不及，皆非中庸。

季氏富于周公，而求也为之聚敛而附益之。子曰：“非吾徒也！小子鸣鼓而攻之，可也。”

周公为武王之弟，成王之叔，官冢宰，封鲁侯，其富宜也。季氏不过鲁国一个贵族，他的财产，竟比周公还要富，已经是不应该了。不料冉求为季氏宰，还要帮他搜刮钱财，增加季氏的财富，故孔子深恶而痛绝之，曰：“非吾徒也！”并命其余的学生对冉有声罪致讨，故又曰：“小子鸣鼓而攻之可也。”按：《孟子·离娄》篇亦载此事。

“柴也愚。参也鲁。师也辟。由也喭。”

这四句，亦是孔子所说的话，不过记者未加“子曰”二字而已。高柴，字子羔，孔子弟子。《史记》《集解》引郑玄云：卫人。《集解》云：“愚，愚直之愚。”按：本书下文言：“古之愚也直。”“愚直”，即俗语说的“戆直”。朱《注》云：“愚者，知不足而厚有余。”亦通。参，是曾参。“鲁”，是迟钝而不灵敏。师，是子张。朱《注》云：“辟，便辟也。谓习于容止，少诚实也。”便辟即盘辟，指周旋动止之仪容。《荀子·非十二子》云：“禹行而舜趋，是子张氏之贱儒也。”由，是子路。“喭”，即“畔喭”，亦作“畔援”。《诗·大雅·皇矣》：“无然畔援。”强武粗率之貌，故引申为跋扈恣睢之意。盖过于刚直，而涵养有亏也。这四个人，每人都有一种短处，故孔子时常说起，想他们改过也。按《注疏》本及皇本，皆以本章与下章相连。朱《注》分之，今从朱《注》。

子曰：“回也其庶乎！屡空。赐不受命，而货殖焉，亿则屡中。”

此章是孔子说颜渊和子贡也。“庶”，庶几也，言“颜渊庶几是个完人了”也。“屡空”者，他家里的衣食屡次空而没有也。意思是说颜渊，能够安贫乐道。“不受命”者，不肯听天任命，安贫乐道也。“殖”，积也；“滋”，生也。“货殖”，是居积生财的意思，就是现在所谓“做生意”。“亿”者，猜测也。“屡中”者，每每猜着也。中，去声。子贡会做生意，买贱卖贵，猜得着这货物将来要涨价，在便宜的时候买了进来，到价涨了卖出去。孔子之意，是说子贡不能安贫乐道，不及颜渊，但其才识过人，故能亿则屡中。《史记·货殖列传》首列子贡，即是因此。

子张问善人之道。子曰：“不践迹，亦不入于室。”

“善人”，质美而未学者也。子张问孔子，善人当怎样自处。“践迹”，就是效前言往行以成其德。“入于室”，即德成也。“不践迹亦不入于室”者，言质美的人，不照前言往行去做，德也不会成的。譬如入室，不照别人由堂户进来的一条路走，总不会走进室内也。这是从刘氏《正义》的说法。《集解》引孔曰：“践，循也。言善人不但循追旧迹而已；亦多少能创业。然亦不能入于圣人之奥室也。”朱《注》引程子曰：“善人虽不必践旧迹，而自不为恶。然亦不能入圣人之室也。”均与上说不同。

子曰：“论笃是与？君子者乎？色庄者乎？”

“与”，今作“欤”。《集解》此节与上节相连为一章。邢《疏》云：“此亦善人之道也，故同为一章。当是异时之语，故别言‘子曰’也。”此节意思，就是言论厚重，是善人；没有鄙行的君子，是善人；颜色不恶而严，使小人畏他的，也是善人。疑问词或作“与”，或作“乎”者，文法的变化也。以上三种人，有时有似是而非的，故孔子但为疑辞。此刘氏《正义》说。朱《注》则此节自为一章，解亦不同。他说这是不可以言貌取人的意思。“与”字当作“许”解。只看人言论为笃实，就称许他，是靠不住的。这个人究竟真是君子呢？还是不过脸上装出庄重的神气来的呢？

子路问：“闻斯行诸？”子曰：“有父兄在，如之何其闻斯行之？”冉有问：“闻斯行诸？”子曰：“闻斯行之！”公西华曰：“由也问：‘闻斯行诸？’子曰：‘有父兄在。’求也问：‘闻斯行诸？’子曰：‘闻斯行之。’赤也惑，敢问。”子曰：“求也退，故进之；由也兼人，故退之。”

“闻斯行诸”者，就是“听见了一句话当即去做吗”。“诸”，“之乎”二字之合音。子路所问的话，和冉有相同。孔子答子路则说:“有父兄在,应该请示于父兄,然后去做,哪里好一听见就去做呢!”答冉有则说:“听见了,就去做罢!”公西华因二人问的同是一句话,而孔子答话不同。故曰:“赤也惑,敢问。”“赤”,是公西华的名。孔子把答两人不同之意,告诉公西华道:“冉有做事,有些畏畏缩缩,不肯向前,所以教他上紧一些。子路的性质,遇事勇往直前,往往凭自己的勇气要一个人去做两个人的事体。所以教他做事要退一步。”这就是孔子的“因材施教”。

子畏于匡,颜渊后。子曰:“吾以女为死矣!”曰:“子在,回何敢死?”

“子畏于匡,颜渊后”者,孔子被匡人包围,解围以后,弟子失散,后来渐渐复集,颜渊后到也。“女”同汝。孔子见了颜渊,对他说道:“我以为你已经死了!”颜渊回答说:“夫子还在,我何敢先死呢?”

季子然问:“仲由、冉求,可谓大臣与?”子曰:“吾以子为异之问,曾由与求之问。所谓大臣者,以道事君,不可则止。今由与求也,可谓具臣矣!”曰:“然则从之者与?”子曰:“弑父与君,亦不从也。”

季子然,季氏子弟。戴望《论语注》谓疑即季襄。“曾”,朱《注》与刘氏《正义》皆谓“犹乃也”。但《正义》谓“异”是“异人”,犹今云“别的人”也。朱《注》云:“异,非常也。”则以“异”为非常之事矣。其实“吾以子为异之问”者,即“我以为你问别的”,指人指事均可。“所谓大臣者,以道事君,不可则止;今由与求也,可谓具臣矣”者,孔子告季子然做大臣的与平常的臣不同,须能以道事君,君上不听他的道理,就辞官不做。今由与求两个人,未必能“以道事君,不可由止”,故只可说是备数之臣,不能谓为“大臣”也。季子然又问:“然则从之者与?”“与”,今作“欤”。意思是说:“由求既然是备数目之臣,那么凡事都听从上司去做吗?”“子曰:‘弑父与君,亦不从也’”者,孔子又答季子然也,意思是说:“由与求两个人,虽不足称大臣,但也不是寻常庸碌之人,他们也深明大义,若命他去做弑君弑父的事情,他两人也是不肯从的。”盖当时季氏已有无君之心,故孔子答之如此。

子路使子羔为费宰。子曰:“贼夫人之子!”子路曰:“有民人焉,有社稷焉,何必读书,然后为学?”子曰:“是故恶夫佞者!”

“费”音秘,季氏邑。子路为季氏宰,故举子羔。“贼”,害也。“夫”,音夫。“夫人之子”,指子羔。孔子不以此事为然,所以说:“害了人家的儿子!”子路听了孔子的话强辩道:“费虽小邑,也有百姓,有社稷,叫他去办事,这也是求学问;何必读书,然后算是求学问呢?”孔子听了子路强辩而不肯认错的话,更气了起来,所以老实斥子路道:“是故恶夫佞者!”“佞”,是有口才会说话的人。这句话就是说:“你自以为会说话,强词夺理,所以我憎恶有口才会强辩的这一种人!”

子路、曾皙、冉有、公西华侍坐。子曰:“以吾一日长乎尔,毋吾以也!居则曰:‘不吾知也。’如或知尔,则何以哉?”

曾皙是曾参的父亲,名点。有一天,子路、曾皙、冉有、公西华四人侍坐在孔子身边。孔子对他们说道:“你们以我的年纪,比你们大一些罢?但你们不要以我年纪大些,在我面前,不敢把心里的话,爽爽快快地说。”“居”,谓平居之时。“不吾知”即是“不知吾”。意思是说:“你们平时常说:‘没有人知道我。’如或有人知道你,能用你们,那么,你们将何以自见其长呢?”

子路率尔而对曰:“千乘之国,摄乎大国之间,加之以师旅,因之以饥馑,由也为之,比及三年,可使有勇,且知方也。”夫子哂之。

“率尔”,是莽撞轻率,不加思索之貌。“摄乎大国之间”,就是夹在大国的中间。“加之以师旅,因之以饥馑”者,“师旅”是军队,二千五百人为“师”,五百人为“旅”,此指战事而言。“饥馑”是灾荒。这句话的意思是:千乘之国,夹在大国中间,又加之以军事,并因此而遇着荒年也。“比”,音避。“比及”,到也。“方”,义方;知方,民知向义也。这是说:使我子路治理起来,到了三年,就可使百姓都有武勇,且能够晓得向义,为国效死也。“哂”,笑也。《曲礼》云:“笑不至矧。”郑玄《注》:“齿本曰矧,大笑则见。”《释文》:“矧,本又作哂。”是哂者,笑而露齿也。

“求,尔何如?”对曰:“方六七十,如五六十,求也为之,比及三年,可使足民。如其礼乐,以俟君子。”

此孔子又以次问冉求也。“对曰”以下,冉有答辞。“如”,或也。言面积六七十方里或五六十方里的小国也,冉有善治赋,故云:“求也为之,比及三年,可使足民。”百姓既已富足,就当教以礼乐。但冉有自谦,故说:“如其礼乐,以俟君子。”冉有见子路见哂,所以愈加谦逊。

“赤,尔何如?”对曰:“非曰能之,愿学焉。宗庙之事,如会同,端章甫,愿为小相焉。”

孔子问了冉有以后,又问公西华。“非曰能之,愿学焉”者,是公西华未说志愿,先说谦虚话也。“宗庙之事”是说在宗庙里祭祀的事体。“如”,与也。“会同”,诸侯相会见也。“端”,玄端,礼服；章甫，玄冠，礼冠也。诸侯祭祀、会同都有“相”，即赞礼之人。公西华自谦不敢为大相，而愿在诸侯行此二礼时，做一小相也。一说，“宗庙之事”，是朝聘；“会同”，是许多诸侯相聚会，其聚会在坛坫而不在宗庙。又“端章甫”三字，或说是做“相”的自己穿玄端之服，戴章甫之冠；一说是诸侯穿此服，戴此冠。

“点，尔何如？”鼓瑟希，铿尔，舍瑟而作，对曰：“异乎三子者之撰。”

此孔子又问曾皙也。“鼓”，作弹解。曾皙这时候，正在弹瑟，听见孔子问自己，停止弹瑟，初则瑟声稀疏，继则“铿”然的一声，停住不弹也。“作”，起也。“舍瑟而作”，就是推开不弹的瑟，而站起来也。“撰”，具也。言和他们三个人所具的志愿不同也。郑玄本“撰”作“僎”。《注》云：“僎读曰诠；诠，言之善也。”郑以点为谦言谓不能如三子之言之善也。此别一解。

子曰：“何伤乎？亦各言其志也。”

孔子听曾皙说，与前三子的志趣不同，所以说道：“这有何妨碍呢？也不过各人自己说说自己的志趣而已。”

曰：“莫春者，春服既成，冠者五六人，童子六七人，浴乎沂，风乎舞雩，咏而归。”夫子喟然叹曰：“吾与点也！”

“莫”，今作暮。“冠”，音贯去声。“沂”，音遗。“雩”，音予。“喟”，音愧。此又是曾皙之答辞。“莫”，今作“暮”。暮春，即夏历三月。“春服既成”，言单衣夹衣，都做成也。“冠者”，是二十岁以外的人，古时，一个人到了二十岁，算为成人，要行冠礼。“童子”，是未冠的人。“沂”，水名，在鲁城南。“浴乎沂”者，到沂水里去洗浴也。“风”，是乘凉。“舞雩”，是天旱时的求雨坛，坛上多种树木，故有荫可乘凉。“咏”者，吟诗。“归”，是归来。这一段，是曾皙说自己的志趣，喜欢在暮春的时候，单夹的春衣都做成了，同二十岁以外的人五六个，二十岁以内的人六七个，到沂水里洗个浴，再到舞雩的地方，去乘一会凉，然后一路上吟吟诗，大家高高兴兴地归来。孔子听了曾皙的话，微微地叹了一声道：“我倒是赞成你的！”按《论衡・明雩》篇解此，谓鲁设雩祭于沂水之上，冠者童子即雩祭之乐人，“浴乎沂”，是涉沂而往，“风乎”之“风”为“讽歌”，“咏而归”为“歌咏馈祭”，“归”，当作“馈”。此别一解。

三子者出，曾皙后。曾皙曰：“夫三子者之言何如？”子曰：“亦各言其志也已矣！”

“三子”，即子路、冉有、公西华。三子出，曾皙在后未去，又问孔子：“他们三人所说的话怎样？”“夫”，音扶，彼也。孔子答：“也不过各人自己说说自己的志趣而已！”

曰：“夫子何哂由也？”曰：“为国以礼，其言不让，是故哂之。”

“曰”者，曾皙又问也。曾皙问孔子：“那么，夫子为什么笑子路呢？”第二个“曰”字，是孔子答。言治国当以礼，礼贵谦让。子路之言不让，所以我笑他。

“唯求则非邦也与？”“安见方六七十，如五六十，而非邦也者？”

“与”，今作欤。此节与下节，朱《注》皆以为是曾皙问，孔子答。皇邢《疏》及刘氏《正义》都说是孔子接上去说的话。今从朱《注》。曾皙问：“求所讲的志愿，不是治邦国吗？”孔子答：“怎见得面积六七十方里或五六十方里的，不是邦国呢？”

“唯赤则非邦也与？”“宗庙会同，非诸侯而何？赤也为之小，

孰能为之大?”

曾皙又问:“赤所讲的,不是治邦国吗?”孔子答:“宗庙会同之事,不是诸侯的事,是谁的事?赤自言‘愿为小相’。赤只能为小相,谁又能为大相呢?”

此章记子路、冉有、公西华、曾皙四个人的志愿。子路、冉有、公西华三人说的,都是想治邦国。只有曾皙,能明白那时候的局势,不想做官,毫无名利思想,所以孔子特地称赞他,说:“吾与点也。”

孔子未尝绝对不想做官,不过孔子的做官,是想行道救民。而当时的局势,道已不能行,民也无从救,正是“舍之则藏”的无道之世。曾皙也能观察及此,故孔子特许之。

[问题]

(一) 孔子何以说先进于礼乐者为“野人”,后进者为“君子”?

(二) 孔子高足弟子于四科各有所长,试列举之。

(三) 本篇所记,孔子和颜渊的情谊如何?

(四) 本篇记孔子对闵子骞的赞语如何?

(五) 本篇所记,孔子对子路的批评如何?

(六) 本篇所记,孔子对冉有的批评如何?

(七) 子路冉求同问“闻斯行诸”,何以孔子的答语不同?

(八) 孔子使弟子言志,何以哂子路而赞曾皙?

第十二　颜　　渊

颜渊问仁。子曰:“克己复礼为仁。一日克己复礼,天下归

仁焉！为仁由己，而由人乎哉？"颜渊曰："请问其目。"子曰："非礼勿视。非礼勿听。非礼勿言。非礼勿动。"颜渊曰："回虽不敏，请事斯语矣！"

《集解》马曰："克己，约身。"孔曰："复，反也。"按："克己"，就是制住自己，约束自己。"反"，犹归也。"克己复礼"者，言约束自己，使件件事归于礼，即"约之以礼"也。"为仁"，即"行仁"，亦即"用力于仁"。"为"，犹事也。言"克己复礼"，就是行仁之道。"天下归仁"者，言天下都以仁之名归他，大家称他为仁人也。《汉书·王莽传》赞："宗族称孝，师友归仁。"称归并举，归即称也。此句言为仁之效。"一日"者，极言其效之速；"天下"者，极言其效之大也。"为仁由己，而由人乎哉"，是说行仁在己，不在人也。朱《注》训"克"为"胜"，"己"为"私欲"，"复礼"为反于天理。与《集解》不同。

颜渊听了孔子的话，大旨已经明白，故又问"复礼"的细目如何。孔子答以"非礼勿视，非礼勿听，非礼勿言，非礼勿动"。"勿"，禁止之词。此四者，即所以"克己复礼"也。颜渊听了此话，完全明白孔子的意思，所以说："回虽不敏，请事斯语矣！""事"，动词。"请事斯语"者，请即从事于此语也。

仲弓问仁。子曰："出门如见大宾，使民如承大祭。己所不欲，勿施于人。在邦无怨，在家无怨。"仲弓曰："雍虽不敏，请事斯语矣！"

"大宾"，是贵重的宾客。"大祭"，是重要的祭祀。"出门如见大宾，使民如承大祭"者，孔子告仲弓行仁之道，首须敬也。这就是待人办事，都要规规矩矩，恭恭敬敬，不可随便轻率也。"己所不欲，勿施于人"者，是推己，也就是《大学》的"絜矩之道"。此孔子告仲弓，行仁之道，又须恕也。一个人，能敬以待人，人亦自然敬他；能恕以待人，人亦自然爱他。无论仕于诸侯的邦国，或仕于卿大夫的家，自然无怨恨他的人。故曰："在邦无怨，在家无怨。"此孔子告仲弓敬与恕之效，亦即行仁之效也。

司马牛问仁。子曰："仁者，其言也讱。"曰："其言也讱，斯谓之仁矣乎？"子曰："为之难，言之得无讱乎？"

司马牛，孔子弟子，就是宋桓魋之弟。《史记·仲尼弟子列传》，说他名耕，字子牛。但《集解》引孔注说他名犁。"讱"者，忍也。司马牛问仁，孔子告以"仁者，其言也讱"者，就是说"能仁的人，他有难言之事，亦必忍而言之"。盖忍而言，正所以达其不忍之情也。当时牛之兄魋为恶，孔子以牛应涕泣而道，故告他行仁之道如此。司马牛听了孔子的话，不明白忍而言，正所以达其不忍之情，以为仁者必有不忍之心，忍而言，怎么可说是仁呢？所以又问："其言也讱，斯谓之仁矣乎？""为之难"的"为"，与"夫子为卫君乎"之为同义。言为恶之人，等到身败名裂，要救助他，是很难也。后来救助很难，故当趁早劝阻。既欲趁早劝阻，说话可以怕伤感情而不忍吗？孔子这话，把忍而言、正所以达其不忍之情的意义，解释得很明白。此刘氏《正义》说。朱《注》云："讱，忍也，难也。仁者心存而不放，故其言若有所忍而不易发，盖其德之一端也。夫子以牛多言而躁，故告之以此。"又引杨氏曰："观此及下章再问之语，牛之易其言可知。"与刘氏说异，但亦可通。

司马牛问君子。子曰："君子不忧不惧。"曰："不忧不惧，斯谓之君子矣乎？"子曰："内省不疚，夫何忧何惧？"

司马牛自宋来学，知其兄桓魋有宠于宋景公而为害于公，将有身败名裂覆宗绝世之祸，故忧惧特甚。所以他问君子，孔子答以“君子不忧不惧”也。司马牛听了孔子的话，以为不忧不惧，怎么就可以算为君子呢？孔子又答道：“内省不疚，夫何忧何惧。”“内省”是内心反省，“疚”是惭愧悔恨。“夫”，音扶。君子不做对不住人的事，自己反省，毫为愧怍，还担什么忧，还怕什么呢？

司马牛忧曰：“人皆有兄弟，我独亡！”子夏曰：“商闻之矣：死生有命，富贵在天。君子敬而无失，与人恭而有礼，四海之内，皆兄弟也！君子何患乎无兄弟也？”

“亡”，今作无。桓魋有宠于宋景公，而害于公，公将讨之，未发，魋先谋公。公伐桓氏，魋叛，奔卫又奔齐。见《左传》哀十四年。司马牛兄弟本有多人，长于魋者，尚有向巢，幼于魋者，尚有子颀、子车。子颀、子车皆党恶；向巢伐魋不克，不得入国，入曹，又奔鲁。牛亦致邑与珪而适齐，又适吴，后过鲁而卒于鲁东门之外。此章所记，或云在事发后，或云在事未发时。“死生有命”至“皆兄弟也”，都是子夏平日所闻的成语，故以“商闻之矣”四字冠之。“死生有命，富贵在天”者，言一个人的死生富贵有命在天，不可以人力挽回。子夏引此二句，盖以慰司马牛。“敬而无失”者，敬以持己，而没有过失也。与人恭而有礼者，恭以待人，而事事遵礼也。“四海之内，皆兄弟也”者，能如此，则四海之内的人，都愿和他亲近，都可算是他的兄弟了。“君子何患乎无兄弟也”句，是子夏引成语后，自己所加的按语。

子张问明。子曰：“浸润之谮，肤受之愬，不行焉，可谓明也已矣！浸润之谮，肤受之愬，不行焉，可谓远也已矣！”

“谮”，音庄荫反，以谗言毁人曰谮。“浸润之谮”，谓谗言毁人如水之浸物，渐渐浸透也。“愬”，今作“诉”。“肤受”者，谓本无情实，徒为皮肤外语也。《文选·东京赋》云：“末学肤受。”注云："肤受，谓皮傅之，不经于心胸。"此《集解》马说。朱《注》谓"愬"为愬己之冤；"肤受"谓肌肤所受，利害切身，如《易》"剥床以肤，切近灾也"之义。盖诉冤之辞，俨似有切身之痛，则听者易信为真也。其说亦通。一说肤受者，言如皮肤之受尘埃，渐渐积成污垢，则与浸润之义同矣。《尚书·太甲》云："视远惟明。"远者，明之至也。《周书谥法解》云："谮诉不行曰明。"与本章所说正同。

子贡问政。子曰："足食，足兵，民信之矣。"子贡曰："必不得已而去，于斯三者何先？"曰："去兵。"子贡曰："必不得已而去，于斯二者何先？"曰："去食。自古皆有死，民无信不立！"

子贡问政孔子，答以"足食，足兵，民信之矣"者，以此三者为政治的要项也。"足食"之食，指"民食"。"足兵"之兵，兼指军器和徒卒。"民信之"，是使人民信仰政府。子贡又问："万一这三件事不能都做到，哪一件可以暂时先去掉呢？"孔子答道："去兵。"子贡又问："万一'足食'和'民信之'两件事还不能都办到，那么，又把哪一件先去掉呢？"孔子又答道："去食。"把足食的去了，不将有饿死的人吗？故接下去说："自古皆有死，民无信不立。"盖"死"是自古以来人人所不能免的。人民如能信仰政府，则虽民食不充，军备不足，亦能效死勿去，与国家共存亡；若为政者失信于民，则兵和食虽充足，民亦将叛之。"民为邦本"，民叛之，国还能立吗？刘氏《正义》谓"去兵"，是去力役之征。"去食"，是赋税皆蠲除，又发仓廪以赈贫穷。此是指国有灾荒的时候而言。此别一解。

棘子成曰："君子质而已矣，何以文为？"子贡曰："惜乎夫子之说君子也！驷不及舌。文，犹质也；质，犹文也。虎豹之鞟，犹犬羊之鞟。"

棘子成，卫国大夫。“质”是本质，“文”是文采。棘子成的意思，以为做君子者，只要本质好，何必要文采呢？“何以文为”之“以”，用也。“为”，助词。子贡听了棘子成这句话，以为不然。故对棘子成说道：“可惜夫子这句说君子的话说错了！”一个人说错了话，就是立刻要想改变，也不成功的。“驷不及舌”，是譬喻的话，就是俗话所说“一言既出，驷马难追”的意思。“夫子”，指棘子成。朱《注》云：言“子成之言乃君子之意”。则“夫子之说”当略读。“鞟”《说文》作“鞹”，是去掉了毛的皮。虎豹之皮去毛，犬羊之皮也去了毛，便分不出什么来。子贡的意思，以为质与文一样重要，一样是不可少的。故曰：“质犹文也，文犹质也。”若君子去了文，只存质，则与小人亦不易分别，如虎豹之鞟，与犬羊之鞟了。此朱《注》说。一说“鞟为革，凡去毛不去毛，皆得称之。……虎豹之鞟喻文，犬羊之鞟喻质。虎豹犬羊，其皮各有所用，如文质二者，不宜偏有废置也”。此刘氏《正义》说。此章棘子成和子贡的意思，都不大妥。故朱子评之曰：“棘子成矫当时之弊，固失之过；而子贡矫子成之弊，又无本末轻重之差，胥失之矣。”

哀公问于有若曰：“年饥，用不足，如之何？”有若对曰：“盍彻乎？”曰：“二，吾犹不足，如之何其彻也？”对曰：“百姓足，君孰与不足？百姓不足，君孰与足？”

哀公是鲁哀公。他问有若道：“年年饥荒，国家的用度不足，怎么办呢？”

“盍”，即“何不”二字的急读。“彻”者，古时田税的名称。通盘计算，取十分之一，叫做“彻”。哀公因用度不足，问有若。有若对道：“何不行十分取一之彻税呢？”

鲁国自宣公十五年初税亩(见《左传》),田税已经十分取二。故哀公道:“二,吾犹不足,如之何其彻也?”言我现在取十分之二的税,还不够用,如何叫我取十分之一也?有若又对曰:“百姓足,君孰与不足?百姓不足,君孰与足?”孰,犹谁也。百姓与国君,犹一家人。百姓有财,自能供君之用,如此,则君哪里会不足呢?若百姓穷苦了,无财以供君之用,君哪里会足呢?

鲁自宣公税亩以来,已取十分之二之税,有若岂有不知,“二犹不足”,何以反劝哀公行什一之税呢?盖按春秋时代,中国还是地广人少,不开垦的土地甚多。哀公因国内不够用,想把钱粮增加。不知征税过重,百姓因为生活难以维持,只得舍田不耕,去另谋生活,或往别国谋生。于是种田的人,越发少了。种田的人一少,钱粮自然也越少。若把钱粮减轻,使种田的人少出租税,得以温饱,或有赢余,则种田的人自然多起来了。种田的人一多,钱粮自然也越多,用度也不会不足了。所以有若对哀公言何不改行十一之税也。

子张问崇德、辨惑。子曰:“主忠信,徙义,崇德也。爱之欲其生,恶之欲其死,既欲其生,又欲其死,是惑也。‘诚不以富,亦只以异。’”

“崇德”,就是尊重道德。“辨惑”,就是辨别怎样是迷惑,使自己不至迷惑。子张问此二事于孔子也。

孔子说,“主忠信”,“徙义”,就是“崇德”之道。“主忠信”,已见《学而》篇。《述而》篇记孔子以“闻义不能徙”为忧。可见二事之重要。“恶”,去声,憎也。一般人对人往往随爱憎为转移。所爱的人,要他活着;所恶的人,要他死去。或者我所爱的人,忽然厌恶他了,便又要他死去;我所恶的人,忽然见爱于我了,便又要他活着。这就是一种迷惑。

“诚不以富，亦只以异”为《诗经·小雅·我行其野》篇的诗句也。程子以为“此错简。当在第十六篇‘齐景公有马千驷’之上”。宦氏《论语稽》则曰：“引《诗》者，断章取义。‘富’如‘富哉言乎’之‘富’，以富于闻见言。‘异’如‘异乎三子者之撰’之‘异’，以异于庸俗言。言欲崇德辨惑，岂在富于见闻哉？亦只求存养省察之精，有以异于庸俗而已。”

齐景公问政于孔子。孔子对曰：“君君，臣臣，父父，子子。”公曰：“善哉！信如君不君，臣不臣，父不父，子不子，虽有粟，吾得而食诸？”

景公名杵臼，齐君，景是谥法。鲁昭公末年，孔子游历齐国。景公问政，当在此时。孔子对他，只不过“君君，臣臣，父父，子子”八个字。这八个字，就是说为君者，要尽君道；为臣者，要尽臣道；为父者，要尽父道；为子者，要尽子道。景公听了，也称赞道：“善哉！”又自己伸明道：“信如君不君，臣不臣，父不父，子不子，虽有粟，吾得而食诸？”“诸”，为“之乎”二字的合音，言虽有粟，吾亦不得而食之也。朱《注》曰：“是时景公失政，而大夫陈氏厚施于国。景公又多内嬖，而不立太子。其君臣父子之间，皆失其道，故夫子告之以此。”又曰：“景公善孔子之言而不能用，其后果以继嗣不定，启陈氏弑君篡国之祸。”就事实观察，是孔子确有先见之明也。

子曰：“片言可以折狱者，其由也与？”子路无宿诺。

“与”，今作欤。《集解》引孔曰：“片，犹偏也。听讼必须两辞以定是非，偏信一言，以折狱者，惟子路可。”照此解释，是“片言”即单辞，亦即“一面之辞”也。“折狱”，就是判断官司。孔子说：

“审官司的时候，只听了一面之辞，就可以把这件官司判决的，只有由这个人能够罢？”照常理判断官司，必须兼听两造之辞。子路何以只要听一面的话呢？这疑问，我想大家都有的。所以记者记了孔子称赞子路的话，又在下面补记一句子路平日的行为道：“子路无宿诺。”何谓“无宿诺”呢？就是平日不轻易允许人家的请求，如果允许了，便一定立刻照他所请求的去做，不隔一天或数天才去做，更不以空话敷衍人家而永远不去做。子路平日的行为如此，所以大家都说他有信用。别人受了他的感化，也以信待他，不敢在他面前说谎，所以但听片言便可折狱也。《左传》载小邾射以句绎奔鲁，曰：“使季路要我，吾无盟矣。”子路终不肯诺之。即此，可以见子路之不轻于一诺，亦可以见千乘之国之盟反不如子路之一言也。朱《注》谓：“子路忠信明决，故言出而人信服之，不待其辞之毕也。”此训“片言”为半句话，似不及孔说为长。

子曰：“听讼，吾犹人也；必也，使无讼乎？”

“听讼”，就是审案。“吾犹人也”，是说“我也和人一样的”。“必也，使无讼乎”者，是说为政者，必使人不涉讼，方可贵也。孔子之意，以为为政者能道之以德，齐之以礼，则民有耻且格，自无争夺之事，便不至涉讼也。孔于此语亦见《大学》。

子张问政。子曰：“居之无倦。行之以忠。”

“居之无倦”者，言居官行政，要始终如一，不可始勤终怠也。“行之以忠”者，言施政于民，要切切实实，求其确于人民有益也。

子曰：“博学于文，约之以礼，亦可以弗畔矣夫？”

此章重出，已见《雍也》篇。但《雍也》篇有“君子”二字，此记者各记所闻，互有详略也。

子曰："君子成人之美，不成人之恶。小人反是。"

人家做好的事情，我去帮助他成功，这是"成人之美"。人家做不好的事情，我不去帮助他，这是"不成人之恶"。"小人反是"者，小人喜成人之恶，而不成人之美也。

季康子问政于孔子。孔子对曰："政者，正也。子帅以正，孰敢不正？"

此章记季康子问政于孔子。孔子即就"政"字的意义答之。"政者，正也。"是以音近为训。"政"训中正之正，无非求上下皆归于正也。但欲在下者归于中正，必在上者自己先中正才行，故又曰："子帅以正，孰敢不正？""子"，指季康子。"帅"，今作"率"，《说文》云："先道也。"言你是执政的人，自己先行中正之道，以为表率，那么在下的哪个敢不归于中正呢？朱《注》引胡氏曰："鲁自中叶，政由大夫。家臣效尤，据邑背叛。不正甚矣！故孔子以是告之。"

季康子患盗，问于孔子。孔子对曰："苟子之不欲，虽赏之不窃。"

此章记孔子答季康子患盗之问，与上章之旨同。"欲"，贪欲也。言"如果你自己不贪财聚货，则人民都被你感化，就是赏他们去为盗，他们也自知羞耻而不肯为盗了"。《大学》说："尧舜率天下以仁，而民从之。桀纣率天下以暴，而民从之。"盖儒家之道，重在以身作则，以德化民也。张栻《论语解》引张载云："假使以子不欲之物，赏子使窃，子必不窃。故为政者，先乎足民。……盖盗生于欲之不足。使之足乎此，则不欲乎彼。此古人弭盗之原也。”按：此即《孟子》“使民菽粟如水火，焉有不仁”之意。义亦可通。

季康子问政于孔子曰：“如杀无道，以就有道，何如？”孔子对曰：“子为政，焉用杀？子欲善，而民善矣！君子之德风，小人之德草。草上之风，必偃。”

此章孔子答辞之旨，仍与上二章同。季康子又问政于孔子道：“如把无道的坏人杀掉，以成就有道的好人，你以为怎样？”“子为政，焉用杀”者，言“你办政事何必杀人”也。“焉”，平声，安也，副词。“子欲善而民善矣”者，就是说：“你自己想为善，那么，人民自然都看你的样，也去为善了。”“君子”，指在上位者；“小人”，指人民。“上”，同尚，加也。草上之风，即“草，加之以风”。言在上的君子好像风，在下的人民好像草。风吹在草上，草必跟着风倒来倒去的。《说苑·君道》篇云：“夫上之化下，犹风靡草，东风则草靡而西，西风则草靡而东。”盖本于此。《韩诗外传》载鲁有父子讼者，康子欲杀之。孔子曰：“未可杀也。夫民为不善，则是上失其道。上陈之教而先服之，则百姓从风矣。”疑此云康子欲杀无道，即指父子相讼之人。

子张问：“士，何如斯可谓之达矣？”子曰：“何哉，尔所谓达者？”子张对曰：“在邦必闻，在家必闻。”子曰：“是闻也，非达也！夫达也者，质直而好义，察言而观色，虑以下人，在邦必达，在家必达。夫闻也者，色取仁而行违，居之不疑，在邦必闻，在家必闻。”

子张问孔子，一个士人，要怎样方可叫做“达”。“你所说的‘达’是什么呢？”“何哉尔所谓达者”，是倒装句法，就是“尔所谓达者何哉”。子张回对道：“在邦必闻，在家必闻。”这就是子张对于“达”的解说。“邦”指诸侯之国,“家”指大夫之家,“闻”是声闻之闻。孔子听了,又对他道:“是闻也,非达也。”盖闻是声誉,人人都晓得他之谓;“达”是人人都信服他,而所行没有窒碍也。孔子既告子张“在邦必闻,在家必闻”者,是闻而非达,又正式把如何才可以“达”的道理告子张。所谓“达”者,必定质朴,正直而好义。对人家,能体察他的言语,观察他的神色,又自己思虑周详,态度谦逊,甘为人下。因此,才能够仕于诸侯之国或大夫之家,一定做到“达”的地步。“达”的道理,既说明了,又把所谓“闻”者再解说一番。“夫”音扶。“色取仁”者,脸色上表面上装得像仁人一般。“而行违”者,做出来的事体,都和仁相违背。“居之不疑”者,像煞有介事地自以为是一个仁人,一些没有疑惑也。这种假仁假义的人仕于邦国,或大夫之家也,能得到虚誉浮名,使人人晓得他,而成“闻人”也。曾子尝说:“堂堂乎张也,难与并为仁矣!”大概子张为人喜虚荣,尚表面,是个“色取仁而行违,居之不疑”的人,故孔子因其问而不惮反复以告之也。

樊迟从游于舞雩之下,曰:“敢问崇德、修慝、辨惑。”子曰:“善哉问!先事后得,非崇德与?攻其恶,无攻人之恶,非修慝与?一朝之忿,忘其身以及其亲,非惑与?”

“舞雩”,是求雨的坛,已见前《先进》篇。樊迟从孔子在舞雩之坛的下面,游览也。“崇德”“辨惑”已见前。“慝”,音忒,恶之匿于心者。“修慝”者,治匿于心之恶而去之也。孔子先答以“善哉问”者,称樊迟问得好也。“先事后得”者,先劳力做事,然后取得报酬。这就是先义后利,先难后获的意思。“攻其恶,无攻人之恶”者,攻治自己的恶,而不攻击人家的恶也。“一朝之忿,忘其身以及其亲”者,“一朝”犹云一旦,因一日里偶然碰着的小事情，忿怒起来，甚至与人打架涉讼，不顾自己的性命，更不顾父母也。三“与”字，皆同“欤”。

樊迟问仁。子曰：“爱人。”问知。子曰：“知人。”樊迟未达。子曰：“举直错诸枉，能使枉者直。”樊迟退，见子夏曰：“乡也吾见于夫子而问知，子曰：‘举直错诸枉，能使枉者直’，何谓也？”子夏曰：“富哉言乎！舜有天下，选于众，举皋陶，不仁者远矣。汤有天下，选于众，与伊尹，不仁者远矣！”

“问知”之“知”，今作智。樊迟问仁，孔子答以“爱人”；问智，答以“知人”；樊迟未能通晓，故孔子又告以“举直错诸枉，能使枉者直”二语。樊迟疑此二语为答非所问，故退而问之子夏也。“乡”音向，去声，同曏，昔也。“举直错诸枉”，与《为政》篇答哀公语同。举直错枉是智，使枉者直是仁。“富哉言乎”是子张赞美孔子的话含意很丰富。他赞美孔子的话以后，随即引历史上的事实来证明。如舜有天下的时候，在众人中，举用了一个皋陶，汤有天下的时候，在众人中，举用了一个伊尹，不久，那些不仁的人，都变为仁人，好像不仁的人都远远地避去了。舜与汤之举皋陶、伊尹，是“举直”，远不仁者是“错枉”，此即“知”也；其使不仁的人都变为仁人，是“使枉者直”，此即“仁”也。“皋”音高，“陶”音遥。舜时皋陶为士，执法不阿。伊尹，汤相，佐汤伐桀以有天下。

子贡问友。子曰：“忠告而善道之，不可则止，毋自辱焉！”

“告”，读如“谷”。“道”，去声，同导。此章记子贡问交朋友的道理，而孔子答之。“忠告而善道之”者，如果朋友有过处，要尽我的心委委婉婉地劝导他也。“不可则止，毋自辱焉”者，他若不听我的话，就不必多说；多说了，他反以你为不是，不要自己反取耻辱也。

曾子曰:"君子以文会友,以友辅仁。"

此章记曾子所说的话。"文",指诗书礼乐而言。"以文会友"者,讲学以会友,即《易》所谓"君子以朋友讲习"也。"辅",助也。"以友辅仁"者,德相劝,过相规,互相切磋,以进于仁也。此言以学问道德交友,贤于世之以酒食征逐、势利相交者远矣。

[问题]

(一) 颜渊、仲弓、司马牛、樊迟问仁,孔子答语有何不同?

(二) 何谓"明"?

(三) 孔子答子贡问政,有何三要事? 三者之中,以何者为最重要?

(四) 哀公忧国用不足,何以有若反劝他减轻田赋?

(五) 子张、樊迟问"崇德""辨惑",孔子答语有何不同?

(六) 子路何以能片言折狱?

(七) 何谓"成人之美"?

(八) 季康子三次问政,孔子答他的要旨如何?

(九) "闻"与"达"有何分别?

(十) 本篇所记交友之道如何?

第十三　子　　路

子路问政。子曰:"先之,劳之。"请益。曰:"无倦。"

子路问政于孔子。孔子答以"先之劳之"。子路以为为政之道,当不仅"先之劳之",故请益。孔子又答以"无倦"也。"先之"者,以身作则,为民先导也。《大戴礼·子张问入官》云:"君子欲政之速行也，莫若以身先之也。”即此章之旨。“劳”字有二音，一音如字，一音力报反。如“慰劳”之“劳”。下《子张》篇子夏曰：“君子信而后劳其民。”“先之”，即所以立信；“劳之”，即劳其民也。《国语·鲁语》敬姜曰：“昔圣王之处其民也，择瘠土而处之，劳其民而用之，故长王天下。夫民劳则思，思则善心生。逸则淫，淫则忘善，忘善则恶心生。沃土之民不材，淫也。瘠土之民向义，劳也。”即阐发“劳之”之义。此“劳”字如字读之解也。其音力报反者，即孟子“劳之来之”之意。劳者，劝勉之也。谓不以刑趋迫之也。说亦可通。“无倦”者，言行此二事勿倦也。朱《注》引吴氏曰：“勇者喜于有为而不能持久，故以此告之。”

仲弓为季氏宰，问政。子曰：“先有司，赦小过，举贤才。”曰：“焉知贤才而举之？”曰：“举尔所知。尔所不知，人其舍诸？”

皇《疏》曰：“仲弓，将往费，为季氏采邑之宰，故先问孔子，求为政之法也。”有司，指宰的属官。“先有司”者，刘氏《正义》以为先信任之，使得举其职。《论语稽》曰：“先者以身率之也。”似较刘氏为长。“赦小过”者，有司偶有失误，其大者或于事情有碍，不得不惩，小者则当宽宥他，原谅他也。“举贤才”者，有德的人曰贤，有能的人曰才，举而用之，使有司得人，事无不举也。孔子答仲弓为政之法，就是这三项。“曰：‘焉知贤才而举之’”者，仲弓又问也。“焉”，平声，安也。言怎能知道某人是贤，某人是才，去举用他呢？孔子又答道：“只要把你所知道的贤才举他出来，你所不知道的，别人肯舍弃他们吗？”“舍”，今作捨。弃置也。“诸”为“之乎”二字之合音。

子路曰：“卫君待子而为政，子将奚先？”子曰：“必也正名乎！”子路曰：“有是哉，子之迂也！奚其正？”子曰：“野哉由也！

君子于其所不知，盖阙如也。名不正则言不顺，言不顺则事不成，事不成则礼乐不兴，礼乐不兴则刑罚不中，刑罚不中则民无所措手足。故君子名之必可言也；言之必可行也。君子于其言，无所苟而已矣！”

卫君，出公辄也。出公六年，即鲁哀公十年，孔子自楚反卫。《孟子》言孔子于卫孝公为公养之仕。先儒言孝公即出公。是时孔子居卫，凡六七年。子路之问，当在此时。辄为卫灵公世子蒯聩之子。蒯聩恶南子淫乱，欲杀之，见逐于灵公。灵公欲立公子郢，郢辞。及灵公卒，南子又欲立郢。郢曰：“有亡人之子辄在。”乃立辄。按：灵公生于鲁昭公二年，卒年四十七。蒯聩有姊曰卫姬，而辄又为蒯聩之子，则灵公卒时，辄年仅十岁左右耳。其二年，蒯聩入戚，卫人围戚。此非辄之本意欲以武力拒父，而出于南子及其臣石曼姑等，灼然易见。蒯聩居戚，至出公十四年，凡十三年，绝无举动，殆辄能以国养耳。若辄公然拒父，孔子岂肯留卫为公养之仕乎？孔子适卫时，辄年约十六七，欲用孔子。孔子知卫人虽借口于辄受祖父之命以拒父，而辄尚有不忍于其父之心，故欲以“正名”为先。“正名”者，即上篇答齐景公所谓“君君臣臣父父子子”也。蒯聩欲借他国之力以与子争国，则父不父矣。辄借口于祖父之命以拒父，则子不子矣。“正名”云者，盖欲有善处其父子之间，以弭将来不测之祸耳。子路不知此旨，故曰：“你老先生的迂执竟有这样厉害吗？正名，正什么名呢？”孔子听子路这样说，就申斥他道：“由啊！你这个人真粗鄙啊！君子对于自己所不知的道理，只有阙之而不说，不强以为知而硬说。”盖子路不知“正名”之重要，“正名”于当时的卫国之尤为重要，而自以为知，妄说孔子是迂，所以孔子先这样把他申斥一番也。自“名不正”至“无所苟而已矣”，是孔子仔细解说“正名”之重要。无论做什么事，名义不正，则你把这事说出去，人民将不来听你也。对外宣布时，必不能理正言直，而此事也无成功之望。故曰：“名不正则言不顾，言不顺则事不成。”礼所以别上下，以让为本；乐所以陶性情，以和为主。事既不成，固无以兴礼乐，即令以逆取得之，亦已违礼乐之本。故曰：“事不成，则礼乐不兴。”即不能兴礼乐以化民治国，则必滥施刑罚，而不能刑罚得当。故曰“礼乐不兴，则刑罚不中；刑罚不中，则民无所措手足”也。“中”，去声。人民畏刑罚之滥，则跼天蹐地，不能自安，像手足无所安置。孔子既把正名的大道理说给子路听了，又总结几句道：“故君子名之必可言也；言之必可行也。君子于其言，无所苟而已矣！”这是说君子做事，必定先正其名义。名正，则理正言直而可以言了，且可以见诸实行了。故君子对于他所说的话，决不苟且。孔子告子路这样详细，而子路终不悟，卒因事辄而死于孔悝之难。这是很可惜的。

樊迟请学稼。子曰：“吾不如老农。”请学为圃。曰：“吾不如老圃。”樊迟出。子曰：“小人哉，樊须也！上好礼，则民莫敢不敬；上好义，则民莫敢不服；上好信，则民莫敢不用情。夫如是，则四方之民，襁负其子而至矣，焉用稼？”

朱《注》云：“种五谷曰稼；种蔬菜曰圃。”“小人”谓细民，即《孟子》“有大人之事，有小人之事”之“小人”。须，樊迟之名。三“好”字皆去声。“情”，实也，诚也。“用情”者，以诚实对上也。“夫”，音扶。“襁”，音居丈反，亦作“繦”。襁褓，以布为之，负小儿于背之具。“焉”，平声，安也。樊迟请学稼学圃，孔子以不如老农老圃答之。及迟出，始明言以晓之也。盖以稼圃为小人之事，礼义信为大人之事。古者四民各有其业，为士者当致力于大人之事以治小人，不以无事而食为泰也。此章大旨，或谓樊迟见道不行，学稼学圃之问，盖有激而发，故孔子不面斥其非，但云不如农圃，以微言答之，及其既出，始阐明本旨。或谓樊迟学稼学圃之请，殆亦如许行为神农之言，主并耕而治，故孔子所言，与孟子答陈相，明劳心而治人之君子与劳力而治于人之野人，各有专职，治天下不可耕且为之旨相同。或又谓当时土旷人稀，为农圃者少，樊迟以为士亦不妨兼营稼圃，故孔子答以上好礼义信，则四方之农民皆襁负其子而至，不必使士兼为稼圃。以上三说，虽见仁见智，各有不同，颇能持之有故，言之成理，故并记之。

子曰："诵《诗》三百，授之以政，不达；使于四方，不能专对；虽多，亦奚以为？"

"《诗》三百"，即现在的《诗经》三百零五篇。"诵"，读也。"不达"，谓不能明达治理。"使于四方"，谓奉君命，使诸侯。"专对"之"专"，《集解》与朱《注》均训"独"。阎若璩云："'专'，擅也。即《公羊传》：'聘礼，大夫受命，不受辞；出竟，有可以安社稷利国家者，则专之可也。'"朱《注》曰："《诗》本人情，该物理，可以验风俗之盛衰，见政治之得失；其言温厚和平，长于风谕；故诵之者，必达于政而能言也。"按《左传》所载，朝聘会盟之时，皆须赋诗见志。《汉书·艺文志》云："登高能赋，可以为大夫。""登高"，谓登会盟之坛，"能赋"，谓能赋《诗》也。《周礼》大司乐以乐语教国子。《战国策》所载游士之辞，《史记》所载淳于髡等之辞，大都为讽喻寓言，且多韵语。是春秋战国辞令妙品，皆出于《诗》，故诵《诗》可以专对也。若诵《诗》而仍不达于政，不能专对，则记诵虽多，亦何用乎？

子曰："其身正，不令而行；其身不正，虽令不从。"

此章亦言为政当以身作则，与前篇"子帅以正，孰敢不正"之意相同。故治平当以修身为本。

子曰："鲁卫之政，兄弟也。"

鲁是武王弟周公的封国，卫是武王弟康叔的封国。所以两国的政治也多相同，像兄弟一样。汉晋诸儒，解本章都如此说。朱《注》则就衰世言，谓两国衰乱，政亦相似，故孔子有此叹。

子谓卫公子荆，善居室。始有，曰："苟合矣！"少有，曰："苟完矣！"富有，曰："苟美矣！"

公子荆，卫国大夫。因鲁国也有公子荆（哀公庶子，见《左传》哀二十五年），故加"卫"字以分别之。"子谓卫公子荆善居室"者，孔子说卫国公子荆居家，俭而不奢侈也。当时世卿之家，多尚奢侈，公子荆独不然，故孔子称之。"有"指财富言。"始有"谓初有资财，"少有"谓财富略增，"富有"谓资财充足。朱《注》训"苟"为"聊且粗略之意"，训"合"为"聚"，"完"为"备"，"言其循序而有节，不以欲速尽美累其心。"刘氏《正义》训"苟"为"诚"，为"信"，"合"为"合礼"，与朱子略异。

子适卫，冉有仆。子曰："庶矣哉！"冉有曰："既庶矣，又何加焉？"曰："富之！"曰："既富矣，又何加焉！"曰："教之！"

"适"，往也。"仆"，御车也。"庶"，人民众多也。"富之"者，使人民生计充裕也，"教之"者，民生既裕，加以教育也。按：《说苑·建本》篇："子贡问政。孔子曰：'富之。既富，乃教之也。'"与此章略同。此章之旨，与孟子论仁政当先制民之产，使人民不饥不寒，足以仰事俯蓄，然后谨庠序之教，申之以孝弟之义正同。

子曰:“苟有用我者,朞月而已可也,三年有成。”

“朞”,音基,《注疏》本作期。朞月者,周一年之岁月也。孔子自已说:“苟有人用我去治国,一周年工夫,已经可以见成效了,到了三年,种种政事,都可成功。”按《史记·孔子世家》,孔子这话,是在卫国时所说。这时灵公说自己老,不能用孔子,所以孔子说这几句话。

子曰:“‘善人为邦百年,亦可以胜残去杀矣。’诚哉是言也!”

“善人为邦百年”者,言善人相继治理邦国,到百年之久也。“胜残”者,使残暴凶恶的人,都化为善也。“胜”,平声。“去杀”者,人都化善,杀人之刑可废去也。这是前人传下来的老话,孔子以为不错,故曰:“诚哉是言也!”

子曰:“如有王者,必世而后仁。”

“王者”,言圣人为天子也。三十年曰一世。言圣人做天子后,到三十年,教化大行,可使天下的人都相爱相助,成为仁的社会。此言圣人化速,对上章而言,所谓“仁”,较“胜残去杀”,亦更进一层。

子曰:“苟正其身矣,于从政乎何有?不能正其身,如正人何?”

此章是说从政当先自正其身,与上“其身正不令而行,其身不正虽令不从”,同一义旨。

冉子退朝。子曰:“何晏也?”对曰:“有政。”子曰:“其事也?如有政,虽不吾以,吾其与闻之。”

冉有此时为季氏宰,“退朝”者,从季氏的私朝退出来也。

“晏”，迟也。孔子问他：“今天退朝，何以这样迟？”冉有对曰：“有政。”“其事也”者，是孔子故作疑问的口气说。“事”指家事。“政”指国政。“以”，用也。孔子说：“你所谓‘政’是季氏的家事吧？如确有国政，那么我虽然不见用，我犹当与闻也。”礼，大夫致仕，犹得与闻国政。孔子曾为大夫，故有“吾其与闻之”的话。时季氏专政，国政亦往往不与同列议于公朝，而与家臣谋于私室。孔子非不知冉有“有政”之对为实情，特欲正名分，抑季氏，所以故意这样说。

定公问：“一言而可以兴邦，有诸？”孔子对曰：“言不可以若是，其几也。人之言曰：‘为君难，为臣不易。’如知为君之难也，不几乎一言而兴邦乎？”曰：“一言而丧邦，有诸？”孔子对曰：“言不可以若是，其几也。人之言曰：‘予无乐乎为君，唯其言而莫予违也！’如其善而莫之违也，不亦善乎？如不善而莫之违也，不几乎一言而丧邦乎？”

鲁定公问孔子：“一言而可以兴邦，有诸？”“一言而可以丧邦，有诸？”二“诸”字皆“之乎”二字之合音。“丧”，去声，亡也，失也。孔子对曰：“言不可以若是其几也。”朱子九字作一句读。故《注》云：“几，期也。《诗》曰：‘如几如式。’言一言之间，未可以如此而必期其效。”王若虚《论语辨惑》云：“‘其几也’三字，自为一句。一言得失，何遽至于兴丧？然有近之者。”按：“几”，近也，见《尔雅·释诂·集解》引王说亦如此解，较朱《注》为长。“易”，去声；“乐”，音洛。“为君难，为臣不易”，“予无乐乎为君，唯其言而莫予违也”，都是当时人常说的话，而孔子引之。于前者，则取“为君难”为近于可以兴邦之一言。于后者，则又伸说道：“如果君所说的话是善的，没有人违反他，固然很好；如果君所说的话，是不善的，也没有人违反他，那么国事败坏，或者竟会弄到亡国。‘言莫予违’这不是近乎一言而丧邦吗?”

叶公问政。子曰:“近者说，远者来。”

叶公，是楚国大夫，见前《述而》篇。孔子到楚国时，叶公向孔子问政。孔子对答他道:“近者说，远者来。”“说”，同悦。言为政当使近地方的人民，能够安居乐业而欢悦，则远方的人民，自然大家都要来做他的人民也。此事亦见《韩非子·难》篇。

子夏为莒父宰，问政。子曰:“无欲速，无见小利。欲速，则不达;见小利，则大事不成。”

“父”，音甫。莒父，是鲁国的一个小邑。子夏做莒父的邑宰时，向孔子问政。孔子告以“无欲速，无见小利”。“无”，同“毋”，禁止之词。又伸说“欲速”和“见小利”之害道:“欲速则不达;见小利则大事不成。”办事有一定的次序，有必需的时间，不能求速。若以欲速之故，而不照次序，缩短时间，反弄得这事办不成功，故曰“欲速则不达”也。办事要从大处落墨，只要事体成功，遇些小小损失，是不能顾及的。若是处处贪小便宜，反弄得大事不能成功，故曰“见小利则大事不成”也。程子曰:“子张问政，子曰:‘居之无倦，行之以忠。’子夏问政，子曰:‘无欲速，无见小利。’子张常过高而未仁，子夏之病常在近小，故各以切己之事告之。”

叶公语孔子曰:“吾党有直躬者，其父攘羊，而子证之。”孔子曰:“吾党之直者异于是！父为子隐，子为父隐，直在其中矣。”

“语”，去声，犹告也。“吾党”，犹云吾乡。《集解》孔曰:“直躬，直身而行。”朱《注》同。郑玄注本“躬”作“弓”，《注》云:“有直人名弓者。”以其行直，故称直弓，犹跖为盗，故称盜跖也。《集解》周曰：“有因而盗曰攘。”朱《注》同。《说文》云：“证，告也。”谓父盗人之羊，而子告发之也。两“为”字皆去声。“隐”者，不扬其恶也。父子之爱，根于天性，故互相为隐，直在其中。此与孟子所谓瞽瞍杀人，舜当窃负而逃之义正同。若证父攘羊，则病在好名，故孔子非之。

按《韩非子·五蠹》云：“楚有直躬，其父窃羊而谒之吏。令尹曰：‘杀之。’以为直于君而屈于父，执而罪之。”《吕氏春秋·当务》云：“楚有直躬者，其父窃羊而谒之上。上执而将诛之。直躬者请代之。将诛矣，告吏曰：‘父窃羊而谒之，不亦信乎？父诛而代之，不亦孝乎？信且孝而诛之，国将有不诛者乎？’荆王闻之，乃不诛也。孔子闻之曰：‘异哉！直躬之为信也，一父而载取名焉。’故直躬之信，不如无信。”二书所记，当与此章同指一人。

樊迟问仁。子曰：“居处恭，执事敬，与人忠。虽之夷狄，不可弃也。”

“居处恭”者，言日常起居不可放肆也。“执事敬”者，言办事不可懈怠轻忽也。“与人忠”者，言须以忠心待人也。“之”，往也。“虽之夷狄，不可弃也”者，言上面所说的三项，虽到野蛮地方去做人，也是不可弃掉的。按：樊迟问仁，见于本书者，此已为第三次。但问的先后，朱《注》采胡氏说，以为此最先，“先难而后获”次之，“爱人”又次之。

子贡问曰：“何如斯可谓之士矣？”子曰：“行己有耻，使于四方，不辱君命，可谓士矣。”曰：“敢问其次。”曰：“宗族称孝焉，乡党称弟焉。”曰：“敢问其次。”曰：“言必信，行必果，硁硁然小人哉，抑亦可以为次矣。”曰：“今之从政者何如？”子曰：“噫！斗筲

之人，何足算也！”

子贡问：“怎样的人可以叫做‘士’？”“子曰‘行己有耻，使于四方，不辱君命，可谓士矣’”者，朱《注》曰：“此其志有所不为，而其材足以有为者也。”“曰：‘敢问其次’”者，子贡又问也。第二个“曰”字以下是孔子的答话。“宗族称孝，乡党称弟”者，朱《注》曰：“此本立而材不足者，故为其次。”“弟”，今作“悌”。子贡又问再次一等的士。“曰：‘言必信，行必果，硁硁然小人哉！抑亦可以为次矣’”者，孔子又答也。“行”，去声。“硁”，音苦耕反。朱《注》曰：“硁，小石之坚确者。”按：“硁硁”，是以小石坚确之状，喻小人必信必果之貌也。“小人”，指识量浅狭的人。“抑”，语助词。朱《注》又曰：“此其本末皆无足观，然亦不害其为自守也。故圣人犹有取焉。”刘氏《正义》引《孟子·离娄》篇文说之曰：“‘大人者，言不必信，行不必果，唯义所在。’明大人言行皆视乎义：义所在，则言必信，行必果；义所不在，则言不必信，行不必果。反是者为小人。”子贡又问：“现在一班做官的人怎样呢？”子曰：“噫！斗筲之人，何足算也！”噫，是叹词。斗，容十升；筲，竹器，容一斗二升。“斗筲”，状其人识量之小。一说谓其但事聚敛。算，数也。言何足数及之。《汉书·公孙贺传赞》引此文，“算”作“选”。“选”，“算”，一声之转，音近通用。

子曰：“不得中行而与之，必也狂狷乎！狂者进取，狷者有所不为也。”

“中行”者，能依乎中庸之道而行，无过与不及者也。“狂”者，有大志者也。“狷”者，有气节者也。狂者进取，时或过乎中庸；狷者有所不为，时或不及中庸：皆非“中行”。孔子不得中行而与之，故思其次耳。《孟子·尽心》孔子在陈所记，与此略同。

按：伊尹为圣之任者，其个性实近于进取之狂；伯夷为圣之清者，其个性实近于有所不为之狷。惟孔子为圣之时，所谓“时中”之君子，合乎“中行”者也。

子曰：“南人有言曰：‘人而无恒，不可以作巫医。’善夫！不恒其德，或承之羞。”子曰：“不占而已矣！”

“南人”，南方人。“恒”，恒心也。巫是古时候一种祈祷鬼神，替人治病求福的人。“医”，是医生。孔子引南方人的成语道：“一个人而没有恒心，就是巫医等技能职业，也是学不成功的。”“善夫”二字，是孔子的赞语。此章之旨，在明“有恒”之重要。《礼记·缁衣》所记与本章同，惟“巫医”作“卜筮”。

“不恒其德，或承之羞”两句，是《易·恒卦》九三的爻辞。皇《疏》云：“羞辱必承，而云‘或’者——或，常也，言羞辱常承之也。”按：《诗》“无不尔或承”，郑《笺》曰：“或，常也”。《老子》“湛兮其或存”，河上公《注》亦曰：“或，常也。”皇《疏》谓“羞辱常承之”，承似训“继”。刘氏《正义》云：“言无恒之人，无所容身，将承羞辱也。”承似训“受”。并可通。“不占”上的“子曰”二字，朱子以为分别《易》文与孔子的话而加上的。“不占而已矣”者，《集解》郑曰：“《易》所以占吉凶；无恒之人，《易》所不占。”朱《注》引杨氏曰：“君子于《易》苟玩其占，则知无常之取羞矣。其为无常也，盖亦不占而已矣。”

子曰：“君子和而不同。小人同而不和。”

《集解》云：“君子心和，然其所见各异，故曰不同。小人所嗜好者则同，然各争利，故曰不和。”朱《注》云：“和者，无乖戾之心；同者，有阿比之意。”按：《左传》昭二十年晏子与齐侯论和同之异，以“君所谓可而有否焉，臣献其否以成其可，君所谓否而有可焉,臣献其可以去其否”为“和”,以“君所谓可曰可,君所谓否曰否”为“同”。可与本章互证。

子贡问曰:“乡人皆好之,何如?”子曰:“未可也!”“乡人皆恶之,何如?”子曰:“未可也!不如乡人之善者好之,其不善者恶之。”

“好”“恶”,均读去声。此章有二种解说:一说以“好恶”属我。子贡言一乡之人,我皆好之,一乡之人,我皆恶之,何如?孔子曰皆未可,不如于乡人之中,择其善者好之,其不善者恶之。盖一乡之人,未必皆善,亦未必皆不善,故我之或好或恶,亦不可以一律也。一说以“好恶”属乡人。言有人于此,一乡之人皆好之,或一乡之人皆恶之,则何如。孔子皆曰未可。不如乡人之善者则好此人,乡人之恶者则恶此人,方可断定此人之为善士。盖一乡之人皆好之,此人或为同流合污之乡愿,一乡之人皆恶之,此人或为众所共嫉之恶人也。

子曰:“君子易事而难说也。说之不以道,不说也;及其使人也,器之。小人难事而易说也。说之虽不以道,说也;及其使人也,求备焉。”

此章所说的“君子”“小人”,都指在位者而言。“易”,去声。“说”,今作悦。“器之”,随其材器而使之也。“求备”,求全责备也。

在位者是君子,在他手下做事,是容易的,要使他欢喜,却是难的。“说之不以道,则谄也。此君子之所恶,小人之所喜。君子用人,因材器使,故易事;小人用人,求全责备,故难事。”朱《注》云:“君子之心公而恕,小人之心私而刻。”

子曰："君子泰而不骄。小人骄而不泰。"

"泰"是安舒。"骄"是恣肆。君子坦荡荡，故态度安舒。卑以自牧，敬以自持，故不恣肆。小人无忌惮，喜陵人，故态度恣肆。长戚戚，故不安舒也。君子循理，心中无挂无碍，所以能安舒。小人逞欲，心中常常不足，所以永不安舒。

子曰："刚、毅、木、讷近仁。"

"讷"，音纳。公正无欲叫做"刚"。果敢坚忍叫做"毅"。性情朴实叫做"木"。说话迟钝，叫做"讷"。《中庸》言"力行近乎仁"，刚毅故能力行。本书上文言"仁者其言也讱"，"讷"即"讱"也。"木讷"正与"巧言令色"相反。上文言"巧言令色鲜矣仁"，则木讷之近仁可知。

子路问曰："何如斯可谓之士矣？"子曰："切切偲偲，怡怡如也，可谓士矣！朋友切切偲偲，兄弟怡怡。"

"偲"，音思。"切切偲偲"，是相切磋勉励之貌。"怡怡"，和顺也。子路问士，孔子告以"切切偲偲，怡怡如也"。又恐子路混于所施，随着说明道："朋友切切偲偲，兄弟怡怡。"意思是："对于朋友，要能切磋勉励；对于兄弟，要能和顺。"但孔子之意，盖朋友主于义，兄弟主于恩；朋友不可有善柔之损，兄弟不可有贼恩之祸也。此朱《注》引胡氏说。一说孔子的话，止于"如也"，以下为记者释之，即所谓七十子之大义。见刘氏《正义》末句"怡怡"下。皇《疏》本亦有"如也"二字。

子曰："善人教民七年，亦可以即戎矣！"

"即"，就也。"戎"，兵戎。"即戎"者，去打仗也。孔子说："善人把百姓教训了七年工夫，也可以叫他们去打仗了。"按：古时有“十年生聚，十年教训”之语。此只言“教民”，必是已经生聚也。又言“七年”，而不言“十年”者，《论语稽》曰：“善人教之有法，故速也。”“可以”上加一“亦”字，是仅可而犹有所未尽的语气。至于所教之事，战术以外，朱子以为尚有孝弟忠信之行，务农之法。盖民知亲其上，死其长，始能力战也。古时寓兵于农，有事之时为兵，无事之时为农，务农之法，自亦不可不教也。

子曰：“以不教民战，是谓弃之。”

此章与上章相连。朱《注》：“用不教之民以战，必有败亡之祸，是弃其民也。”《孟子·告子》：“鲁欲使慎子为将军。孟子曰：‘不教民而用之，谓之殃民。’”与此章同意。

［问题］

（一）子路、仲弓、叶公、子夏问政，孔子答语如何？

（二）子贡、子路问政，孔子答语如何？

（三）樊迟问仁，见于本书者凡三，孔子答语如何？

（四）孔子居卫，何以为政必先正名？

（五）樊迟请学稼学圃，其本意如何？

（六）诵《诗》与专对之关系如何？

（七）孔子论政，有“庶”“富”“教”三步，其旨如何？

（八）孔子自言期月已可，三年有成；论善人为邦，则期之百年；王者亦必世而后仁。其言似自夸者，试申论之。

（九）证父攘羊，孔子何以不许其直？

（十）何谓“中行”？何谓“狂”“狷”？

（十一）“和”与“同”，“泰”与“骄”，区别如何？

（十二）刚毅木讷，何以近仁？

第十四　宪　　问

宪问耻。子曰:"邦有道,谷,邦无道,谷,耻也。"

宪,是原宪。此章或是宪自记,故不称字,不加姓。宪问孔子:"什么是可羞耻的事?"孔子告他道:"邦有道,谷,邦无道,谷,耻也。""谷",指俸禄。古时候做官的俸禄,都是给谷米的。《集解》孔曰:"邦有道,当食禄。君无道而在其朝,食其禄,是耻辱。"朱《注》云:"邦有道,不能有为,邦无道,不能独善,而但知食禄,皆可耻也。"与孔说异,但亦可通。

"克、伐、怨、欲不行焉,可以为仁矣?"子曰:"可以为难矣!仁则吾不知也。"

《史记·仲尼弟子列传》记此,上有"子思曰"三字。子思,原宪字。《集解》本与上章合为一章,朱《注》分作两章。朱云:"克,好胜;伐,自矜;怨,忿恨;欲,贪欲。"四者不行,仅能无损于人,还不能有益于人;仅能注意于消极方面,还不能注意于积极方面。亦即是仅能行仁的一面,而不能得仁之全也。故不说是仁不是仁,而只说我不晓得,使原宪自思之,亦希望原宪于不行克、伐、怨、欲之后,更求进步。

子曰:"士而怀居,不足以为士矣!"

"士"即子贡、子路所问的士。"怀居"即《左传》所谓"怀安败名"的"怀安"。"居"字所包甚广,凡宫室之安,口体之奉皆居也。士者,事也。既名为士,则顾名思义,当有无穷责任,无穷事业,怎么可以贪恋安逸呢?故曰"不足以为士"也。

子曰:“邦有道,危言危行。邦无道,危行言孙。”

“行”,读去声。“孙”,今作逊。《广雅》云:“危,正也。”“危言”者,不顾什么,据理直言也。“孙”,即今“逊”字,当为“逊避”之义。邦无道时,往往以言语文字触犯忌讳,而致杀身之祸,故行动,确仍旧不可失理,而说则当逊避,此明哲保身之旨。

子曰:“有德者必有言;有言者不必有德。仁者必有勇;勇者不必有仁。”

有道德的人,和顺积中,而英华发外,故曰:“有德者必有言。”会说话的人,或为便佞口给,未必有道德,故曰:“有言者不必有德。”孔子尝言:“志士仁人,无求生以害仁,有杀身以成仁。”死都不怕,自然见义勇为,故曰:“仁者必有勇。”勇者虽什么都不怕,但或为血气用事,未必有爱人利人之心,故曰:“勇者不必有仁。”

南宫适问于孔子曰:“羿善射,奡荡舟,俱不得其死然。禹稷躬稼而有天下。”夫子不答。南宫适出,子曰:“君子哉若人!尚德哉若人!”

“适”,音括。“羿”,音义。“奡”,音傲。南宫适,即孔子弟子南容。羿是夏朝一个善射箭的人,曾距太康而代夏政。“奡荡舟”者,奡也是夏朝人,力大,曾伐斟鄩氏,左右冲杀,而覆其船。此顾炎武说。旧解“荡舟”为陆地行舟,不妥。“俱不得其死然”者,谓羿为其臣寒浞所杀,而奡为少康所杀也。稷,周之始祖,舜时为后稷。禹和稷,一个亲自治水,一个教民种田,后来一个自己做天子,一个到后代也有天下。南宫适的意思,实在是以羿、奡比当时的权臣,而以禹、稷比孔子。故“夫子不答”也。及南宫适出,孔子方赞美他道:“君子哉若人!尚德哉若人!”“若人”,即此人也。

子曰:“君子而不仁者有矣夫!未有小人而仁者也。”

“夫”,音扶。仁是做人的完全美德。虽然是君子,未免有时候违仁,故曰:“君子而不仁者有矣夫!”小人则存心利己,总不会爱人利人,故曰:“未有小人而仁者也。”

子曰:“爱之,能勿劳乎?忠焉,能勿诲乎?”

“劳”,勤劳。爱之而勿令劳,是听其逸乐也,所谓“禽犊之爱”而已。忠于某人,而当其有错误时,并不规诲,是长恶也,所谓“妇妾之忠”而已。

子曰:“为命:裨谌草创之,世叔讨论之,行人子羽修饰之,东里子产润色之。”

“命”,指应对诸侯之辞令。“为命”,言有诸侯之事,预为辞令也。裨谌,郑大夫。江声《论语竢质》谓“谌”当作“煁”,裨谌裨灶当是一人,盖名灶字煁也。《史记·屈原贾生列传》:“屈平属草藁未定。”“草创”,即属草也。世叔,《左传》作子太叔,郑大夫游吉字。“讨论”,就草稿加以审议也。“行人”,官名,掌使各国。子羽,郑大夫公孙挥字。“修饰”,谓增损之。“东里”,里名,子产所居。“润色”,谓加以文采。按《左传》襄三十一年所记,多一冯简子,次叙亦与此略异。

或问子产。子曰:“惠人也。”问子西。曰:“彼哉!彼哉!”问管仲。曰:“人也。夺伯氏骈邑三百,饭疏食,没齿无怨言。”

此章记孔子与或人论春秋时各国之贤大夫。《左传》记孔子论子产,以为“古之遗爱”,与此云“惠人”同。子西,楚令尹公子申字。子西让国于昭王，而改纪其政，亦当时之贤大夫。然不能使昭王斥贪庸之囊瓦，又召白公而致杀身祸国之变。故孔子曰：“彼哉！彼哉！”言无足称也。“人也”，犹言“这个人呀”。阮元谓“人也”即“仁也”，孔子称子产为惠人，管仲为“仁人”。此别一解。伯氏，齐大夫，皇《疏》云：“名偃。”骈邑，地名，伯氏之采邑。三百，耕邑有三百户也。伯氏有罪，故夺其邑。一说谓桓公夺伯氏之邑以封管仲。伯氏邑既被夺，故贫至饭疏食也。“齿”，年也。“没齿”，犹云“终身”。终身无怨言者，夺当其罪也。

子曰：“贫而无怨，难；富而无骄，易。”

“易”，去声。贫而无怨，就是乐道的君子；富而无骄，就是好礼的君子。孔子此言，是要人勉为其难，而亦不忽于其易。

子曰：“孟公绰为赵、魏老则优，不可以为滕、薛大夫。”

孟公绰，是鲁国的大夫。《史记·仲尼弟子列传》：“孔子之所严事，于鲁，孟公绰。”是公绰为孔子同时人。赵、魏是晋国两个大夫的姓。老，是大夫的家臣。滕、薛是两个小国。此说孟公绰这个人，廉静寡欲，而短于才。故优于为赵、魏二家的家臣，而不可以做滕、薛的大夫。

子路问成人。子曰：“若臧武仲之知，公绰之不欲，卞庄子之勇，冉求之艺；文之以礼乐，亦可以为成人矣！”曰：“今之成人者何必然？见利思义，见危授命，久要不忘平生之言，亦可以为成人矣！”

“成人”者，成德之人，犹现在说人格完全的人也。臧武仲，为鲁大夫臧孙纥。“知”，同智。公绰，即孟公绰。不欲，不贪财也。卞庄子，亦鲁大夫。卞，邑名。卞庄子是一个勇士，《史记·

张仪列传》记其刺虎事,《韩诗外传》及《新序》记其战死事。求也艺,已见前篇。孔子之意,是要把四个人的长处,合为一人,又能够节之以礼,和之以乐,也可以算为完人了。按《说苑·辨物》篇孔子答颜渊问成人之行,陈义极高。此仅合四人之长,文之以礼乐,故曰"亦可以为成人"也。

孔子说了上节的话以后移时又说,故加"曰"字。言"今之成人者何必然"者,更退一步,说较次的一种完人也。朱《注》引胡氏说,则谓此节是子路之言。"见利思义,见危授命。"即《曲礼》所云:"临财毋苟得,临难毋苟免"也。"授命"犹言致命。"要",约也。"平生",犹云平时。平时期约,虽过得长久了,仍旧不忘记也。孔子之意,是现在时候,能这样忠信做人,虽比上节所说的完人,又觉不如,但也可以算一个完人也。

子问公叔文子于公明贾曰:"信乎夫子不言、不笑、不取乎?"公明贾对曰:"以告者过也。夫子时,然后言,人不厌其言。乐,然后笑,人不厌其笑。义,然后取,人不厌其取。"子曰:"其然?岂其然乎?"

公叔文子,卫大夫,姓公孙,名拔(《左传》作发)。"文"是谥(《檀弓》谓谥贞惠文子)。公明贾,亦卫国人,姓公明,名贾。"夫子",指称文子。孔子初到卫国,听见人家说公叔文子有此三项德行,自己不能相信,所以问公明贾也。"以告者过也"者,言来告诉你的人,话说得过甚也。文子这个人,在他应当说话的时候,然后说话,所以人家不讨厌他所说的话;在应当欢乐的时候,才有笑脸,所以人家不讨厌他的笑;对于财物,应该取的始肯取,所以人家不讨厌他的取。

"子曰:'其然岂其然乎'"者,因公明贾说文子的德行,竟无异圣人，孔子不大相信，不过当面，不便直说，所以说出这两句疑而不断的话来。

子曰：“臧武仲以防，求为后于鲁，虽曰不要君，吾不信也！”

“要”，读平声。“防”，鲁地，臧武仲的食邑。鲁襄公二十三年，武仲为孟孙所谮，出奔邾，自邾至防，请立后。鲁许之，立其子臧为，武仲乃致防而奔齐。事见《左传》。朱《注》云：“要，有所挟而求也。”武仲卑辞请立后，面子上虽不像对于君有所要挟，但他占据防的地方而请求，明明是不允其请，将据防以叛了。所以说：“人家虽然说他不是对君要挟，我是不相信的！”

子曰：“晋文公谲而不正。齐桓公正而不谲。”

“谲”，读决。晋文公，名重耳。齐桓公，名小白。二人都曾为诸侯盟主，攘夷狄以尊周室。但桓公则下拜受胙，不敢踰越名分，伐楚而责包茅之不贡，问昭王之不返，所以为正而不谲。文公则践土之会，实召周王，其于诸侯，则以报恩怨为快，所以为谲而不正也。“谲”，诈也。“正”，直也。王引之《经义述闻》谓“正”为经，“谲”为权，谲非贬辞。文公能行权而不能守经，桓公能守经而不能行权，各有所长，各有所短也。此别一解。

子路曰：“桓公杀公子纠，召忽死之，管仲不死。”曰：“未仁乎？”子曰：“桓公九合诸侯，不以兵车，管仲之力也。如其仁！如其仁！”

齐僖公生诸儿、纠、小白。僖公卒，诸儿立，是为襄公。公无道，鲍叔牙知乱将作，奉小白奔莒。及襄公从弟无知弑公自立，召忽管仲奉纠奔鲁。齐人杀无知，小白自莒先入，立为桓公。鲁以师纳纠。齐师败之乾时。齐使鲁杀纠，执管召送之齐。召忽自杀。管仲囚而至齐,桓公释而相之。详见《左传》及《史记》。“未仁乎,”为子路问语。以上是子路叙事语,故加“曰”字以别之。

《管子·小匡》云:“兵车之会六,乘车之会三。”《史记·齐世家》及《封禅书》则云:“兵车之会三,乘车之会六。”此云“九合”,总数虽同,但又云“不以兵车”。《穀梁传》庄二十七年言衣裳之会十有一,兵车之会四。衣裳之会,似即所谓“不以兵车”,而次数又异。注家虽历举桓公合诸侯之事以实之,而所说又各不同。朱《注》谓“九”与“纠”通,即《左传》之“纠合诸侯”(见僖公九年)。其说较长。不以兵车者,言不假威力也。“如”,乃也。见王引之《经传释词》。言功业如此,乃其仁也。

子贡曰:“管仲非仁者与?桓公杀公子纠,不能死,又相之。”子曰:“管仲相桓公,霸诸侯,一匡天下,民到于今受其赐!微管仲,吾其被发左衽矣!岂若匹夫匹妇之为谅也,自经于沟渎而莫之知也?”

“与”同“欤”。“相”,去声。子贡此问,与子路同。“相”,辅也。“霸”,伯也,诸侯之长。《孟子》云:“以德行仁者王,以力假仁者霸。”此对“王”而言也。“匡”,正也。桓公北伐山戎,南伐楚,驱狄存卫,攘夷尊王,以正天下。郑玄谓“一匡”,指阳谷之会,明天子之禁。按《孟子》,盛言葵丘之会,似亦可指为“一匡”。“一匡天下”,但言桓公之霸,天下自此一正耳,不必指一事以实之。“微”,无也。“被发左衽”,夷狄之俗。“衽”,即衣襟。那时候,夷狄的人,都是不梳头,披着发,故曰“被发”。中国人衣服的大襟向右扣,夷狄的衣服,大襟是向左扣的,故曰“左衽”。这句话的意思,就是说:“如没有管仲,我们都要做披着头发,衣襟向左扣的夷狄了!”匹夫匹妇,指无知识的小百姓。“谅”,小信也。“自经”,自缢而死也。“沟渎”,田间水道。刘氏《正义》引宋翔凤《论语发微》谓沟渎是地名,即子纠被杀处,《左传》作生窦,《史记》作笙渎。《集解》引贾逵曰:“鲁地句渎也。”此解殊胜。“莫之知”谓无功绩,人莫知之。此言管仲之生愈于召忽之死也。

公叔文子之臣大夫僎,与文子同升诸公。子闻之曰:“可以为文矣!”

“僎”,音撰。刘氏《正义》曰:“家臣之中,爵秩不同,尊者为大夫,次亦为士。故此别之云‘大夫僎’,明僎为家臣中之为大夫者也。”文子荐他,和自己并登于公朝。孔子听了这件事情,称赞文子道:“可以为文矣!”言文子谥文,确是名副其实也。钱坫《论语后录》曰:“周书谥法,‘文’有六等,即经天纬地,道德博厚,勤学好问,慈爱惠民,愍民惠礼,锡民爵位,并无修制交邻,不辱社稷等例。《檀弓》公叔文子卒,其子戍请谥于君(灵公)。君曰:‘夫子(公叔文子)听卫国之政,修其班制以与四邻交,卫国之社稷不辱,不亦文乎?’灵公之论,不本典制,故孔子举同升佚事以合之。”

子言卫灵公之无道也。康子曰:“夫如是,奚而不丧?”孔子曰:“仲叔圉治宾客,祝鮀治宗庙,王孙贾治军旅。夫如是,奚其丧?”

“夫”,音扶。“丧”,去声。孔子与季康子谈及卫灵公之无道。康子听了孔子所说,因问道:“无道到这样,怎么能不失国呢?”“仲叔圉”即孔文子,与祝鮀,王孙贾,均见前注。孔子对康子道:“卫灵公虽然无道,但他使仲叔圉治宾客,祝鮀治宗庙,王孙贾治军旅,这三个人,都能负责办事。这样,灵公那里会失国呢?”盖称灵公用之,能各当其才而已。

子曰:“其言之不怍,则为之也难。”

“言之不怍”,即今人所说的“大言不惭”也。专说大话的人,若教他真真实实做起事体来,是一定做不到的。故曰“则为之也难”。

陈成子弑简公,孔子沐浴而朝,告于哀公曰:“陈恒弑其君,请讨之!”公曰:“告夫三子。”孔子曰:“以吾从大夫之后,不敢不告也。君曰‘告夫三子’者。”之三子告,不可。孔子曰:“以吾从大夫之后,不敢不告也。”

陈成子,姓田,名恒,是齐国的大夫。“田”“陈”,古音同。简公,齐君,名壬。陈恒弑简公,在鲁哀公十四年。“朝”,音潮。“夫”,音扶。此时鲁国政权,在季孙、孟孙、叔孙三家手里,故哀公命孔子去告三子也。孔子退而自言道:“以吾从大夫之后,不敢不告也。君曰‘告夫三子’者。”此时孔子虽由鲁君召他回国,并未做官,不过他见齐国的陈成子以臣弑君,大义所在,不可不讨,所以特地沐浴而朝,告于哀公。而哀公教孔子去告三子,孔子心中,实在不以为然,因以退而这样自说也。但既奉君命,不得不去,故就至三子处,告以此事,三子果然不许。孔子此时,就把退朝时自说的两句话,再对三子说明:“以吾从大夫之后,不敢不告也。”

按:此时鲁弱齐强,似乎鲁国不能去讨齐国。然据《左传》所载,鲁国苟能出兵讨齐,孔子自有胜算。因为陈恒弑君,齐国的人民,心都不服,只要鲁能出兵去讨,齐民必能响应于内。故孔子对于战事,是和齐、疾一样谨慎的,是要“临事而惧,好谋而成”的,此孔子郑重地请讨陈恒,决非全无把握者。

子路问事君。子曰:“勿欺也,而犯之。”

“欺”,是欺瞒。“犯”,是犯颜谏诤。刘氏《正义》曰:“子路仕季氏,夫子恐其为具臣,又季氏伐颛臾,子路力未能谏止。故此告子路以勿欺。而又嫌其意不明,故更云:‘而犯之。’”

子曰:“君子上达。小人下达。”

“上达”,力求上进,即朱子所谓“日进乎高明”也。“下达”,日趋于下流,即朱子所谓“日究乎污下”也。人无生而为君子者,亦无生而为小人者,到后来有的求上进,有的趋下流,于是有君子、小人之分了。孔子所谓“君子上达,小人下达”,就是这个意思。何《解》“本为上,末为下”。皇《疏》:“上达者,达于仁义也;下达谓达于财利。”按:《大学》曰:“德者,本也;财者,末也。”故何、皇二说,是相通的。总之,行仁义,就是务本,就是朱子所谓“循天理”,也就是力求上进、日进乎高明的方法;谋财利,就是舍本就末,就是朱子所谓“徇人欲”,也就是日趋于下流、日究乎污下的原因。

子曰:“古之学者为己,今之学者为人。”

朱《注》引程子曰:“为己,欲得之于己也;为人,欲见知于人也。”《荀子·劝学》篇云:“古之学者为己;今之学者为人。君子之学也,以美其身;小人之学也,以为禽犊。”杨倞注云:“禽犊,馈献之物也。”可与本章参阅。“为”字去声。

蘧伯玉使人于孔子。孔子与之坐而问焉,曰:“夫子何为?”对曰:“夫子欲寡其过而未能也。”使者出,子曰:“使乎!使乎!”

蘧伯玉,名瑗,卫贤大夫,谥成子。孔子在卫国的时候,常住其家,见《孟子》。蘧伯玉派使者来望孔子。孔子和他同坐,而问他道："夫子何为?"夫子，指蘧伯玉。使者答道："夫子欲寡其过而未能也。"意思是说蘧伯玉想少做错些事体而不能够也。刘氏《正义》曰："……《淮南子·原道训》：'蘧伯玉年五十而知四十九年非。'观此，是伯玉欲寡过而常若未能无过，亦是实语。其平居修省，不自满假之意可见。使者直对以实，能尊其主，非只为谦辞。"按：使者这句话，确是不亢不卑，很得体的。故孔子于使者出门以后，称赞他道："使乎！使乎！"

子曰："不在其位，不谋其政。"曾子曰："君子思不出其位。"

此章朱子分为二章，以"子曰不在其位，不谋其政"一章为重出。按：见《泰伯》篇。《注疏》及皇本则合为一章，今从之。"君子思不出其位"，是《易·艮卦》的《象辞》。《论语稽》曰："此因夫子有是言，而曾子引《易·象辞》以伸之也。"

子曰："君子耻其言而过其行。"

朱《注》云："耻者，不敢尽之意；过者，欲有余之辞。"按："而"字用同"之"字，言"君子耻其言之过其行也"。《尚书大传》云："君子耻其言而不见从，耻其行而不见随。"(《诗·周颂疏》引)二"而"字亦作"之"字用。如宋说，则"耻其言"是一事，"过其行"是一事，意虽是，而文义殊不可通。

子曰："君子道者三，我无能焉！仁者不忧。知者不惑。勇者不惧。"子贡曰："夫子自道也。"

"知"，今作智。"仁者不忧……"三句，已见前《子罕》篇。孔子以此三者为君子之道，而自谦为不能也。子贡听了孔子的话，知道孔子是谦逊，不肯自己承认有这三种美德，故曰："夫子自道也。"言"仁者"、"知者"、"勇者"，孔子就是说自己也。

子贡方人。子曰:“赐也贤乎哉?夫我则不暇。”

“方”,通谤。“夫”,音扶。郑玄《注》曰:“方人,言人之过恶。”按:言人过恶,即谤也。“方”,即“谤”字,因声近而通借。子贡喜欢讲别人的过恶。孔子对他说:“赐也贤乎哉?夫我则不暇。”就是说:“赐啊!你自己的行为,种种都好吗?为什么要讲别人的过恶呢?至于我,则自治还来不及,没有闲工夫讲别人的过恶的。”按:旧解除郑《注》及刘氏《正义》外,如孔《注》、皇《疏》、邢《疏》、朱《注》,都把“方人”解为“比方人”,恐不合原意。孔子曾问子贡与回孰愈。子贡曾问子张与子夏孰贤,孔子也没有说他不当问。此皆比方人也。这时怎么又责备子贡呢?

子曰:“不患人之不己知,患其不能也。”

“不己知”,就是人家不晓得我。“不能”是我自己不能有道德学问。按:《学而》篇云:“不患人之不己知,患不知人也。”《里仁》篇云:“不患莫己知,求为可知也。”下《卫灵公》篇云:“君子病无能焉,不病人之不己知也。”意义均与本章大致相同,而文小异。朱《注》云:“圣人于此一事,盖屡言之;其丁宁之意,亦可见矣。”

子曰:“不逆诈,不亿不信。抑亦先觉者,是贤乎?”

邢《疏》曰:“此章戒人不可逆料人之诈,不可亿度人之不信也。”按:“逆”即“逆料”之“逆”,朱《注》所谓“未至而迎之”也。“亿”,音邑,即“亿度”之“亿”,朱《注》所谓“未见而意之”也。朱《注》又云:“诈,谓人欺己;不信,谓人疑己。”《集解》引孔曰:“先觉人情者,是宁能为贤乎?或时反怨人。”“怨”与“冤”通。皇《疏》曰:“……闲邪存诚,不在善察。若见失信于前,必亿其无信于后，则容长之风亏，而改过之路塞矣。”此最能写出孔子之意。朱《注》曰：“言虽不逆不亿，而于人之情伪，自然先觉，乃为贤也。”又引杨氏曰：“君子一于诚而已，然未有诚而不明者。故虽不逆诈、不亿不信，而常先觉也。若夫不逆不亿而卒为小人所罔焉，斯亦不足观也已。”与孔皇二氏说不同。

微生亩谓孔子曰：“丘何为是栖栖者与？无乃为佞乎？”孔子曰：“非敢为佞也，疾固也。”

“栖”，音妻。“与”，今作欤。微生是姓，亩是名。微生亩，大约是孔子的前辈，所以直呼孔子之名。邢《疏》曰：“栖栖，犹皇皇也。”《文选》班固《答宾戏》曰：“栖栖遑遑，孔席不暖。”李善《注》：“栖遑，不安居之意也。”微生亩见孔子总是周流四方，不安其居，所至陈说人主，疑孔子但以口才游说时君。所以对孔子道：“丘何为是栖栖者与？无乃为佞乎？”

“固”，固陋也。谓昧于仁义之道，习非胜是也。“疾固”，以固陋为病也。孔子回答微生亩说：我不是敢以口才游说时君，我是以世人固陋为病，欲明仁义之道耳。微生亩以孔子为佞，与战国时人以孟子为好辩同。

子曰：“骥不称其力，称其德也。”

“骥”，良马也。良马，不但力大，跑路快，而且有驯调之德。故孔子说：“我们称赞骥，不是称赞他的气力大，而是称赞他的道德好。”皇《疏》曰：“于时轻德重力，故孔子引譬以抑之也。”

或曰：“以德报怨，何如？”子曰：“何以报德？以直报怨，以德报德。”

“或”，或人之意，以为人有怨于我，而我报以恩德，这是最好没有的了。不料孔子却反驳他的话道："何以报德?"盖别人有怨于我，而我报以恩德；则有恩德于我者，我用什么去报他呢？"以直报怨，以德报德"二句，是孔子驳了或人的话，继续说明报答他人之道。意思是：人家有怨于我，我以直道报他；人家有恩德于我，我也用恩德报他。所谓直道者，朱《注》所谓"爱憎取舍，一以至公无私"是也。

子曰："莫我知也夫！"子贡曰："何为其莫知子也？"子曰："不怨天，不尤人。下学而上达。知我者，其天乎？"

"夫"，音扶。孔子说："没有人知道我了罢?"这是孔子自叹之言。子贡听了。问孔子道："为什么没有人知道夫子呢?""不怨天，不尤人"者，明"莫我知"之叹，并非怨天尤人也。尤，责也。"下学而上达"者，明己为学之道，学为己而不为人，并不求人知也。"下学"，指博文约礼，所谓文章可得而闻者也；"上达"，指尽性知天，所谓天道不可得而闻者也。登高自卑，行远自迩，故曰："下学而上达。""知我者其天乎"者，言我固非时人之所能知也。

公伯寮愬子路于季孙。子服景伯以告，曰："夫子固有惑志于公伯寮，吾力犹能肆诸市朝。"子曰："道之将行也与？命也。道之将废也与？命也。公伯寮其如命何！"

"寮"，音聊。"愬"，音素。"朝"，音潮。"与"，今作欤。公伯寮，鲁人，公伯，复姓。《史记》列入《仲尼弟子列传》，《集解》引马氏，亦以为孔子弟子。"愬"，音诉，讲坏话也。此时子路做季孙的家臣，公伯寮在季孙面前，讲子路的坏话也。朱子《或问》以为此事当在堕三都出藏甲之时，公伯寮盖言子路将不利于季氏也。子服景伯，鲁大夫。"子服"，是氏；"景"，是谥；名何字伯。子服景伯以此事告。孔子且说："夫子（指季孙）听了公伯寮的话，对于子路固有所疑。我的力量,还能够使季孙不听他的话,而且杀了他陈其尸于市朝。"杀而陈其尸曰"肆"。大夫陈于朝,士陈于市。若公伯寮,本来应只说"肆诸市",此云"肆诸市朝"者,"朝"是连带说到的。孔子听了景伯的话,对景伯道:"道之将行也与?命也。道之将废也与?命也。公伯寮其如命何!"此与孟子所云"臧氏之子焉能使予不遇哉",意旨正同。

子曰:"贤者辟世,其次辟地,其次辟色,其次辟言。"

"辟",今作避。"辟世"者,隐居不仕,世主莫得而臣也。"辟地"者,去乱国,适治邦也。"辟色"者,礼貌衰,则必去之也。"辟言"者,有违言而后去也。

子曰:"作者七人矣!"

此章意思,与上章相连。《注疏》及皇本并与上章相合为一章,朱《注》始分之。"作"即"见几而作"之作,言起而隐去也。"七人",《集解》引包氏谓指长沮、桀溺、丈人、石门、荷蒉、仪封人、楚狂接舆。皇《疏》引王弼谓指伯夷、叔齐、虞仲、夷逸、朱张、柳下惠、少连。各家所说不同。其实七人之姓名,孔子既没有说出,我们现在也不必一定说是某人某人也。有说此章意思,不与上章相连的。《论语稽》附注则谓"作者七人",是指尧、舜、禹、汤、文、武、周公等七个圣人。孔子说作者已有七人,所以自己可述而不更作也。

子路宿于石门。晨门曰:"奚自?"子路曰:"自孔氏。"曰:"是知其不可而为之者与?"

"与",今作欤。"石门",郑玄《注》曰"鲁城外门"也。"宿"者,到石门已晚,因宿于石门外也。"晨门",是晨起管开城门的人。子路宿于石门,次日早起,行至城门边。管城门的人,问子路道:“你从哪里来?”子路答道:“我从孔家来。”管城门的人听得说孔家,知道是孔子,即对子路说:“就是明知道不能行,而仍是奔波劳苦想行道的那个孔先生吗?”“知其不可而为之”,正是孔子救世的精神。这个管城门的人,也是有道之士,避世不仕,而自隐姓名者,故能知孔子也。

子击磬于卫。有荷蒉而过孔氏之门者,曰:“有心哉,击磬乎!”既而曰:“鄙哉,硁硁乎! 莫己知也,斯已而已矣! ‘深则厉,浅则揭。’”子曰:“果哉! 末之难矣。”

“磬”,是一种乐器。孔子居卫国的时候,有一日,击磬消遣。“荷”,去声,负也。“蒉”,草制之器。有一个负草器的人走过,听了击磬的声音,知道这击磬的是个有心人,故即赞了一句道:“有心哉,击磬乎!”“既而曰”者,过一会又说也。《说文》云:“硁,古文磬。”《释名》云:“磬,罄也。其声罄罄然坚致也。”“硁硁”,是磬的声音。“鄙”,狭也。(见《孟子·尽心》赵《注》)《乐记》云:“哀心感者,其声噍以杀。”《注》云:“噍,踧也。杀,减也。”言其心有哀感者,则乐音踧踖,衰减,不安舒也。此云“鄙哉硁硁乎”,是言磬声鄙狭,击磬者其有哀感乎。“莫己知也,斯已而已矣”者,言人不知我,则已耳。“斯已”之“已”,作“止”字解。“而已矣”,语助词。“深则厉,浅则揭”,引《诗·卫风·匏有苦叶》篇句。“揭”,音起例反。揭者,揭衣也。以衣涉水为厉。由膝以下为揭,由膝以上为厉。见《尔雅·释水》。盖以涉水当视水之深浅不同而异其法为喻,明君子于道可行则行,不可则止,人莫己知,不必悲观也。“果哉”,《集解》谓孔子以荷蒉者未知己志而讥己为果,朱《注》则谓孔子言荷蒉者果于忘世。“末之难矣”,言出处若但如涉水之以深浅而或厉或揭，亦无难矣。朱《注》与刘氏《正义》同。按：“果哉”犹今言“果然这样吗”。“末之难矣”之“难”，当读去声，言我亦无以难之也。孔子于避世之士，向以尊敬的态度对之，故闻荷蒉者之言，仅如此云云耳。

子张曰：“《书》云：‘高宗谅阴，三年不言。’何谓也？”子曰：“何必高宗？古之人皆然。君薨，百官总己，以听于冢宰，三年。”

《书》，《尚书》也。所引据伏胜《尚书大传》，见《说命》篇。但今本《说命》，无此二句。高宗，商王武丁也。“阴”，音闇，“谅阴”，是王者居丧的名称。刘氏《正义》谓“谅闇”亦作“梁闇”。梁，楣也；闇，庐也。即王者丧服中所居之“倚庐”。子张问孔子道：“《尚书》里有‘高宗谅阴，三年不言’二句话，是什么意思？”“何必高宗？古之人皆然”者，孔子告诉子张，说古时帝王居丧，都是这样，不但高宗而已。“君薨，百官总己以听于冢宰，三年”者，孔子又说明君居丧时的政治也。意思是君死了，三年之内，新君居丧，重哀，所以连话都不说，由宰相代行天子职务。这时，大小百官，都聚其职事，以听冢宰调度。“冢宰”，即后世的宰相。

子曰：“上好礼，则民易使也。”

“好”“易”，均读去声。言在上位者，事事遵礼而行，则在下的人民，自然也没有敢不敬的了。敬则自然听从使命，而不违抗，故易使也。

子路问君子。子曰：“修己以敬。”曰：“如斯而已乎？”曰：“修己以安人。”曰：“如斯而已乎？”曰：“修己以安百姓。修己以安百姓，尧舜其犹病诸！”

“君子”指在上位的人。“修己以敬”者，以敬修自己，随事随时尊尊敬敬,不失礼怠忽也。“修己以安人”之“人”,是指左右及上下百官而言。“安人”,使这班人都安心办事也。“修己以安百姓”者,再进一步,要使全国百姓,都能安居乐业也。然而要使全国百姓,都安居乐业,是很不容易的事情,虽使尧舜在位,也未必能做到这个地步。故又曰“修己以安百姓,尧舜其犹病诸”也。“病”,难之也。“诸”,为“之乎”二字之合音。

原壤夷俟。子曰:“幼而不孙弟,长而无述焉,老而不死,是为贼!”以杖叩其胫。

原壤,鲁人,孔子故友。“夷”,同踽,蹲也,箕踞也。古时席地而坐,两足向后,在臀下,今日本之俗犹然。伸两脚,则其形如箕也。“俟”,待也。孔子去见原壤,原壤蹲夷而待,不出迎也。“孙”,同逊。“弟”,同悌。原壤母死,不哭而歌。故孔子骂他年幼的时候,不知谦逊孝悌也。“长”,上声。“长而无述焉”者,年纪大了,一些没有可称述的善行也。这种人,早可以死了,现在到老而还不死,徒然败常害俗,故曰“老而不死是为贼”也。孔子说到这里,就拿起手里的杖,击原壤的脚胫。原壤盖老氏之流,自放于礼法之外者也。

阙党童子将命。或问之曰:“益者与?”子曰:“吾见其居于位也,见其与先生并行也,非求益者也,欲速成者也。”

“与”,今作欤。阙党,党名,犹今称某坊、某巷、某里也。“将命”者,孔子叫这个阙党的童子,跑进跑出,传主客的话也。或问之曰:“益者与?”盖疑此童子学问有进益吗?故使之将命也。孔子答道:礼,童子当隅坐随行,而此童子吾见其居于位,见其与先生并行,则于成人之礼,不是求逐步进益,而欲速成矣。所以叫他做传达主客言语的使役,使他可观少长之序,习揖逊之容耳。

[问题]

(一) 邦有道当如何? 邦无道当如何?

(二) "德"与"言","仁"与"勇",关系如何?

(三) 孔子对于子产、子西、孟公绰、公叔文子的批评如何?

(四) 本篇所记孔子对于管仲的批评如何?

(五) 何谓"成人"?

(六) 孔子对于齐桓公、晋文公的批评如何?

(七) 何谓"方人"?

(八) 孔子何以不赞成"以德报怨"?

(九) 晨门荷蒉如何批评孔子?

(十) 孔子何以痛责原壤?

第十五　卫灵公

卫灵公问陈于孔子。孔子对曰:"俎豆之事,则尝闻之矣!军旅之事,未之学也。"明日遂行。

"陈",即今"阵"字。字本作"敶"。作"陈",省。《颜氏家训》谓"阵"字始见于王羲之《小学章则》。"俎豆",礼器。"军旅",古代军队编制的名称。军,万二千五百人;旅,五百人。卫灵公以战阵之事问于孔子。孔子对曰:"关于礼制的事,我倒听见过。练兵打仗的事体,我是没有学过。"明日,就离开卫国。按:此事在鲁哀公二年。据《史记·孔子世家》,其明日,见灵公,与之语,灵公仰视飞鸿,去志乃益决云。

在陈绝粮,从者病,莫能兴。子路愠见曰:"君子亦有穷乎?"子曰:"君子固穷,小人穷,斯滥矣!"

孔子在陈国的时候，粮食断绝。“从”，去声。从者，从孔子的弟子。兴，起也。“莫能兴”者，言不能够起来走也。“见”，音现。“愠见”者，带着一种怨恨的神色，去见孔子也。子路见孔子，恨恨地道：“君子亦有穷乎？”穷，困也。孔子听了子路的话，对子路说：“君子固然免不了有穷困的时候。若是小人，到了穷困的时候，就无事不做了。”一说，“固穷”者，固守其穷。“滥”者，溢出做人的范围，而无恶不作也。

以上二章，朱《注》合为一章。《注疏》及皇本分为二章，而以“明日遂行”句属后一章。按《史记·孔子世家》，孔子去卫后，尚有适曹、适宋、适郑、然后至陈，绝粮事在鲁哀公六年。江永《乡党图考》以为当在哀公四年。与去卫事隔数年，以分二章为是。但“明日遂行”，明指去卫，不当属后一章。

子曰：“赐也，女以予为多学而识之者与？”对曰：“然，非与？”曰：“非也，予一以贯之。”

“女”，今作“汝”。“识”，今作“志”。“与”，今作“欤”。赐，是子贡的名。孔子呼子贡之名而告之曰：“你以为我是求很多的学问，而记在心里的吗？”子贡以为孔子的贤圣多能，是“多学而识之”的；现在听了孔子的话，又像不是多学而识之者，故曰：“然，非欤？”“曰‘非也，予一以贯之’”者，孔子告子贡也。“非也”是言我确不是“多学而识之”。“予一以贯之”者，言我明白了“一贯”的道理，能用这个道理来应付各种事情，推求各种物理也。按：《里仁》篇孔子曾告曾子曰：“吾道一以贯之。”曾子释之，以为“夫子之道，忠恕而已矣”。各家释“一贯”，已见《里仁》篇注中。朱《注》则云：“彼以行言，此以知言。”阮元则谓“多学而识”是“知”，“一贯”是“行”。焦循《补疏》则谓此一贯仍指“忠恕”。忠恕者，成己以成物也。孟子所称大舜之善与人同，舍己从人，乐取人以为善，即是忠恕。不恕则执一，恕则可以一贯。不恕则入主出奴，为我兼爱，各执一端；恕则执两端而用其中，天下之知皆我之知，无俟乎多学而识矣。其说亦通。

子曰："由，知德者鲜矣！"

"鲜"，上声，少也。由，是子路之名。孔子呼其名而告之。"知德者鲜矣！"言一般人明白道德的意义者极少也。

子曰："无为而治者，其舜也与？夫何为哉？恭己正南面而已矣！"

"与"，今作"欤"。"夫"，音扶。此章言舜，《为政》篇"为政以德，譬如北辰，居其所而众星共之"的话，同旨。舜之恭己无为，即《雍也》篇首章所云"居敬而行简"也。舜何以能无为而治呢？因为他手下的百官，任用得好，所以自己只要恭恭敬敬地居于君位。《中庸》曰："《诗》云：'不显惟德，百辟其刑之。'是故君子笃恭而天下平。"亦可与本章互发。

子张问行。子曰："言忠信，行笃敬，虽蛮貊之邦行矣！言不忠信，行不笃敬，虽州里行乎哉？立，则见其参于前也。在舆，则见其倚于衡也。夫然后行。"子张书诸绅。

子张问孔子："做人要如何可以行得通？""子曰"以下是孔子的答话。"笃"上、"不"上的两"行"字，去声。"忠"者，言语发自中心，即不说违心之言也。"信"者，不说诳话，不失约也。一个人能够不说违心之言，不说诳话，不失约，就叫做"言忠信"。"笃"者，厚厚实实。"敬"者，恭恭敬敬。这样做人，叫做"行笃敬"。"蛮貊之邦"，是野蛮人的国度。一个人，能"言忠信，行笃敬”，虽然在野蛮人的国里，也可以行得通。“州里”者，犹云本省本乡也。若一个人，“言不忠信，行不笃敬”，虽在自己的家乡，也是行不通的。所以一个人，对于“忠信”“笃敬”，要时刻不忘。“参”，七南反。朱《注》云：“参，读如‘毋往参焉’之‘参’，言与我相参也。”王引之《经义述闻》谓“参”可训“直”；直，相当也。俞樾《群经平义》谓“参”当为“厽”，积絫之意；言见其积絫于前也。“舆”，车子。“卫”，车前的横木。言譬如立着似乎有个“忠信笃敬”在我眼前。坐在车子里时，似乎有个“忠信笃敬”，在车前的横木上。要这样，然后行得通也。“绅”，是大带。子张听了孔子的话，写在衣带上面，俾随时可看到也。

子曰："直哉史鱼！邦有道，如矢；邦无道，如矢。君子哉蘧伯玉！邦有道，则仕；邦无道，则可卷而怀之。"

史鱼，《集解》引孔曰：“卫大夫史鳅也。”朱《注》曰：“史，官名。”“如矢”者，孔子形容史鱼之直也。按：史鱼以不能进蘧伯玉而退弥子瑕，死而以尸谏，见《韩诗外传》。蘧伯玉，已见前。“卷而怀之”者，言其退隐不仕，好像一幅画，卷拢来，藏在怀里，使人不见其才也。

子曰："可与言而不与之言，失人。不可与言而与之言，失言。知者不失人，亦不失言。"

“知”，今作“智”。知者能知人，可与言者，则与之言，不可与言者，则不与之言，“不失人，亦不失言”也。

子曰："志士仁人，无求生以害仁，有杀身以成仁。"

朱《注》云：“志士，有志之士；仁人，成德之人。”此言如生而至于害仁，则不求生；死如可以成仁，则可杀身也。《孟子·告子》章言“舍生取义”，可与本章互相发明。

子贡问为仁。子曰：“工欲善其事，必先利其器。居是邦也，事其大夫之贤者，友其士之仁者。”

“为仁”，犹云“用力于仁”，子贡盖问所以为仁之道。“工欲善其事，必先利其器”，是以做工的人，必须器械锐利，然后能造精巧的器物，为比喻。故“为仁”的人，在一个国内，要择其大夫中之贤者而师事他，择其士中之有仁德者而和他做朋友，以收切磋辅仁之益。

颜渊问为邦。子曰：“行夏之时，乘殷之辂，服周之冕，乐则《韶》舞。放郑声，远佞人。郑声淫，佞人殆。”

“为邦”犹云“治国”。故孔子告以治国，应采的制度。三代岁首的正月，都各不同。周以阴历十一月为正月；殷以阴历十二月为正月；只有夏以阴历一月为正月。孔子以为夏朝以一月为正月的制度最好，故曰：“行夏之时。”汉武帝遵用孔子之说，以阴历一月为正月，一直行到中华民国临时政府成立，始改用世界通用的阳历。“辂”，音路，亦作“路”。是天子所坐的车子。周朝天子所坐的辂，饰以金玉，太觉奢华；殷朝的辂，朴实坚固，故孔子取之。“冕”，是祭祀时所戴的冠。“服周之冕”，言礼服当取周制。言冠冕可以包衣服。《韶》是虞舜之乐。《韶》乐兼舞，故曰“《韶》舞”。孔子曾称舜的《韶》乐，尽善尽美，故采之。“放”者，禁绝之也。《乐记》云：“郑音，好滥淫志。”此指音调言。音调各地不同，至今犹然。先儒误以为指《诗经》之《郑风》，故于《郑风》诸篇，多以刺淫释之，非。“远”，去声。“佞人”，即所谓“利口”，足以覆邦家者。这种人，应该远之也。“郑声淫，佞人殆”两句，是说明“放郑声，远佞人”之故。殆，危殆也。

子曰:“人无远虑,必有近忧。”

此言人当思患预防。此二句亦见《易·既济》卦象辞。张栻《论语解》云:“虑之不远,其患即至,故曰近忧。”

子曰:“已矣乎!吾未见好德如好色者也。”

“好”,读去声。此章与《子罕》篇所记同,而多“已矣乎”三字。朱《注》曰:“‘已矣乎’,叹其终不得而见之也。”《论语稽》曰:“此章……疑因季桓子受女乐,而郊不致膰,孔子时将去鲁而发也。曰‘已矣乎’,有惜功业不就,吾道不行之意。”

子曰:“臧文仲,其窃位者与?知柳下惠之贤而不与立也。”

“者”下之“与”,今作“欤”。臧文仲,鲁大夫,已见前《公冶长》篇。柳下惠,是鲁国的贤人,姓展,名获,字禽,居柳下,私谥惠,曾为士师而三次被黜。(详见后《微子》篇)按:臧文仲为政时,命展喜犒齐师,使受命于展禽,见《左传》。展禽讥文仲祀爰居,文仲谓季子之言不可不法,见《国语》。是文仲知其贤之证。臧氏世为司寇,士师正其属官,乃不能举之与并立于朝,故孔子以“窃位”讥之。“窃位”,谓私据其位。此与上篇称公叔文子与其大夫僎同升诸公事,正可对照。

子曰:“躬自厚,而薄责于人,则远怨矣!”

“远”,读去声。“躬”,身也,指自己。“躬自厚”者,责自己厚也。“薄责于人”者,责他人薄也。如此,则人之怨恨远矣!按《颜渊》篇答樊迟云:“攻其恶,无攻人之恶。”与此章之旨相近。

子曰:“不曰‘如之何如之何’者,吾末如之何也已矣!”

“如之何”,就是俗语说的“怎么呢”。朱《注》曰:“‘如之何如之何'者，熟思而审处之辞也。不如是而妄行，虽圣人亦无如之何矣。"按："如之何如之何"，亦是虑其事之不善，而望有以改善之辞。"不曰如之何如之何"者，必自甘暴弃之人，或讳疾忌医之人，则虽孔子亦无如之何也。此章语虽简而含意甚广，朱子仅举其一端而已。

子曰："群居终日，言不及义，好行小慧，难矣哉！"

"群居"，许多人同住在一处也。"好"，去声。小慧，小聪明也。"难矣哉"者，孔子以为这种人，难以使改善也。

子曰："君子义以为质，礼以行之，孙以出之，信以成之。君子哉！"

"质"，本质。"孙"，今作"逊"。言君子做人，以义为本质，照礼而行，出以谦逊，而成之以信。信即诚也。能诚实则礼不至成为虚文，义亦不至变为假义。能如此，则成为一个君子。故曰："君子哉！"

子曰："君子病无能焉，不病人之不己知也。"

"病"，患也。本章与《里仁》篇"不患莫己知，求为可知也"，《宪问》篇"不患人之不己知，患其不能也"，意均相同。

子曰："君子疾没世而名不称焉。"

"没世"，谓死也。"疾"，恨也。朱《注》引范氏曰："君子学以为己，不求人知；然没世而名不称焉，则无为善之实可知矣。"故君子之所疾，在不能立德以致不朽之名，并不在有善之实而无善之名。学者不可不辨之！按《史记·孔子世家》，子曰："弗乎，弗乎！君子疾没世而名不称焉，吾何以自见于后世哉！"以此为孔子作《春秋》时语。

子曰："君子求诸己，小人求诸人。"

按《中庸》云："正己而不求于人。"即本章"君子求己"之旨。本章与前两章义相连贯。"君子病无能焉，不病人之不己知"，即君子求诸己。"君子疾没世而名不称"，虽似求名，实在也求自己有为善之实而已，故曰："君子求诸己。"小人则只求人之知己，不问己之能不能；只求人之誉己，不问自己有没有为善之实。故曰："小人求诸人。"

子曰："君子矜而不争，群而不党。"

朱《注》曰："庄以持己曰矜。和以处众曰群。"刘宗周《论语学案》云："矜者，兢兢自持；不争，则非绝物矣。群者，油油与人；不党，则非徇物矣。"

子曰："君子不以言举人，不以人废言。"

"有言者不必有德"，故君子不以言举人。刍荛之言，圣人择焉。故其言有可采，亦不以其人之无可取而废之。

子贡问曰："有一言而可以终身行之者乎？"子曰："其恕乎！己所不欲，勿施于人。"

刘氏《正义》云："'一言'谓一字。"故孔子以一"恕"答之。"恕"是求仁之方。"己所不欲，勿施于人"二句，是"恕"字的定义。此但就消极方面而言。其积极方面，即是"己欲立而立人，己欲达而达人"也。子贡曾说："我不欲人之加诸我也，吾亦欲无加诸人。"他的话，正和这里孔子所说"己所不欲，勿施于人"的意义相同。

子曰:“吾之于人也,谁毁谁誉?如有所誉者,其有所试矣!斯民也,三代之所以直道而行也。”

朱《注》云:“毁者,称人之恶而损其真;誉者,扬人之善而过其实;夫子无是也。”又引尹氏曰:“孔子之于人也,岂有意毁誉之哉?其所以誉之者,盖试而知其美故也。斯民也,三代之所以直道而行,岂得容私意于其间哉?”按《汉书·艺文志》云:“孔子曰:‘如有所誉,其有所试。’唐虞之隆,殷周之盛,仲尼之业已试之效也。”包慎言《温故录》据此,谓“斯民也……”二句,即言三代已尝试之,非谓身试之。此别一解。

子曰:“吾犹及史之阙文也,有马者,借人乘之。今亡矣夫?”

“阙文”指史书上有疑而不明白的文字,把他阙着,不以自己的意思,硬补上去。“亡”,今作“无”。“夫”,音扶。朱《注》引杨氏曰:“史阙文,马借人,此二事,孔子犹及见之。‘今亡矣夫’,悼时之益偷也。”按宋翔凤《发微》谓此“史”字指文字而言,盖古代书字掌于太史也。以班固《汉书·艺文志》论小学,许慎《说文解字序》均引此语为证。有马者借人乘习,则为学御之事。盖“六书”“五驭”,各为保氏六艺之一,皆有一定之法,故于文字,不知别阙,有马,则借人乘而习之。孔子之时,六艺之学废,二事不可复见,故叹之。其说亦通。

子曰:“巧言乱德。小不忍,则乱大谋。”

孔子尝云:“恶佞,恐其乱义也。”“巧言乱德”,与佞之乱义同。“忍”是忍耐。于小事不能忍耐,则乱大谋。“大谋”,犹云“大计划”。刘氏《正义》引吴嘉宾说,谓“不忍”为“仁”,“小不忍”则似仁而非仁,足以乱大谋。吴氏之意殆以妇人姑息之爱为“小不忍”。朱《注》曰:“小不忍,如妇人之仁、匹夫之勇皆是。”兼有二义,其说较长。

子曰:“众恶之,必察焉。众好之,必察焉。”

“恶”“好”,均读去声。盖众之好恶,未必能公而当,故必察之。此章之意,与前《子路》篇“乡人皆好”“乡人皆恶”云云,大致相同。

子曰:“人能弘道,非道弘人。”

“弘”,大也,此作动词用。道待人而明,待人而行,故曰:“人能弘道。”人之明道行道,志在乎道,非欲以张己尊己也,故曰:“非道弘人。”

子曰:“过而不改,是谓过矣!”

《韩诗外传》云:“孔子曰:‘过而改之,是不过也。’”即本此文而反言之,可以互发。

子曰:“吾尝终日不食,终夜不寝,以思。无益,不如学也!”

此即《为政》篇“思而不学则殆”之意。“思”,指不学而思者言。《为政》篇又云:“学而不思则罔。”是“学”仍有待于“思”也。

子曰:“君子谋道不谋食。耕也,馁在其中矣;学也,禄在其中矣。君子忧道不忧贫。”

此章之旨,重在“君子谋道不谋食”句。官君子谋道不谋食,非如农夫之耕田,其志全在谋食也。但因谋食而耕,有时年岁饿荒,亦难免挨饿,况本不谋食者乎?学成而仕,固可得禄,但君子所忧者,在道之不明不行,不在禄之不得,故又曰“君子忧道不忧贫”也。

子曰："知及之，仁不能守之，虽得之，必失之。知及之，仁能守之，不庄以涖之，则民不敬。知及之，仁能守之，庄以涖之，动之不以礼，未善也。"

本章指治国为政而言。"知"，今作"智"。"知及之"者，言其才智足以治国为政也。"仁"者，大公无私之德。"知及之仁不能守之"者，言智足以知治国为政之道，而无以胜其私欲，则虽得其道，终必失之也。"涖"，临也。临政临民，皆可曰临。智足以知之，仁足以守之，而不以庄敬临之，则民亦不敬之也。能临之以敬矣，而施治行政，不能以礼行之，犹未为善。"动之"，指发号施令之政治行动而言。朱《注》以"动民"释之，恐未妥。

子曰："君子不可小知，而可大受也。小人不可大受，而可小知也。"

朱《注》云："知，我知之也。受，彼所受也。"是"小知"者，以一长见知于人；"大受"者，以器识担当大事也。君子必能以细事见长，却能担当大事；小人则不能担当大事，而亦有一长足录。此君子小人之别。

子曰："民之于仁也，甚于水火。水火，吾见蹈而死者矣，未见蹈仁而死者也。"

此章极言"仁"之重要，且有利而无害。"民"，就是"人"。水火是人生日用不可一日少的，仁则比水火还要重要。水火虽是人生不可少的两件东西，但水会溺死人，火会烧死人。至于仁，则彼此互爱互助，断没有害人致死的也。

子曰："当仁，不让于师。"

此章极言行仁之不可缓。为弟子者，于各种事体对师都须谦让,只有当着仁的事体,要赶先去做,虽师还没有去做,我也不妨先做也。

子曰:“君子贞而不谅。”

《集解》,采孔曰:“贞,正;谅,信也。君子之人,正其道耳,言不必小信。”按本章《孟子》所说:“大人者言不必信,行不必果,唯义所在。”同一意义。

子曰:“事君,敬其事而后其食。”

邢《疏》云:“此章言为臣事君之法也。言当先尽力,敬其职事,必有勋绩而后食禄也。”

子曰:“有教无类。”

“有教无类”者,就是不分贫富,不分贵贱,不分智愚贤不肖,凡来学者,无不教以做人的道理也。孔子弟子,富如子贡,贫如颜回、原宪,孟懿子等则为贵族,子路则为卞之野人。又有曾参之鲁,高柴之愚,颛孙师之辟,皆为高弟。故东郭子惠有“夫子之门何其杂也”之叹,不知“有教无类”正是孔子伟大之处。

子曰:“道不同,不相为谋。”

“为”,去声。按:孔子时,已有老子之道,稍后孔子,又有墨子、扬子之道。周秦诸子的各种道术,盛行于战国之世者,大多萌芽于孔子前后。孔子明知各家倡道的人,总以自己所倡的道为是,以他人所倡的道为非,故只有各行其道,而不相谋。不谋者,不必使你从我,我从你也。故曰:“道不同,不相为谋。”后世学者,往往攻击他家他人,而孔子则不然。此孔子之所以为大也。

子曰:“辞,达而已矣!”

“辞”者,言辞、文辞也。在口里的言语,称为“言辞”。在纸上用笔写的,称为“文辞”。孔子以为这两种辞已能达出意思,使听的人,看的人,都能明白为主。故曰:“辞,达而已矣!”

师冕见,及阶,子曰:“阶也。”及席,子曰:“席也。”皆坐,子告之曰:“某在斯,某在斯。”师冕出,子张问曰:“与师言之道与?”子曰:“然! 固相师之道也。”

“师”,乐师。冕,乐师名。“见”音现,来见也。古时乐师皆是盲的。所以他走到阶前,孔子告知他道:“阶也。”他上了阶,走到坐席前,孔子又告知他道:“席也。”大家都坐下了,又告之曰:“某人坐在这里,某人坐在这里。”师冕出去后,子张问孔子道:“这些是和乐师讲话之道吗?”孔子说:“是的! 刚才这样的招呼,是扶助乐师应尽的道理。”“道与”之“与”,今作欤。“相”,去声,扶助的人叫做“相”,此作动词用。

[问题]

(一) 孔子何以不答问陈?

(二) 何谓“多学而识”? 何谓“一贯”?

(三) 何谓“无为而治”?

(四) 何谓“杀身成仁”?

(五) 孔子答颜渊为邦之制如何?

(六) 孔子谓何种人最没出息?

(七) 本篇论君子如何?

(八) 何谓“有教无类”?

第十六　季　　氏

按：此篇"子曰"都称"孔子曰"，与以上诸篇不同。

季氏将伐颛臾，冉有、季路见于孔子曰："季氏将有事于颛臾。"

季氏，季康子也。"颛"，音专。"臾"，音俞。颛臾，是鲁国境内的一个小国，其君风姓，伏羲之后。他的朝贡，不达于天子，而附于鲁侯，所谓"附庸"也。冉有、子路，这时正做季氏的家臣，故以季氏的事来告孔子。"有事"，指伐颛臾。按：季氏伐颛臾事，不见于《春秋》经传，殆因孔子之言而中止也。

孔子曰："求！无乃尔是过与？夫颛臾，昔者先王以为东蒙主，且在邦域之中矣，是社稷之臣也。何以伐为？"

孔子之意，对于季氏之伐颛臾，是大不以为然的。所以独呼冉有之名而斥之者，以子路曾因公伯寮之愬，为季孙所疑；冉有尝为季氏聚敛，独得信任也。"是"，实也。见王引之《经传释词》。"与"，今作"欤"。"夫"，音扶。东蒙，山名。颛臾封在东蒙山的地方，是先王叫他主祭祀东蒙山的，故曰"昔者先王以为东蒙主"也。"邦域"，即国境。为鲁国附庸，故曰"是社稷之臣也"。"为"，语末助词。朱《注》云："社稷，犹云公家。是时四分鲁国，季氏取其二，孟孙、叔孙各取其一。独附庸之国尚为公臣，季氏又欲取以自益。故孔子言颛臾乃先王封国，则不可伐；在邦域之中，则不必伐；是社稷之臣，则非季氏所当伐也。"

冉有曰："夫子欲之，吾二臣者，皆不欲也。"

“夫子”，指季氏。“二臣”，谓己与子路也。

孔子曰：“求！周任有言曰：‘陈力就列，不能者止。’危而不持，颠而不扶，则将焉用彼相矣？且尔言过矣！虎、兕出于柙，龟、玉毁于椟中，是谁之过与？”

“求”者，呼冉有之名以告之也。“任”，平声。《集解》马曰：“周任古之良史。”按：《左传》隐六年，昭五年，皆引周任之言，不言为史官。杜预《注》云：“周太史。”《路史》注以为商太史。江永《群经补义》疑即《书·盘庚》之迟任。“陈力就列，不能者止”两句，是周任的话，孔子引之。

朱《注》云：“陈，布也，列，位也。”刘氏《正义》云：“止谓去位也。”按：“陈力”谓施展贡献其才力，“就列”即就职位。言既就其位，当陈其力；不能陈力，便当去位也。“焉”，平声，安也。“相”，去声，扶持瞎子的人叫做相。此以相瞽者为喻，言如瞽者遭遇危险颠仆而不扶持，则那个相还有什么用呢？“矣”字用与“乎”字同。见王引之《经传释词》。冉有答语，诿为“夫子欲之”，而欲自卸其责，故直斥之曰“且尔言过矣”。“过”，错误也。“兕”，野牛。“柙”，是关虎、兕的木栅。虎与兕，应该关在柙里的。“龟”“玉”，古人都视为宝贝。“椟”，是藏龟、玉的匣子。言季氏之伐颛臾，有如把虎、兕从柙中放出，把匣中的龟、玉毁坏也。季氏伐颛臾一动兵，必要杀人，好像柙中的虎、兕，跑出来伤人也。颛臾，在鲁国境内，好像藏在匣子中的龟、玉，季氏伐而灭之，又像把龟、玉毁坏也。此黄式三说。虎、兕出柙，是管兽禁者之过；龟、玉毁坏，是守龟、掌玉者之过；季氏之伐颛臾，则是为家臣者不谏止之过也。

冉有曰：“今夫颛臾，固而近于费，今不取，后世必为子孙忧。”

此冉有又为季氏辨也。“夫”，音扶。“固”，言颛臾的城郭，很坚固。“费”，音祕，是季氏的食邑，与颛臾相近。故曰“今不取，后世必为子孙忧”也。

孔子曰：“求！君子疾夫舍曰欲之，而必为之辞。丘也，闻有国有家者，不患寡而患不均，不患贫而患不安。盖均无贫，和无寡，安无倾。夫如是，故远人不服，则修文德以来之！既来之，则安之！今由与求也，相夫子，远人不服而不能来也，邦分崩离析而不能守也。而谋动干戈于邦内。吾恐季孙之忧，不在颛臾，而在萧墙之内也。”

此孔子听了冉有的话，又呼其名而斥之也。“疾”，恶也，恨也。“夫”，音扶。“舍曰欲之，而必为之辞”者，心里实在贪图这个利益，却捨掉这句话，不肯说，而必另外想出一种话来掩饰也。这种事情，是君子所最恶的。孔子既斥其非，又把治国安家的原理，讲出来给他听。“丘”，是孔子称自己的名。“有国”指诸侯，“有家”指卿大夫。此二句疑当作“不患贫而患不均，不患寡而患不和”。盖“贫”与“均”，指财言；“寡”与“和”，指人言。“不均”，谓贫富相悬，“不和”，谓上下不协，下言“均无贫，和无寡”，即其证。《春秋繁露·度制》篇，《魏书·张普惠传》引，亦均作“不患贫而患不均”。（参阅俞樾《古书疑义举例》）孙中山先生民生主义谓中国仅有大贫小贫，故社会问题不如泰西各国严重；主张平均地权，节制资本，为曲突徙薪之计，即所谓“不患贫而患不均也”。财均人和，则安而无倾覆之患矣。“夫”，音扶。“如是”，指上文所说治国家的原理。因为如此，故远地方的人，还有不服者，我惟有修己之德以招徕之。文德正对武力而言。远人来归了，则安抚之。“相”，去声，助也。现在由与求相助季氏，远人不服，而不能修文德以来之，邦国分崩离析，有土崩瓦解之虞，而不能固守之。还要在国内打起仗来。“动干戈”，即指伐颛臾之事，吾恐季孙之可忧者，倒不在固而近于费的颛臾，而在自己的家内也。“萧墙”即《八佾》篇之“塞门”。后来季氏家臣阳虎囚季桓子，果然不出孔子所料。一说，萧墙惟国君有之，萧墙之内，隐指鲁君。此时哀公欲去三桓（即季孙、孟孙、叔孙三家），而颛臾世为鲁社稷之臣，又近于费。季氏惧其为公家之助，故欲伐之。如克，则取以为已有；不克，则公家之师已备于外，不能复伐已。此齐陈恒伐吴之故智也。冉有谓季氏恐颛臾将为子孙忧，不得不伐之，故孔子直斥其隐也。见方观旭《偶记》。

孔子曰：“天下有道，则礼乐征伐自天子出；天下无道，则礼乐征伐自诸侯出。自诸侯出，盖十世希不失矣；自大夫出，五世希不失矣；陪臣执国命，三世希不失矣。天下有道，则政不在大夫。天下有道，则庶人不议。”

制礼作乐，征伐逆叛，照道理，应该是天子做的。故周初天下有道，王室强盛的时候，礼乐征伐，都出于天子。到春秋时，王室衰微，诸侯强大起来，已成了无道的天下，故礼乐征伐，自诸侯出。“希”，少也。“陪”，重也。“陪臣”，是臣之臣，即大夫的家臣也。朱《注》曰：“逆理愈甚，则其失之愈速。”“天下有道，则政不在大夫”者，言天下有道的时候，礼乐征伐，出自天子，其他政权，亦操于诸侯，而不操于大夫也。“天下有道，则庶人不议”者，言有道的天下，政治修明，人民自然安居乐业，没有坏事可议论也。

孔子曰：“禄之去公室，五世矣！政逮于大夫，四世矣！故夫三桓之子孙微矣！”

鲁国自襄仲杀文公之子而立宣公，于是大权旁落，爵禄不从君主的公室而出，至哀公已五世了。“五世”者，宣公、成公、襄公、昭公、定公也。“逮”，及也。鲁大夫季氏执国政，至此已四世了。“四世”者，文子、武子、平子、桓子也。（郑玄《注》无桓子，朱《注》无文子，而皆有悼子。此从《论语稽》。）“三桓”者，季孙、孟孙（亦称仲孙）、叔孙，三氏都出于桓公也。上章不是说“自大夫出，五世希不失”吗？今季氏执政已历四世，所以已到衰微不振的时候了。当时季氏有阳虎，孟氏有公敛处父，叔氏有侯犯，故曰：“三桓之子孙微矣。”“夫”，音扶。

孔子曰：“益者三友，损者三友。友直，友谅，友多闻，益矣！友便辟，友善柔，友便佞，损矣！”

此孔子论交友有益或有损也。三种益友：一种是“友直”，就是结交正直的朋友，这种朋友，能规劝我的过处，故有益。一种是“友谅”，就是结交诚实的朋友，这种朋友，不会欺骗我，故有益。一种是“友多闻”，就是结交多见闻的朋友，这种朋友，能指导我不明白的事理，故有益。三种损友：一种是“友便辟”，就是结交“足恭”“体柔”而不“直”的人；一种是“友善柔”，就是结交“令色”“面柔”而不“谅”的人；一种是“友便佞”，就是结交“巧言”“口柔”而无闻见之实的人。这三种朋友，都和前三种相反，故有损。“便”，平声。“辟”，音僻。（参阅《公冶长》篇“巧言令色足恭”注。）

孔子曰：“益者三乐，损者三乐。乐节礼乐，乐道人之善，乐多贤友，益矣！乐骄乐，乐佚游，乐宴乐，损矣！”

“礼乐”之“乐”，如字读。“骄乐”，“宴乐”之“乐”，音洛。其余“乐”字，皆音耀，与“仁者乐山，知者乐水”之“乐”同，是爱好的意思。一个人不能无所爱好。孔子说：“爱好的事，也有三件是有益处的，三件是有损害的。”“乐节礼乐”者，爱好行动都以礼乐为节也；“乐道人之善”者，爱好说别人的好处，不说别人的坏处也；“乐多贤友”者，爱好多交益友也。这三种爱好，是于自己有益处的。“乐骄乐”者，爱好骄傲他人以为快乐也；“乐佚游”者，爱好不做事而游戏过日子也；“乐宴乐”者，爱好与人酒食征逐以取乐也。这三种爱好，于自己是都有损害的。

孔子曰："侍于君子有三愆：言未及之而言，谓之躁；言及之而不言，谓之隐；未见颜色而言，谓之瞽。"

“侍于君子”，是侍坐在君子旁边。“愆”，过失也。是不到应该说话的时候就说话，则有急躁的过失。《鲁论》读“躁”为“傲”，意思是言未及之而言，是以己所知者，傲人之不知也。到了应该说话的时候而不说，则有隐匿的过失。不看见别人的颜色而乱说话，则有瞽的过失。“瞽”者，言好像瞎了眼睛一样也。

孔子曰："君子有三戒：少之时，血气未定，戒之在色。及其壮也，血气方刚，戒之在斗。及其老也，血气既衰，戒之在得。"

“斗”，音豆。少年血气未定，情窦初开，正是知好色，慕少艾的时候，故“戒之在色”。壮是三四十岁，体力最强壮的时候，血气方刚，好胜心正盛，故“戒之在斗”。所谓“斗”者，不仅指好勇斗狠而言，凡意气之争皆是也。年纪老了，则血气已衰，只想为子孙打算，弄几个钱享享老福，故“戒之在得”。试看现在社会上，青年人往往闹恋爱问题；壮年人往往因意气之争，而不顾大局；老年人往往日暮途穷，不惜出卖人格。此章所记，真是孔子勘透人情之言。

孔子曰："君子有三畏：畏天命，畏大人，畏圣人之言。小人

不知天命而不畏也，狎大人，侮圣人之言。”

“狎”，音狭。“畏”者，心有所戒惧也。“天命”，就是天之所命，天赋人之明德正理。畏天命，故戒慎恐惧，尽道正命，而不敢有所怠忽。“大人”，指在上位的人。畏大人，故秉礼怀刑，不敢干犯其上。圣人之言，指古先圣贤教人的道理。畏圣人之言，故古训是式，不敢违反。小人则与君子，恰是相反。他不知什么是天命，故毫无忌惮。“狎”者，慢而不敬也。狎大人，故初则逢迎长恶，终乃作乱犯上。小人多自以为是，虽圣人所说的话，也要寻他的漏洞，说他许多不是，此侮圣人之言也。

孔子曰：“生而知之者，上也。学而知之者，次也。困而学之，又其次也。困而不学，民斯为下矣！”

凡一事一物，都有一种道理，“生而知之者”，对于种种事物，一看见，就明白它的道理也。这是最聪明的上等人，好像生出来就知道的。其次则对于种种事物，未能一见就知它的道理，但能自己用学问的工夫去求知，结果，对于各种道理，也明白了。“困而学之”者，对事物的道理，固然不能一见就知；不遇到困难，也还不肯去学；一定要到因不明白道理，而发生困难，才肯用学问的工夫去求知。这种人，又次一等。如果遇到困难，还是不肯去学，这种人，必终身做一愚蠢的人，是最下一等的。按《中庸》云：“或生而知之，或学而知之，或困而知之；及其知之，一也。”困而知之，即此所云“困而学之”。“困而不学”，是虽困而终不能知，故曰“民斯为下”也。“民”，与“人”同。

孔子曰：“君子有九思：视思明，听思聪，色思温，貌思恭，言思忠，事思敬，疑思问，忿思难，见得思义。”

“视思明”者，言看一种事物，要想看得很明白，把细微曲折都看出来也。“听思聪”者，言听人的言语，要想听得仔仔细细，没有错误也。“色思温”者，言对别人，脸上的颜色，常常要想温和也。“貌思恭”者，言待人接物时，容貌常常要想恭敬也。“言思忠”者，言对人说话，常常要想忠实诚恳也。“事思敬”者，言做事常常想到慎重，不肯轻忽怠慢也。“疑思问”者，言有疑惑的时候，常常想问个明白也。“忿思难”者，言当气忿的时候，常常想到患难，不肯因一朝之忿，忘其身以及其亲也。“难”，去声。“见得思义”者，言遇见可得的利益，应想一想，这利益是应该得的还是不应该得的，所谓“临财毋苟得”也。这九件，是君子所常常思考的。

孔子曰：“见善如不及，见不善如探汤。吾见其人矣，吾闻其语矣。隐居以求其志，行义以达其道。吾闻其语矣，未见其人也！”

“见善……”二句，“隐居……”二句，皆古语。“见善如不及”者，见了善人，常常像自己不及他一般，因而努力为善，想及他也。即“见贤思齐”之意。汤是沸水，手探下去，是要烫坏的。所以，汤是探不得的，要避开它才好。见了不善的人，也如不敢探汤一样。总是避开他，唯恐自己染到他的恶习，故曰“见不善如探汤”也。即《大戴礼记·曾子立事》所谓“见不善者恐其及已也”。孔子说：“这种人我亲眼看见过，这句古语我也听见人说过了。”《孟子》云：“故士穷不失义，达不离道。”与此章同旨。程瑶田《论学小记》云：“隐居以求其志，求其所达之道也，当其求时，犹未及行，故谓之‘志’；行义以达其道行，其所求之志也，及其行时，不止于求，故谓之‘道’。志与道，通一无二，故曰‘士何事？

曰尚志’。”最是阐明此章之志。

孔子曰：“齐景公有马千驷，死之日，民无德而称焉。伯夷叔齐，饿于首阳之下，民到于今称之。‘诚不以富，亦只以异。’其斯之谓与？”

四匹马曰“驷”；“千驷”，即四千匹马也。齐景公虽然有四千匹马，但平生没有好的德行，所以到他死了，百姓没有一个称道他的。伯夷叔齐，见前《公冶长》篇注。首阳，山名。武王灭纣，夷、齐义不食周粟，采薇而食，卒饿死于首阳山下。直到孔子时，百姓都还称赞他。朱《注》引胡氏说谓《颜渊》篇“诚不以富，亦只以异”二语，程子以为错简者，当在“称之”之下。言民之所称者，诚不以其富，而只以其异也。此《诗·小雅·我行其野》篇语。上引《诗》故下云“其斯之谓与”也。“与”同“欤”。朱《注》谓章首当有“孔子曰”三字。

按：苏子由《柳下惠论》，引上章，合此章为一义。皇《疏》解上章第二“吾闻其语”曰：“唯闻昔有夷齐能然。”本章首又无“孔子曰”三字，故有合二章为一章者。今仍从朱《注》。

陈亢问于伯鱼曰：“子亦有异闻乎？”对曰：“未也。尝独立，鲤趋而过庭，曰：‘学《诗》乎？’对曰：‘未也。’‘不学《诗》无以言！’鲤退而学《诗》。他日又独立，鲤趋而过庭，曰：‘学礼乎？’对曰：‘未也。’‘不学礼，无以立！’鲤退而学礼。闻斯二者。”陈亢退而喜曰：“问一得三：闻《诗》，闻礼，又闻君子之远其子也。”

皇《疏》曰：“陈亢即子禽也。”已见前《学而》篇。伯鱼名鲤，孔子之子。陈亢的意思，以为孔子教儿子，当与教学生不同，故问伯鱼有异闻否。“对曰”，伯鱼对陈亢也。“未也”，言未有异闻。以下即述所闻二事以证其未有异闻。《诗》为写人情事理的文学作品，且多比兴之作，故与言辞有关。礼者，人之所履，孔子尝云“立于礼”，故不学礼无以立也。陈亢退而自喜，以为问一事而得了三种知识：一是学《诗》则可以言；一是学礼，则可以立；一是君子之对儿子，是不十分接近的。“远”，去声。司马光《家范》引此文，说之云：“远者，非疏远之谓也。谓其进见有说，接遇有礼，不朝夕嘻嘻相亵狎也。”

“邦君之妻，君称之曰‘夫人’，夫人自称曰‘小童’；邦人称之曰‘君夫人’，称诸异邦曰‘寡小君’；异邦人称之，亦曰‘君夫人’。”

“邦君”，就是国君。此章所记，在本书中最为不类，疑学者于简末别记所闻，后遂羼入《论语》也。按《集解》引孔曰：“当此之时，诸侯嫡妾不正，称号不审，故孔子正言其礼也。”如孔说，则本章为孔子之言，上阙“子曰”二字，或“孔子曰”三字也。《曲礼》又云：“夫人自称于诸侯曰寡小君。”胡培翚《研六室杂著》云：“此节惟‘小童’句，系夫人自称，余皆他人称谓之辞。称诸异邦，亦是邦人称之。”刘氏《正义》曰：“‘小君’者，比于君为小也。……于本国称‘小君’，于异邦称‘寡小君’，犹称其君于本国曰‘君’，于异邦曰‘寡君’也。”又“夫人自称”，谓夫人自称于其君。《曲礼注》云：“小童，若云未成人也。”误。此孙奇逢引郝敬说。

［问题］

（一）孔子谓季孙之忧不在颛臾而在萧墙之内，其意何在？

（二）“益友”有何三种？“损友”有何三种？

（三）何谓“三愆”？

（四）何谓“三戒”？

（五）何谓“三畏”？

（六）何谓“九思”？

（七）何谓“隐居求志”“行义达道”？

（八）孔子之教子如何？

第十七　阳　货

阳货欲见孔子，孔子不见，归孔子豚。孔子时其亡也，而往拜之，遇诸涂。谓孔子曰：“来！予与尔言。”曰：“怀其宝而迷其邦，可谓仁乎？”曰：“不可。”“好从事而亟失时，可谓知乎？”曰：“不可。”“日月逝矣！岁不我与。”孔子曰：“诺！吾将仕矣！”

阳货，《史记》作阳虎，刘氏《正义》云：“货虎一声之转，疑货是名，虎是字也。”此时鲁国的政权，全在季氏手里，阳货是季氏最信用的家臣，以陪臣而执国政。“归”，同“馈”，古论作“馈”。“豚”，小猪。“时”，伺也。“时其亡也，而往拜之”者，伺阳货不在，而往拜谢之也。《孟子·滕文公》篇云：“阳货欲见孔子而恶无礼。大夫有赐于士，不得受于其家，则往拜其门。阳货瞰孔子之亡也，而馈孔子蒸豚。孔子亦瞰其亡也，而往拜之。当是时，阳货先，岂得不见？”所记较详。孔子本来是不愿意和阳货见面的，所以时其亡也而往拜之，不料偏在街路上遇着他。“诸”即“之于”二字的合音；“涂”，路也。阳货既在路上遇见孔子，便对孔子道：“来！予与尔言。”“曰：怀其宝……”以下，仍是阳货的话。他既在路上遇到孔子，便邀到自己家中和孔子说也。“宝”，譬喻道德才学；“怀其宝而迷其邦”者，说孔子有了道德、才学，而不肯出来做官、治国也。胡绍勋《四书拾义》谓“宝”指身，“怀宝”谓藏身，亦通。“好”，去声。“亟”，音器。“知”，今作智。“好从事而亟失时”，喜欢做事，而屡次失了可做事的时机也。二“不可”，通解以为皆孔子答语。毛奇龄《论语稽求篇》，王引之《经传释词》均谓阳货自为问答，盖以怀宝迷邦之不可谓仁，好从事亟失时之不可为知，二者皆必然之理也。“逝”，往也。言日月都像水的流去，不会再回转来；人的年纪，也一年一年的老去，岁数是不会给我增添的。意思是劝孔子及早出来做官。“诺！吾将仕矣”句，是孔子的答话。故特加“孔子曰”三字。

子曰：“性，相近也。习，相远也。”

“性”，生而然者也。天生的性质，善恶不甚相违，故曰：“性相近也。”一个人处在某个环境里，到后来就有某种习惯，如在善良的环境里长大，就有善的习惯；在恶浊的环境里长大，就有恶的习惯。因为各人的环境不同，所以各人的习惯也就差得很远，而不能一样。故曰：“习相远也。”

孔子说性，只说相近，不言善恶。后来孟子便说人性是善的；荀子又说人性是恶的；世硕与公都子言性有善有恶；告子又言性无善无不善，或可以为善，可以为不善；扬雄、王充、韩愈等，也纷纷说性；至宋儒则以论性为专家学问。其实都不如孔子只轻轻八个字，说得包括无遗。

子曰：“唯上知与下愚，不移。”

“知”，今作智。一个人的性，是相近的，差不多的。至于一个人的天资，则各有不同：有绝顶聪明的人，所谓“生而知之”者；有绝顶呆笨的人，所谓“困而不学”者；也有中等的人。绝顶聪明的人，与绝顶呆笨的人，从小到老，总不会改变的。但此等人，不过千万人中之一二个。其余的，都是中等天资，就不免随着环境而改变，习于恶则恶，习于善则善也。

子之武城，闻弦歌之声，夫子莞尔而笑曰："割鸡焉用牛刀？"子游对曰："昔者，偃也闻诸夫子曰：'君子学道则爱人，小人学道则易使也。'"子曰："二三子！偃之言是也。前言戏之耳。"

"之"，往也。武城，鲁邑。这时子游做鲁国武城县的县令。孔子到武城地方，听得有弦歌的声音也。"弦"，是乐器，如琴瑟之类；"歌"，是歌诗。子游教武城的百姓，都学礼乐，故闻弦歌之声。"莞尔"，微笑貌。"割鸡焉用牛刀"，是譬喻之辞。犹言治天下，移风易俗，要用礼乐；如今治一个小小的县，何必费这样的大气力呢？偃，是子游的名。他对答孔子道："从前我曾经听得夫子说过：'在上位的君子，能够学礼乐等等，则能爱护人民，在下面的人民，能够学礼乐等等，则容易使他们做事。'""二三子"，指同到武城去的几个学生。孔子听了子游的话，自认牛刀割鸡之喻是戏言。其实是可惜子游不得行其化于天下国家，只能小试于县耳。

公山弗扰以费畔，召，子欲往。子路不说曰："末之也已！何必公山氏之之也！"子曰："夫召我者，而岂徒哉？如有用我者，吾其为东周乎！"

公山氏，鲁之公族。弗扰，名。《左传》及《史记·孔子世家》作"不狃"。字子泄。费，季氏邑。《集解》及朱《注》均云，公山弗扰为季氏宰，与阳虎共执季桓子，而召孔子。"说"，同"悦"。"末之"及"之也"两"之"字，均作"往"解。"末"，无也。言道既不行，无可往矣，何必公山氏之往乎？"夫"，音扶。"徒"，徒然也。言召我者，岂徒然召我乎，必将用我也。其为东周，言将兴周道于东方。一说，东周，指成周。"其"，岂也；"为"，助也。言岂助成周也。按：阳虎执季桓子，见《左传》定公五年。阳虎出奔，在定公八年。及定公十二年，子路为季氏宰，将堕费。弗扰据费拒命。孔子时为司寇，命申句须、乐颀伐之，败之于姑蔑，弗扰奔齐。则弗扰之以费叛，正为反抗孔子堕都之命，岂有召孔子而孔子欲往之理？故崔述谓此章所记，殊不可信。详见《洙泗考信录》。

子张问仁于孔子。孔子曰："能行五者于天下，为仁矣！"请问之。曰："恭、宽、信、敏、惠。恭则不侮，宽则得众，信则人任焉，敏则有功，惠则足以使人。"

子张问仁，孔子告以"能行五者于天下，为仁矣"。五者，即指"恭、宽、信、敏、惠"五种德行。"恭则不侮"者，在上者能够恭敬，则人民不会侮慢他也。"宽则得众"者，能够以宽宏大量待人，则人民的心，必归服他也。"信则人任焉"者，能够不失信于人民，则人民都信任他也。"敏则有功"者，为政能够敏捷而不迟钝，自然会有功绩也。"惠则足以使人"者，有恩惠及于人民，则使人民服役时，人民都愿尽力也。朱《注》引李氏曰："此章与'六言六蔽'，'五美四恶'之类，皆与前后文体大不相似。"按《论语》文例，记与君大夫问答，则称"孔子"；记与弟子问答，则称"子"。此章记弟子问亦称孔子，体例上亦极不合。

佛肸召，子欲往。子路曰："昔者，由也闻诸夫子曰：'亲于其身为不善者，君子不入也。'佛肸以中牟畔，子之往也，如之何？"子曰："然！有是言也。不曰坚乎，磨而不磷？不曰白乎，涅而不缁？吾岂匏瓜也哉？焉能系而不食？"

"佛"，音弼。"肸"，音许密反。朱《注》云："佛肸，晋大夫赵氏之宰也。"盖从《集解》孔说。以中牟为赵简子的食邑。按《史记·孔子世家》："佛肸为中牟宰。赵简子攻范、中行，伐中牟，佛肸叛，使人召孔子。"云云，则中牟为范、中行之食邑，而佛肸为范、中行之臣也。《左传》哀五年，赵鞅伐卫。范氏之故也，遂围中牟，即此事。子路的意思，不以孔子欲赴佛肸之召为然，故对孔子说道："昔者，由也闻诸夫子曰：'亲于其身为不善者，君子不入也。'佛肸以中牟畔，子之往也，如之何？""亲"，犹云本身。"不入"，为不入其境。"如之何"，犹今云怎么样也。"是言"指子路所说"亲于其身为不善者君子不入也"的一句话，言我从前曾经有过这句话也。"坚"，指天下最坚硬的东西。"磷"平声，音吝，薄也。"白"，指天下最白的东西。"涅"，音孽，即皂矾，本名词，此作动词用，谓以皂矾染物使黑。"缁"，是黑色。言"我从前不曾说过，天下最坚的东西，是磨不薄的，天下最白的东西，是染不黑的吗？"这两句的意思是说我虽往佛肸辈不善的人那里，也不会被染累也。"匏"，音袍。匏瓜，是一种吃不来的苦瓜，如现在的葫芦，只能挂在壁上看看。"焉"，平声，安也。意思是说："我岂和匏瓜一样，只能挂在壁上，可看而不可吃的？"黄震《日钞》，谓匏瓜是星名，系于天而不可食，犹《诗》云："维南有箕，不可以簸扬；维北有斗，不可以挹酒浆。"《集解》云："言匏瓜得系一处，不食故也。吾自食物，当东西南北；不得如不食之物，系滞在一处。"黄说可通，《集解》说则迂曲。按崔述《洙泗考信录》，谓此事亦不可靠。

子曰："由也，女闻六言六蔽矣乎？"对曰："未也。""居！吾语女。好仁不好学，其蔽也愚。好知不好学，其蔽也荡。好信不好学，其蔽也贼。好直不好学，其蔽也绞。好勇不好学，其蔽也乱。好刚不好学，其蔽也狂。"

"女"，今作"汝"。"语"，"好"，均去声。"知"，今作"智"。"六言六蔽"，当是古代成语。名六言，即指"仁、知、信、直、勇、刚”六字。“蔽”者，被一件东西遮蔽，不能通明也。六蔽，指“愚、荡、贼、绞、乱、狂”六者，因不好学，故各有所蔽，而生此六病也。“居，吾语汝”者，子路起对，故孔子命之坐而后详语之也。所谓六言六蔽者，好仁，而不好学，一味以仁爱待人，则将如宋襄公之不鼓不成列，不重伤，不擒二毛，有类于愚人。有才智的人，而不好学，势必汪洋自恣，泛滥无所归，流荡无所止。则性知重然诺而不明事理之是非，谨厚者则为硁硁之小人，刚强者则为轻身殉人之游侠，而皆足以害事贼义。好信而不好学，好直而不好学，必过于急切，好讦刺他人，即绞也。此与前篇“直而无礼则绞”同意。好勇而不好学，必至和人争斗，可以酿成乱事。此与下文“君子勇而无义为乱”同意。好刚而不好学，虽然能够无欲，不至曲求，但必流而为愎，师心自用，则成狂妄之人。孔子因为子路有好仁、好知、好信、好直、好勇、好刚的六项美德，所以劝他加以学问，使六项美德不至有缺憾的地方也。

子曰："小子！何莫学夫《诗》？《诗》，可以兴，可以观，可以群，可以怨。迩之事父，远之事君。多识于鸟兽草木之名。"

“小子”，孔子称诸弟子也。“夫”，音扶。言何不学《诗》也。《诗》指三百零五篇之《诗经》。《诗》为文学作品，感人最易，可以兴感人之情意，故曰“可以兴”。《诗》皆美刺政治、抒写人情之作，可以考见得失，了解人情，并可以观察各时代各地方之风俗，春秋时列国大夫多赋诗见志，故曰“可以观”。《诗》教温柔敦厚，且通于乐，乐以和为主，故曰“可以群”。《诗》所以写哀怨之情，亦用以讽刺政治，但怨而不怒，哀而不伤，不务言理而言情，不务胜人而感人，故曰“可以怨”。小之则写家庭之情感，故近之可以事父；大之则陈政治之美刺，故远之可以事君。其中多托物比兴,用鸟兽草木为譬,故其绪余,又足以资多识也。

子谓伯鱼曰:“女为《周南》《召南》矣乎?人而不为《周南》《召南》,其犹正墙面而立也与?”

前章是孔子教弟子们学《诗》。此章是孔子教自己儿子伯鱼学《诗》。注疏本与前章合为一章,今依朱注本分之。“女”,今作汝。“为”,治也。“与”,今作欤。《周南》《召南》,是《诗经》最前的两篇。周公旦、召公奭夹辅成王,分陕而治。南国被其化。故所采南国之诗,分系之于周召二公,曰《周南》《召南》,而列之于国风之首。近人梁启超则谓“南”为音乐之一种,用于曲终之合奏,故《论语》有“《关雎》之乱”云云。“正墙面”者,面对着墙壁也。面墙,喻无所见,不能行,不能同人家说话也。“与”,同“欤”。《周南》始于《关雎》,《召南》始于《鹊巢》,皆婚姻之诗。《中庸》言:“君子之道,造端乎夫妇。”《大学》引《桃夭》诗亦云:“宜其家人,而后可以教国人。”刘氏《正义》言:“时或伯鱼授室,故夫子特举《二南》以训之。”

子曰:“礼云礼云,玉帛云乎哉?乐云乐云,钟鼓云乎哉?”

礼之本在敬,乐之本在和。兹徒有玉帛之币,钟鼓之音而遗其本,此岂足云礼乐哉?

子曰:“色厉而内荏,譬诸小人,其犹穿窬之盗也与?”

“与”,今作欤。“色厉”者,言人的面色,严厉而庄重也。“荏”,音忍。内荏者,言人的心里,没有骨气,柔而不刚也。“小人”,细民也。“窬”,穴也。“穿窬之盗”,就是挖壁洞、偷东西的窃贼。《集解》引孔云:“穿,穿壁;窬,窬墙。”是以“窬”为“踰”之借字。朱《注》云:“言其无实盗名,而常畏人知也。”

子曰："乡原，德之贼也！"

"原"，同"愿"，善也。"乡原"，就是一乡都以为是好人的。按《孟子·尽心》篇答万章问，引孔子曰："过我门而不入我室，我不憾焉者，其惟乡原乎？乡原，德之贼也。"又释之曰："'生斯世也，为斯世也，善斯可矣。'阉然媚于世也者，是乡原也。"又曰："非之，无举也；刺之，无刺也；同乎流俗，合乎污世；居之似忠信，行之似廉洁，众皆悦之；自以为是，而不可与入尧舜之道，故曰德之贼也。"又引孔子曰："恶似而非者。……恶乡原，恐其乱德也。"释本章之义，最为明白。《集解》所举二说，皆误。

子曰："道听而涂说，德之弃也。"

"涂"，同"途"。"道听途说"者，在街道上听了胡言乱语，不问真假，不管是非，自以为是也，到路途上去说给人听也。此以喻人云亦云，不知辨别审择的人，是有德者所弃，亦是自弃其德，故曰"德之弃也"。

子曰："鄙夫，可与事君也与哉？其未得之也，患得之。既得之，患失之。苟患失之，无所不至矣！"

"鄙夫"者，卑鄙之人。"可与"即"可以"，见王引之《经传释词》。"与哉"之"与"，今作"欤"。下文即申明鄙夫不可以事君之故。"患"者，劳心焦虑于此也。鄙夫所贪念者，无非是富贵禄位。未得的时候，只劳心焦虑以求必得；既得之后，又只劳心焦虑以防失去。这种人，专顾自己的禄位，不顾君主与国家的好歹，既怕禄位失去，于是卑鄙下流之事，无所不为了。

子曰："古者民有三疾，今也或是之亡也。古之狂也肆，今之狂也荡。古之矜也廉，今之矜也忿戾。古之愚也直，今之愚也诈

而已矣!"

"亡",今作"无"。孔子言古时候的人民,有三种毛病。现在的人,却连这三种毛病或者也没有了。"三疾"者,狂、矜、愚也。"狂"者,心志太高大也。"肆"者,不拘小节也。言古时候狂的人,有不拘小节的毛病。现在所谓狂的人,连大节也不管了。此不得谓之"狂"也。"矜"者,持守太严也。"廉"者,稜角太露也。言古时候"矜"的人,有稜角过于锋利的毛病。现在所谓"矜"的人,只是与人闹意气而已,此不得谓之"矜"也。古时候"愚"的人,是直直爽爽的。现在的愚者,只是装作假痴假呆罢了!此不得谓之"愚"也。盖古人虽有此三疾,不过因气禀之偏,故尚有可取;今则并此而无之,盖伤俗之益衰也。

子曰:"巧言令色,鲜矣仁!"

此章重出,已见《学而》篇。

子曰:"恶紫之夺朱也,恶郑声之乱雅乐也,恶利口之覆邦家者。"

三"恶"字皆去声,厌恶也。"朱",大红,正色;"紫",红而稍带黑者,闲色。《礼记·玉藻》言:"玄冠紫緌,自鲁桓公始。"《管子》言:"齐桓公好服紫衣,齐人尚之。"盖春秋时服色好用紫,而不知其非正色也。郑声,其音淫;雅乐,周代之正乐。利口,即所谓"言伪而辨"者,足以覆亡国家。此三者,皆时人所喜尚,而孔子所深恶者也。

子曰:"予欲无言。"子贡曰:"子如不言,则小子何述焉?"子曰:"天何言哉?四时行焉,百物生焉,天何言哉?"

孔子本以身教,恐弟子徒于言语求之,故曰:"予欲无言。"小子，弟子自称。《诗·日月》“报我不述”，《毛传》云：“述，循也。”言夫子如不言，则弟子何所遵行也。《礼·哀公问》曰：“孔子云：‘无为而物成，是天道也。’”故此以天不言而四时成、百物生为喻。

孺悲欲见孔子，孔子辞以疾。将命者出户，取瑟而歌，使之闻之。

孺悲，是鲁人，曾学士丧礼于孔子，见《礼记·杂记》。是孺悲亦孔子弟子。此云欲见孔子，当是始见之时。《仪礼·士相见礼·疏》谓“孺悲不由绍介，故孔子辞以疾”。“将命者”，传达言语的人也。传达言语的人，走出户外，把孔子有病不见的话，去对孺悲说时，孔子故意取了瑟，一面鼓瑟，一面唱起歌来，使孺悲听见，知道夫子并不生病，要他自己想想有何不合礼的地方。此孟子所谓“不屑教诲，是亦教诲之”也。

宰我问：“三年之丧，期已久矣！君子三年不为礼，礼必坏；三年不为乐，乐必崩。旧谷既没，新谷既升，钻燧改火，期可已矣！”子曰：“食夫稻，衣夫锦，于女安乎？”曰：“安。”“女安则为之！夫君子之居丧，食旨不甘，闻乐不乐，居处不安，故不为也。今女安，则为之。”宰我出，子曰：“予之不仁也！子生三年，然后免于父母之怀。夫三年之丧，天下之通丧也。予也，有三年之爱于其父母乎？”

此“三年之丧”，指父母丧。郑玄谓丧期实际为二十七月。“期”，音基，一周年也。宰我问三年之丧于孔子，以为三年，时候太长久。故曰“期已久矣”云云。古人居丧，种种事体都不做，所以宰我又说：“君子三年不为礼，礼必坏；三年不为乐，乐必崩。”“坏”“崩”，犹云荒废也。“没”，尽也。“升”，成也，登也。古时候钻木取火；所用的木头，四时不同，春天用榆、柳，夏天用枣、杏，季夏用桑、柘，秋天用柞、楢，冬天用槐、檀。过了一年，四时取火的木头，改钻已遍了。宰我说谷与取火，意思是人情本依天道，天道一年则周而复始，人情亦宜法此，故曰："期可已矣！"就是说居丧满一年，可以止了！"夫"，音扶。"衣"，去声，动词。"女"，今作"汝"，下同。古时候居丧止食黍稷，不食稻粱，止服麻衣，不衣锦帛。故孔子对宰我说："父母死后，未满三年，你就吃稻煮的饭，穿丝织的锦，于你的心里安吗？"宰我答道："安的。""闻乐，不乐"，上"乐"字，是音乐之"乐"。下"乐"字，是欢乐之"乐"。孔子又说道："你既然心里安的，就自己去行罢！至于君子的居丧，因为过于悲苦，所以即使吃好的东西，也不觉得甘美；即使听音乐，也不欢乐；即使住在华美舒服的地方，也不安适。因此，衣食住都不求好的了。现在你既然食稻、衣锦，是心里安的，那么你就去食稻衣锦罢！"宰我走出去后，孔子又对别个弟子说："予之不仁也！""予"，是宰我的名。仁以亲亲为大，孝是为仁之本，故以"不仁"斥之。"子生三年"以下云云，是说明父母丧所以必须规定三年的理由。父母之丧三年，自天子以至于庶人，都是这样的，故曰"通丧"。"予也有三年之爱于其父母乎"，说宰我这个人，对于他的父母，有三年的恩爱去报答过了吗？

子曰："饱食终日，无所用心，难矣哉！不有博弈者乎？为之犹贤乎已！"

"博"，古时局戏，掷采行棋，用子十二枚，六白六黑，故亦名六博。"弈"，即今之围棋。"已"，止也。言博弈虽非正事，但终有所用心，故较终日不事事者好也。朱《注》引李氏曰："圣人非教人博弈也。所以甚言无所用心之不可尔。"

子路曰:"君子尚勇乎?"子曰:"君子义以为上。君子有勇而无义为乱,小人有勇而无义为盗。"

"尚"与"上"义同。"义以为上"者,言以义勇为上也。君子、小人,是指在位者和平民而言。在位之君子是有权力的,故有勇而无义则为乱;平民是无权力的,故有勇而无义,不能为乱,必至为盗也。按:朱《注》疑此章为子路初见孔子时的问答。

子贡曰:"君子亦有恶乎?"子曰:"有恶。恶称人之恶者,恶居下流而讪上者,恶勇而无礼者,恶果敢而窒者。"曰:"赐也亦有恶乎?""恶徼以为知者,恶不孙以为勇者,恶讦以为直者。"

"称人之恶"的"恶",为善恶之"恶";余均为好恶之"恶",去声。"讪",读如"山",去声,谤毁也。子贡说:"君子也有所憎恶的吗?"孔子答道:"有的。专说人家坏处的,在下位而谤毁在上者的,徒凭勇力而不讲礼的,果敢而窒塞于事理,不通恕道的(依戴望注),是君子所憎恶的。"

朱《注》以"赐也亦有恶乎"一句,为孔子问子贡的话,"恶徼以为知者"以下,是子贡对孔子说的话。《集解》孔曰:"徼,抄也。抄人之意以为己有。"郑玄本"徼"作"绞",绞,急也,"知",今作"智"。"徼以为智",谓于事急迫,自炫其能也。较王说为长。"孙",今作"逊"。亦以不逊让为勇也。"讦",音吉,攻发人之阴私也。《中论·核辨》篇云:孔子曰:"小人毁訾以为辨,绞急以为智,不逊以为勇,斯乃圣人所恶。"即据本章。但以为孔子所恶,则误。

子曰:"唯女子与小人,为难养也。近之则不孙,远之则怨。"

"近""远",均读去声。"孙",今作逊。"女子、小人",指宫闱的嫔妾、奄宦，和士大夫的婢仆而言。“养”，犹待也。见刘氏《正义》。女子、小人所以难对待者，和他们亲近，必至不谦逊而弄出非礼的事情来；和他们离得远了，又必至生怨恨也。

子曰："年四十而见恶焉，其终也已！"

“恶”，好恶之“恶”，去声。四十，成德之年。若到了四十岁，还见恶于他人，这个人，是终身完了！此亦劝人及时自勉之言。但较“四十五十而无闻焉，斯亦不足畏也已”，更进一层。

［问题］

（一）阳货馈孔子蒸豚，孔子何以时其亡也而往拜之？

（二）何谓“性近习远”？何谓“上知下愚不移”？

（三）何谓“割鸡焉用牛刀”？

（四）公山弗扰章何以可疑？

（五）何谓“不磷不缁”？

（六）何谓“六言六蔽”？

（七）何谓“兴、观、群、怨”？何谓“正墙面而立”？

（八）孔子何以谓“乡原”为“德之贼”？

（九）何谓“患得患失”？

（十）何谓“不言之教”？

（十一）孔子既以疾辞孺悲，何以又取瑟而歌？

（十二）孔子和子贡所恶的是哪几种人？

第十八　微　　子

本篇杂载柳下惠、周公的言语，师挚诸人及八士的事，均与孔子无关，和以前各篇专记孔子及其门弟子的言行者，体例不同。

微子去之，箕子为之奴，比干谏而死。孔子曰："殷有三仁焉。"

《集解》引马曰："微，箕，二国名；子，爵也。微子，纣之庶兄；箕子，比干，纣之诸父。"朱《注》同。《论语稽》则曰："微箕非国，皆殷圻内之地，……盖以其食邑之地称之者也。子，非爵，乃男子之美称。"按：微子名启，后受周封于宋，见《史记·宋微子世家》。《孟子·告子》云："以纣为兄之子，且以为君，而有微子启，王子比干。"似微子亦为纣之诸父矣。微子因纣王无道，屡谏不听，所以跑到别处去了，故曰"去之"。箕子谏了不听，不忍跑去，被发佯狂而为奴，故曰"为之奴"。比干谏之不已，为纣所杀，故曰"谏而死"。孔子以为三人的行径虽不同，而其不忍国家陷于危亡，人民困于水火，则一。故皆称之为仁人，而云"殷有三仁焉"。

柳下惠为士师，三黜。人曰："子未可以去乎?"曰："直道而事人，焉往而不三黜？枉道而事人，何必去父母之邦?"

"三"，此处读去声。"黜"，音触，退也，贬也。"焉"，此处用为副词，平声。柳下惠，已见前《卫灵公》篇。"士师"者，管狱员也。三次为士师，被黜三次也。一次是为岑鼎之事，而为鲁君所黜；一次是为与臧文仲意见不合，而为臧所黜；又一次是为与夏父弗忌意见不合，而为弗忌所黜。"子"，指柳下惠。或人的意思，以为好好的做管狱员，一些没有错处，被黜至三次之多，这个国家，是黑暗极了，不如去了的好。故问柳下惠："你还不可以去吗?"柳下惠以为政治黑暗，到处一样。若是以直道做官，到哪里去(焉往)能不被黜三次呢？若是枉道事人，以求不黜，我又何必离去故国呢？按：柳下惠三黜不去，降志辱身，而辞气犹雍容若此，所以后来孟子称为“圣之和”者。他又能不枉道以事，故孟子又称他“不以三公易其介”也。

齐景公待孔子曰：“若季氏，则吾不能；以季、孟之间待之。”曰：“吾老矣！不能用也。”孔子行。

此齐景公对他人说，自己将如何待孔子也。季氏，鲁国之上卿，掌全国政权者。孟氏，鲁国之下卿，此时不掌政权。齐景公说：“要我像鲁国待季氏那样去待孔子，付以全权，我不能够。像鲁国待孟氏，一些无权，我也不以为然。所以我想以鲁国待季孟二氏之间的一种职位待他。”“吾老矣，不能用也”，亦齐景公语。刘氏《正义》曰：“言非在一时，故《论语》用两曰字别之。”此时齐景公年将六十，所以说“我老了，不能用孔子了”。他说老，固是实情，但其不能用，实并非由于老，特托于老以反悔前言而已。孔子闻景公有此言，知不能用己，故去齐也。

齐人归女乐，季桓子受之，三日不朝。孔子行。

“归”同“馈”。“乐”，音乐之乐。“朝”，音潮。上章是记孔子去齐，此章是记孔子去鲁。时孔子在鲁国做司寇的官，参与政权，齐国恐鲁用孔子，国强起来，于齐国有害，所用犁沮之计，以选了许多会歌舞的美女，来送给鲁君。季桓子鲁大夫季孙斯也，是鲁国最有权力的人。这时齐陈女乐，于鲁城南高门外，桓子先微服往观，乃语鲁君为周道游。受之，接连三日不上朝。孔子见了这种情形，知道政事办不成，所以离去鲁国。按：此事《史记》叙在定公十四年。据《孟子》，则受女乐以后，郊又不致膰于大夫，于是孔子行。

楚狂接舆歌而过孔子曰："凤兮！凤兮！何德之衰？往者不可谏，来者犹可追。已而！已而！今之从政者殆而！"孔子下，欲与之言。趋而辟之，不得与之言。

楚狂接舆者，楚国的狂人，姓接名舆也。皇邢《疏》均据《高士传》，以为姓陆名通，字接舆。后人又有谓"接舆"非姓名，亦非字，而为与孔子之舆相接者。刘氏《正义》已引《庄子》《秦策》《楚辞》《史记》等书，证明其非是矣。"歌而过孔子"者，旧解谓过孔子的车前。说以《庄子》"孔子适楚，楚狂接舆游其门"为证，以为是走过孔子的门前。"凤兮"以下云云，就是狂人所唱的歌。意思是比孔子为凤凰。凤凰是禽类中的圣鸟，天下有道则见，无道则隐。今孔子栖栖皇皇，无道不隐，故曰"何德之衰"也。"往者不可谏，来者犹可追"者，言过去的栖栖皇皇，不必说了；今后隐居，还来得及也。"已而已而"者，犹言"可以休矣，可以休矣"。"今之从政者殆而"，是说现在从事于政治的人是危险的。戴望《注》据《庄子》解此文，曰："往，往世。谏，正也。言祸乱相寻，已往不可以礼义正之。来，来世也。言待来世之治，犹可追耶？明不可追。殆，疑也。昭王欲以书社地封孔子，令尹子西沮之，故言今之从政者见疑也。"此别一解。"孔子下"，一说谓下车，一说谓下堂出门。"趋"，走得快。"辟"，即今避字。接舆见孔子来，就很快地走着避开了。孔子想和他说话，而不得也。

长沮、桀溺耦而耕。孔子过之，使子路问津焉。长沮曰："夫执舆者，为谁？"子路曰："为孔丘。"曰："是鲁孔丘与？"曰："是也。"曰："是知津矣！"问于桀溺。桀溺曰："子为谁？"曰："为仲由。"曰："是鲁孔丘之徒与？"对曰："然。"曰："滔滔者，天下皆是也，而谁以易之？且而与其从辟人之士也，岂若从辟世之士哉？"

耰而不辍。子路行以告。夫子怃然曰:“鸟兽不可与同群!吾非斯人之徒与而谁与?天下有道,丘不与易也。”

“沮”音居。长沮、桀溺,是两个人名。金履祥《论语集注考证》谓“长沮桀溺”,字皆从水,子路问津,一时何自识其姓名,谅以物色名之,如荷蒉、晨门、荷蓧丈人之类。盖二人耦耕于田,其一人长而沮洳,其一人桀然高大而涂足,因以名之。按:沮洳,水泥相和也。此说亦近情理。耦耕者,两人拿着耜,同在一地方耕田也。津是过渡的地方。“夫”,音扶。“与”,今作“欤”,下同。“执舆者”,就是在车上执辔的人。此时子路前去问路,孔子自己执辔,故子路说:“为孔丘。”长沮又问:“是鲁孔丘与?”子路又答道:“是也。”长沮又说“是知津矣”者,意思是说孔子周流已久,当已知济渡处也。长沮既不肯说,反讥笑孔子,故子路又去问于桀溺。桀溺还问子路:“子为谁?”子路答道:“为仲由。”桀溺又问:“是鲁孔丘之徒与?”子路答道:“然。”

“滔滔者”以下桀溺又说也。滔滔,大水横流之貌,意思是说时局的不安定。“天下皆是”,言到处一样也。“易”,音亦。“而谁以易之”者,言天下大势如此,谁能够把他改变也。“而”,汝也。“辟”,今作避字。“辟人之士”,指孔子,“辟世之士”,指自己。言你与其跟从避人的人,不如跟从避世的人也。“耰而不辍”者,仍旧只顾自己种田,不把器具放下,来指引子路的路径也。“怃”,音武。“易”,音亦。子路回到孔子面前,把长沮、桀溺二人的话,告诉孔子。“怃然”,犹怅然,失意之貌。刘氏《正义》曰“沮溺不达己意,而妄非己,故夫子有此容”者。孔子意思是说:“现在天下的人,都和鸟兽一样,不可和他们同伙做事。长沮桀溺,是两个有道德的隐士。我不和这种人相与,和谁相与呢?

然而我不肯隐居者，正因为天下无道，所以奔波劳碌，辛辛苦苦的，想把我的道去改易天下的无道也。若是天下有道，我也不去改易他了。”按：《集解》引孔曰：“隐居于山林，是与鸟兽同群也。”又曰：“吾自当与此天下人同群，安能去人从鸟兽居乎？”皇《疏》邢《疏》及朱《注》解“鸟兽不可与同群”二句，亦均依孔说，与上说不同。

子路从而后，遇丈人，以杖荷蓧。子路问曰：“子见夫子乎？”丈人曰：“四体不勤，五谷不分，孰为夫子？”植其杖而芸。子路拱而立。止子路宿，杀鸡为黍而食之，见其二子焉。明日，子路行以告。子曰：“隐者也。”使子路反见之。至，则行矣。子路曰：“不仕无义。长幼之节，不可废也；君臣之义，如之何其废之？欲洁其身而乱大伦！君子之仕也，行其义也。道之不行，已知之矣！”

子路从孔子行，在后面，相离远，而不见孔子也。“丈人”，老人也。“蓧”，《集解》引包曰：“竹器。”《说文》作“莜”。段氏注：“子路见丈人用手杖，莜加于肩，行来；至田，则置杖于地，用莜芸田。”是蓧，当是芸草器也。荷，背负也。子路遇见此用杖背着芸草器的老人，便问他：“你看见我的夫子吗？”“四体”，即四肢，谓两手两脚。“五谷”，稻、粱、麦、黍、稷五种谷类也。丈人言：“像你们这种人，手脚不动，五谷尚不能分辨。哪个是你的夫子，我怎么认得他呢？”说完了话，把拐杖插在田边，拿着蓧，去芸他的田了。子路知这丈人，也是个有道德的隐士，所以恭恭敬敬地拱手立着，看他芸田。“止”，留也。“为黍”，做饭也。过了一会，天色已晚，丈人留子路到他家里去宿夜，又杀鸡烹饭，请子路吃也。吃饭时，丈人又令他两个儿子来见子路。“食”，音嗣。“见”，音现。“反”，同返。第二日，子路赶上孔子，把遇见丈人及宿夜的事体，告知孔子。孔子说：“隐者也。”又使子路回到原处，去见丈人，和丈人说话。子路回到原处，那丈人已出门去不在家了。子路因丈人不在家，就把话和丈人的两个儿子说，使他们转达丈人。“不仕无义”者，言“不做官，则废君臣之义”也。昨晚丈人令两个儿子见子路，是知道长幼的礼节之不可废。但君臣、长幼，同属人伦，那么君臣之义怎么可以废掉呢？隐居不仕者，不过看得官场恶浊，要自己身子清洁些，不知因此把君臣一项的大伦乱掉了。君子的出仕做官，并不是为得爵禄起见，是为着要尽君臣之义。现在的时局，不能行道，是早已知道了！

逸民：伯夷、叔齐、虞仲、夷逸、朱张、柳下惠、少连。子曰：“不降其志，不辱其身，伯夷、叔齐与？”谓：“柳下惠、少连，降志辱身矣！言中伦，行中虑，其斯而已矣。”谓：“虞仲、夷逸，隐居放言，身中清，废中权。我则异于是！无可无不可。”

“少”“中”，均读去声。“与”，今作“欤”。“逸民”，是有德而隐居的一流人。伯夷、叔齐、柳下惠，均已见前。虞仲，朱《注》以为即泰伯之弟仲雍。但六人皆周时人，于商独举一仲雍，似乎不类；且仲雍在夷齐前百余年，而列于夷齐下，亦不合；夷齐并称，而泰伯不与仲雍并称，又可疑；且仲雍终为吴君，非民也。故周国价以为是仲雍的曾孙周章之弟，见《论语稽》。夷逸是夷诡诸之裔，见《尸子》及《说苑》。朱张，王弼以为即《荀子》所谓子弓者，但不知何所据。少连是东夷人，见《礼·杂记》及《家语》。孔子批评这几个逸民道：“不肯把自己的志向降屈，不肯使自己的身子受辱的，就是伯夷、叔齐两个人罢？”又说：“柳下惠和少连两个人，志向是降屈了，身子也受辱了。不过他们所说的话，都合于伦理，他们行出来的事，都合于思虑，如此而已。”又说：“虞仲和夷逸两个人，隐居而不仕于乱朝，放置世事而不谈（一说“放言”，是放肆其言，以论世事），他们的身子是合于清的；自己废弃以免祸患，又是合于权道的。”“我则异于是，无可无不可”者，是孔子说自己也。像上面所举的这些人，都有可有不可。至于孔子自己，不一定主张进，亦不一定主张退；可进则进，可退则退；义苟可进，虽乱亦进；义苟宜退，虽治亦退。孟子谓“孔子可以仕则仕，可以止则止，可以久则久，可以速则速”，亦即说他“无可无不可”。故曰：“孔子圣之时者也。”按：此章上面所举共有七人，而孔子所评只有六人。少一个朱张，这是记者的疏失。或朱张行事，当孔子时已失传，故孔子论列诸贤，不及其人。

大师挚适齐；亚饭干适楚；三饭缭适蔡；四饭缺适秦；鼓方叔，入于河；播鼗武，入于汉；少师阳，击磬襄，入于海。

“大”，今作“太”。“缭”，音僚。“鼗”，音桃。“少”，去声。此章记鲁哀公时，礼坏乐崩，所有乐师，多离开鲁国，到别处去也。大师，乐官之长也。挚，大师之名也。适齐者，去鲁往齐也。“亚饭”，即“次饭”，“亚饭”“三饭”“四饭”者，皆古时吃饭时奏的乐章。分管这些乐章的乐官，亦叫做“亚饭”“三饭”“四饭”等。任亚饭的乐官名叫干者，去鲁往楚国；任三饭的乐官名叫缭者，往蔡国；任四饭的乐官名叫缺者，往秦国也。“鼓方叔入于河”者，敲鼓的乐官名方叔，往河内地方去也。“播”，摇也。“鼗”，小鼓，有两耳，摇之则响。播鼗的乐官名叫武者，往汉中去也。“少师”，亦乐官，其人名阳，“击磬”，为专司击磬的乐官，其人名襄，这二人都往海中的岛上去了。一说，“河、汉、海，当以水滨言之。不必河内、汉中之地与海之岛也”。见《论语稽》。

周公谓鲁公曰:“君子不施其亲;不使大臣怨乎不以;故旧无大故,则不弃也;无求备于一人。”

周公封于鲁,自己留相成王,故使儿子伯禽,到鲁国去做君主,称为鲁公。此章记周公训鲁公之言。“施”,用也。“君子不施其亲”者,言君子为国君,不专用自己的亲戚也。旧解,谓不遗弃其亲;或谓不以他人之亲,易己之亲。前者以“施”为“弛”的假借,后者训“施”为“易”。“以”,用也。言不使大臣,我不用他也。故旧者,以前的旧臣也。“无大故则不弃”者,没有做错大事体,不弃掉他也。“无求备于一人”者,言一个人,只要有一技之长,就委以一技之职,则事无不举;不必求一个人,件件都能,而后用之也。

周有八士:伯达、伯适、仲突、仲忽、叔夜、叔夏、季随、季騧。

此章记周初的异事,亦记那时人才之盛也。一母生了四胎,每胎都是双生,所以所取的名,伯、仲、叔、季都有两个。那时一门之中,一母所生,即有俊杰八人,则人才之盛可知了。“适”,音括。“騧”,音乌瓜反。按:八士所生的时代,郑玄以为在成王时,刘向、马融以为在宣王时。卢文弨《释文考证》据《晋语》“文王即位,询于八虞”,以为八士文王时人,皆在虞官。孔广森《经学卮言》以为即武王时之尹氏八士,见《逸周书》。

[问题]

(一)何为殷之“三仁”?

(二)柳下惠何以三黜而不去?

(三)孔子何以去鲁?

(四)本篇所记隐逸之士有几人?对孔子的批评如何?

（五）许多乐官何以纷纷去鲁？
（六）本篇所记逸民有几人？孔子的批评如何？

第十九　子　　张

此篇所记，皆习孔子门弟子的话。

子张曰："士，见危致命，见得思义，祭思敬，丧思哀，其可已矣！"

"士"，即《子张》篇子贡、子路所问的士也。"见危致命"者，遇着应该做的事情，虽有危险，不顾性命，即孔子所说的"杀身成仁"，孟子所说的"舍生取义"是也。"见得思义"者，见有利益可得，要想一想这个利益是应该不应该得的。应该得的，则受；不应该得的，则不受也。"祭思敬，丧思哀"者，逢着祭祀，要想到恭敬，有了丧事，要想着哀戚也。子张以为如此做士，也算好了，故曰："其可已矣！"

子张曰："执德不弘，信道不笃，焉能为有？焉能为亡？"

"焉"，平声，副词。"亡"，今作"无"。"弘"，大也。"执"，守也。"笃"，厚也，切实也。言一个人守德而不能弘大之，信道而游移不定，不能切实，这种人，虽存在世间，何足重？虽没有了，何足轻？故曰"焉能为有焉能为亡"也。

子夏之门人，问交于子张。子张曰："子夏云何？"对曰："子夏曰：'可者与之，其不可者拒之！'"子张曰："异乎吾所闻！君子尊贤而容众，嘉善而矜不能。我之大贤与，于人何所不容？我之不贤与，人将拒我，如之何其拒人也？"

子夏的学生，去问子张交友之道。是子张问子夏的学生道："子夏如何说呢？"子夏的学生对答子张道："子夏曰：'可者与之，其不可者拒之。'""与"，今作欤。子张听了子夏门人述子夏的话，不以为然，故说："这和我所听到的交友之道不同。""矜"，怜也。言君子交友之道，当尊贤而容众，嘉善而矜不能，不当"可者与之，其不可者拒之"也。下两"与"字均同"欤"。我若是大贤人，对于他人，我都能够容纳他；我自己若是不贤，人家将拒绝我，不和我结交，我怎么还要拒绝人家呢？按：《集解》引包曰："友交当如子夏，泛交当如子张。"此言是也。孔子所谓"泛爱众，而亲仁"，"泛爱众"，即泛交，"亲仁"，即友交也。

子夏曰："虽小道，必有可观者焉；致远恐泥，是以君子不为也。"

"小道"者，不过是一技一艺之长，但也必有可取可观的地方也。"泥"，去声，滞陷不通也。这种小道，想久远行去，恐怕要行不通，所以君子不去学它。按《集解》云："小道，谓异端。"焦循《补疏》云："圣人一贯，则其道大；异端执一，则其道小。"

子夏曰："日知其所亡，月无忘其所能，可谓好学也已矣！"

"亡"，今作"无"。"好"，去声。"日知其所亡"者，知新也；"月无忘其所能"者，温故也。能温故而知新，"可谓好学也已矣"。

子夏曰："博学而笃志，切问而近思，仁在其中矣！"

"博学"，是对于各种学问，都要去学它。"笃志"，《集解》及皇邢《疏》皆训"志"为"识"，同志；"笃志"，即牢牢地记志。朱《注》"志"如字读，谓笃志好学，其义较长。"切"，切实也。切问，则不泛。皇《疏》谓："切，犹急也。"言所学有不明白的，应急去问人。近思者，问明白以后，再实心体认一番也。按《中庸》言："博学之，审问之，慎思之，明辨之，笃行之。”又言：“力行近乎仁。”此言博学、笃志、切问、近思，皆学问思辨之道，未及力行，但能从事于此，则仁自在其中也。

子夏曰：“百工居肆以成其事；君子学以致其道。”

“肆”，即工场。“事”，指百工之业。“致”，极也。言做百工的人，必须日日在工场里，然后才能专心致志，各成其业。君子亦必须力学，乃能深造其道。或曰：“此‘学’字以地言，乃学校之学，与‘居肆’相对，省一‘居’字。”见赵佑《温故录》。

子夏曰：“小人之过也必文。”

“过”，是过失。“文”，去声，就是掩饰。小人惮于改过，而不惮于自欺，所以做错了事，一定自己要掩饰，不肯认错也。若是君子，则做错了事情，就老老实实认错，不过下回小心，不再做错罢了。这是君子与小人不同的地方。

子夏曰：“君子有三变：望之俨然，即之也温，听其言也厉。”

“三变”者，在他人视之，有三种不同的态度，不是君子有意做出这三种态度也。“望之俨然”者，一时望见他，觉得他的容貌，十分庄重也。“即之也温”者，去和他接近时，他又是颜色温和也。“听其言也厉”者，他虽然待人和气，但说出来的话，又是很严正的也。

子夏曰：“君子信而后劳其民，未信，则以为厉己也；信而后谏，未信，则以为谤己也。”

“君子”，指在位之人。对人民，必须自己先有信用，然后再使人民做劳苦的工役；若没有信用，就要使人民做劳苦的工役，则人民必以为是虐政。“厉”，害也。对国君，也必先使国君信任自己，然后去谏；若国君不信任而去谏，则必以我之谏为谤毁他，不但于事无济，而反受其祸也。

子夏曰：“大德不逾闲；小德出入可也。”

“闲”，音贤，犹现在一般人所常说的“范围”。做人，只要大处不逾越范围，至于小事体，日常的琐碎言动，就是在范围内外，偶然出入些，也是可以的。按：此为拘小节而坏大防者发。《书》曰：“不矜细行，终累大德。”故“出入”两字，只是出入于范围的内外，不能太远于范围。

子游曰：“子夏之门人小子，当洒扫应对进退则可矣！抑末也！本之则无，如之何？”子夏闻之曰：“噫！言游过矣！君子之道，孰先传焉？孰后倦焉？譬诸草木，区以别矣！君子之道，焉可诬也？有始有卒者，其惟圣人乎？”

此章是子游批评子夏之教学生也。言“子夏的学生，对于洒水扫地，对付人家说话，以及关于进退等种种仪节，是都学得不错。但这些都是末务，至于做人的根本，却没有学到，这是什么教法”也。子夏闻子游的批评，不以为然，故加以辩驳说明。“噫”，叹词。“君子之道”，即子游所谓“本”也。“传”，传授也。“倦”即“诲人不倦”之倦。言君子之道，谁当为先而传之，谁当为后而倦教。施教贵于因材。人之材质，譬如草木，种类不同。若欲概以君子之道传之，是诬君子之道也，此岂可乎？按：《汉书·薛宣传》用此，“诬”作“怃”。《注》引苏林曰：“怃，同也。”言君子之道，焉可一律以之教人也。始卒，即始终，亦即本末。《大学》言：“物有本末，事有终始。”是其证。“有始有卒”，即本末兼具。此惟圣人能之，非可责之门人也。

子夏曰："仕而优则学。学而优则仕。"

"优"者，有余裕之意。言仕而有余力，仍须求学，学而有余裕，始可仕也。

子游曰："丧致乎哀而止。"

"致"，至也，极也。"丧致乎哀而止"，向来有两种解释。《集解》引孔《注》说，谓居丧至能尽哀而止。哀不足，固不可；哀有余，而至灭性、伤生，亦不可也。朱《注》说，居丧至能尽哀而止，不尚文饰。二说并通。

子游曰："吾友张也，为难能也！然而未仁。"

张，谓子张也。子游说："我的朋友子张，做到像他的人，已经是不容易了！然而还没有做到仁人的地位。"

曾子曰："堂堂乎张也！难与并为仁矣。"

此曾子说子张也。"堂堂乎"，是曾子说子张的容仪。子张仪容堂皇，过于务外自高，故人不能辅他为仁，他亦不能辅人为仁也。

曾子曰："吾闻诸夫子：'人未有自致者也，必也亲丧乎！'"

"自致"，犹云自己尽心。《论语稽》曰："'自'之云者，出于性情之真挚，不待勉强，自然而然也。"言人于他事，未有能自尽其心者，只有对于父母的丧事罢。孟子曰："亲丧，固所自尽也。"意与此同。

曾子曰："吾闻诸夫子：孟庄子之孝也，其他可能也；其不改父之臣，与父之政，是难能也。"

孟庄子，鲁国的大夫，姓仲孙，名速，是孟献子（仲孙蔑）之子。孔子说他的孝行,别的事情,是人人做得到的;只有他在父亲死后,于父亲所用的人,及父亲所行的各种政事,都不改换,这是别人家难以做到的。按孔子此言,与“三年无改于父之道,可谓孝矣”,同一意思。但亦因庄子的父亲献子,是有贤德的,所以才这样说。否则,正当干父之蛊矣。

孟氏使阳肤为士师,问于曾子。曾子曰:“上失其道,民散久矣! 如得其情,则哀矜而勿喜。”

阳肤,是曾子的弟子。“士师”,犹现在的管狱员。阳肤要去做管狱员,故来问曾子也。“上失其道,民散久矣”者,言在上位的人,久已失了教养人民之道,因之民心离散而为种种犯法的事体也。按:当时世卿如季氏等类,皆剥民以肥私,民之陷于罪,其情确有不可言、不忍言者。“如得其情,则哀矜而勿喜”者,谓查得其犯罪行为的实情,要哀怜他,不要以为他作了恶,犯了罪,被我查出,自以为能而欢喜也。哀矜者,哀其罹刑,怜其无知,或有所不得已也。

子贡曰:“纣之不善,不如是之甚也。是以君子恶居下流,天下之恶皆归焉。”

两“恶”字,上为好恶之“恶”,下为善恶之“恶”。纣,即殷朝亡国的君主。言纣的不好,实在没有如一般人所传说的那样厉害。“下流”,本谓江河将入海之处。上流的水,都流到这里入海,故所有的浊水,下流里都有。一个人做了恶事,后人把种种罪恶,都归在他身上,好像居在江河下流,浊水都流到这里也。所以君子不肯自居于下流,以致天下的罪恶,都归在自己身上。近人顾颉刚,曾作《纣七十罪恶》一篇文章。他从各种古书上,搜集说纣王罪恶的言语,共有七十件大罪。但他所述最古的书,说纣王的，不过几句平常罪恶的事体。这很可为本章“纣之不善，不如是之甚”及“天下之恶皆归焉”诸语的实证。

子贡曰：“君子之过也，如日月之食焉：过也，人皆见之；更也，人皆仰之。”

子夏曾说“小人之过也必文”。此章子贡说君子之过不文，而且能改过也。“食”，即“蚀”字。子贡说：“君子做错了事，好像日蚀月蚀。”君子对于错处，并不遮瞒，所以大家都看见他，好像日蚀月蚀时，大家都看见日月的失明也。“更”，就是“改”。君子能够改过。等到改了以后，人家仍旧信仰他是个君子，这又好像日蚀月蚀之后，人们仰望日月，见其朗然如故也。

卫公孙朝问于子贡曰：“仲尼焉学？”子贡曰：“文武之道，未坠于地，在人。贤者识其大者，不贤者识其小者，莫不有文武之道焉。夫子焉不学？而亦何常师之有？”

“朝”，音潮。“焉学”“焉不学”的“焉”，均平声，副词。“识”，今作“志”。公孙朝，是卫国的大夫。当时鲁有成大夫，公孙朝；楚有武城尹，公孙朝（均见《左传》）。郑子产之弟亦叫公孙朝（见《列子》），故此标“卫”字以别之。公孙朝向子贡问道：“孔子学于什么人？”“文武之道”，指周文王、武王所定一切礼乐文章。“未坠于地”，言未亡失也。贤人记得文武之道之重大的，不贤的人记得文武之道之细小的。是贤者与不贤者，都有文武之道保守着也。夫子无所不学，哪里有一定的老师呢？按：孔子学琴于师襄，问礼于老聃，访乐于苌弘，问官于郯子，即其无常师之证。

叔孙武叔语大夫于朝曰：“子贡贤于仲尼。”子服景伯以告子贡。子贡曰：“譬之宫墙，赐之墙也及肩，窥见室家之好。夫子之

墙数仞，不得其门而入，不见宗庙之美，百官之富。得其门者或寡矣！夫子之云，不亦宜乎？”

叔孙武叔，鲁国的大夫叔孙州仇也。“武”，是他的谥。“语”，去声。“朝”，音潮。叔孙武叔在上朝的时候，对大夫们说子贡贤于孔子也。子服景伯，已见前《宪问》篇注。他听了叔孙武叔的话，去告诉子贡。宫墙，是房屋的围墙。古时候自天子以至士，所居都可称“宫”。“仞”，是长度的名称，或言七尺，或言八尺。《论语稽》谓以《周礼》沟、洫、浍深广之文考之，当以八尺为断。两“夫子”，前指孔子，后指叔孙武叔。子贡言以房屋的围墙作譬，我的墙，不过和人的肩部这般高，所以在墙外，可以看见墙里人家房屋的美好。孔子的墙，高到几仞了。如果你找不到他的门，不能走进去，便不能见到里面祖庙的华美，朝堂官吏的众多。一般人不明白夫子的高深之道，好像这所房屋的门，能够找到的少，里面的情形能够看见的也少。叔孙武叔自然也不能够明白夫子之道，他说我贤于夫子，不是应该的吗？

叔孙武叔毁仲尼。子贡曰：“无以为也！仲尼不可毁也。他人之贤者，丘陵也，犹可逾也；仲尼，日月也，无得而逾焉。人虽欲自绝，其何伤于日月乎？多见其不知量也！”

叔孙武叔谤毁仲尼，故子贡发此论。“无以为”，犹云无用为此毁也。他人之贤，譬如丘陵，尚可逾越；仲尼之圣，则如日月，至高至明，无人得而逾越之。“多”，只也，适也。人虽欲自绝于日月，于日月何害，适足以见不知自度其德、自量其力而已。皇《疏》解“量”为圣人之度量，言只见汝之愚暗，不知圣人之度量而已。亦可通。

陈子禽谓子贡曰：“子为恭也，仲尼岂贤于子乎？”子贡曰：

“君子一言以为知，一言以为不知，言不可不慎也！夫子之不可及也，犹天之不可阶而升也。夫子之得邦家者，所谓立之斯立，道之斯行，绥之斯来，动之斯和。其生也荣，其死也哀，如之何其可及也？”

陈子禽，皇《疏》说不是孔子的弟子陈亢（见前《学而》篇），当是另一同姓名的人。他见子贡时时称赞孔子，所以对子贡说：“是你对先生恭敬而已，孔子岂能比你好吗？”“知”，今作“智”。子贡答陈子禽说：“君子说一句话，说得不错，则人家以为他智；说错了，则人家以为他不智。说话，是不可不谨慎的。孔子之不可及，好像天一般，是不可用阶梯升上去的。孔子如果得国而为诸侯，得家而为大夫，其于人民，立之以礼则人立，导之以教令则人行，安抚之则近悦而远来，役使之则心悦而诚服（此从皇《疏》）。活着的时候，人人敬爱，非常荣显；死了，人人为他悲哀。像夫子这样的人，怎么能够及得上呢？”

［问题］

（一）子夏子张论交友之道有何不同？

（二）何谓“日知其所亡，月无忘其所能”？

（三）何谓“博学笃志，切问近思”？

（四）小人，君子，有过失时，有何不同？

（五）何谓“君子有三变”？

（六）何谓“大德不逾闲，小德出入可也”？

（七）子游子夏论教育有何不同？

（八）子游曾子对子张之批评如何？

（九）何谓“如得其情，则哀矜而勿喜”？

(十) 叔孙武叔陈子禽皆谓子贡贤于仲尼,其说然否?

第二十 尧　曰

此篇凡三章:《尧曰》章载二帝三王之事;《子张问》章记子张与孔子问答;《不知命》章记孔子的言语。篇幅最短,体例亦杂。《古文论语》又分《子张问》以下别为一篇,更不伦矣。

尧曰:"咨!尔舜,天之历数在尔躬。允执其中,四海困穷,天禄永终。"

尧因自己的儿子丹朱不肖,乃把天子之位传于舜。此节系尧对舜所说的话也。"咨",音资,嗟叹声也。"尔",你也。《尚书·洪范》五纪:"一曰岁,二曰月,三曰日,四曰星辰,五曰历数。"《尧典》云:"乃命羲和,钦若昊天,历象日月星辰,敬授民时。""历数",即"历象",岁月日星辰运行之法也。古代以定历数为王者之大事,故尧禅位于舜,曰"天之历数在尔躬"也。"允"者,信也,诚也。"执中"者,即《中庸》称舜"执其两端,用其中于民"也。"中"者,无过不及之中道。天子玉食万方,其禄自天予之,故曰"天禄"。朱《注》云:"四海之人困穷,则君禄亦永绝矣。戒之也。"毛奇龄《论语稽求篇》则云:"四海困穷是儆辞,天禄永终是勉辞。盖四海当念其困穷,天禄当期其永终也。"二说均通。

舜亦以命禹。

"舜"的儿子商均亦不肖,舜把天子位,传授于夏禹,仍把尧的话,告知禹也。按:江声《尚书集注音疏》疑上节为《舜典》佚文,东晋《伪古文尚书》入之《大禹谟》中。

曰："予小子履，敢用玄牡，敢昭告于皇皇后帝：有罪不敢赦。帝臣不蔽，简在帝心。朕躬有罪，无以万方；万方有罪，罪在朕躬。"

履，音吕，商王汤之名。"予小子履"云云者，汤自称也。禹受了天子之位，传到桀为天子，暴虐无道，被商王赶出在南巢的地方，汤遂自己做了天子。此汤告于天之辞也。"玄牡"，黑色的牺牲也。"昭"，明也。"皇"，大也。"后"，君也。"皇皇后帝"，指天上的上帝。夏尚黑，商尚白；此时商初克夏，尚未改所尚，故仍用玄牡。"帝臣"，《集注解》谓指桀。桀为天子，亦为上帝之臣，故曰"帝臣"。言我对于有罪的人，不敢违天赦他。像桀的罪过，已经不能给他隐蔽了。"简"，阅也。他的罪过，已经简阅在上帝的心里也。"朕"，音阵，我也，汤自称。言我身若有罪过，与万方的人民，是无与的；至若万方人民有罪，那是我天子做得不好，应该将这个罪，责在我身上。朱《注》云："言桀有罪，已不敢赦；而天下贤人皆上帝之臣，己不敢蔽。简在帝心，惟其所命。"与《集解》说异。又朱《注》以此为汤的请命于天而伐桀之辞。《吕氏春秋·顺民》篇、《墨子·兼爱》下，则均以为克夏后大旱祷天之辞。东晋《伪古文尚书》采此节入《汤诰》，而辞句稍异。

周有大赉，善人是富。"虽有周亲，不如仁人。百姓有过，在予一人。"

汤做天子以后，传到纣王，也是个无道之君。周武王伐之。纣兵败，自己举火烧死，商朝又换了周朝。"赉"，赐也。"富"，多也。"周有大赉，善人是富"者，言天赐周朝许多善人也。一说周家大赐财帛于天下之善人，善人因是而富也。"周亲"，至亲也。纣王的至亲，有箕子、微子、比干等，虽然很多，但不能用，不如周家有许多仁人，而都能用，故曰“虽有周亲，不如仁人”也。按：此本孔颖达《诗疏》之语，朱《注》亦采之。《集解》引孔《注》谓“周亲”是指管叔、蔡叔，“仁人”是指箕子、微子，并以诛管蔡，封箕微，为“虽有周亲，不如仁人”。是“周”为周代。“百姓有过，在予一人”二语，与上文汤“万方有罪，罪在朕躬”的话，同一意义。按：“虽有周亲……”四句，亦见《墨子·兼爱》中，宋翔凤以为封太公之辞。《伪古文尚书》采入《泰誓》，以为誓师之辞。

谨权量，审法度，修废官，四方之政行焉。兴灭国，继绝世，举逸民，天下之民归心焉。所重民：食、丧、祭。宽则得众，信则民任焉，敏则有功，公则说。

以此下，皆周得天下以后之作为也。“权”，称重轻的秤也。“量”，量多少的斗斛也。“谨”者，整饬之，使民谨守也。成蓉镜《经义骈枝》谓“法度”与“权量”相对为文，当为二事。“法度”，即“律度”。“律”，谓十二律，乐声也；“度”，谓尺，量长短者也。“审”，谓审察之，使归于一。此二语，即《尚书·尧典》之“同律度量衡”。朱《注》则谓礼乐制度皆是“法度”。成氏又谓修废官者，即修掌权量法度之官。《集解》及朱《注》不释“举废官”，盖谓凡已废之官皆修举之。能“谨权量，审法度，修废官”，则四方的政事，都很顺遂地施行了。“灭国”，谓已被灭之诸侯国；“绝世”，谓世系断绝，祭祀已废者；“逸民”，谓有贤德而遗逸在路之人。能“兴灭国，继绝世，举逸民”，则天下的人民，都归心了。“所重民：食、丧、祭”者，即《伪古文尚书·武成》篇所谓“重民五教，惟食、丧、祭”也。食为民命所关，故重之；“慎终追远，民德归厚矣”，故又重丧与祭也。《集解》引孔说以民、食、丧、祭四项并列，亦通。“宽则得众，信则民任焉，敏则有功”三语，与《阳货》篇答子张问仁语同。

“公则说”者，“说”，今作悦，言为政事事公平，则人民都欢悦也。

本章凡五节：一记尧禅舜时语；二记舜禅禹亦以尧语告禹；三记汤告天语；四记周武王事；第五节，皇《疏》以为明二帝三王所修相同之政。《汉书·律历志》引“谨权量”云云，以为是孔子语。

子张问于孔子曰：“何如，斯可以从政矣？”子曰：“尊五美，屏四恶，斯可以从政矣！”子张曰：“何谓五美？”子曰：“君子惠而不费，劳而不怨，欲而不贪，泰而不骄，威而不猛。”子张曰：“何谓惠而不费？”子曰：“因民之所利而利之，斯不亦惠而不费乎？择可劳而劳之，又谁怨？欲仁而得仁，又焉贪？君子无众寡，无小大，无敢慢，斯不亦泰而不骄乎？君子正其衣冠，尊其瞻视，俨然人望而畏之，斯不亦威而不猛乎？”

子张问何如则可以从政。孔子告以“尊五美，屏四恶”。屏，去声，除去也。子张不知何谓“五美”，故孔子列举“惠而不费……”五语告之。子张仍不解其意，故孔子又逐句解释之也。“因民之所利而利之”者，邢《疏》云：“民居五土，所利不同。山者，利其禽兽；渚者，利其鱼盐；中原，利其五谷。人君因其所利，使各居所安，不易其利，则是惠爱利民，在政，且不费于财也。”“择可劳而劳之，又谁怨”者，意思是拣择可以使人民劳作之时，而又为人民所能够劳作的事，去叫人民劳作，人民自然不生怨恨之心也。“焉”，平声，副词。一般的“欲”，总是贪财货。但若以仁爱待民，为己之“欲”，则只要能以仁爱待民，即得所“欲”，又哪里会有贪财货的毛病也。常人之情，见人众则怕，遇位高的大人则敬。君子则不然，无论众寡小大，都不存轻视之心，怠慢之意，如此，故常舒泰，而又并不骄傲也。把衣冠穿戴得端端正正，又能庄以莅之，则观瞻所及，自能令人尊敬。人见了他的威仪俨然，自然会畏敬他，但并不以凶猛威吓人也。

子张曰："何谓四恶?"子曰："不教而杀谓之虐。不戒视成谓之暴。慢令致期谓之贼。犹之与人也，出纳之吝，谓之有司。"

子张明白了五美，又问："什么叫四恶呢?"孔子以下四语告之。不先以礼义教导百姓，见百姓犯了罪，便把他杀了，这叫做"虐"。叫百姓做事，不预先告诫百姓，开着眼睛，等到事体做成以后，再去下批评，加刑罚，这就是"暴"。慢其令于先，而刻期于后，百姓不能照着期限做成，就加以刑罚，这叫做"贼"。贼，残害也。"犹之与人也"，言这笔钱，总是要给人的，而于出纳之间，妄生吝惜之意，舍不得拿出去，这可说是"有司"。"有司"，皇《疏》谓是库吏之属。言为政者于应当与人之款，若像库吏的吝于出纳，如军旅之费，迟之则败征见；灾赈之需，延之则饿莩众矣。故孔子以为是四恶之一。

子曰："不知命，无以为君子也。不知礼，无以立也。不知言，无以知人也。"

这章的"君子"，是指有道德知识的人。言不知有命而信之，则见害必避，见利必趋，不能成为君子也。《韩诗外传》及董仲舒《对策》均言人受天命以生，故有仁义礼智之心，故不知命，无以为君子。此说亦通。"礼"为人生日用间所不能无，故不知礼的人，不能立于社会也。按：《泰伯》篇孔子曰"立于礼"，《季氏》篇孔子告伯鱼曰"不学礼，无以立"，均与此同旨。《易·系辞》云："将叛者，其辞惭；中心疑者，其辞枝；吉人之辞寡；躁人之辞多；诬善之人，其辞游；失其守者，其辞屈。"故听人言语的得失，可以知人的邪正，不知言，就不能知人。

[问题]

（一）何谓“允执其中”？

（二）何谓“谨权量，审法度”？

（三）何谓“所重民食丧祭”？

（四）何谓“五美”？

（五）何谓“四恶”？

（六）何谓“知命、知礼、知言”？

孟子读本

《孟子》

《汉书·艺文志》诸子略儒家有《孟子》十一篇，班固自注云："名轲，邹人，子思弟子。"是《孟子》一书，本在子部之列，宋儒喜言心性，大抵宗孟子性善之说，故特加提倡，朱子既作《论语集注》复取《小戴礼记》中《大学》《中庸》二书，为作《章句》，又作《孟子集注》，与《论语》《大学》《中庸》合称"四书"。盖以《大学》为曾子（名参）所述，《中庸》为子思（孔伋，孔子孙）所作，曾子传孔子"一贯"之道，授之子思，子思又授之孟子，孔、曾、思、孟，一脉相传，为道统所在也。自是而后，子部之《孟子》，乃一跃而为"经"矣。今"十三经"中有《孟子》，以此。

《汉志》，《孟子》凡十一篇。《史记·孟子荀卿列传》则云"作《孟子》七篇"。《风俗通·穷通》篇言孟子作书中外十一篇，是七篇为中，余四篇为外。赵岐《孟子注》亦仅七篇，其《题辞》云："又有外书四篇，性善辨文说孝经为政，其文不能宏深，不与内篇相似，似非孟子本真，后世依放而托也。"是此四篇东汉末犹存，司马迁殆亦知为后人依托，故径云七篇耳。顾炎武《日知录》，谓《史记》《法言》《盐铁论》诸书所引《孟子》，今《孟子》七篇中无其文，疑即在外篇中。《隋书·经籍志》有梁綦毋邃《孟子注》九卷，较他家注本多二卷，或外书四篇，梁时尚存其二。孙奕《示儿编》谓尝闻前辈言，馆阁中有《孟子外书》四篇，曰《性善辨》，曰《文说》，曰《孝经》，曰《为政》。此为传闻之辞。刘昌诗《芦浦笔记》

谓其乡新喻谢氏藏有《性善辨》一帙，似系曾亲见之。但《论衡·本性》篇云："孟子作《性善》之篇。""辨"字似当与"文"字合为一篇名，"说孝经"则三字为一篇名。因《孝经》本另为一书，《孟子》篇名，不当但云"孝经"。今四篇均亡，无从详考矣。至明末姚士粦所传《孟子外书》四篇，云是熙时子注（相传即刘贡父），有马廷鸾序者，则又伪托之伪书也。

《孟子》虽入诸子略，而其体例与《老子》《墨子》《庄子》《荀子》诸书不同，却极似《论语》。疑亦如《论语》，为诸弟所记，后乃纂辑成书者。赵岐《题辞》云："七十子之俦，会集夫子所言，以为《论语》，……《孟子》之书则而象之。"书中记公孙丑、万章问答为最多，疑即二子所辑录。故于陈子、孟仲子等均称曰"子"，于孟子所见之时君，皆称其谥也。《论语》中长篇极少，其语意亦多含蓄；《孟子》长篇甚多，文笔则波澜翻腾，言辞则锋芒锐利。此固由于孔子、孟子个性与修养之不同，但亦时代使然。老子与孔子同为春秋末人，庄子与孟子同为战国时人，故《老子》质朴似《论语》，《庄子》雄奇似《孟子》。观此，可以知周末文学之变迁矣。

《史记》本传言孟子"受业子思之门人"。《索隐》引王劭说，以"人"为衍字。故赵岐《题辞》亦云："长师孔子之孙子思。"《史记·孔子世家》谓："子思卒年六十二。"孔子卒于周敬王四十一年；子思之父伯鱼，先孔子三年卒；子思最迟当生于伯鱼卒之年。而孟子明言子思当鲁缪公时，而自缪公元年上溯至孔子卒年，已六十八年，则子思之年寿不止六十二，明矣。但孟子曾及见鲁平公，自平公元年上溯至缪公元年，凡九十三年；子思、孟子即均高寿，子思卒时，孟子亦仅为孩提之童，决不能亲受业于子思也。焦循《孟子正义》、赵岐《题辞》疏中，考之甚详。以此为研究《孟子》者所不可不知，故略述之。

第一　梁 惠 王 篇

1.1　孟子见梁惠王。王曰:“叟!不远千里而来,亦将有以利吾国乎?”

梁惠王即魏侯罃。周显王三十五年,和齐威王会于徐州,后三十七年,自称为王。本都安邑,后迁于大梁,于是称魏惠王,又称梁惠王。按:《史记》惠王三十五年,大招贤士,故孟子到梁。“叟”,老人之称。当时秦国用商鞅,国富兵强,魏国受其压迫而迁都,故梁惠王一见孟子,便问以“利”。所谓“利”者,乃指富国强兵之术,如商鞅之相秦也。

孟子对曰:“王何必曰利?亦有仁义而已矣!王曰何以利吾国,大夫曰何以利吾家,士庶人曰何以利吾身:上下交征利,而国危矣!万乘之国,弑其君者,必千乘之家。千乘之国,弑其君者,必百乘之家。万取千焉,千取百焉,不为不多矣!苟为后义而先利,不夺不餍。”

“弑”,音试。“餍”,音厌。梁惠王所说之利,就是富国强兵,以侵略征伐为荣。而孟子却主张王道,王道所重的是“仁义”。仁义是以“仁爱”和“正义”——就是以德治天下,与当时之以霸力服人者,旨趣绝对不同。所以孟子对梁惠王第一句便说“何必曰利”,针对着当时诸侯的缺点来说。这是孔孟政治学说的基本，也是全部《孟子》的中心。

“征”，取也，上下交取，谓之“交征”。交征的原因，是国人都重于一己之利，“仁”是爱人，爱人便不利征，“义”是正谊，正谊便不乱取，所以尊利而国乱，重仁义而国治。三代时，天子称王，天子之国，有兵车万乘，诸侯或称伯、称子、称男、称公、称侯，有兵车千乘。到孟子时，各国诸侯，都已自己僭称为王，都有兵车万乘，所以有万乘千乘之说。“餍”，就是满足。“万取千焉，千取百焉，不为不多矣”，是说帝王拥有万乘，而诸侯有他的十分之一，诸侯拥有千乘，而贵族有他的十分之一，十分之一的数目，在理已经是不少了。然而终是以“利”为前提，那么非争夺不能满足。这是专务争权夺利的害处，其结果必使国家走上危亡的道路。故曰：“上下交征利，而国危矣！”只有仁义则不然。

“未有仁而遗其亲者也！未有义而后其君者也！王亦曰‘仁义’而已矣，何必曰利？”

《中庸》言：“仁者，人也；亲亲为大。”孝亲是仁的根本。不能爱其父母，焉能爱别人？君臣的关系是义，义者不后其君，所以便无篡夺之事。这是孟子拿“仁义”和“利”来比较的话。末二句是他的结论。

1.2　孟子见梁惠王，王立于沼上，顾鸿雁麋鹿，曰：“贤者亦乐此乎？”孟子对曰：“贤者而后乐此，不贤者，虽有此不乐也。”

“沼”，池也。“乐”，欢乐之乐。据《战国策》上的记载：“梁王魏婴，觞诸侯于范台，鲁君避席择言曰：……今主君前浃林而后兰台，强台之乐也。……”可见梁王很喜欢建奢华的池苑的。这时候，他竟以此为荣，所以孟子说出这番理论。鸿雁麋鹿，都是花园中所蓄养，以点缀景色的动物，梁王的话，意思是问孟子，你也喜欢这些吗？这是梁王随便的一句问话，而孟子却说出许多理由和故实来。“贤者而后乐此，不贤者虽有此不乐”者，贤者以仁义之道治国，国家安宁，故有此乐；不贤者当国，国不可保，争乱日多，虽多池苑，亦不能享乐也。

“《诗》云：‘经始灵台，经之营之，庶民攻之，不日成之。经始勿亟，庶民子来。王在灵囿，麀鹿攸伏。麀鹿濯濯，白鸟鹤鹤。王在灵沼，于牣鱼跃。’文王以民力为台为沼，而民欢乐之，谓其台曰灵台，谓其沼曰灵沼，乐其有麋鹿鱼鳖。古之人与民偕乐，故能乐也。”

这是孟子引《诗经》里《大雅·灵台》篇的句子。《诗序》解释这篇的意义道：“灵台，民始附也；文王受命而民乐其有德，以及鸟兽昆虫焉。”“经始”，是开始计划。“经之营之”，是有了规划而进行营治。“攻”者，是用力治造的意思。“庶民攻之，不日成之”者，说文王叫百姓来造灵台，百姓很高兴给文王出力，不到几日，便造成功了。“亟”，同“急”。“经始勿亟，庶民子来”者，说文王并不督着百姓，急速完工，而百姓却自愿给文王造台，好像儿子为父母做事，一齐努力。下文是说文王在灵台的乐处。“囿”，即花园。“麀鹿”，是雌鹿。“攸伏”有二说。郑玄《毛诗笺》说：“攸，所也。文王亲至灵囿视牝鹿所伏之处，言爱物也。”而赵翼以为“伏”字即古之“包”字，而“包”字的本义是怀妊。按：下文都说到各种动物优游自得的态度，所以“攸伏”也以作“游伏”解为妥当。“麀鹿濯濯”者，麀鹿身上的毛，非常肥泽；“鹤鹤”者，形容鸟毛的洁白。“于”，音乌，叹词。“牣”，音刃，满也。说文王到小池边去,看见水中满游着的鱼,活泼地跳跃着。焦循说:"'灵'训善,灵台即善台,灵沼即善沼。"这灵台灵沼之名,是由于人民爱戴文王而取的名字。所以孟子说:"以民力为台为沼,而民欢乐之。""偕乐",就是同乐的意思。

"《汤誓》曰:'时日害丧?予及女偕亡。'民欲与之偕亡,虽有台池鸟兽,岂能独乐哉?"

上段是孟子引《诗经》,证明"贤者而后乐此"的话,这段孟子又引用桀的故事来说明"不贤者虽有此不乐"的意义。《汤誓》,《尚书》篇名。《书序》说:"伊尹相汤伐桀,升自陑,遂与桀战于鸣条之野,作《汤誓》。""时",是也。"害",音"曷",同"盍","何不"的意思。"时日害丧,予及女偕亡",是《汤誓》文中述百姓的话。因夏桀自己曾说:我犹如天上的日,日不亡,我也不亡。所以百姓就引用桀的话,说这个日何以还没有丧亡?我们这种苦楚,已够了,愿与你同归于尽。这故事正证明"独乐"之不可能。民心既失,即有台沼,欲独自乐,也是做不到的。

1.3 梁惠王曰:"寡人之于国也,尽心焉耳矣!河内凶,则移其民于河东,移其粟于河内;河东凶,亦然。察邻国之政,无如寡人之用心者。邻国之民不加少,寡人之民不加多,何也?"

古之君主,自己谦称"孤"与"寡人"。"焉耳",何休说是"于是"的意思,河内河东,都是梁国的地方。"凶",指水灾旱灾等祸患。梁王的意思,他已尽心想利百姓,使百姓安谧了,而邻国却没有这种仁政,何以邻国的百姓不移居到梁国来呢?

孟子对曰:"王好战,请以战喻。填然鼓之,兵刃既接,弃甲曳兵而走。或百步而后止,或五十步而后止。以五十步笑百步,

则何如?”曰:“不可！直不百步耳,是亦走也。”

“好”,去声。“喻”,比喻。孟子知梁惠王最喜战争,就把战事来做比喻。“填”,鼓声。古代战争的时候,击鼓而兵进,击金而兵退。“兵刃既接”,是说战争已开始。“曳”,拖也。“兵”,兵器也。“弃甲曳兵”,是败退的意思。“以五十步笑百步”,意思是说,逃了五十步的人在取笑逃一百步的人,说他们胆怯或无用。“曰不可”,是梁王的答话。王引之《经传释词》:“直,犹特也,但也。”“直不百步”者,乃是说,既然都是逃走,其两者间之差很小,有什么可以取笑别人?

曰:“王如知此,则无望民之多于邻国也。”

此段又是孟子的话。赵岐解释道:“孟子曰:‘王如知此不足以相笑。王之政,犹此也。王虽有移民转粟之善政,其好战残民,与邻国同,而犹望民之多,何异于五十步笑百步者乎?’”意思是说梁王虽然关怀百姓,好行小惠,但比之邻国好得不多,犹战陈时逃卒五十步与百步之差。既然相去无几,百姓如何能加多?

“不违农时,谷不可胜食也;数罟不入洿池,鱼鳖不可胜食也;斧斤以时入山林,材木不可胜用也。谷与鱼鳖不可胜食,材木不可胜用,是使民养生丧死无憾也。养生丧死无憾,王道之始也。”

此段即根据上文,再告王要使百姓加多,须先施以王道仁政;而王道仁政,以民生为本。“农时”指民众耘耕之时序,春耕夏耘,秋收冬藏,即所谓农时也。使百姓征伐,不得耕耘,便失其农时了。“胜”,音升。不可“胜食”,是吃不胜吃的意思。“数”,音促,细也;“罟”,网也;“数罟”,是密网。“洿”,音污。“洿池”,

是深池。不用密网，到深池里去捕鱼鳖，使小的都得长大。高诱说："古者鱼不尺不升于俎，这样可以使鱼不致绝种。"孟子所说，亦是此意。"斧斤以时入山林"者，山里的草木，要在适当的时节去砍伐也。秋冬时，草木已黄落，或已枯槁，然后拣取不会再长的树木，用斧砍下，如此便保存了将来尚须生长的许多树木。"憾"，恨也。"养生"，是为生者谋生。"丧死"，是为死者治丧。养生丧死，指人民之生计既裕，则养生丧死，一切可以无憾了。这是以民生为国力基础的说法，是仁政，也是推行王道的初步办法，故曰"王道之始也"。

"五亩之宅，树之以桑，五十者，可以衣帛矣！鸡豚狗彘之畜，无失其时，七十者，可以食肉矣！百亩之田，勿夺其时，数口之家，可以无饥矣！谨庠序之教，申之以孝弟之义，颁白者，不负戴于道路矣！七十者，衣帛食肉，黎民不饥不寒，然而不王者，未之有也！"

此节是说推行王道的具体办法。"五亩之宅"，据赵岐所说，是一夫所受，二亩半在田，二亩半在邑，田中不得有木，恐妨五谷，故于墙下植桑，以供蚕事。古代庶人的衣料是布，《周礼》上说："庶民不蚕者不帛。"所以有许多人到老不能穿帛。孟子说五十衣帛，是养老之意。"豚""彘"，是小猪。"鸡豚狗彘"，统言农家所豢养的牲畜。"畜"，养也。"时"，是说动物孵化和生育的时候。这意思和"数罟不入洿池"一样，是使生物自然滋长的方法。人到七十岁，非肉不能滋补。家中既常养着鸡豚狗彘，肉类就不会短缺，故曰："七十者，可以食肉矣！""百亩之田"，是古时一夫妇，常规定种田百亩。"勿夺其时"，就是上段所说不违农时。如是百姓有得吃，有得穿了。但是，训练人民不单是使他们衣食足而已，还得教化他们，所以下文又说，“谨庠序之教，申之以孝弟之义”。“庠序”，赵岐说：“殷曰序，周曰庠。”是古代学校之名称。“谨”者，严饬的意思。“申”，反复说明也。“弟”，今作“悌”。孝父母曰孝，爱兄弟曰悌。孝悌是仁义的出发点。“颁白”，就是头发半白的老人。“负戴于道路”，是说把重大东西，用肩挑着或用头顶着，在道路上走。这是说举办了学校，教百姓都晓得“孝”“悌”。做子弟的，都能替父兄去做事。因此颁白者，便不负戴于道路上了。到了这时候，七十的老人，能够衣帛食肉，少壮的黎民，也不忧饥寒，就是教化大行，王道成功的时候。

“狗彘食人食而不知检，涂有饿莩而不知发。人死，则曰：‘非我也，岁也。’是何异于刺人而杀之，曰：‘非我也，兵也。’王无罪岁，斯天下之民至焉。”

此段孟子再接着说当时的情形，和王道相反。“检”，就是把事体检点。“涂”，同途。“莩”，同“殍”，音瓢，饿莩，是饿死的人。孟子就梁国当时的情形说道：“王所养的猪狗，常给他吃人的食料。道路上却有饿死的人。王不知检点这种现状，又不肯发仓库的米谷救济百姓。百姓饿死了，王却说：‘这不是我饿死他，是因年岁灾荒而饿死的。’这更何异于拿了兵器，把人刺死，却说：‘不是我杀死他，是兵器杀死他的。’你不要诿罪于岁，则天下之民都来归了。”

梁惠王曰：“寡人愿安承教。”孟子对曰：“杀人以梃与刃，有以异乎？”曰：“无以异也。”“以刃与政，有以异乎？”曰：“无以异也。”

“承教”，承受教训。“安”，一说是安心的意思，一说是语助辞，无义。“梃”，木棍也。“刃”，刀也。孟子因梁惠王愿听教训，故意用比喻来说。“以梃与刃”，“以刃与政”，一层进一层来问。“曰：‘无以异也。’”都是梁惠王回答的话。

曰：“庖有肥肉，厩有肥马，民有饥色，野有饿莩，此率兽而食人也。兽相食，且人恶之。为民父母行政，不免于率兽而食人，恶在其为民父母也？”

此孟子又进一层说也。“庖”，是厨房。“厩”，是马房。“率兽食人”，是间接的说法。“恶之”之“恶”，去声。“恶在”之“恶”，平声，何也。言兽相搏食，人尚且见而厌恶之。今为民之父母行政，而不免于率兽以食人，则其所以为民父母者何在乎？

“仲尼曰：‘始作俑者，其无后乎！’为其象人而用之也。如之何其使斯民饥而死也？”

仲尼，孔子之字。此节孟子又引孔子之言，以告惠王也。“俑”，音勇，木雕的偶像。古时人死埋葬，常用草人，算是死者的随从。后来改用木偶，口眼耳鼻，很像真人。其后，许多君主，又以真人来殉葬，所以孔子说：“始作俑者，其无后乎！”意思是说发明“俑”的人太残忍了，一定要绝子绝孙的。孟子引了孔子的话，又自己解释道：用木偶殉葬，不过因它像个人形，孔子尚以为残忍。现在如何竟使百姓弄到饥饿而死呢？

1.4　梁惠王曰：“晋国，天下莫强焉，叟之所知也。及寡人之身，东败于齐，长子死焉；西丧地于秦七百里；南辱于楚。寡人耻之，愿比死者一洒之，如之何则可？”

梁国又称魏国。魏的祖先，本是晋国的大夫，后来和姓赵姓韩的两个大夫，把晋国土地瓜分，自立为王，故魏赵韩三国，又称三晋。晋国未被瓜分时候，是很强的。春秋时晋文公当国，号称五霸之一，及悼公之世，尚称霸于中原。故曰："晋国，天下莫强焉！""莫强"者，言当时各国，没有强于晋国的也。梁国地方，在现在的河南。齐在山东，秦在陕西，楚在湖北。周炳中说："齐于桂陵之役，救赵败魏；马陵之役，救韩败魏。"这就是"东败于齐"。"长"，上声。长子，太子申也，马陵之役被虏。阎若璩说："惠王九年己未，秦魏战于少梁。"《史记·魏世家》亦载，秦用商鞅，数破魏，魏乃割河西之地，遂迁都大梁，此即"西丧地于秦七百里"也。"丧"，去声，失也。南辱于楚，指魏围赵邯郸时，楚使景舍救赵，取魏睢浅之间。事见《战国策》。朱《注》所云"又与楚将昭阳战败，亡其七邑"，则在梁襄王十二年。"比"，音必二反。朱《注》云："比，为也。"《广雅》云："比，代也。"洒，同洗，雪也。言如何始可以为死者雪耻。

孟子对曰："地方百里，而可以王。王如施仁政于民，省刑罚，薄税敛，深耕易耨；壮者以暇日，修其孝弟忠信，入以事其父兄，出以事其长上；可使制梃，以挞秦楚之坚甲利兵矣！"

本书《公孙丑》篇谓"文王以百里"王天下。"王"，王天下也，是统一天下的意思。"方百里"，是东西百里，南北亦百里。"省"，灭也。"易"，去声，治也。"耨"，音奴豆反，耘苗也。减轻刑罚；薄征赋税；教民农事，耕土须深，耘苗须净。更择人民之壮者，以暇日，修其孝悌忠信，入以事其父兄，出以事其长上。"梃"，是木棍。"挞"，用力打也。"可使制梃，以挞秦楚之坚甲利兵"者，意思说能行仁政，就是军事器械不及他国，也能打胜仗的。

"彼夺其民时，使不得耕耨以养其父母，父母冻饿，兄弟妻子

离散。彼陷溺其民，王往而征之，夫谁与王敌？故曰：‘仁者无敌。’王请勿疑！”

上节就自己方面说，此节更就敌国方面说。“陷”，是把人推在土坑里；“溺”，是推在水里；这都是形容国君的虐待百姓。“夫”音扶，语助词。“仁者无敌”，是一句谚句，孟子引用之。

1.5　孟子见梁襄王，出语人曰：“望之不似人君，就之而不见所畏焉。卒然问曰：‘天下恶乎定？’吾对曰：‘定于一。’‘孰能一之？’对曰：‘不嗜杀人者能一之。’‘孰能与之？’对曰：‘天下莫不与也。王知夫苗乎？七八月之间旱，则苗槁矣。天油然作云，沛然下雨，则苗浡然兴之矣。其如是，孰能御之？今夫天下之人牧，未有不嗜杀人者也。如有不嗜杀人者，则天下之民，皆引领而望之矣。诚如是也，民归之，由水之就下，沛然谁能御之？’”

梁襄王，是梁惠王的儿子，名赫。惠王死后，襄王即位，孟子去见他。“语”，去声。“出语人曰”以下，是孟子见过梁襄王，出来告诉他人的话。“望之不似人君，就之而不见所畏焉”者，意思是说梁襄王，远望去竟没有人君的威仪，到他面前，更一些没有使人畏敬的地方。“卒”，同猝。卒然，同忽然。襄王见了孟子，突然发问：“天下恶乎定”。“恶”，平声，何也；言“天下于何定”也。“一”者，就是统一。这时候大国有七，彼此用武力相争，必须并合为一国，然后战争会平定也。“孰能一之”，是梁襄王又问也。“对曰”以下，又是孟子的答语。“嗜”，嗜好也。当时国君或暴虐百姓，或以征伐为事，所以孟子说，只有不喜欢杀人的人才能够统一。“孰能与之，”是梁襄王又问也。与，朱《注》曰：“犹归也。”韦昭注《战国策》曰：“与，从也。”“对曰”以下，又是孟子对答的话。“王知夫苗乎”以下，是孟子用农田的稻苗，来做譬喻。“槁”，枯也。“油然”，是很盛的样子。久旱之后，将要下雨，空中就满布着浓厚的云，故曰“油然作云”。“沛然”，朱《注》曰：“雨盛貌。”“浡然”，是突然起来的样子。将要枯槁的苗，已多奄奄无生气地垂着，一经着雨，就突然复活，依旧直立起来，故曰：“则苗浡然兴之矣。”“人牧”，是像司畜牧的专司教养百姓的人，即指当时的人君。这是说，帝王施仁政于民，同甘霖之于枯苗。枯苗浡然复活，和人民欣然而往，都是自然的现象，是没法抑制的。“引领”，是伸着头颈，形容他们盼望之切。水是无不向下流的，并且没有人能抵御得住的。如有不嗜杀人的国君，则天下之民，都来归向，犹如水之向下奔流一样。

1.6　齐宣王问曰：“齐桓晋文之事，可得闻乎？”孟子对曰：“仲尼之徒，无道桓文之事者，是以后世无传焉。臣未之闻也。无以，则王乎！”

齐宣王，齐威王之子，名辟疆，在位十九年。“宣”是谥。孟子赴齐事，早于赴梁，此书章篇之次，非游历之次也。齐桓公名小白，晋文公名重耳，是春秋时五霸中最著名的两个君主。当时国君，都羡慕五霸的功业。宣王好游说之士，也羡慕五霸之业，所以问孟子以齐桓晋文之事。仲尼，孔子字。孟子受业子思之门人，是孟子为孔子数传以后的儒家。孔子轻霸业而重王道，所以孟子说：“仲尼之徒，无道桓文之事者。”“无以”，赵《注》云：“与无已同。”意思是“一定要我说而不容我止住，那就只有说王道了。”元人《四书辨疑》说：“无已，无以言也。”谓既无以言齐桓晋文之事，则不如言王道耳。

曰:“德何如,则可以王矣?”曰:“保民而王,莫之能御也。”曰:“若寡人者,可以保民乎哉?”曰:“可!”曰:“何由知吾可也?”曰:“臣闻之胡龁。曰,王坐于堂上,有牵牛而过堂下者,王见之,曰:‘牛何之?’对曰:‘将以衅钟。’王曰:‘舍之!吾不忍其觳觫,若无罪而就死地。’对曰:‘然则废衅钟与?’曰:‘何可废也?以羊易之。’不识有诸?”曰:“有之。”曰:“是心足以王矣!百姓皆以王为爱也,臣固知王之不忍也。”

“龁”,音核。“衅”,喜印切。“觳”,音斛。“觫”,音速。“与”,今作欤。齐宣王知道霸者是以力服人的,王道则须以德服人,故又发此问。孟子因宣王之问,而说明王道之德,在乎“保民”。“若寡人者……”句,是宣王的问话。“可”字是孟子的答语。“何由知吾可也”,又是宣王问。孟子乃对宣王转述胡龁的话,以说明其可以保民。胡龁,是当时宣王的一个近臣。“牛何之”,是宣王的问话。“之”,往也。“衅钟”,是将牲畜的血涂在钟上。一说,杀牲以祭叫做“衅”。“觳觫”,是恐惧战栗非常可怜的状态。一说,此句断句,应作“吾不忍其觳觫若无罪而就死地”。“若”,犹“然”也。“觳觫若”犹云觳觫然。“不识有诸”,是孟子说完这故事以后,问宣王的话。“诸”,“之乎”也。犹言:“不知道有此事否?”“曰有之”,是宣王承认确有其事。“是心足以王矣”以下,又是孟子的话。“是心”,指爱牛之心。这种心理,已足以王天下了!“爱”是爱惜的意思。孟子说,百姓都以为王舍不得牛,所以用小些的羊来代替,我却知王的于心不忍也。

王曰:“然!诚有百姓者。齐国虽褊小,吾何爱一牛?即不忍其觳觫,若无罪而就死地,故以羊易之也。”

“诚有百姓者”,是真有这种百姓,以为我爱惜一牛也。

“褊”，狭也。“褊小”，犹言狭小。齐是大国，此言虽褊小，是宣王自谦的话。宣王说明这是不忍之心，并非爱惜一牛。

曰：“王无异于百姓之以王为爱也。以小易大，彼恶知之？王若隐其无罪而就死地，则牛羊何择焉？”王笑曰：“是诚何心哉？我非爱其财，而易之以羊也，宜乎百姓之谓我爱也。”

“无异”，言不必怪异。“以小易大”，指以羊易牛。“彼”指百姓。“恶”，平声，何也。“隐”，痛也。“择”，别也。言王如痛他无罪而就死地，那么，牛与羊，又有什么分别呢？“宜乎百姓之谓我爱也！”宣王闻牛羊何择之言，不能解释自己当时以羊易牛，是何居心，故不觉失笑曰：“是诚何心哉？我并非惜一牛之值，而易之较小之羊，无怪百姓要说我爱惜了。”

曰：“无伤也，是乃仁术也，见牛未见羊也。君子之于禽兽也，见其生，不忍见其死；闻其声，不忍食其肉。是以‘君子远庖厨’也。”

这又是孟子的话。“无伤也”，犹云“这没有什么妨害”。“仁术”，为仁之道也。“见牛未见羊”的意思是，见牛之觳觫而未见羊之觳觫。故以下文的话来说明。“君子远庖厨”，本《礼记·玉藻》之文。

王说曰：“《诗》云：‘他人有心，予忖度之。’夫子之谓也。夫我乃行之，反而求之，不得吾心。夫子言之，于我心有戚戚焉。此心之所以合于王者，何也？”

“说”，同“悦”。孟子将宣王所以不忍之心，解释明白，所以王悦。所引是《诗经·小雅·巧言》篇的两句。忖度犹思量也。言他人的心，我能思量之也。“夫子”，是宣王对孟子的尊称。

“夫”，音扶。一说“夫”字属上句读，同今语之“吧”，亦通。“夫我乃行之，反而求之，不得吾心”者，是说这件事体，我这样做去，回转来自己想想，不曾想到当时做这事的心理。“戚戚”，是心动的样子。孟子将当时心理，一一解释说明，恰合宣王心理，故使之心动也。“此心之所以合于王者，何也”，是宣王进一步问，何以这不忍之心，是合于王道呢？

曰：“有复于王者曰：‘吾力足以举百钧，而不足以举一羽；明足以察秋毫之末，而不见舆薪。’则王许之乎？”曰：“否！”

这段孟子又以譬喻问宣王。“复”，告也。“钧”，三十斤也。百钧，即三千斤。“秋毫”，是秋天新生的毫毛。动物夏日脱毛，秋日重生，所以新生之毛较普通的为细。“舆”，即车。“薪”，即柴。力足以举三千斤之重，而不能举一毛羽；明足以察秋天新生的细毛之末端，而不见一车的柴。此设辞也。“许”，《说文》云：“听也。”“王许之乎”，犹言：“你相信他的话吗？”“否”字为王之答辞。

“今恩足以及禽兽，而功不至于百姓者，独何与？然则一羽之不举，为不用力焉；舆薪之不见，为不用明焉；百姓之不见保，为不用恩焉。故王之不王，不为也，非不能也。”

此段又是孟子说的，省去一“曰”字。宣王既否认世间有能举百钧，不能举一羽，能见秋毫，不能见舆薪的人，孟子因更进一层说道：你王的恩德，足以及于牛，而不曾有功德加到百姓身上，是什么缘故呢？“与”，同“欤”。上云“保民而王”，故此云“不见保”，言百姓不为王所保也。“王之不王”，第一个“王”字作代名词，即孟子称宣王之辞。第二个“王”字是动词，是“统一天下”的意思。

曰:“不为者,与不能者之形,何以异?”曰:“挟太山以超北海,语人曰‘我不能’,是诚不能也。为长者折枝,语人曰‘我不能’,是不为也,非不能也。故王之不王,非挟太山以超北海之类也;王之不王,是折枝之类也。”

“不为者,与不能者之形,何以异?”又是宣王问。孟子又设一个极浅显的譬喻来说明。“挟”,以手夹持之也。“超”,跃过也。太山,即泰山。“挟太山以超北海”,乃是当时通行的成语。《墨子》上也有“挈太山以超江河,生民以来,未尝有也”的话。“折枝”,有二说:赵岐《孟子注》、毛奇龄《四书剩言》以为折枝,是幼辈替长辈按摩,折手节,解疲枝,《四书辨疑》以为枝同肢,折肢,磬折腰枝,鞠躬作礼;陆善经以为折枝,乃是折草树之枝。“长”,上声。“挟太山,超北海”,喻非人力所能为;“为长者折枝”,喻轻而易举。二喻相形,则“不为”与“不能”之异显然矣。

“老吾老,以及人之老;幼吾幼,以及人之幼。天下可运于掌。《诗》云:‘刑于寡妻,至于兄弟,以御于家邦。’言举斯心,加诸彼而已!故推恩足以保四海,不推恩无以保妻子。古之人所以大过人者,无他焉,善推其所为而已矣。今恩足以及禽兽,而功不至于百姓者,独何与?”

此仍为孟子之辞,“老吾老”的上一个“老”,作奉养解。“幼吾幼”的上一个“幼”,作慈爱解。《广雅》云:“运,转也。”“天下可运于掌”,言其易也。“刑于寡妻,至于兄弟,以御于家邦。”见《诗经·大雅·思齐》篇。“刑”,今作“型”,就是典型,模范。“寡妻”,是国君自称其妻的谦词,犹之国君常自称为寡人。这是说国君能修身以为嫡妻之典型,再推而至于兄弟,更推及于国家,即《大学》由齐家而治国之意。“御”,是行的意思,和《易》“时乘六龙以御天”的“御”字同。一说，“御”，音迓，迎也，合也。孟子引了《诗经》的句子，又解释这句话，就是说把这不忍之心，加之于别人身上罢了。这便是“推恩”，暗暗说明宣王之“不忍”是“仁术”，但未能推恩及于百姓耳。“与”，同“欤”。

“权，然后知轻重；度，然后知长短。物皆然，心为甚。王请度之！”

“权”，是秤锤；“度”，是尺。此皆作动词。凡百事物，一定须权度而后知轻重长短，而人心更甚。禽兽，轻者，短者；百姓，重者，长者。所以恩及禽兽而功不至于百姓者，因未尝推度之也。故曰：“王请度之。”“度”，入声，量度也。

“抑王兴甲兵，危士臣，构怨于诸侯，然后快于心与？”

“抑”，转接连词，犹今语之“还是”。“兴”，动也。“构怨”，犹言结怨。“与”，同“欤”。这一节，是孟子推测宣王心理的话。

王曰：“否！吾何快于是？将以求吾所大欲也。”曰：“王之所大欲，可得闻与？”

“大欲”，是极大的欲望。“曰”字以下，是孟子之辞，故意问他“大欲”是什么。

王笑而不言。曰：“为肥甘不足于口与？轻暖不足于体与？抑为采色不足视于目与？声音不足听于耳与？便嬖不足使令于前与？王之诸臣，皆足以供之，而王岂为是哉？”曰：“否！吾不为是也。”曰：“然则王之所大欲可知已。欲辟土地，朝秦楚，莅中国，而抚四夷也。以若所为，求若所欲，犹缘木而求鱼也。”

“与”，皆同欤。“便”，此处读皮延反。“嬖”，音闭。“朝”，音潮。“莅”，音利。孟子问宣王的大欲，宣王只笑而不说。孟子又故意问他。“肥甘”，肥美之肉食。“轻暖”，轻暖之衣裘。“便嬖”，便佞宠幸之臣也。孟子故意举出这五种事物来问齐宣王。而又逗他说，王之诸臣皆足以供之，大欲怕不在此。于是得出了下列的结论。“朝”，作动词用；“朝秦楚”者，使秦楚来朝也。“莅”，临也。“抚”，安抚也。这四句便是说统一天下，为帝王。“若”，如此也，一曰汝也。言以宣王所为，求此大欲，必不可得。缘木求鱼，谓上高木以求鱼，言其必不可得。

王曰：“若是其甚与？”曰：“殆有甚焉！缘木求鱼，虽不得鱼，无后灾；以若所为，求若所欲，尽心力而为之，后必有灾。”

孟子说宣王要统一天下，如缘木求鱼之难，故宣王惊问曰：“竟如此困难吗？”“有”同“又”，“殆又甚焉”，就是说“比缘木求鱼更甚呢”。

曰：“可得闻与？”曰：“邹人与楚人战，则王以为孰胜？”曰：“楚人胜。”曰：“然则小固不可以敌大，寡固不可以敌众，弱固不可以敌强。海内之地，方千里者九，齐集有其一。以一服八，何以异于邹敌楚哉？盖亦反其本矣！”

“可得闻与”，是宣王之问话。邹，是当时的小国，楚，是大国。这又是孟子假设来问宣王的话。孟子遂根据宣王“楚人胜”的话而加以说明。《礼记·王制》中说：“凡四海之内九州，州方千里。”“齐集有其一”者，齐国合并诸小国而得其一州也。“盖亦反其本矣”，意思是你既不能以武力统一中国，当反而求其根本之道。根本之道，即把政治的动向改变一下，走到仁政王道的路上去。“盖”，疑词。

“今王发政施仁，使天下仕者皆欲立于王之朝，耕者皆欲耕于王之野，商贾皆欲藏于王之市，行旅皆欲出于王之涂，天下之欲疾其君者，皆欲赴愬于王。其若是，孰能御之？”

“朝”，朝廷。“贾”，读如古。行曰商，坐曰贾。“涂”，同“途”。“疾”，恨也，仇也。“赴愬”，往告也。天下之民皆归之如此，孰能止之哉？至此方说到孟子本旨。

王曰：“吾惛，不能进于是矣！愿夫子辅吾志，明以教我。我虽不敏，请尝试之。”曰：“无恒产而有恒心者，惟士为能。若民，则无恒产，因无恒心。苟无恒心，放辟邪侈，无不为已。及陷于罪，然后从而刑之，是罔民也。焉有仁人在位，罔民而可为也？”

“惛”，同昏，不明也，乱也。“辟”，今作僻。“侈”，音此。“焉”，音烟。“曰”字以下，是孟子的话。“恒”者，久常也。“恒产”，是能永久保守的财产。“恒心”，是能永久不变的心志。读书明理的人，虽无恒产，尚可以有所自守，不变其恒心，故曰“惟士为能”。一般没有知识不明事理的平常百姓，既没有永久的产业，为了生活，不得不另觅途径，所以没有恒心，不免要放僻，邪侈，无所不为了。百姓做了种种恶事，陷在罪犯里面，然后加以刑罚，这种政治，实是欺罔百姓的举动。何以呢？百姓犯罪，由于作恶；而所以作恶，皆因为饥寒交迫，没有恒产的缘故。做人君的，能使百姓都有恒产，百姓自然不至于作恶犯罪了。现在做人君的，不知道推行仁政，使百姓增加产业，只知用刑罚禁制百姓犯罪，这就是欺罔了。一说，“罔”，与“网”同。“罔民”，谓以刑法陷民，犹以网罟捕禽鱼也。

“是故明君制民之产，必使仰足以事父母，俯足以畜妻子，乐岁终身饱，凶年免于死亡。然后驱而之善，故民之从之也轻。今

也制民之产，仰不足以事父母，俯不足以畜妻子，乐岁终身苦，凶年不免于死亡。此惟救死而恐不赡，奚暇治礼义哉？王欲行之，则盍反其本矣！”

“乐”，音洛。“赡”，音占。“盍”，音合。这段连接上文，仍为孟子之言。上文说民之作恶犯罪，由于无恒产。故此段是说明贤明的国君，必先制定人民的财产。“仰”，对上；“俯”，对下。乐岁，丰熟之年；凶年，饥馑灾祸之年。“赡”，足也。“奚”，何也。“盍”，何不也。这段言先富后教，先解民生问题，然后可以谈到政治教育。《管子》云：“仓廪实，知礼节；衣食足，知荣辱。”旨正相同。

“五亩之宅，树之以桑，五十者可以衣帛矣；鸡豚狗彘之畜，无失其时，七十者可以食肉矣；百亩之田，勿夺其时，八口之家可以无饥矣；谨庠序之教，申之以孝弟之义，颁白者不负戴于道路矣。老者衣帛食肉，黎民不饥不寒，然而不王者，未之有也。”

上段说明制民之必要；此段说明制民之产之办法，与上面对梁惠王的话，完全相同。

1.7　庄暴见孟子曰：“暴见于王，王语暴以好乐，暴未有以对也。”曰：“好乐何如？”孟子曰：“王之好乐甚，则齐国其庶几乎！”

庄暴是齐国的一个臣子，庄暴所称之王，也是齐宣王。“见于”之见，音现，是被召见的意思。“乐”，音乐也。“语”，去声，是告语的意思。“好”，去声，喜欢也。“好乐何如”，是庄暴申述与宣王对话的事以后，又问孟子，宣王好乐，于政治上如何也。“庶几”，是相近的意思。因为礼和乐，是王道仁政中很重要的两件事，所以孟子说：“齐王果然喜欢音乐而喜欢到极点，那么，齐国就庶几有希望了！”

他日，见于王，曰："王尝语庄子以好乐，有诸？"王变乎色，曰："寡人非能好先王之乐也，直好世俗之乐耳！"

"见于王"者，是孟子。"诸"，同"之乎"，"有诸"，"有之乎"也。"变乎色"，有羞惭的意思，齐王因为好世俗之乐，而不懂古乐，所以羞惭。

曰："王之好乐甚，则齐其庶几乎！今之乐，由古之乐也。"曰："可得闻与？"曰："独乐乐，与人乐乐，孰乐？"曰："不若与人。"曰："与少乐乐，与众乐乐，孰乐？"曰："不若与众。"

"好乐甚"，犹言"甚好乐"也。"由"，一本作"犹"。"由""犹"古同。"可得闻与"之"与"，同"欤"。"独乐乐"，第一"乐"字为音乐之乐；第二"乐"字为欢乐之乐；下同。意思是：一人作乐快乐呢，还是和别人共同作乐快乐？

"臣请为王言乐。今王鼓乐于此，百姓闻王钟鼓之声，管籥之音，举疾首蹙頞而相告曰：'吾王之好鼓乐，夫何使我至于此极也！父子不相见，兄弟妻子离散。'今王田猎于此，百姓闻王车马之音，见羽旄之美，举疾首蹙頞而相告曰：'吾王之好田猎，夫何使我至于此极也！父子不相见，兄弟妻子离散。'此无他，不与民同乐也。"

"鼓乐"，弄音乐的意思。"管籥"，是箫、笛等的乐器。"举"，皆也。疾首蹙頞，言其头痛而皱眉。"极"，困穷之至也。这都是王独乐而不与民同乐之故。

"今王鼓乐于此，百姓闻王钟鼓之声，管籥之音，举欣欣然有喜色而相告曰：'吾王庶几无疾病与，何以能鼓乐也？'今王田猎于此，百姓闻王车马之音，见羽旄之美，举欣欣然有喜色而相告

曰：'吾王庶几无疾病与，何以能田猎也？'此无他，与民同乐也。今王与百姓同乐，则王矣！"

"欣欣然"，喜悦之貌。上段言独乐之害，此段言同乐之利，互相比较，所以辞句也差不多。儒家不言征伐，重教化，所以主张帝王当教化体恤百姓。此不过借好乐的问题，以引起仁政罢了。

1.8　齐宣王问曰："文王之囿，方七十里，有诸？"孟子对曰："于传有之。"曰："若是其大乎？"曰："民犹以为小也。"曰："寡人之囿，方四十里，民犹以为大，何也？"曰："文王之囿，方七十里，刍荛者往焉，雉兔者往焉，与民同之。民以为小，不亦宜乎？臣始至于境，问国之大禁，然后敢入。臣闻郊关之内，有囿方四十里，杀其麋鹿者，如杀人之罪。则是方四十里，为阱于国中。民以为大，不亦宜乎？"

文王，周文王也。"囿"，是畜养禽兽的园。"方七十里"，纵横七十里也。"传"，书传之文也。《说文》："刍，刈草也。""荛，薪也。"刍，所以喂马牛；薪，所以举火。刍荛者，指牧与樵而言。雉兔者，指猎人而言。"大禁"，是最大的禁令。郊关，赵岐说："齐四境之郊皆有关。""阱"，陷禽兽之陷阱也。齐国之囿，人民不敢轻易进去，杀麋鹿便得死刑，等于一个陷害人民的大阱，所以说"为阱于国中"。这两段相对照而言，也是注重帝王与人民同乐，与上章之旨同。

1.9　齐宣王问曰："交邻国有道乎？"孟子对曰："有。惟仁者为能以大事小，是故汤事葛，文王事昆夷；惟智者为能以小事

大，故大王事獯鬻，句践事吴。以大事小者，乐天者也；以小事大者，畏天者也。乐天者，保天下；畏天者，保其国。《诗》云：'畏天之威，于时保之。'"

汤，是商朝第一世的王。葛，是夏末一个小国。文王，即周文王。昆夷，是文王时的一种夷狄。"大"，同"太"。太王，是文王之祖。那时周国的区域还很小。獯鬻，是西北戎狄所建的大国。句践，是春秋时越国的国王。吴国，是春秋时的大国。越王句践为吴王夫差所败，屈身事之。"乐天"这名辞，见于《易·系辞》。乐天，是乐于奉承天命的，其仁足以广被天下，不以残杀为能，所以孟子称以大事小者为"乐天"。天道又亏盈而益谦，不畏则盈满招咎，而害其国，智者知而畏之，故孟子称以小事大者为"畏天"。所引《诗》为《周颂·我将》之篇的两句。言文王畏天之威，故能保其国家。

王曰："大哉言矣！寡人有疾，寡人好勇。"对曰："王请无好小勇。夫抚剑疾视，曰：'彼恶敢当我哉？'此匹夫之勇，敌一人者也。王请大之！《诗》云：'王赫斯怒，爰整其旅，以遏徂莒，以笃周祜，以对于天下。'此文王之勇也。文王一怒而安天下之民。"

"恶"，音乌，平声。"赫"，音黑。"旅"，音吕遏，恩葛切。"徂"，音租。"莒"，同旅。"祜"，音户。宣王赞孟子之言之大，而自承有好勇之缺点，故不能以大事小也。"抚剑"，即按剑。"疾视"，恶视也，即瞋然张目的意思。"恶敢"，即"安敢"。"王请大之"，就是"请王不要好小勇要好大勇"。"《诗》云"者，是孟子引《诗经·大雅·皇矣》篇赞叹周文王之大勇的句子。赫，发怒的状态。斯，语词。"王赫斯怒"者，是说文王赫然发动他的怒气。"爰"，犹"于是"也。"整"，整顿也。旅，军队也。遏，是遏止。文王时，有一个密国，屡次侵犯周国土地，文王因此发怒，带了兵去遏止密国的侵犯。徂，往也。莒，《诗经》里作“旅”，古时音同者多借用。“以遏徂莒”，是说发兵前往遏止密国来侵犯进攻的军队。“笃”，增厚也。“祜”，福也。“对”字之义有三说：郑玄说，“对”，答也；毛公说，“对”，遂也；赵岐则谓“对”是“扬”，此句的意思是“扬名于天下”。是孟子引《诗经》以证明文王的大勇。

“《书》曰：‘天降下民，作之君，作之师，惟曰其助上帝，宠之四方，有罪无罪惟我在。天下曷敢有越厥志？’一人衡行于天下，武王耻之，此武王之勇也。武王亦一怒而安天下之民。今王亦一怒而安天下之民，民惟恐王之不好勇也！”

此段又引《书经·泰誓》篇中称赞武王好勇之言。“天降下民，作之君，作之师”者，言上天降生百姓，特为设立君主，使他治理百姓；更立师长，使他教导百姓也。“惟曰”者，乃假设上天之词以明作君之旨。赵岐读作“惟曰其助上帝宠之”为一句，“四方有罪无罪唯我在”为一句。“在”，察也。意思是有罪者我去诛灭他；无罪者我去安抚他也。“曷”，何也，谁也。“厥”，其也。“越其志”，即反其道也。“一人”，犹云“一夫”，“独夫”。“衡”，同“横”。周武王未即天子位以前，商朝的纣王，横行天下，暴虐百姓，武王乃起兵诛纣，故曰“一怒而安天下之民”也。这是孟子引书注以明武王之勇大。今王如能好大勇，亦一怒而安天下之民，则天下之民，唯恐王之不好勇矣。朱《注》云：“此章言人君能惩小忿，则能恤小事大，以交邻国；能养大勇，则能除暴救民，以安天下。”又引张敬夫云：“小勇者，血气之怒也，大勇者，义理之怒也。血气之怒不可有，义理之怒不可无。”

1.10　齐宣王见孟子于雪宫。王曰:"贤者亦有此乐乎?"孟子对曰:"有。人不得,则非其上矣!不得而非其上者,非也;为民上而不与民同乐者,亦非也。乐民之乐者,民亦乐其乐;忧民之忧者,民亦忧其忧。乐以天下,忧以天下,然而不王者,未之有也!"

雪宫,齐国离宫之一。贤者,指孟子。"乐",欢乐之乐。何异孙谓"有"是一句,"人不得则非其上矣"为一句。或曰"有人"当作"人有",韩愈文引作"人有不得志,则非其上者众矣"。"不得"者,指不得其乐而言。言人民不得其乐,因而非议其上者,固非;君王不与民同乐者亦非。盖君王以百姓的欢乐为欢乐,百姓自然也将君王的欢乐,视同自己的欢乐了;君王以百姓的忧患为忧患,百姓自然也将君王的忧患,视同自己的忧患了。乐则与天下同乐,忧则与天下同忧,上下一心,未有不王者矣。

"昔者,齐景公问于晏子曰:'吾欲观于转附、朝儛,遵海而南,放于琅邪。吾何修而可以比于先王观也。'"

以下是孟子引齐景公的故事来说明君王应行之道。齐景公,是齐国的君主。晏子名婴,字平仲,是齐景公时的名臣。转附、朝儛,是齐国东北近海的两座山名。琅邪,是齐国东南境的地名。"遵",循也。"放",至也。"吾何修而可以比于先王观","修",修养。景公欲优游四方,询晏子以修何德行,方可比于先王之游观。

"晏子对曰:'善哉,问也!天子适诸侯曰巡狩,巡狩者,巡所守也;诸侯朝于天子曰述职,述职者,述所职也。无非事者。春省耕而补不足,秋省敛而助不给。夏谚曰:吾王不游,吾何以休?吾王不豫,吾何以助?一游一豫,为诸侯度。今也不然:师

行而粮食，饥者弗食，劳者弗息，睊睊胥谗，民乃作慝。方命虐民，饮食若流。流连荒亡，为诸侯忧。从流下而忘反谓之流，从流上而忘反谓之连，从兽无厌谓之荒，乐酒无厌谓之亡。先王无流连之乐，荒亡之行。惟君所行也。'"

此系当时晏子回答齐景公之语。“无非事者”，是说从没有无事而出行的。“省”，察视也。“敛”，收也。春耕，耒耜不足者补之，秋收，收获不足者助之。“夏谚”，是夏朝的谣谚民歌，夏谚云云，乃晏子举以证明君王之出游与农事的关系。“度”，即法度，是晏子说明夏谚的意思，圣王的一游一豫，都是各国诸侯所应当取法的。“今也”，指景公时。“师行而粮食”，是食粮为国君所带的军队吃了。“睊睊”，是侧着眼睛看人。“胥谗”，是都有一种谤恨的意思。“慝”，隐恶也。这两句是说百姓愤恨的态度。“方”，违背也；“命”即天子的命令。诸侯本应奉天子的命令去安抚百姓，现在变成违背命令而虐待百姓了。“饮食若流”，言其饮食之无穷竭也。“流连荒亡”，解见正文。晏子之意，谓先王出行，专为农事，非游乐也。“惟君所行也”，就是“任君所择耳”的意思。

“景公说，大戒于国，出舍于郊。于是始兴发，补不足。召太师曰：'为我作君臣相说之乐。'盖《徵招》《角招》是也。其诗曰：'畜君何尤？'畜君者，好君也。”

“说”，同悦。景公听了晏子的话，非常欢喜，故出示告诫全国。“出舍于郊”者，不敢安居宫内，搬到郊外去住也。这是表示接近平民的意思。“兴”“发”意同。“兴”，举也；“发”，开也。于是始，是开了仓库，把米谷发给不足的农民。太师，是乐官。“徵”，音止。“招”，音韶。《徵招》《角招》，两种乐歌，即当时太师所作。“畜君何尤”，这乐歌中的一句。尤，过也。“畜君者，好君也”，是孟子解释“畜君”二字之义。

1.11　齐宣王问曰：“人皆谓我毁明堂。毁诸？已乎？”孟子对曰：“夫明堂者，王者之堂也。王欲行王政，则勿毁之矣。”

“明堂”者，据赵岐注：“泰山下明堂，本周天子东巡狩朝诸侯之处也。”或曰：“明堂本在鲁境。”此时朝狩之礼已废，故当时人劝宣王毁明堂。因明堂系周天子之堂，故孟子称为“王者之堂”。“夫”，音扶。

王曰：“王政可得闻与？”对曰：“昔者，文王之治岐也，耕者九一，仕者世禄，关市讥而不征，泽梁无禁，罪人不孥。老而无妻曰鳏，老而无夫曰寡，老而无子曰独，幼而无父曰孤。此四者，天下之穷民而无告者，文王发政施仁，必先斯四者。《诗》云：‘哿矣富人，哀此茕独。’”

“与”，同“欤”。“岐”，即岐山，地名。此举周文王治岐之政以为例。周行井田制，田九百亩，画作井形，家各耕百亩，其中百亩为公田及庐井，公田所入，即为田赋，故曰“耕者九一”。做官的人，世世有禄米可得，故曰“仕者世禄”。“讥”，同稽，稽查也，一说，问也。对于关里市里，只稽查出入而并不征商民的税，故曰“关市讥而不征”。“泽”者，有水的地方。“梁”者，堰水捕鱼的场所。有水的地方，听民养鱼捕鱼，没有禁令，故曰“泽梁无禁”。孥，妻子也，“罪人不孥”，罪不及妻子也。且发政施仁，必先及于鳏寡孤独四种无可诉苦的穷民。又引《诗经·小雅·正月》中的二句为证。《毛传》云：“哿，可也。”“茕独”，即上文所说鳏寡孤独之人。言富人犹可，唯哀此茕独之人耳。

王曰：“善哉言乎！”曰：“王如善之，则何为不行？”王曰：“寡

人有疾，寡人好货。”对曰：“昔者公刘好货。《诗》云：‘乃积乃仓，乃裹糇粮，于橐于囊。思戢用光。弓矢斯张，干戈戚扬，爰方启行。’故居者有积仓，行者有裹粮也，然后可以爰方启行。王如好货，与百姓同之，于王何有？”

“货”，货财也。孟子以宣王自承好货，乃引公刘之事以说之。公刘，是周代的祖先，夏朝的一个诸侯，其事迹见于《诗经》。孟子所引，是《诗经·大雅·公刘》篇的第一章。“乃”，发语辞。“乃积乃仓”，是说居者把米谷堆积在仓库里。“糇粮”，即干粮，出行的人常包裹带在身边的。“橐”与“囊”，都是盛粮食的袋。此言行者裹干粮于囊橐也。“戢”，集也。“光”，大也。“思戢用光”者，言思安集人民以光大其国也。“弓矢”，“干戈”，“戚扬”，皆兵器。戚，即斧；扬，即钺，大斧也。“爰”，于是也，“启行”，犹言起程。“故居者”以下，是孟子的话。于王何有，言无妨于王天下也。

王曰：“寡人有疾，寡人好色。”对曰：“昔者大王好色，爱厥妃。《诗》云：‘古公亶父，来朝走马，率西水浒，至于岐下。爰及姜女，聿来胥宇。’当是时也，内无怨女，外无旷夫。王如好色，与百姓同之，于王何有？”

“大”，同“太”。太王，是公刘之孙，周文王之祖。那时候，周还是一个小国诸侯，故称古公。亶父，是太公的名号。孟子又引《诗经·大雅·绵》篇的话，以证太王之好色，明好色也只须与民同之。“来朝”，翌晨也。“走马”，跃马疾驰也。“率”，循也。“浒”，水边之地。“爰及”，犹言“乃与”。“聿”，自也。“胥”，相也。“宇”，房宅。“聿来胥宇”，言自来看房宅，与古公亶父同居也。太王好色，自爱其妃，而能与民同之，故人民婚姻皆得完满，无怨女旷夫也。“怨女”，是无夫之女。“旷夫”，是无妇之夫。

1.12　孟子谓齐宣王曰：“王之臣，有托其妻子于其友，而之楚游者。比其反也，则冻馁其妻子，则如之何？”王曰：“弃之。”曰：“士师不能治士，则如之何？”王曰：“已之。”曰：“四境之内不治，则如之何？”王顾左右而言他。

此系孟子设喻以问齐宣王也。“之楚”，往楚也。“比”，及也。“馁”，饿也。孟子设问说有这样一个朋友，试设身处其地，应当如何对付他？宣王答道：“弃之。”“弃之”者，与之断绝交往也。“曰”者，孟子又问也。士师，掌管监狱的官。士，士师之属员。“已之”者，罢免之也。治四境是君王的责任，所以孟子以四境之内不治当如何来问他，宣王暂而无可答，乃顾左右而说别的事也。

1.13　孟子见齐宣王曰：“所谓故国者，非谓有乔木之谓也，有世臣之谓也。王无亲臣矣！昔者所进，今日不知其亡也。”王曰：“吾何以识其不才而舍之？”曰：“国君进贤，如不得已，将使卑逾尊，疏逾戚，可不慎与？左右皆曰‘贤’，未可也；诸大夫皆曰‘贤’，未可也；国人皆曰‘贤’，然后察之；见贤焉，然后用之。左右皆曰‘不可’，勿听；诸大夫皆曰‘不可’，勿听；国人皆曰‘不可’，然后察之；见不可焉，然后去之。左右皆曰‘可杀’，勿听；诸大夫皆曰‘可杀’，勿听；国人皆曰‘可杀’，然后察之；见可杀焉，然后杀之。故曰‘国人杀之’也。如此然后可以为民父母。”

“故国”，是传世久远的国家。“乔木”，是高大的树木。“世臣”,是世代做官与国家极有关系的臣子。“王”,指宣王。“亲臣”者,亲任之臣。“进”,引也,登也。“亡”,丧弃也。孟子谓宣王用人不明,始则不待详察而用之,后又恶而弃之。“昔者”,前日。前日进,今日亡,甚言之耳。宣王听了孟子的话,反问孟子言吾何以预知其不才而舍之不用呢?“曰”字以下,为孟子的话。言如不得已,而欲特加拔擢,使卑贱者逾尊贵者,疏远者逾亲近者,不可不慎也。孟子接着又说明选贤去奸的方法。“左右”,是在王左右的人。“诸大夫”,是朝中的职官。“国人”,是国内的百姓。孟子就选贤去奸二件事说明,着重在“然后察之”四字。所谓“察”,便是选贤弃奸的要诀。但也得听左右诸侯国人的公论,而其中尤重国人,所谓重民意也,故曰“国人杀之”者,言非出于王之私意也。

1.14　齐宣王问曰:“汤放桀,武王伐纣,有诸?”孟子对曰:“于传有之。”曰:“臣弑其君可乎?”曰:“贼仁者谓之‘贼’,贼义者谓之‘残’,残贼之人,谓之‘一夫’。闻诛一夫纣矣,未闻弑君也。”

桀,是夏朝末代的王。因桀暴虐百姓,成汤举兵讨伐,驱桀于南巢。故曰:“汤放桀。”纣,是商朝末代的王。纣暴虐百姓,周武王举兵去讨伐,纣自焚死。故曰:“武王伐纣。”“有诸”,即“有之乎”,宣王问孟子果有此二事否也。臣杀君称为“弑”。在古代,弑的罪名,是非常重的。汤武在当时都是诸侯,是臣;桀与纣是天子,是君。故宣王以此来责问孟子。“曰”字以下,孟子答。“贼”,作动词用,伤害也。“一夫”者,即《书经》中所说的“独夫”,其众叛亲离,故有此称。

1.15　孟子见齐宣王曰："为巨室，则必使工师求大木。工师得大木，则王喜，以为能胜其任也。匠人斫而小之，则王怒，以为不胜其任矣。夫人幼而学之，壮而欲行之。王曰'姑舍女所学而从我'，则何如？今有璞玉于此，虽万镒，必使玉人雕琢之。至于治国家，则曰'姑舍女所学而从我'，则何以异于教玉人雕琢玉哉？"

"巨室"，大屋也。"工师"，主工匠之吏。"匠人"，工人也。"斫"，以斧削之也。这是孟子以匠人来作比喻的话。"夫"，音扶，语辞。"壮"，壮年也。"姑"，且也。"女"，同"汝"。匠人不胜其任，王怒之，可也；如欲使匠人弃其所学而从王之命，则非矣。此孟子自言所学者为仲尼之术，仁政王道，不能舍其所学，以徇宣王也。"璞"，玉之未琢者。一镒为二十两。"万镒"，言此璞价值之贵。"玉人"，专治玉器之匠。教玉人琢玉，是以不懂琢玉的人，依自己的主意教玉人琢玉，其玉必毁矣。盖古之贤者，常患人君不能行其所学，而世之庸君，亦常患贤者不能从其所好，故孟子言之。

1.16　齐人伐燕，胜之。宣王问曰："或谓寡人勿取，或谓寡人取之。以万乘之国，伐万乘之国，五旬而举之，人力不至于此。不取，必有天殃。取之，何如？"孟子对曰："取之而燕民悦，则取之。古之人有行之者，武王是也。取之而燕民不悦，则勿取。古之人有行之者，文王是也。以万乘之国，伐万乘之国，箪食壶浆，以迎王师，岂有他哉？避水火也。如水益深，如火益热，亦运而已矣。"

《史记》载燕王哙让国于其相子之，而国大乱，齐伐之，燕兵不战,遂大胜燕。“殃”,即祸害。“旬”,十日也。“举之”,言灭燕全国。宣王以为伐燕而胜,必有天助,故曰:“人力不至于此。不取必有天祸。”武王伐纣,而殷民喜,咸来迎师,故孟子以武王为“取之”之例。文王为殷诸侯,三分天下有其二,而尚未伐殷,以三仁尚在,恐殷民不悦也,故孟子以文王为“不取”之例。“箪”,竹器;“食”,音嗣,饭也。言人民以箪盛饭,以壶盛浆,欢迎王师也。“水”“火”,均以喻灾祸。如水益深,如火益热,言灾祸愈甚也。“运”,转也,避也。“亦运而已矣”者,言“亦只有转望别的人再来拯救也”。一说,“运”即命运之“运”。言此亦燕民之劫运耳。

1.17　齐人伐燕,取之。诸侯将谋救燕。宣王曰:“诸侯多谋伐寡人者,何以待之?”孟子对曰:“臣闻七十里为政于天下者,汤是也。未闻以千里畏人者也!

宣王不听孟子之言,而取燕国的土地,于是诸侯共谋救燕伐齐。宣王恐惧而问孟子。“千里畏人”,即指齐王。

“《书》曰:‘汤一征,自葛始,天下信之。东面而征西夷怨,南面而征北狄怨,曰:奚为后我?’民望之,若大旱之望云霓也。归市者不止,耕者不变,诛其君而吊其民,若时雨降,民大悦。《书》曰:‘徯我后,后来其苏!’

“霓”,音泥。“徯”,音以。孟子又引《尚书·仲虺之诰》的话,以证明汤以七十里为政于天下的事实。葛,是当时的一个小国。汤初次出兵,先伐葛国,汤征葛的时候,天下的人,都相信汤是个仁君,故曰“天下信之”。“奚为后我”,就是“为什么不先来伐我国呢”。意思是盼望汤师的早日到来。“霓”,虹也;

虹出而雨，故大旱时望之。“归市者不止，耕者不变”，言商贾农夫依旧营业工作。下文所引，也是《尚书·仲虺之诰》的两句。“徯”，等待的意思。“后”，作人君讲。“徯我后”即“待我君”。“苏”者，已死而复醒也。言人民都说我君一到，我们便能脱离苦难了。

“今燕虐其民，王往而征之。民以为将拯己于水火之中也，箪食壶浆，以迎王师。若杀其父兄，系累其子弟，毁其宗庙，迁其重器，如之何其可也？天下固畏齐之强也，今又倍地而不行仁政，是动天下之兵也。王速出令，反其旄倪，止其重器，谋于燕众，置君而后去之，则犹可及止也。”

此段仍为孟子所说。“拯”，救也。“系累”，捆缚也。“迁”，运也。“重器”，即宝器。迁其重器，犹言将他们的宝器运回齐国。“固”，久也。“倍地”，谓并吞燕国，齐地倍广。“反”，放回去。“旄”，同“耄”，老人也。“倪”，小儿也。“止其重器”者，止其宝器，不迁移也。“犹可及止”，言尚来得及止诸侯之兵。

1.18　邹与鲁閧。穆公问曰：“吾有司死者三十三人，而民莫之死也。诛之，则不可胜诛；不诛，则疾视其长上之死而不救，如之何则可也？”孟子对曰：“凶年饥岁，君之民，老弱转乎沟壑，壮者散而之四方者，几千人矣。而君之仓廪实，府库充，有司莫以告，是上慢而残下也。曾子曰：‘戒之！戒之！出乎尔者，反乎尔者也。’夫民今而后得反之也。君无尤焉！君行仁政，斯民亲其上、死其长矣。”

邹国鲁国，都是当时的小国。“閧”，战斗。穆公是邹国的国君。“有司”，官吏也。“疾视”，仇视也。穆公因人民战时不勇，致官吏死了三十三人,而百姓却不肯拼死去救官吏。这种百姓,杀之,则诛不胜诛;不杀,则坐视长官之死而不救,罪又无可报,故问孟子也。"转",饥饿辗转而死也。"沟壑",田中沟,山中涧也。民死者多,不胜葬,故曰"转乎沟壑"。仓廪,储粟;府库,贮财。"慢",怠忽也。"残",伤害也。言上慢君命,下残民命。曾子,孔子弟子曾参。"出乎尔,反乎尔",言自己所作,必致自食其报。"尤",过也。谓穆公不必责备百姓。"长",去声,即指官吏。

1.19 滕文公问曰:"滕,小国也,间于齐楚。事齐乎?事楚乎?"孟子对曰:"是谋,非吾所能及也。无已,则有一焉:凿斯池也,筑斯城也,与民守之,效死而民弗去,则是可为也。"

滕亦当时一小国。齐,楚,皆大国。滕在齐楚之间,联齐则楚怒,联楚则齐恨,所以滕文公以此问孟子。"是谋",即事齐事楚之谋也。"无已",解见第一章。"效",犹致也。致死以守国,而民亦肯效死以守,故尚可为也。

1.20 滕文公问曰:"齐人将筑薛,吾甚恐。如之何则可?"孟子对曰:"昔者,大王居邠,狄人侵之,去之岐山之下居焉。非择而取之,不得已也。苟为善,后世子孙必有王者矣。君子创业垂统,为可继也。若夫成功,则天也。君如彼何哉?强为善而已矣!"

薛,也是当时的小国,为齐国所灭。齐灭薛后,又在薛地筑城。文公以其逼近滕国,恐齐又来灭滕,所以甚为恐惧。邠,地名。狄,北狄也,太王事详见下章。"创业"者,创立事业也。“垂统”者，把君位相继不断，传于后世子孙也。孟子的意思是以齐国比狄人，叫滕文公也学太王。“强”，上声，勉强也。

1.21　滕文公问曰：“滕，小国也。竭力以事大国，则不得免焉。如之何则可？”孟子对曰：“昔者大王居邠，狄人侵之，事之以皮币，不得免焉；事之以犬马，不得免焉；事之以珠玉，不得免焉。乃属其耆老而告之曰：‘狄人之所欲者，吾土地也。吾闻之也，君子不以其所以养人者害人，二三子何患乎无君，我将去之。’去邠，逾梁山，邑于岐山之下居焉。邠人曰：‘仁人也，不可失也。’从之者，如归市。或曰：‘世守也，非身之所能为也。效死勿去。’君请择于斯二者。”

此章与上章同意。文公因自己国小力弱，问孟子以外交之道。“皮”，狐貉之裘；“币”，缯帛之货也。“犬马”，古时玩物。“免”者，免其侵略也。“属”同“嘱”。“耆老”，长老也。土地生五谷，所以养人。狄人因欲土地而来侵，若与之战，则是“以所养人者害人”矣。“二三子”，即指耆老。“如归市”者，言从之者众也。“或曰”云云，亦孟子之言，乃另一办法，即前章“效死弗去”之旨。“身”，我也。言国土为世传之基业，非可由己意弃之也。

1.22　鲁平公将出。嬖人臧仓者请曰：“他日君出，则必命有司所之。今乘舆已驾矣，有司未知所之，敢请。”公曰：“将见孟子。”曰：“何哉？君所为轻身以先于匹夫者，以为贤乎？礼义由贤者出，而孟子之后丧逾前丧。君无见焉！”公曰：“诺。”

鲁平公，鲁君。“将出”者，将出外也。“嬖人”，是君王左右极宠幸的小人。臧仓，姓臧，名仓。“请曰”，请问平公也。“有司”，执事之吏。言平公常时将出，一定先以所要去地方，告诉执事的官吏。“乘舆已驾”，言平公所乘的车子已预备好。“敢请”者，敢请问你往何处去也。平公为千乘之国君，孟子不过一平民，故臧仓有“轻身”以先于匹夫的话。“先”者，孟子未谒平公，平公先往见之也。孟子先丧父，丧礼很俭约；后丧母，丧礼很丰盛。故臧仓以这一点来责备孟子，说孟子不是贤者。“公曰诺”者，平公答应臧氏，不去访孟子也。

乐正子入见曰：“君奚为不见孟轲也？”曰：“或告寡人曰：‘孟子之后丧逾前丧’，是以不往见也。”曰：“何哉君所谓逾者？前以士，后以大夫；前以三鼎，而后以五鼎与？”曰：“否。谓棺椁衣衾之美也。”曰：“非所谓逾也，贫富不同也。”

乐正，复姓。乐正子，是孟子的弟子。时为鲁臣。孟轲，即孟子，名轲也。“鼎”，是丧祭时用以盛食物的器皿。“与”，同“欤”。乐正子为孟子辩护，言君所谓后丧逾前丧者，是指前以士礼，后以大夫之礼，前以三鼎祭，后以五鼎祭吗？那是因孟子前后官职的不同，故丧礼各异也，乃是贫富的关系。鲁平公答说：“我所指的是棺椁衣衾之美。”乐正子又说：“这也不能说‘逾’，是贫富不同之故。”

乐正子见孟子，曰：“克告于君，君为来见也。嬖人有臧仓者沮君，君是以不果来也。”曰：“行或使之，止或尼之。行止，非人所能也。吾之不遇鲁侯，天也。臧氏之子，焉能使予不遇哉？”

克是乐正子的名。“沮”，阻住也。“尼”，亦是阻止的意思。鲁侯，即指平公。“君为来见”者，言君将为我而来见也。

“曰”字以下，是孟子的话。鲁平公因乐正子之言而欲来见孟子，又因臧仓之言而不果来，是其行止皆非出于自动，故曰“或使之”。但鲁君之行止，亦非乐正子与臧仓所能为。因孟子之不遇鲁侯，不得行其道，乃天未欲平治天下耳。臧氏之子，岂能使孟子不遇乎？一说“行”“止”是指行仁义而言。欲行仁义，非人力所能为。故孟子叹曰：“仁义不行，乃是天意，臧仓焉能阻我行仁义乎？”

［问题］

（一）孟子见梁惠王，首辟言“利”，其故何在？

（二）本篇孟子屡言“同乐”，屡辟“独乐”，试举其说。

（三）孟子论仁政王道，首重民生问题，试申其说。

（四）孟子谓“仁者无敌”，其说如何？

（五）孟子谓“不嗜杀人者能一天下”，其说然否？

（六）何谓“保民而王”？

（七）齐宣王之恩，及于牛而不及于百姓，何故？

（八）“不为”与“不能”，有何分别？

（九）孟子谓齐宣王“好乐”“好勇”“好货”“好色”均不害于王天下，其说如何？

（十）孟子论任贤去奸之法如何？

（十一）孟子对滕文公处国家危急时之道如何？

（十二）鲁平公何以欲往见孟子而又中止？

第二　公孙丑篇

2.1　公孙丑问曰：“夫子当路于齐，管仲晏子之功，可复许

乎？"孟子曰："子诚齐人也，知管仲晏子而已矣！或问乎曾西曰：'吾子与子路孰贤？'曾西蹴然曰：'吾先子之所畏也。'曰：'然则吾子与管仲孰贤？'曾西艴然不悦曰：'尔何曾比予于管仲。管仲得君，如彼其专也；行乎国政，如彼其久也；功烈，如彼其卑也。尔何曾比予于是！'"曰："管仲，曾西之所不为也，而子为我愿之乎？"

公孙丑，姓公孙，名丑，孟子弟子，齐人也。当路者，居重要地位，如在当道，系指掌握国家政权而言。管仲名夷吾，相齐桓公；晏子，名婴字平仲，相齐景公，均春秋时齐之名臣。"复"，扶又反。许，进也，兴也。朱《注》云："许，期也。"言可再见管仲晏子之功业否也。"子"，称人之词。"诚"，真也。言"你真是齐人，只知道管晏二人"。曾西，孔子弟子曾参之子。"吾子"，亦称人之词。子路，孔子弟子仲由字。"蹴然"，不安之貌。"先子"，曾西称其父，犹云"先父"。畏，敬也。"艴然"，即"勃然"，忿怒变色之貌。曾，乃也。桓公信任管仲，国政一以委之，故曰"得君如彼其专"。管仲相齐，凡四十余年，故曰"行乎国政如彼其久"。但不能以王道佐齐桓公，故曰"功烈如彼其卑"。孟子引曾西之言，以明己之不屑管仲晏子，故复加"曰"字以别之。"而子为我"之"为"，同谓，见王引之《经传释词》。

曰："管仲以其君霸，晏子以其君显。管仲晏子，犹不足为与？"曰："以齐王，由反手也。"

此节是公孙丑又问，孟子又答。"与"，同"欤"。"由"，同"犹"，反手，犹言反掌，言其易也。

曰："若是，则弟子之惑滋甚！且以文王之德，百年而后崩，犹未洽于天下。武王周公继之，然后大行。今言王若易然，则文

王不足法与?”

此节又是公孙丑问孟子的话。“惑”,疑也。“滋”,益也。“洽”,遍也。言文公德行甚佳,尚不能及身而王。待武王起,方灭纣而得天下,周公继之,相成王制礼作乐,然后教化大行。“若”,如此也。“以齐王犹反掌”,其易如此,则文王不足效法欤?“然”字用作“易”字之语尾。

曰:“文王何可当也?由汤至于武丁,贤圣之君六七作。天下归殷久矣,久则难变也。武丁朝诸侯,有天下,犹运之掌也。纣之去武丁未久也,其故家遗俗,流风善政,犹有存者;又有微子、微仲、王子比干、箕子、胶鬲,皆贤人也。相与辅相之,故久而后失之也。尺地莫非其有也,一民莫非其臣也,然而文王犹方百里起,是以难也。齐人有言曰:‘虽有智慧,不如乘势;虽有镃基,不如待时。’今时则易然也。夏后、殷、周之盛,地未有过千里者也,而齐有其地矣;鸡鸣狗吠相闻,而达乎四境,而齐有其民矣。地不改辟矣,民不改聚矣,行仁政而王,莫之能御也。且王者之不作,未有疏于此时者也;民之憔悴于虐政,未有甚于此时者也。饥者易为食,渴者易为饮。孔子曰:‘德之流行,速于置邮而传命。’当今之时,万乘之国行仁政,民之悦之,犹解倒悬也。故事半古之人,功必倍之,惟此时为然。”

武丁即高宗,是殷朝的贤君。“作”,兴也。“犹运之掌”,喻其易。自武丁至纣凡九世。故家,旧臣之家。微子、微仲、王子比干、箕子、胶鬲等,都是殷朝纣王时候的贤臣。“犹方百里起”之“犹”,同“由”。是时商德未甚衰,而文王仅为百里之侯,故文王王天下难也。“镃基”,是种田的器具。“待时”,待农时也。所引两句,是齐人的俗语。“鸡鸣狗吠相闻”,用以形容人烟之稠密，人口之众多。《说文》："改，更也。"地大民多，故不必更辟地，更聚民，能行仁政，即足以王天下。"作"，起也。"疏"，稀也。"憔悴"，是说人脸黄肌瘦，形容极困苦的样子。"虐政"，是虐待人民的政治。"易"，去声。饥渴之人，不论其饮食之优劣，得之便足。以喻民久困于虐政，行仁政，易使民归向。"邮"，驿也。古代置驿以传命令，极为捷速。德之流行，则更速于置邮传命。人被倒悬，有解救之者，必甚喜悦。民之憔悴于虐政，其苦亦犹倒悬耳。故行仁政可以收事半功倍之效。以凭借论，则已有广土众民；以时势论，又正当事半功倍。故不能与文王相提并论也。

2.2　公孙丑问曰："夫子加齐之卿相，得行道焉，虽由此霸王不异矣。如此，则动心否乎？"孟子曰："否！我四十不动心。"

"加"，犹居也。"异"字有二解：一为异同之异，"由此霸王不异"者，谓不异于古之霸王也；一为怪异之异，谓"从此成霸王之业亦不足怪异"。动心者，是说担了重大责任，心中有所疑惧而不安定也。顾炎武《日知录》解释"动心"道："'我四十不动心'者，不动其'行一不义，杀一不辜，而得天下有不为也'之心。"

曰："若是，则夫子过孟贲远矣！"曰："是不难。告子先我不动心。"

孟贲，是古时候的勇士，卫人。水行不避蛟龙，陆行不避兕虎。告子，赵岐注《告子》篇曰："名不害。尝学于孟子。"盖即以为浩生不害。阎若璩云："浩生复氏，不害其名，与见公孙丑之告子及告子题篇者，自各一人。"毛奇龄亦以赵岐为误。但其生平已不可考。

曰:"不动心有道乎?"曰:"有。北宫黝之养勇也,不肤挠,不目逃,思以一毫挫于人,若挞之于市朝。不受于褐宽博,亦不受于万乘之君。视刺万乘之君,若刺褐夫。无严诸侯。恶声至,必反之。孟施舍之所养勇也,曰:'视不胜,犹胜也。量敌而后进,虑胜而后会,是畏三军者也。舍岂能为必胜哉?能无惧而已矣!'孟施舍似曾子,北宫黝似子夏。夫二子之勇,未知其孰贤,然而孟施舍守约也。昔者,曾子谓子襄曰:'子好勇乎?吾尝闻大勇于夫子矣:自反而不缩,虽褐宽博,吾不惴焉;自反而缩,虽千万人,吾往矣!'孟施舍之守气,又不如曾子之守约也。"

"不动心有道乎",公孙丑又问。"曰有……"以下,孟子又答也。北宫,是姓。黝,是名。据高诱《淮南子》注,也是齐国人。"养",是修养。"挠者",屈也。"不肤挠"者,有人刺他的肌肤,他也不缩做一团的。"不目逃"者,有人刺他的眼睛,他也不逃避的。"挫",辱也。言所受挫辱,虽细至一毫,如被挞于市朝,引以为奇辱大耻也。"市朝",普通解为市场与朝廷。顾炎武谓市朝者,市之有行列如朝也,非朝廷之谓。阎若璩谓市朝,乃杀人陈尸之所。俞樾曰:"'朝市',双言,朝也市也;'市朝',单言,市之朝也。若挞之于市朝,正是司市之朝耳。古之朝名,通行上下,并非朝廷也。"按:如俞说,则市朝犹今之公安局,警察署耳。"褐宽博"者,穿粗布衣的穷人仅一衣,故宽大。"万乘之君",是大国的诸侯。"不受于褐宽博"云云,意思是,无论一个平常的穷人或大国的国君把他羞辱,他都不愿意承受。"褐夫",同"褐宽博",贱夫也。"严",畏敬也,"无严",犹言不怕。"恶声",叱骂之声。人以恶声加之,必以恶声报之也。赵岐云:"孟姓,舍名,施,发音也。"因为下文孟施舍自称作舍,故赵岐以"施"为发音,与

“介之推”“孟之反”之“之”字同。阎若璩及翟氏灏云：古人双名可以称一字，赵岐说非。“曰”字以下，引孟施舍之言。曾子，即曾参。子夏，孔子弟子卜商字。“夫”，音扶。二子指孟施舍及北宫黝。“约”，简要也。子夏博学切问，得六经之传；曾子反己三省，闻一贯之道。故子夏所得者博，曾子所守者约。北宫黝之勇，在视万乘之君如褐夫。孟施舍之勇，在不复量敌虑胜，且视不胜犹胜，其所守在已，故似曾子，而较北宫黝为简要也。子襄，曾子的弟子。缩，直也。自反，自己反省。“不惴”旧有三解：（一）“不惴”谓不恐惧之（朱《注》及焦循《正义》）。（二）“不惴”，惴也，“不”，发语词，无义（王引之《经传释词》）。（三）“不惴”，岂不惴也（阎若璩《四书释地》）。又一说，“惴”当作“遄”，往也。“不遄”正与下“往矣”相对。孟施舍之所守在“气”，曾子之所守则在“义”。故孟施舍之所守，又不如曾子之简要矣。

曰：“敢问夫子之不动心，与告子之不动心，可得闻与？”“告子曰：‘不得于言，勿求于心；不得于心，勿求于气。’不得于心，勿求于气，可；不得于言，勿求于心，不可。夫志，气之帅也。气，体之充也。夫志，至焉。气，次焉。故曰：‘持其志，无暴其气。’”

“与”，作欤。上文公孙丑以孟贲为比，故孟子引北宫黝、孟施舍二勇士及曾子，论大勇之言，以明不动心之道。此则公孙丑又问孟子的不动心，和告子之不动心也。孟子先说明告子的不动心。“不得于言，勿求于心；不得于心，勿求于气。”是告子之言，孟子引之。“不得于心，勿求于气，可；不得于言，勿求于心，不可。”是孟子批评告子之言。“夫志，气之帅也”以下，是孟子批评告子之说，又自己加以申说。朱《注》云：“告子谓于言有所未达，则当舍置其言，而不必反求其理于心；于心有所不安，则当力制其心，而不必更求其助于气；此所以固守其心而不动之速也。”按：“不得于言”，正由告子未能“知言”。能知言，则于诐淫邪遁之辞，皆有以得之矣。告子云：“不得于言，勿求于心。”不过如道家之心若死灰，佛家之离心意识参而已，故孟子以为不可。“心”是理智的主宰；“气”是情感的作用。若不得于心而求之于气，则理智不明，情感妄动，徒然发生盲目的冲动，故孟子以为“可”。心之所之，谓之“志”。志者，即是心的理智作用所定的行为的动向。故当以“志”为“气”之帅。但徒有“志”而无充乎体之“气”，则又因循退缩，无进取之勇。“气”充乎体，则不馁矣。朱子释“志至气次”云：“志为至极，而气次之。”似与孟子崇“养气”之旨未合。“次”当训为“次舍”之次（见陈组绶《近圣居燃犀》解）。盖“志”为气之帅，则志之所至，气即随之也。“持其志”者，使趋向正而不可移易也；“无暴其气”者，使能听命于志也。

“既曰‘志至焉，气次焉’，又曰‘持其志，无暴其气’者何也？”曰：“志一则动气，气一则动志也。今夫蹶者，趋者，是气也；而反动其心。”

“蹶”，音厥。“既曰”以下，是公孙丑又问也。公孙丑之意，以为既云志之所到，气即随之，则气已听命于志，何必又云“持其志无暴其气”呢？一，专一也。一个人志向专一，去做一件事，气必随之而动。“志一则动气”者，即上文所云“志至焉，气次焉”也。但在气专一的时候，志也会随之而动的，这就是“气一则动志”也。“蹶”，是倾跌。“趋”，是向前急走。赵氏以“行而蹶者”解之，是“蹶者趋者”即“趋而蹶者”也。一个人因趋走而倾跌，是气的作用；然而因此就动心了。这是气一则动志的一个实例。因为气一可以动志，故又须“持其志，无暴其气”。

“敢问夫子恶乎长?”曰:“我知言,我善养吾浩然之气。”

“恶”,音乌,何也。公孙丑又问孟子也。“曰”字以下,为孟子答语。“浩然”,正大之貌。

“敢问何谓浩然之气?”曰:“难言也。其为气也,至大至刚,以直养而无害,则塞于天地之间。其为气也,配义与道,无是馁也。是集义所生者,非义袭而取之也。行有不慊于心,则馁矣。我故曰,告子未尝知义,以其外之也。必有事焉而勿正,心勿忘,勿助长也。无若宋人然:宋人有闵其苗之不长而揠之者,芒芒然归,谓其人曰:‘今日病矣!予助苗长矣。’其子趋而往视之,苗则槁矣。天下之不助苗长者寡矣。以为无益而舍之者,不耘苗者也;助之长者,揠苗者也。非徒无益,而又害之。”

公孙丑又问:“什么叫做浩然之气?”孟子道:“这是很难说明的。”“曰”字以下,又为孟子之答辞。“气”为抽象之词,故难言。“至大”,故没有限量;“至刚”,故不可屈挠。“以直养”,谓以直道好好地蓄养他。“直”即义也。下文以苗为喻,耘苗,即是“养”;揠苗则是“害”。以直养而无害,则此浩然之气,日滋月长,充其量可以充塞于天地之间。这一种气,是配合义与道的。“义”者,人心之当然;“道”者,天理之自然也。“无是”,朱《注》谓“无此气”;毛奇龄《四书逸讲笺》谓“无是道义”。按:无道义,即不能有浩然之正义;无浩然之气,则馁矣。此浩然之气,乃由平时集义所生者。朱《注》曰:“‘集义’者,犹言积善。盖欲事事皆合于义也。”“集”,合也。平时所为,事事皆合于义,则集合此义自能生浩然之气;此即所谓“以直养”也。朱《注》又曰:“‘袭’如‘齐侯袭莒’之袭。”并不是所做的事偶然合义,就能袭取于外而得到这浩然之气的。“慊”,口劫反。朱《注》:“快也,足也。”一个人行事，自己觉得有所不足，那就心中惧怯，气也馁了。告子尝谓："仁内义外。"（见《告子》篇）外义，故不知义，亦不能集义以生浩然之气。其不动心，不过是"勿求于气"，而非能善养其浩然之气也。疑告子主义外之说，以孟子之集义为袭取于外，故孟子辨之如此。朱《注》曰："必有事焉，有所事也。如'有事于颛臾'（见《论语·季氏》）之'有事'。正，预期也。《春秋传》曰：'战不正胜'，是也。……此言养气者，必以集义为事，而勿预期其效。其或未充，则但当勿忘其所有事，而不可作为以助其长，乃集义养气之节度也。"焦循《正义》训"正"为"止"。《诗·邶风·终风》篇郑笺云："正，犹止也。""必有事焉而勿正"者，言必有事于集义而勿止也。何以不止？心勿忘也。时时以不得于言不得于心者，求诸心，则心勿忘而义集也。俞樾《古书疑义举例》则谓"正心"二字为"忘"字之误。此文当作"必有事焉而勿忘；勿忘，勿助长也"。言必有事于集义而勿忘；但虽勿忘，亦勿助长。按：下文不耘苗者，即是"忘"，揠苗则是助长。忘，则不"以直养"矣；助长，则非"无害"矣。"无"同"毋"，禁之之词。"闵"同"悯"，忧也。"长"，上声。"揠"，读如挖，拔也。"芒芒"，赵《注》云"疲倦之貌"。朱《注》云："无知之貌。""其人"，指宋人之家人。"病"，疲倦也。"槁"，枯萎也。"舍"，弃置也。

"何谓知言？"曰："诐辞知其所蔽，淫辞知其所陷，邪辞知其所离，遁辞知其所穷。生于其心，害于其政；发于其政，害于其事。圣人复起，必从吾言矣！"

"诐"，读如避。上节所说，单是说明"养浩然之气"。故公孙丑又问"何谓知言"也。朱《注》云："诐，偏陂也；淫，放荡也；邪，邪僻也；遁，逃遁也。四者相因，言之病也。蔽，遮隔也；陷，沉溺也;离,叛去也;穷,困屈也。四者亦相因,则心之失也。"按:"诐辞"为偏于一隅,执其一端之辞。《荀子·解蔽》篇云:"墨子蔽于用而不知文,宋子蔽于欲而不知得,慎子蔽于法而不知贤,申子蔽于执而不知知,惠子蔽于辞而不知实,庄子蔽于天而不知人。"是皆"蔽于一曲而暗于大理",故其言皆有所偏执也。"淫辞"犹"放言",所谓汪洋自恣之议论也。此皆有所陷溺,不能复出者也。"邪辞"即"邪说"。春秋战国时弑父弑君之"暴行",亦必有邪说为之辩护,如卫辄拒父,而借口于王父之命之类。盖其心反叛离道义,故有此等邪辞耳。遁辞者,隐曲之言,其本意则隐而不明,其言辞则妄而不实,苏秦、张仪之言,大多如此。若能知其辞之所穷,则其奸不能售矣。以上四句,释"知言"。以下则推论四种言辞之害。盖言为心声,所以言有诐淫邪遁之辞者,皆由心有蔽陷离穷之病。下《滕文公》篇云:"邪说者不得作。作于其心,害于其事;作于其事,害于其政。圣人复起,不易吾言矣。"与此略同。"吾言"是指"生于其心……"四句。

"宰我、子贡,善为说辞。冉牛、闵子、颜渊,善言德行。孔子兼之。曰:'我于辞命,则不能也。'然则夫子既圣矣乎?"

朱《注》云:"此一节,林氏以为皆公孙丑之问,是也。"公孙丑听孟子说"我知言,我善养吾浩然之气",故有此问。宰我,名予;子贡,姓端木,名赐;冉牛,名耕,字伯牛;闵子,名损,字子骞;颜渊,名回。皆孔子弟子。《论语·先进》云:"德行,颜渊、闵子骞、冉伯牛、仲弓;言语,宰我、子贡。"公孙丑盖以长于言语者指"知言",长于德行者指"养气"也。孔门弟子各有所长,孔子兼而有之,但犹自谦为不能辞命;今孟子自谓善知言,又善养气,是已成圣人矣。

曰："恶！是何言也！昔者子贡问于孔子曰：'夫子圣矣乎？'孔子曰：'圣则吾不能，我学不厌而教不倦也。'子贡曰：'学不厌，智也；教不倦，仁也。仁且智，夫子既圣矣！'夫圣，孔子不居，是何言也！"

此段是孟子回答的话。"恶"，音乌，叹词。公孙丑以为孟子已经是圣人，所以孟子答道："唉！这是什么话呢？"乃引子贡与孔子的一段谈话为证，并道："这个'圣'字，孔子尚且不敢自居，如今说我是圣人，这是什么话呢！"

"昔者窃闻之：子夏、子游、子张，皆有圣人之一体。冉牛、闵子、颜渊，则具体而微。敢问所安？"曰："姑舍是。"

此段又是公孙丑所问。因为孟子既不敢自比于孔子，所以又把孔子的弟子，提出来请教。子夏，卜商字；子游，言偃字；子张，颛孙师字。皆孔子弟子。"有一体"者，有圣人一部分的长处；"具体而微"者，有圣人全部的长处，不过比圣人规模小一点。"所安"谓愿自处于哪一等也。"曰，姑舍是"者，孟子不欲与孔子弟子度长絜短，故有此答。"姑"，姑且；"舍"，丢开不谈也。

曰："伯夷、伊尹何如？"曰："不同道。非其君不事，非其民不使。治则进，乱则退，伯夷也。何事非君？何使非民？治亦进，乱亦进，伊尹也。可以仕则仕，可以止则止，可以久则久，可以速则速，孔子也。皆古圣人也。吾未能有行焉，乃所愿，则学孔子也。"

此段仍是公孙丑问的话。伯夷，殷末孤竹君的长子。与弟叔齐让国而逃，避纣居北海之滨。周武王伐纣，得了天下，伯夷情愿在首阳山饿死，不食周朝的粟米。伊尹，夏末时人，助汤伐桀，后来做了商朝的宰相。伯夷为圣之清者，近于有所不为之狷；伊尹为圣之任者，近于进取之狂；故二人不同道。孟子说明了二人的不同道，接下去说到孔子的为人。则孔子是圣之时者，故仕止久速，各以其时之宜。孟子于三人，虽皆自谦曰“吾未能有行焉”，而又云愿学孔子，盖以时中之圣为鹄者也。

“伯夷、伊尹于孔子，若是班乎！”曰：“否！自有生民以来，未有孔子也。”

公孙丑又问：“伯夷伊尹对于孔子，是同等的吗”？孟子道：“并不！自从天地间有人民以来，没有一个能及得孔子的！”

曰：“然则有同与？”曰：“有。得百里之地而君之，皆能以朝诸侯，有天下。行一不义，杀一不辜，而得天下，皆不为也。是则同。”

“与”，同“欤”。公孙丑又问：“然则这三个人，亦有相同的地方吗？”“得百里之地而君之”者，言假使得到百里的地方，使这三个人做君主也。“朝诸侯有天下”，即是王天下。“不辜”，即是无罪。假如使他们行一件不义的事体，杀一个无罪的人民，而取得天下，这三个人都是不肯做的。这就是他们相同的地方。

曰：“敢问其所以异？”曰：“宰我、子贡、有若，智足以知圣人，污不至阿其所好。宰我曰：‘以予观于夫子，贤于尧舜远矣！’子贡曰：‘见其礼而知其政，闻其乐而知其德，由百世之后，等百世之王，莫之能违也。自生民以来，未有夫子也。’有若曰：‘岂惟民哉！麒麟之于走兽，凤凰之于飞鸟，泰山之于丘垤，河海之于行潦，类也。圣人之于民，亦类也。出乎其类，拔乎其萃，自生民以来，未有盛于孔子也。”

公孙丑又问:“那么,三个人的所以不同在哪里?”“曰”字以下,又是孟子答语。有若,也是孔子的弟子。朱《注》以“污下”释“污”字,非。当从焦循《正义》作“洿”,是夸大之“夸”的假借字。“阿”者,是私心爱好的意思。孟子说:“像宰我、子贡、有若,其才智,都足以知道圣人;即使说话夸大一点,也不至于阿私于心所爱好的人。”故即引三人称赞孔子之言,以示伯夷、伊尹之不及孔子。古先圣王,去今久远,已人亡政息矣。然孔子观其所遗之礼(包典章制度言),而可以推知其政;闻其所遗之乐(如舜之《韶》、武王之《武》),而可以推知其德。“等”,差等也。从百世之后,上溯百世之前王,虽有差等,皆不违离孔子之道,此即所谓“集大成”,故为生民以来未有之大圣也。古以麒麟为兽之长,凤凰为鸟之长,太山为山之最高者,黄河及海为水之最大者,故以喻人中之圣人。“丘垤”,小山;“行潦”,是道旁沟中之水。“出”,高出;“拔”,特起;“萃”,聚也。出类,拔萃,言与众不同也。

2.3　孟子曰:“以力假仁者霸;霸,必有大国。以德行仁者王;王不待大,汤以七十里,文王以百里。以力服人者,非心服也,力不赡也;以德服人者,中心悦而诚服也,如七十子之服孔子也。《诗》云:‘自西自东,自南自北,无思不服。’此之谓也。”

此章说明“王”与“霸”的分别。“力”,兵力也。“假”,假托也。“必有大国”,必大国而后能霸也。“德”者,道德也。“不待大”,不必待大国也。“赡”,足也。所引《诗·大雅·文王有声》篇。“无思不服”,犹云“无不心服”。

2.4　孟子曰:“仁则荣,不仁则辱。今恶辱而居不仁,是犹

恶湿而居下也。如恶之,莫如贵德而尊士。贤者在位,能者在职,国家闲暇,及是时,明其政刑,虽大国必畏之矣!《诗》云:'迨天之未阴雨,彻彼桑土,绸缪牖户。今此下民,或敢侮予。'孔子曰:'为此诗者,其知道乎!能治其国家,谁敢侮之?'"

"恶",去声,厌也。卑下则近水,故湿。"职",官职。"闲暇",言无外患内祸之时。"明",察也。所引《诗经》,见《豳风·鸱鸮》篇,是诗人假托鸟的口气而说的。"迨",及也。"彻",取也。"桑土",桑树的皮和泥土也。《毛诗释文》云:"土,音杜。《韩诗》作杜。"《方言》:"东齐谓根曰杜。"是桑土即桑根。"缪",音谋。绸缪,缠结也。"牖",即户,言鸟取桑根以结巢也。"今此下民",今《毛诗》作"今女下民"。"女",同"汝"。"或敢",即谁敢也。

"今国家闲暇,及是时,般乐怠敖,是自求祸也。祸福无不自己求之者!《诗》云:'永言配命,自求多福。'《太甲》曰:'天作孽,犹可违;自作孽,不可活。'此之谓也。"

"般",音盘,大也。"乐",欢乐之乐。"怠",懒惰也。"敖",骄傲也。上文说国家当闲暇之时,应先修明其政刑。此段说现今的国家,在闲暇时候,国君只知道大大地享乐,懒惰骄傲,这是自求祸殃。所引《诗经》,见《大雅·文王》篇的句子,用以证明祸福自求的道理。"永言配命",朱《注》云:"永,长也。言,犹念也。配,合也。命,天命也。"言当永念所配受之天命,以自求多福也。太甲,商王。今《尚书》有《太甲》篇,系东晋伪古文。此引《诗》以明自己求福,引太甲之言以明自己求祸。

2.5　孟子曰:"尊贤使能,俊杰在位,则天下之士,皆悦而愿立于其朝矣。市,廛而不征,法而不廛,则天下之商,皆悦而愿藏

于其市矣。关，讥而不征，则天下之旅，皆悦而愿出于其路矣。耕者，助而不税，则天下之农，皆悦而愿耕于其野矣。廛，无夫里之布，则天下之民，皆悦而愿为之氓矣。信能行此五者，则邻国之民，仰之若父母矣。率其子弟，攻其父母，自生民以来，未有能济者也。如此，则无敌于天下；无敌于天下者，天吏也，然而不王者，未之有也。"

有道德的人曰"贤"，有才干的人曰"能"，才德出众者曰"俊杰"。"廛"，是市场上的房屋，此指市屋之税而言。"征"，是征税。"廛而不征"，乃税其舍而不税其物。或曰，商贾居此屋，不征其税。赵岐曰："法而不廛"者，"当以什一之法征其地耳，不当征其廛宅也。"朱《注》引张子曰："或赋其市地之廛而不征其货；或治之以市官之法而不赋其廛。"焦循《正义》引郑玄谓"市廛而不征"者，言货物储藏于市中者不取租税；"法而不廛"者，言有货物久滞于廛者，官以法为居取之。（郑说见《礼记·王制》"市廛而不税"句注。）"关"，境上之门也。"讥"，犹言稽察。言但稽察而不取税。"旅"，行旅之人。"征"，亦税也。"助"，是古代井田制度借民力助耕公田的一种方法。"廛无夫里之布"。赵岐注曰："里，居也。布，钱也。夫，一夫也。"朱《注》云："《周礼》'宅不毛者有里布。民无职业者，出夫家之征。'郑氏谓宅不种桑麻者，罚之，使出一里二十五家之布；民无常业者，罚之，使出一夫百亩之税，一家力役之征也。今战国时一切取之，市宅之民，已赋其廛，又令出此夫里之布，非先王之法也。"江永《群经补义》则谓上"廛而不征，法而不廛"之"廛"，是市宅；此"廛"字，则指民居。"布"，泉也，钱也，非"布帛"之布。"夫布"见《周礼·闾师》："凡无职者出夫布。"谓闲民为人佣力者，不能赴公家旬三日之役，使出一夫力役之泉，犹后世之雇役钱。“里布”，见《周礼·载师》：“凡宅不毛者有里布。”谓不种桑麻之荒地，或为台榭游观者，仍使出地税也。战国时，则非闲民，已有力役之征者，仍使出夫布；宅种桑麻，已有布缕之征者，仍使出里布。故孟子主废除之。其说最为明白。“氓”，民也，一声之转。“信”，诚也。“五者”，即指上文所说五事。“仰”，仰望也。“济”，成也。“天吏”，天使也，为天诛伐无道，故曰“天使”。

2.6　孟子曰：“人皆有不忍人之心。先王有不忍人之心，斯有不忍人之政矣。以不忍人之心，行不忍人之政，治天下可运之掌上。所以谓人皆有不忍人之心者，今人乍见孺子将入于井，皆有怵惕恻隐之心，非所以内交于孺子之父母也，非所以要誉于乡党朋友也，非恶其声而然也。”

“不忍人之心”为“仁心”；“不忍人之政”为“仁政”。“仁政”以“仁心”为本。以“仁心”行“仁政”，则仁可以覆天下。“可运之掌上”者，言其易也。下乃举事实以证“人皆有不忍人之心”。“乍”，犹忽然也。“孺子”，即小孩。“怵惕”，受惊的样子。“恻”，伤悯也。“隐”，隐痛。“内”，今作“纳”，“内交”，犹说结交。“要誉”，求以很好的名誉。“恶”，去声。“恶其声”，厌恶小儿哭喊的声音也。今人忽见小孩子将入于井，都会引起惊惶恻隐之心。此乃纯粹由于内心的同情，并非由于外力，有所为而出此。故可证明“不忍人之心”，是人类同具的天性。

“由是观之：无恻隐之心，非人也；无羞恶之心，非人也；无辞让之心，非人也；无是非之心，非人也。”

“恻隐之心”，即“不忍人之心”。此心既为人所同具，则无此心者，即非人矣。因而推论及于“羞恶”“辞让”“是非”之心。“恶”，去声。“是非之心”，谓辨别是非之心。

“恻隐之心，仁之端也；羞恶之心，义之端也；辞让之心，礼之端也；是非之心，智之端也。人之有是四端也，犹其有四体也。有是四端而自谓不能者，自贼者也；谓其君不能者，贼其君者也。”

“端”，是一件事物的起头。“仁”，是爱人无私的心，也就是“推己及人”。“恻隐”，既由于纯粹的同情，故是“仁”的起头。“义”，是做应该做的事。人做了错事，总觉得自己惭愧，见人做了错事，就要厌恶他，这是人的本性，也是“义”的起头。人家给我东西，我总要推辞，与人同在一处，总要谦让，这是礼的起头。是非之心，所以辨别一切，故是智的起头。“四体”，就是四肢。人的心中有仁义礼智四端，犹之身上有手足四肢，都是生来俱有的。“不能”，言不能有此四端。“贼”，害也。

“凡有四端于我者，知皆扩而充之矣，若火之始然，泉之始达。苟能充之，足以保四海；苟不充之，不足以事父母。”

“扩”，音廓，推广也。“充”，满也。“然”，同“燃”。泉流出去叫做“达”。星星之火，可以燎原；涓涓之流，可成江河。故以比此四端之扩充。“保四海”，保天下也。古先圣王能以仁心行仁政，故可以保四海之民，皆扩充此四端之效。

2.7　孟子曰：“矢人岂不仁于函人哉？矢人唯恐不伤人，函人唯恐伤人。巫匠亦然。故术不可不慎也。孔子曰：‘里仁为美。择不处仁，焉得智？’夫仁，天之尊爵也，人之安宅也。莫之御而不仁，是不智也。不仁不智，无礼无义，人役也。人役而耻

为役，由弓人而耻为弓，矢人而耻为矢也。如耻之，莫如为仁。仁者如射。射者正己而后发，发而不中，不怨胜己者，反求诸己而已矣！”

“矢”是箭；“矢人”，是造箭的人。“函”是甲；“函人”，是造甲的人。造箭的人，唯恐所造的箭，不能伤被射的人。造甲的人，唯恐所造的甲，被箭射透，以至伤披甲的人。“巫”，是代人祈祷禳疾的。“匠”即梓匠，是代人制造棺木的。这两种人，与矢人函人正相同。孟子以为矢人与函人，巫与匠，其本性是相同的，而所操的职业不同，致使他们一则唯恐不伤人，一则唯恐伤人；一则唯求人之生，一则似利人之死。故选择技术职业不可不慎。这还是譬喻之辞，下面方说到本旨。所引孔子语，《论语·里仁》篇。“里”，居也。“里仁”即“处仁”也。“焉”，平声，副词。“夫仁”以下，是孟子解释之辞。“天之尊爵”者，言是上天所认为最尊重的爵位。“安宅”，谓可以安居之处。“御”，止也，“莫之御”，“无止之者”也。莫之御而不仁者是不智，不仁不智之人，必无礼无义，此等人只能为“人役”耳。“人役”，是受人役使之人，奴仆之属。既是“人役”，必为人所役使，犹弓人必为弓，矢人必为矢也。如果耻为“人役”，则莫如为仁。仁者必先正己，行有不得，则反求诸己，故以射为喻。《中庸》云：“射有似乎君子，失诸正鹄，反求诸其身。”与此同义。

2.8　孟子曰：“子路人告之以有过，则喜。禹闻善言，则拜。大舜有大焉：善与人同，舍己从人，乐取于人以为善。自耕稼陶渔以至为帝，无非取于人者取诸人以为善，是与人为善者也。故君子莫大乎与人为善。”

此章系孟子说子路、禹、舜三人的美德。言子路乐闻自己的过失。禹,即夏禹。《尚书·虞书·皋陶谟》曰:“禹拜昌言。”昌言,即善言也。大舜,是虞代的圣君。“有”,同“又”,谓舜之德更大也。“善与人同”者,视人家的善,犹自己的善也。善与人同,故能“舍己从人,乐取于人以为善”。朱《注》云:“舜之侧微,耕于历山,陶于河滨,渔于雷泽。”“陶”,制造过瓦器也。后受尧禅为帝。言舜一生之善,无非取于人者。“诸”,之于也。“与人为善”之“与”,许也,助也。取人之善,则人益劝,故曰“与人为善”。此朱子说。焦氏《正义》则谓“与人为善”即“善与人同”,言与人同为善也。说亦可通。

2.9　孟子曰:“伯夷,非其君不事,非其友不友,不立于恶人之朝,不与恶人言。立于恶人之朝,与恶人言,如以朝衣朝冠,坐于涂炭。推恶恶之心,思与乡人立,其冠不正,望望然去之,若将浼焉。是故诸侯虽有善其辞命而至者,不受也,不受也者,是亦不屑就已。”

伯夷见前《不动心》章注。“非其君不事”,故“不立于恶人之朝”;“非其友不友”,故“不与恶人言”。朝衣朝冠,整洁之礼服。涂,泥也。涂炭,污秽之处。“恶恶”,上恶字去声,厌恶恶人也。把这种厌恶恶人的心思推而广之,可以想象他与乡人立,见他的冠戴得不正时,就向他看看,便走开了,要沾染着污秽似的。赵《注》云:“望望然,惭愧之貌。”朱《注》云:“望望,去而不顾之貌。”二解俱未安。《礼记·问丧》云:“其送往也,望望然,汲汲然,如有追而弗及也。”注云:“望望,瞻望之貌。”其说较长。“浼”,音莫罪反,漫也,污也,是沾染污秽的意思。“辞命”,谓来致聘之言辞。

屑,洁也。“不屑说”,言不以就为洁,赵朱二注同。按:“不屑”,不肯也,不愿也。心有所不愿,不肯屈己意以为之,曰“不屑”。《庄子·则阳》篇:“而心不屑与之俱。”《释文》:“屑,本亦作肯。”

“柳下惠,不羞污君,不卑小官。进不隐贤,必以其道。遗佚而不怨,厄穷而不悯。故曰:‘尔为尔,我为我,虽袒裼裸裎于我侧,尔焉能浼我哉?’故由由然与之偕而不自失焉,援而止之而止。援而止之而止者,是亦不屑去已!”

柳下惠,鲁公族大夫也,姓展名禽,字季,居于柳下,惠其谥也。他的性质,恰与伯夷相反。“不羞污君,不卑小官”者,不以事污君为羞,不以小官为卑也。“进不隐贤,必以其道”者,进身做官,不隐己之贤能,而必以其道也。“遗佚”,即遗弃,谓被君主所弃也。“厄”,困也。“悯”,忧也。“故曰”以下,是柳下惠所说。“袒裼”,音但锡,即露臂。“裸”,音鲁果反,“裎”,音程,即露体。“由由然”,自得之貌。“不自失”,即自得也。“援而止之而止”,言虽欲去,仍可攀留之也。

孟子曰:“伯夷隘,柳下惠不恭。隘与不恭,君子不由也。”

“隘”,意买反。孟子既述伯夷柳下惠之为人,复批评之,故加“孟子曰”三字。隘,犹狭陋也。伯夷斤斤自守,惧人污己,故孟子评之曰“隘”。柳下惠放浪形骸,故孟子评之曰“不恭”。其性质相反,而各趋极端,虽为“圣之清”“圣之和”,而亦各有所偏,各有其弊。故孟子称君子不由。“不由”,犹云“不从”。盖孟子所愿学者,孔子之“圣之时”耳。

2.10　孟子曰:“天时不如地利,地利不如人和。三里之城,七里之郭,环而攻之而不胜。夫环而攻之,必有得天时者矣,然

而不胜者，是天时不如地利也。城非不高也，池非不深也，兵革非不坚利也，米粟非不多也，委而去之，是地利不如人和也。故曰：域民不以封疆之界，固国不以山溪之险，威天下不以兵革之利。得道者多助，失道者寡助。寡助之至，亲戚畔之；多助之至，天下顺之。以天下之所顺，攻亲戚之所畔，故君子有不战，战必胜矣！”

“天时”，古时预备战争，都先用占卜方法，选定一出兵的吉日。“地利”，指城池山川之固而言。“人和”，谓人民与国君上下一心。“郭”，外城也。“三里”“七里”，言其城郭之小。“环”，围也。“池”，即城外的护城河。“兵”，兵器；“革”，甲也。“坚”指甲，“利”指兵。“委”，弃也。孟子以“天时”“地利”“人和”三者相比，明“人和”为最重要也。朱《注》云：“域，界限也。”时君以封疆之界。“域民”，禁往他国；然民实非封疆之界所能域。“故曰……”三句，承上文“地利不如人和”而言。“畔”，同“叛”。

2.11　孟子将朝王。王使人来曰：“寡人如就见者也，有寒疾，不可以风。朝，将视朝，不识可使寡人得见乎？”对曰：“不幸而有疾，不能造朝。”

“朝”，音潮。“就见”，齐王往见孟子也。“寒疾”，感冒风寒之疾。“不可以风”，谓有寒疾，当避风也。“朝将视朝”，朱《注》读前“朝”字如字，早也。后“朝”字音潮。言翌晨将视朝也。赵《注》前“朝”字亦音潮，一字作一读，言如孟子果来朝也。此言孟子本将朝见齐王。王使人来谓孟子，言有寒疾，当避风；但如孟子能来朝，仍将力疾视朝，不知孟子能否来朝，可使寡人得见，如亲来孟子馆中就见否也。“造”，音七到反，赴也。

明日，出吊于东郭氏。公孙丑曰："昔者辞以病，今日吊，或者不可乎？"曰："昔者疾，今日愈，如之何不吊？"

东郭氏，是齐国的大夫。孟子前去吊东郭氏之丧也。昔者，昨日也。公孙丑见孟子昨天以病辞齐王，不往朝，而今天去吊东郭氏之丧，疑其不可。"曰"字以下，为孟子答语。

王使人问疾，医来。孟仲子对曰："昔者有王命，有采薪之忧，不能造朝。今病小愈，趋造于朝，我不识能至否乎？"使数人要于路曰："请必无归而造于朝。"

孟仲子，据赵岐注，是孟子从弟，在孟子身边就学的。这时候，孟子已往东郭氏去吊丧，所以由孟仲子答复齐王的使者。"采薪之忧"，谓病也。言因病不能采薪也，自谦之辞。《曲礼》云："君使士射，不能，则辞以疾，曰：'某有负薪之忧。'""要"，平声，同"邀"。使人邀孟子于路中也。

不得已而之景丑氏宿焉。景子曰："内则父子，外则君臣，人之大伦也。父子主恩，君臣主敬。丑见王之敬子也，未见所以敬王也。"曰："恶！是何言也！齐人无以仁义与王言者，岂以仁义为不美也？其心曰：'是何足与言仁义也'云尔。则不敬莫大乎是！我非尧舜之道，不敢以陈于王前，故齐人莫如我敬王也。"

"之"，往也。景子名丑，亦齐大夫。孟子刚从东郭氏吊丧回来，被孟仲子所派的人拦住，要孟子去朝见齐王。孟子不愿去朝，不得已到景丑家里去宿夜。"主恩""主敬"者，为以恩为主，以敬为主也。"曰"字以下，为孟子答语。"恶"，平声，叹词。"岂以仁义为不美也"，是反诘语。"是何足与言仁义"之"是"，即指齐王。"云尔"，语词，言齐人心中，如此云云也。

景子曰:“否！非此之谓也。《礼》曰:‘父召无诺,君命召,不俟驾。’固将朝也,闻王命而遂不果,宜与夫礼若不相似然!”

《礼记·曲礼》曰:“父召无诺,先生召无诺,唯而起。”《玉藻》曰:“父命呼,唯而不诺。”《曲礼》注云:“应辞,唯恭于诺。”《玉藻》曰:“君召,……在官不俟屦,在外不俟车。”《论语·乡党》曰:“君命召,不俟驾行矣。”言急赴君命,不及俟驾车而先行也。“宜”,殆也。本书《滕文公》“不见诸侯,宜若小然”,又“枉尺而直寻,宜若可为也”;《离娄》“宜若无罪焉”;《尽心》“宜若登天然”:“宜”字均当训“殆”。(见王引之《经传释词》)言孟子之不朝王,殆与礼所谓“君命召不俟驾”者,若不相似也。“夫”,音扶,指示形容词。

曰:“岂谓是与？曾子曰:‘晋楚之富,不可及也。彼以其富,我以吾仁;彼以其爵,我以吾义。吾何慊乎哉?’夫岂不义而曾子言之？是或一道也。天下有达尊三:爵一,齿一,德一。朝廷莫如爵,乡党莫如齿,辅世长民莫如德。恶得有其一,以慢其二哉?”

“与”,今作“欤”。此又为孟子答辩景丑的话。“慊”,少也。心有所不足也。言晋楚之君虽富贵,而吾之仁义足以当之也。以下是孟子解释曾子之言。“夫”,音扶。言曾子所言,岂为不义？而曾子言之,这或许是一种道理也。“达”,通也。“齿”,年龄;“爵”,官禄;“德”,道德。三者人所共尊,故曰“达尊”。“辅”,助也;“长”,上声,动词,长养之也。孟子自以为有齿德二尊,而齐王仅有“爵”之一尊,今齐王命孟子去朝,是以其一慢其二也。“恶”,音乌,安也。“慢”,即怠慢。

“故将大有为之君,必有所不召之臣,欲有谋焉则就之。其尊德乐道,不如是,不足与有为也。故汤之于伊尹,学焉而后臣之,故不劳而王;桓公之于管仲,学焉而后臣之,故不劳而霸。今

天下地丑德齐,莫能相尚,无他,好臣其所教,而不好臣其所受教。汤之于伊尹,桓公之于管仲,则不敢召。管仲且犹不可召,而况不为管仲者乎?"

"大有为",即大有作为。"不召",谓不当以命令召见,当就而谋议者。"谋",即商量。"就",是自己到他那里去。汤,即商汤。伊尹,是商朝的贤相。桓公,即齐桓公。管仲,是齐桓公时的贤相。"学焉而后臣",是先到他那里去请教,然后再任用他做官。丑,相类也。齐,相等也。尚,是胜过的意思。"好",去声,喜也。"所教",是才德不如我而能听我命令,受我指挥之人;"所受教",是才德胜我,我须听他教导之人。臣其所教者,则可召;臣其所受教,则不敢召也。"不为管仲者",孟子自谓也。"不为管仲",见本篇第一章。按:本章所记,孟子对齐王的态度似乎太傲。其实孟子在齐,此时尚处宾师之位,非当仕有官职之人,不以奉命趋走为恭,而以责难陈善为敬,故与孔子之君命召不俟驾而行不同。

2.12 陈臻问曰:"前日于齐,王馈兼金一百而不受;于宋,馈七十镒而受;于薛,馈五十镒而受。前日之不受是,则今日之受非也;今日之受是,则前日之不受非也。夫子必居一于此矣。"孟子曰:"皆是也。当在宋也,予将有远行,行者必以赆,辞曰'馈赆',予何为不受?当在薛也,予有戒心,辞曰'闻戒,故为兵馈之',予何为不受?若于齐,则未有处也。无处而馈之,是货之也。焉有君子而可以货取乎?"

陈臻,孟子弟子。"馈",赠送也。"金",指社会上通用的银子。古时金、银、铜都称金,"兼金"者,最好的银子。"镒",古时衡名。一镒,为二十四两。“辞”,指馈金时的言辞。“赆”,或作“賮”,音习印切,送行者所赠的旅费叫做“赆”。“馈赆”犹今云送程仪也。“戒”,备戒也。孟子在薛,有人欲害之。兵,所以戒不虞。薛馈金时云:“闻有戒备,故馈金为设兵备之用也。”处,即“于义未有所处”的意思。货之,谓以金钱收买之也。“焉”,平声,副词。言君子岂可以金钱收买而得之也。

2.13　孟子之平陆,谓其大夫曰:“子之持戟之士,一日而三失伍,则去之否乎?”曰:“不待三。”“然则子之失伍也亦多矣!凶年饥岁,子之民,老羸转于沟壑,壮者散而之四方者,几千人矣。”曰:“此非距心之所得为也。”

“之”,往也。平陆,齐国的边邑。“大夫”,邑宰也。“持戟之士”,执兵器的卫士也。“失伍”,谓值班守卫时无故不到也。“去之”,罢免之也。此阎若璩说。赵朱均以“士”为战士,“伍”为行列,“去之”为杀之,不如阎说为合情理。“不待三”,言“不到第三次,便令出伍”也。“羸”,弱也。距心,姓孔,是平陆的大夫。言此乃齐王之政,非大夫所得擅,故曰:“非距心所得为。”

曰:“今有受人之牛羊而为之牧之者,则必为之求牧与刍矣。求牧与刍而不得,则反诸其人乎?抑亦立而视其死与?”曰:“此则距心之罪也。”

此孟子又设譬对孔距心言也。“牧之”之“牧”,即畜牧。“求牧”之“牧”,牧地也。“刍”,喂羊之草。“反诸其人”,以羊还主人也。“抑”,转折连词,犹今云“还是”。“与”,同“欤”。

他日,见于王曰:“王之为都者,臣知五人焉。知其罪者,惟孔距心。”为王诵之。王曰:“此则寡人之罪也。”

"见于王",孟子见齐王也。"为",治也;"都",邑也。"为都者"即治理一邑的大夫。"诵之",传述与孔距心问答之言也。

2.14　孟子谓蚳鼃曰:"子之辞灵丘而请士师,似也,为其可以言也。今既数月矣,未可以言与?"

"为",去声,同"谓"。"蚳"音池,"鼃",同蛙。蚳鼃,人名,齐国的大夫。灵丘,齐邑。士师,刑官之属,在都中,故刑罚不中,可以进谏。一说,古有两种士师:一种是管狱员,如《论语》"柳下惠为士师"是也;一种是谏官,等于汉朝的谏议大夫,清朝的御史之类,此章所说的士师是也。言蚳鼃之辞灵丘大夫,而请改任为士师,似乎合理,因其可以进谏也。今为士师,已数月之久,而无进谏之言,岂未可以言与?"与",同"欤"。

蚳鼃谏于王而不用,致为臣而去。齐人曰:"所以为蚳鼃,则善矣;所以自为,则吾不知也。"

"致为臣",即"致仕",辞职也。齐人因此批评孟子,言所以为蚳鼃计者,则善,所以自为计者如何,则吾辈不知;盖议孟子之不去也。

公都子以告。曰:"吾闻之也:有官守者,不得其职则去;有言责者,不得其言则去。我无官守,我无言责也,则吾进退,岂不绰绰然有余裕哉?"

公都子,孟子弟子。"以告"者,把齐人说的话,来告诉孟子也。"曰"字以下,孟子对公都子之话。做地方官的有应守的职务,叫"官守";做谏官的负进谏的责任,叫"言责"。"绰绰",是很宽的样子。"余裕",是很有余地的意思。孟子在齐,不居官职,故进退绰然也。

2.15　孟子为卿于齐，出吊于滕。王使盖大夫王驩为辅行。王驩朝暮见，反齐滕之路，未尝与之言行事也。公孙丑曰："齐卿之位，不为小矣；齐滕之路，不为近矣。反之而未尝与言行事，何也？"曰："夫既或治之，予何言哉？"

"卿"，是客卿，位在大夫之上，但没有一定的职务与责任。孟子出吊于滕，盖奉齐王之命。"盖"，音古盍反，是齐国的地名。王驩，时为盖邑大夫，是一个小人。"辅行"，副使也。"反齐滕之路"。言由齐之滕，又由滕反齐也。"行事"，使事也。孟子既为正使，一切使事，驩宜听命于孟子，驩既自专，而孟子又未尝与言，故公孙丑疑而问也。"齐卿之位不为小矣"，指孟子而言。朱《注》谓指王驩，岂公孙丑以驩位不小，故应与之言乎？当从陈组绶《燃犀解》说。孟子答公孙丑之言，是隐约之辞。言"彼既或治之，我又说什么呢"。"夫"，音扶，彼也，指王驩。"或"，疑词。"治之"，谓治使事。

2.16　孟子自齐葬于鲁，反于齐，止于嬴。充虞请曰："前日不知虞之不肖，使虞敦匠事。严，虞不敢请。今愿窃有请也。木若以美然？"曰："古者棺椁无度，中古棺七寸，椁称之。自天子达于庶人。非直为观美也，然后尽于人心。不得，不可以为悦；无财，不可以为悦。得之为有财，古之人皆用之，吾何为独不然？且比化者，无使土亲肤，于人心独无恔乎？吾闻之也，君子不以天下俭其亲。"

顾炎武《日知录》云："言葬而不言丧，此改葬也。礼，改葬，缌，事毕而除。故反于齐，止于嬴，而充虞乃得承间而问。”按：赵朱二《注》均谓孟子丧母，归葬鲁。则是营葬方毕，即反于齐，有背丧礼矣。若谓终丧而反，则充虞何以至三年后而始问于逆旅之中？且何以云“前日”乎？充虞，孟子弟子。“敦匠事”，监督制造棺材的事也。此句或读于“匠”字句绝。“事”字属下误，作“事严”。事严，事急也，故无暇请问。“以”，通“已”，太也。“木若以美然”，言棺木似乎太好也。“无度”，言没有一定的尺寸也。“中古”，大概指周朝初年。“七寸”，指棺之厚。“称”，相当也。“椁”，是加在棺外的。“棺称之”者，言与棺的厚薄相当也。“非直”，即不但。“观美”，外观形式之美。言葬父母的棺椁，用较好的木材，不但是为了外表上的美观，如此然后尽人子的心。“不得”，不得好木也。“得之为有财”，为，与也。言即可得之，又有财足以购之也。朱《注》曰：“比，犹为也。化者，死者也。恔，快也。”是说为了使已死者的尸体不被泥土黏在皮肤上，这在人子的心里，难道不是很快慰的吗？“不以天下俭其亲”，言不为天下之故而俭于其亲也。

2.17　沈同以其私问曰：“燕可伐与？”孟子曰：“可。子哙不得与人燕，子之不得受燕于子哙。有仕于此，而子悦之，不告于王，而私与之吾子之禄爵；夫士也，亦无王命而私受之于子，则可乎？何以异于是？”

沈同，齐国的大臣。“以其私问”，以他私人的资格问孟子也。“伐与”之“与”，今作“欤”。这时燕国的国君名叫子哙，让位与子之，子之遂为燕王。孟子以此时尚有周天子在，诸侯之授受，必须王命；今私相授受，是不合法的。

齐人伐燕。或问曰:“劝齐伐燕,有诸?”曰:“未也。沈同问:‘燕可伐与?’吾应之曰:‘可。’彼然而伐之也。彼如曰:‘孰可以伐之?’则将应之曰:‘为天吏,则可以伐之。’今有杀人者,或问之曰:‘人可杀与?’则将应之曰:‘可。’彼如曰:‘孰可以杀之?’则将应之曰:‘为士师,则可以杀之。’今以燕伐燕,何为劝之哉?”

“诸”即“之乎”。“与”,同“欤”。“天吏”,指受天命之王者。“士师”,是审理讼狱的官,能判定人罪而将人杀戮的。“以燕伐燕”者,是说齐国与燕国同一无道,以齐伐燕,等于以燕国伐燕国也。

2.18　燕人畔。王曰:“吾甚惭于孟子。”陈贾曰:“王无患焉。王自以为与周公,孰仁且智?”王曰:“恶!是何言也?”曰:“周公使管叔监殷,管叔以殷畔。知而使之,是不仁也;不知而使之,是不智也。仁智,周公未之尽也,而况于王乎?贾请见而解之。”

“畔”,同“叛”。齐国伐燕,五旬而举之。齐王问孟子,孟子告以置君而返,事已见上篇。齐王因不听孟子的话,燕人果然叛齐。故齐王自觉惭愧。陈贾,是齐国的大夫。周武王灭纣后,将纣子武庚仍封在殷的地方做诸侯。管叔,武王之弟,周公之兄。当时因恐殷朝的后代反叛,所以周公使管叔,去监视殷人的行动。不料武王死后,管叔反助殷人反叛。陈贾思以周公之事来安慰齐王也。“无患”,犹言“无忧”。“请见”,请见孟子;“解之”者,解说王的过失也。

见孟子,问曰:“周公何人也?”曰:“古圣人也。”曰:“使管叔监殷,管叔以殷畔也,有诸?”曰:“然。”曰:“周公知其将畔而使之与?”曰:“不知也。”“然则圣人且有过与?”曰:“周公弟也,管叔兄

也。周公之过，不亦宜乎？且古之君子，过则改之；今之君子，过则顺之。古之君子，其过也，如日月之食，民皆见之；及其更也，民皆仰之。今之君子，岂徒顺之，又从为之辞。”

此陈贾见孟子而问也。“诸”，之乎也。“与”，同“欤”。孟子以周公为管叔之弟，故信任管叔。周公之过，是在情理之中的。古之君子，指真正的君子如周公者而言。“顺”者，顺遂其过，不肯改也。“日月之食”，即日蚀，月蚀。“更”，改也。“仰”者，仰望之也。“为之辞”者，不但不能改过，又从而解说之，以文饰其过也。

2.19　孟子致为臣而归。王就见孟子，曰：“前日愿见而不可得，得侍同朝，甚喜。今又弃寡人而归，不识可以继此而得见乎？”对曰：“不敢请耳，固所愿也！”他日，王谓时子曰：“我欲中国而授孟子室，养弟子以万钟，使诸大夫国人，皆有所矜式。子盍为我言之？”

孟子在齐国做客卿，因齐王不能行其道，故致仕而归。“前日，……”云云，赵《注》谓指孟子未来齐时。“得侍同朝”，王之谦辞，言得孟子在朝为臣，指来齐后而言。时子，是齐国的大夫。“中国”，谓在国之中央。“授孟子室”，赐孟子以宅第也。“钟”，古时量名。古时俸禄以粟，以钟为单位。“弟子”，孟子之弟子。“矜”，敬也。“式”，法也。“盍”，何不也。

时子因陈子而以告孟子，陈子以时子之言告孟子，孟子曰：“然。夫时子恶知其不可也？如使予欲富，辞十万而受万，是为欲富乎？”

“恶”，音乌。“因”，托也。时子以齐王之言托陈子转告孟子，陈子，即陈臻。孟子为齐卿，禄富十万钟，孟子不受其禄，故曰“辞十万”。今若受齐王万钟之养，是“受万”矣。

“季孙曰：‘异哉，子叔疑！使己为政，不用，则亦已矣，又使其子弟为卿。人亦孰不欲富贵，而独于富贵之中有私龙断焉。’古之为市者，以其所有，易其所无者，有司者治之耳。有贱丈夫焉，必求龙断而登之，以左右望而罔市利，人皆以为贱，故从而征之。征商，自此贱丈夫始矣！”

此章分段有两说，一谓季孙、子叔，均孟子弟子。季孙说“异哉”，子叔亦疑也。以下均为孟子解说之词。一谓季孙之言自“异哉”起，至“断焉”为止。子叔疑为人名。“龙”同“垄”，亦作“陇”。土山高起而四面削落的，叫做“龙断”。一个人登在土山上面，左望，右望，看见市场上有哪一种货物，可以赚钱的，就用贱价把这货物买来。等到市场上这种货物少了，价钱贵起来，他就把这货物出卖掉。“罔”，同“网”。“罔市利”，谓独占市利，一网打尽也。“征”，收税也。

2.20　孟子去齐，宿于昼。有欲为王留行者，坐而言。不应，隐几而卧。客不悦曰：“弟子齐宿而后敢言，夫子卧而不听，请勿复敢见矣！”曰：“坐！我明语子。昔者鲁缪公无人乎子思之侧，则不能安子思；泄柳、申详，无人乎缪公之侧，则不能安其身。子为长者虑，而不及子思。子绝长者乎？长者绝子乎？”

“昼”，地名，齐国西南邑。“应”，去声。“隐”，依也，凭也。孟子不与客言，凭几而假寐也。“齐”，同“斋”，即斋戒，是竭诚恭敬的意思。“缪”同“穆”。鲁缪公是鲁国的国君。子思，孔子孙，名伋。泄柳、申详，都是鲁缪公手下的贤臣。子思以道不行欲去，缪公常使贤人往留，以诚意达于子思，子思乃安而留之。泄柳、申详，亦是贤人，惟缪公尊之不如子思。然二子义不苟容，非有贤者在缪公之侧，亦不能自安其身。孟子学子思。今留行的人，不在王前宣扬孟子之道，使之改悔，又不奉王命，自来相留，是为孟子计，以为不及子思也。“长”，上声。“长者”，孟子自谓。

2.21　孟子去齐。尹士语人曰：“不识王之不可以为汤武，则是不明也；识其不可，然且至，则是干泽也。千里而见王，不遇故去。三宿而后出昼，是何濡滞也？士则兹不悦。”

尹士，亦是齐人。“干”，求取也。“泽”，恩泽也。“干泽”，求取恩泽，即“干禄”也。“濡滞”，行迟迟也。尹士批评孟子，以为如不知齐王不可行王道，则是他不明；如知齐王不能行王道而贸贸然来，乃是求官。“遇”，合也。既以不合而去，过了三宿，方才出昼，则尚有希望齐王挽留之意。“士”，尹士自称其名。“兹”，此也。言己对此不满意也。

高子以告。曰：“夫尹士恶知予哉？千里而见王，是予所欲也；不遇故去，岂予所欲哉？予不得已也！予三宿而后出昼，于予心犹以为速，王庶几改之。王如改诸，则必反予。夫出昼而王不予追也，予然后浩然有归志。予，虽然，岂舍王哉？王由足用为善。王如用予，则岂徒齐民安，天下之民举安。王庶几改之，予日望之！予岂若是小丈夫然哉？谏于其君而不受，则怒，悻悻然见于其面，去则穷日之力而后宿哉？”尹士闻之曰：“士诚小人也！”

高子，亦齐人，系孟子弟子。“以告”者，以尹士所说的话，告诉孟子也。“曰”字以下，孟子答高子也。“夫”，音扶。“恶”，平声，何也。“诸”，同“之乎”，拟度之词。“反”，招之还也。“不予追”，犹言“不追予”。朱《注》曰：“浩然，如水之流，不可止也。”

“由”，同“犹”。“用”，以也，“举”，皆也。“小丈夫”，犹言小人。“悻悻然”，忿忿不平之貌。“见”，同“现”。“穷”，竭也。“穷日之力”，犹言“尽一日之力以行”。尹士闻孟子之言，自知其谬，故曰“士诚小人也”。

2.22　孟子去齐。充虞路问曰：“夫子若有不豫色然？前日，虞闻诸夫子曰：‘君子不怨天，不尤人。’”曰：“彼一时，此一时也。五百年必有王者兴，其间必有名世者。由周而来，七百有余岁矣。以其数，则过矣；以其时考之，则可矣。夫天，未欲平治天下也；如欲平治天下，当今之世，舍我其谁也？吾何为不豫哉？”

充虞，是孟子弟子。“路问”者，在路上问孟子也。“不豫色”，是不愉快的面色。“君子不怨天，不尤人”，本是孔子之言。“名世”，谓王者之佐，德业声名，为世所重者。“以其数则过矣”，言周以来已有七百余岁，则已超过五百岁之期矣。“夫”，音扶。言如天意欲平治天下，则当今之世，名世之人，非已莫属也。

2.23　孟子去齐，居休。公孙丑问曰：“仕而不受禄，古之道乎？”曰：“非也。于崇，吾得见王。退而有去志，不欲变，故不受也。继而有师命，不可以请。久于齐，非我志也。”

休、崇，皆地名。孟子在齐做客卿，并不受齐王的俸禄，故公孙丑以为问也。孟子言见王于崇，即知齐王不能行仁政，故怀去志。“不欲变”，不欲改变去志也。以不欲久处齐，故不受其禄。“有师命”，指齐伐燕事。方有军旅之事，故“不可以请”。“请”者，请辞去也。

[问题]

(一) 孟子言以齐王犹反手,何故?

(二) 北宫黝、孟施舍养勇之法,与曾子所论大勇,有何不同?

(三) 告子不动心之道如何?

(四) 孟子养气之说如何?

(五) 何谓"勿忘""勿助长"?

(六) 何谓"知言"?

(七) 伯夷、伊尹、孔子之异同何在?

(八) 王与霸,有何分别?

(九) 何谓"四端"? 何以知为人所同具?

(十) 伯夷、柳下惠有何不同? 孟子对二人之批评如何?

(十一) "地利"何以不如"人和"?

(十二) 孟子本将朝王,何以闻王命来召,反而不去?

(十三) 孟子受宋薛所馈之金,而独不受齐馈,何故?

(十四) 孔子去齐,接淅而行;孟子去齐,三宿出昼。何以迟速不同?

第三 滕文公篇

3.1 滕文公为世子,将之楚,过宋而见孟子。孟子道性善,言必称尧舜。

天子之子称太子,诸侯之子称世子。滕文公在做世子的时候,将到楚国去,路过宋国,这时孟子刚在宋国,故来见也。孟子言人心皆善,人皆可以为尧舜;滕文公来见,即以此勉之。朱《注》云:"道,言也。性者,人所禀于天以生之理也。"按《中庸》

云："天命之谓性；率性之谓道。"是子思亦主性善也。孟子道性善之言，散见本书各篇。《告子》篇论性语尤多。荀子书有《性恶》篇，首云："人之性恶，其善者伪也。""伪"即"人为"。故又云："不学而能，不事而成之在天者，谓之'性'；可学而能，可事而成之在人者，谓之'伪'。"虽孟子之旨欲人之尽性而乐于善，荀子之旨欲人之化性而勉于善，亦可谓为殊途而同归，但终成为儒家中对峙的两派。《中庸》称仲尼祖述尧舜。孟子言必称尧舜，与孔子之旨正同。《荀子·非十二子》篇讥子思、孟子，"略法先王而不知其统"，故主张"法后王"。此亦孟荀学说不同之点。

世子自楚反，复见孟子。孟子曰："世子疑吾言乎？夫道，一而已矣！成覸谓齐景公曰：'彼丈夫也，我丈夫也，吾何畏彼哉？'颜渊曰：'舜何人也，予何人也，有为者亦若是！'公明仪曰：'文王我师也。周公岂欺我哉！'今滕，绝长补短，将五十里也，犹可以为善国。《书》曰：'若药不瞑眩，厥疾不瘳。'"

"世子"，仍指滕文公。"夫道，一而已矣"者，言别无卑浅易行之道也。盖人之才质容有不齐，故或"生知"、"安行"，或"学知"、"利行"，或"困知"、"勉行"；但及其知之，及其成功，则一也。（见《中庸》）世子之意，殆亦如公孙丑之羡道之高且美，而又疑其不可几及，欲降而求其次；孟子此答，亦不能为拙工改绳墨，为拙射变彀率之意。成覸，古之勇士，《淮南子·齐俗训》及《史记·范雎传》作"成荆"，《汉书·广川王传》作"成庆"。"谓齐景公"者，与人言齐景公也。"彼"，即指景公。成覸所云，即北宫黝"无严诸侯"之意。孟子引之，亦与上篇论"不动心"引北宫黝、孟施舍二人同。朱《注》谓"彼"指圣贤，未是。颜渊，孔子弟子。公明仪，亦见《礼记·檀弓》及《礼记·祭义》注以为曾子弟子。朱

《注》云:"'文王我师也',盖周公之言。公明仪盖亦以文王为必可师,故诵周公之言,而叹其不我欺也。""绝"同"截"。就滕国地形,截其长以补其短,约可方五十里,言其国之小也。但虽小国,尚可以为善国。"若药……"二句,见《伪古文尚书·说命》篇,《国语·楚语》亦以为武丁命传说语而引之。瞑眩,目眩晕视不明也。"瘳"音抽,病愈也。药力大者,服之则瞑眩,但非此不能愈病。盖以病者不惮服药为喻,戒文公勿以尧舜之道为难能而行之也。

3.2 滕定公薨,世子谓然友曰:"昔者,孟子尝与我言于宋,于心终不忘。今也不幸,至于大故,吾欲使子问于孟子,然后行事。"然友之邹,问于孟子。孟子曰:"不亦善乎!亲丧,固所自尽也。曾子曰:'生,事之以礼;死,葬之以礼,祭之以礼,可谓孝矣。'诸侯之礼,吾未之学也。虽然,吾尝闻之矣:三年之丧,齐疏之服,飦粥之食,自天子达于庶人,三代共之。"

滕定公是滕文公之父。古时天子死曰崩,诸侯死曰薨。然友,滕人,世子之傅。大故,大丧也,指父母丧而言。行事,办丧事也。这时候,孟子已回邹国,所以然友就至邹国去问孟子。"不亦善乎!"是孟子赞美世子之来问,能郑重丧礼。父母的丧事,做人子的本应该尽自己的心也。下引曾子的话,表示父母生时,奉事固然要尽礼;父母死了,安葬祭祀,也要尽礼。这样,方可说是个孝子也。诸侯丧父母的礼,虽没有学过,但也曾经听人讲过,父母三年之丧应穿下端缝边(齐)的粗布(疏)衣服(齐疏,粗布也),吃些稀烂粥(飦),从天子到小百姓是一律的,这是三代以来共同遵行的礼制。"齐",本作"斋",音资,衣下缝也。"疏",

粗也。丧服以粗麻布为之,不缉曰斩衰,缉之曰“齐衰”。父丧当服斩衰,此言齐者,包斩衰而言。“飦”同“饘”,读若“专”,粥也。居丧当食粥。按:此所引曾子语,亦见《论语·为政》篇,为孔子告樊迟语。殆曾子尝述之以告门人也。

然友反命,定为三年之丧,父兄百官皆不欲,曰:“吾宗国鲁先君莫之行,吾先君亦莫之行也,至于子之身而反之,不可!且志曰:‘丧祭从先祖。’”曰:“吾有所受之也。”

“反命”,然友回到滕国,把孟子的话,转告世子也。世子遵从孟子之说,乃决定实行三年之丧。“父兄”,是世子的长辈。“百官”,是国中所有的官。滕君亦姬姓,文王子叔绣所封,与鲁君同出文王,故以鲁为“宗国”。言鲁国前代的国君,与滕国前代的国君,皆未行三年之丧。今欲行三年之丧,是反之也。“志”,古时传记之书。“曰:‘吾有所受之也。’”是世子答父兄百官之言,说不是我要违反祖宗,是向人请教过的。

谓然友曰:“吾他日未尝学问,好驰马试剑。今也父兄百官,不我足也,恐其不能尽于大事。子为我问孟子。”然友复之邹问孟子。孟子曰:“然。不可以他求者也。孔子曰:‘君薨,听于冢宰,歠粥,面深墨即位而哭,百官有司,莫敢不哀,先之也。’上有好者,下必有甚焉者矣。‘君子之德,风也;小人之德,草也;草尚之风,必偃。’是在世子。”

世子又向然友说道:“我在从前没有讲求过学问,只喜跑马射箭。现父兄百官,对我都不满意,我也深恐于我这件丧葬大事有所未尽,你替我再去问问孟子。”然友奉了世子的命,再到邹国去问孟子。“不可以他求”者,即下云“是在世子”也。所引孔子语,见《论语·宪问》篇。冢宰,是佐国君总理政务之上卿。君薨,世子须守丧礼,故委政于冢宰,令代听治之也。“歠”,音川悦反,饮也。“歠粥”,即上“飦粥之食”。“深墨”,深黑色也。居丧哀戚形于面,故晦黑也。“即位”,就丧位也。世子如此,到百官有司执事之人,自为所感,而莫敢不哀矣。“好”,去声。“尚”,加也;“偃”,仆也,言草如加之以风,则草必偃仆。“君子之德……”云云,亦见《论语·颜渊》篇。

然友反命。世子曰:“然!是诚在我。”五月居庐,未有命戒,百官族人,可谓曰知。及至葬,四方来观之,颜色之戚,哭泣之哀,吊者大悦。

然友回国复命。世子道:“不错!确乎在我自己!”“庐”,居丧之倚庐。诸侯五月而葬;未葬,孝子居中门外之倚庐中也。听于冢宰,故没有发布命令或告诫。百官和同族的人,都说他可谓知礼了。到了安葬的时候,四方来送葬的人,看见世子颜色的悲戚,哭泣的哀恸,都非常满意,都称赞世子真是个孝子。

3.3 滕文公问为国。孟子曰:“民事不可缓也。《诗》云:‘昼尔于茅,宵尔索绹。亟其乘屋,其始播百谷。’民之为道也,有恒产者有恒心,无恒产者无恒心。苟无恒心,放辟邪侈,无不为已。及陷乎罪,然后从而刑之,是罔民也。焉有仁人在位,罔民而可为也?”

“为”,治,治国也。时孟子已到滕国。“民事不可缓也”,是说治国之道,先要讲求百姓的事,不可迟缓。所引《诗经》见《豳风·七月》篇。“于”,往取也。“茅”,茅草也。“索绹”,用草绞成绳索也。意思是说:日间你去割茅草;夜间你去绞绳索。“亟”同“急”。“乘”,升也。取茅索绹,所以修理茅屋。言急急地升到屋顶上去修理好，整治好吧！就要开始播种百谷了。“民之为道也”以下，是孟子说明民事所以不可缓之理。与《梁惠王》篇告齐宣王语同。

“是故贤君必恭俭礼下，取于民有制。阳虎曰：‘为富不仁矣！为仁不富矣！’夏后氏五十而贡，殷人七十而助，周人百亩而彻，其实皆什一也。彻者，彻也。助者，借也。龙子曰：‘治地莫善于助，莫不善于贡。贡者，校数岁之中以为常。乐岁粒米狼戾，多取之而不为虐，则寡取之。凶年粪其田而不足，则必取盈焉。为民父母，使民盻盻然，将终岁勤动，不得以养其父母，又称贷而益之，使老稚转乎沟壑，恶在其为民父母也？’夫世禄，滕固行之矣。《诗》云：‘雨我公田，遂及我私。’惟助为有公田，由此观之，虽周亦助也。”

“恭”，是恭敬。“俭”，是俭省。“礼下”，是待臣以礼。“取于民有制”，是征取赋税，有一定的制度，不额外加增。这都是贤君为国之道。阳虎，是春秋时鲁季孙氏之家臣，《论语》作阳货。阳虎之言，盖主张为富，所以顾不到仁。孟子虽然引用阳虎之言，意思却正与阳虎相反。孟子论仁政，以解决民生问题为前提，其意侧重在“取于民有制”一语，故先引阳虎之言，次论三代取民之制也。夏称“夏后氏”，殷周称“人”者，赵《注》云：“禹禅于君，故夏称后；殷周顺人心而征伐，故言人也。”按：《论语·八佾》篇宰我答哀公问社，亦称“夏后氏”，“殷人”，“周人”。疑当时习用语如此。“贡”“助”“彻”，三代税制之名。朱《注》谓夏时一夫授田五十亩，每夫计其五亩之人以为贡；商人始为井田，六百三十亩画为九区，每区七十亩，中为公田，八家各授七亩，借其力以助耕公田；周时一夫授田百亩，乡遂用贡法，都鄙用助法，耕则通力而作，收则计亩而分，故谓之彻。又谓贡法以十分之一为常数；助法乃是九一；周制公田百亩中二十亩为庐舍，通私田计之，为十一分而取其一云云。顾炎武《日知录》、钱塘《溉堂考古录》则谓“五十”“七十”“百亩”，非授田有多少，乃三代丈尺不同之故。丈尺虽异，而所授之田实同，故曰：“其实皆什一也。”若授田多少相差如此，则一王之兴，必改畛涂沟洫矣。其说甚通。“彻者彻也”者，朱《注》云：“彻，通也，均也。”按：《论语·颜渊》篇，有若答哀公云：“盍彻乎。”郑玄《注》云：“周法什一而税，谓之彻。彻者，通也，为天下之通法。”姚文田《求自斋稿》据《周礼》司稼云：“巡野观稼，以年之上下出敛法。”谓彻无常额，惟视年之丰歉，故无贡法乐岁少取，凶年必取盈之弊，亦无助法不尽力于公田之弊。至其取之之额，仍是什一。谓之“彻”者，直是通盘核算，犹“彻上彻下”之谓也。说较朱子为详。“借”，亦作“耤”，谓借民力以耕公田也。殷助周彻，孟子先释彻，后释助者，孟子主行助法，彻为宾，助为主也。不及贡法者，以下引龙子语已详之也。此倪思宽《读书记》说。龙子，古时的贤人，焦循《正义》疑即《列子·仲尼》篇之龙叔。“治地”，就是整理土地。龙子以殷人之助法为完善，夏人之贡法为不完善也。“校”，本作“技”，从手，比较也。以数岁之秋收为比较，而得一平均数。即以此“中数”为标准，每年向耕田的人，征收若干米谷也。此与现今田主收田租，不论丰年凶年，总是收租米若干，正是同样的。“乐”，音洛。“狼戾”，即狼藉。丰年农民米谷多了，往往不甚贵重，甚至狼藉于地而不顾也。《淮南子·览冥训》云：“流涕狼戾不可止。”亦谓涕之零落于地。“粪”，治田施肥也。凶年收入薄，以抵偿治田施肥的工本还不够。取盈者，谓取税必满其所定之额也。“盻”，音兮，恨视貌。“称”，举也；“贷”，借也。“称贷”，犹今云“举债”。“恶”，音乌，何也。"夫",音扶。《梁惠王》篇孟子说文王治岐云:"耕者九一,仕者世禄。"本章所以仅论税法,不及世禄者,因滕国本已实行世禄了也。故仅提及一语,下文仍续论税法。所引《诗经》,见《小雅·大田》篇。只有助法,中央有一方公田;从这两句诗看来,则周朝虽说是行彻法,仍有公田,仍旧是井田的制度,故曰:"虽周亦助也。"以上是论取民制产之法,即《论语》所谓"富之";以下是论庠序学校之教,即《论语》所谓"教之"。先富后教,与《梁惠王》篇所说仍同。

"设为庠序学校以教之:庠者,养也;校者,教也;序者,射也。夏曰校,殷曰序,周曰庠,学则三代共之,皆所以明人伦也。人伦明于上,小民亲于下。有王者起,必来取法,是为王者师也。《诗》云:'周虽旧邦,其命维新。'文王之谓也。子力行之,亦以新子之国。"

"庠""序""校",都是乡校的名称;"学"是国立的学校。庠以养老为重,校以教人为重,序以习练射箭为重,各举其所重为名也。至于国立学校,三代的名称是相同的。设学的宗旨不过讲明人所应知的君臣、父子、夫妇、兄弟、朋友等各种伦常之理。人伦既由在上者详细讲明,那些小百姓就都知亲爱了。不但父子、夫妇、兄弟、朋友之间互相亲爱,对于国君亦知亲爱,所谓"人人亲其上,死其长"也。为国之道,虽千头万绪,举其重要者,不过民生、教育二大问题。滕国如能推行井田学校之制,将来有王天下的人出来,必定要来采用,那么,就成了王者之师了。所引《诗经》,见《大雅·文王》篇。这二句是说周朝虽然是前代传下来的一个旧国,到了文王,发政施仁,就受了天命,而造成一个新的国家。"子",指滕文公,言但能尽力施行起来,也可以把你的国建设成一个新国家也。

使毕战问井地。孟子曰:“子之君,将行仁政,选择而使子,子必勉之!夫仁政,必自经界始。经界不正,井地不钧,谷禄不平。是故暴君污吏,必慢其经界。经界既正,分田制禄,可坐而定也。”

毕战,滕文公臣。滕文公使毕战到孟子前请问井田土地的办法也。“子”,指毕战。“夫”,音扶。“经界”,即沟洫畛涂,所以画分井田的界限。故经界不能整理清楚,井田就不能均匀;井田不能均匀,则豪强贪污得以兼并多取,故谷禄不均也。暴虐的君主,贪污的官吏,对于土地的界限,所以混乱之不肯注意厘正者,以便于舞弊也。若是经界一正,分配田亩、制定俸禄的办法,只要坐着就可规定了。故行仁政必自经界始也。

“夫滕,壤地褊小,将为君子焉,将为野人焉。无君子,莫治野人;无野人,莫养君子。请野,九一而助;国中什一使自赋。卿以下,必有圭田。圭田五十亩。余夫二十五亩。死徙无出乡。乡田同井,出入相友,守望相助,疾病相扶持,则百姓亲睦。方里而井,井九百亩,其中为公田。八家皆私百亩,同养公田。公事毕,然后敢治私事,所以别野人也。此其大略也。若夫润泽之,则在君与子矣。”

本篇第一章言“滕绝长补短将五十里”,故云“壤地褊小”。壤地,土地;褊小,狭小也。“为”,有也。《梁惠王》篇“善推其所为而已矣”。《说苑》引,“为”作“有”,是“为”“有”古通之证。言滕国的土地虽小,亦须有做官的君子,在乡野耕田的小人。因为没有君子,无人管治野人,没有野人,无人耕种田地,养活君子也。“野”,指国都以外四郊的地方。“九一而助”者,九家为井,中为公田，行助法也。“国中”，指城中，谓郊门以内，势不能画分井田，故以“什一”为标准，叫百姓自己来缴纳赋税。“野九一”，“国中什一”，轻重不同者，国中役多，野役少也(见《周礼·载师》郑众《注》)。“圭”，洁也。用以供虔洁的祭祀，故称“圭田”。“圭田”，即《周礼·载师》之“士田”，士者，仕也。凡卿以下的官，必给他圭田五十亩，使他们作奉养祭祀的费用。这就是上面所说的世禄。孙兰《舆地隅说》则以此“圭田”即《九章》中之“圭田”，系指零星不井之田。其说较长。朱《注》引程子注曰：“一夫上父母，下妻子，以五口八口为率，受田百亩。如有弟，是余夫也。年十六，别受田二十五亩，俟其壮而有室，然后更受百亩之田。”此以“余夫二十五亩”与圭田并提，亦明在井田之外也。百姓既均有恒产，则安土重迁，故死亡的安葬，生存的迁居，都不会远离故乡。在一乡中，其田同井者，那些农民，出来耕田，回家休息，常常作伴，彼此就非常友善。守望盗贼，也能大家相助，有了疾病，更大家互相扶持帮助，则百姓自然亲爱而和睦了。“方里而井”者，是说把一里见方的地画成井形，而成为九区；每一井形之地，共田九百亩。中央一方百亩为公田，旁边八方为八家私人的田。公田由这八家农民共同耕种；要等公田的农事完毕，然后去做各家私田的农事。“所以别野人也”，赵朱均谓所以分别野人与君子。按上面所说，是皆就“野人”(即农民)而言，与君子无涉。“别野人”者，谓使家受私田，各有恒产耳。这是井田之法的大略情形，至于要如何因时制宜，详加规定，使合于人情，宜于土俗，那是在乎你们的国君和你了。

3.4　有为神农之言者许行，自楚之滕，踵门而告文公曰：“远方之人，闻君行仁政，愿受一廛而为氓。”文公与之处。其徒

数十人，皆衣褐，捆屦织席以为食。

“为”，治也，犹今云研究。许行为农家，治神农之言。神农，上古之帝王。《汉书·艺文志》农家有《神农》二十篇。班固自注云：“六国时，诸子疾时怠于农业，道耕农事，托之神农。”盖当时农家多依托神农，不但许行为然也。《商子·画策》篇云：“神农之世，公耕而食，妇织而衣，不用刑政而治。”《北堂书钞》引《尸子》云：“神农氏并耕而食。”《吕氏春秋·爱类》篇述神农之教，亦言身亲耕，妻亲绩。许行主张君臣并耕，而托之神农之言，盖因当时本有此种传说耳。周秦诸子各创学说，皆欲以改制救世。但孔孟言尧舜，墨子宗夏禹，道家祖黄帝，所以必托之古人者，以世俗之人，多贵古贱今，非如此不能动人也（说见《韩非子·显学》篇）。许行，楚人，故自楚往滕。“踵门”，亲至门也。“廛”，民宅。“氓”，即民也。“与之处”者，给以住宅也。“褐”，粗毛布，贱者所服。“衣”，去声，穿也。“捆”，织也（见《说文》）。“屦”，麻鞋。朱《注》从赵《注》训“捆”为“扣椓”，谓织屦欲其坚，故扣椓之。言其徒以织屦席为业，卖以供食也。

陈良之徒陈相，与其弟辛，负耒耜而自宋之滕，曰：“闻君行圣人之政，是亦圣人也，愿为圣人氓。”

“耒”，音类。“耜”，音似。陈相，为陈良之弟子。陈辛，则陈相之弟也。“耒耜”，农具。从宋国来到滕国，愿为滕君之民。观许行、陈相之至自楚宋，可以推想当时文公初行仁政，便有四方之人皆悦而愿为之氓之效。

陈相见许行而大悦，尽弃其学而学焉。陈相见孟子，道许行之言曰：“滕君，则诚贤君也。虽然，未闻道也。贤者与民并耕而食，饔飧而治。今也，滕有仓廪府库，则是厉民而以自养也，恶得贤？”

“饔”，音雍。“飧”，音孙。“恶”，音乌。陈相见了许行，非常悦服，把从前受于其师陈良的学说都弃掉了，去学许行的学说，故来见孟子时，即述许行之言也。朝饭叫“饔”，夜饭叫“飧”。“并耕而食，饔飧而治”，言当与民并耕，自己炊爨而食，兼治民事也。积米谷的曰仓廪；藏银钱的曰府库。“厉”，害也。言在滕国仍有积满米谷的仓廪，积满钱财的府库，这就是害民以奉养自己，哪里算得贤呢？“恶”，平声，安也。

孟子曰：“许子必种粟而后食乎？”曰：“然！”“许子必织布而后衣乎？”曰：“否，许子衣褐。”“许子冠乎？”曰：“冠。”曰：“奚冠？”曰：“冠素。”曰：“自织之与？”曰：“否，以粟易之。”曰：“许子奚为不自织？”曰：“害于耕。”

许子，孟子称许行也。言许子必自己种粟，而后食之乎？必自己织布，而后衣之乎？“衣褐”者，言许子所穿的是毛布，不是普通的布也。“素”，白色生绢也。“冠素”者，以生绢制冠也。“与”，同“欤”。孟子问许子所衣之褐，与制冠之素，都是自己织的吗？“奚”，何也。孟子又问：“许子为什么不自己织也？”

曰：“许子以釜甑爨，以铁耕乎？”曰：“然。”“自为之与？”曰：“否，以粟易之。”

“釜”，是铁制的烹饪器具，即今之镬或锅。“甑”，是陶制的烹饪器具，即今之瓦罐。“爨”，煮饭烧菜也。“铁”，指用铁制的农器。“与”，同“欤”。孟子又问：“许子煮食的釜甑和耕田的农器，是自己制成的吗？”

“以粟易械器者，不为厉陶冶；陶冶亦以其械器易粟者，岂为厉农夫哉？且许子何不为陶冶，舍皆取诸其宫中而用之？何为

纷纷然与百工交易？何许子之不惮烦？”曰：“百工之事，固不可耕且为也。”

孟子因陈相言许子之褐、素、釜、甑、农具之类，皆不自制而以粟易之，乃驳之也。“陶”，制造瓦器者；“冶”，制造铁器者。械器，指釜甑耒耜等物。朱《注》云：“舍，止也。或读句属上，‘舍’谓作陶冶之处也。”按：朱《注》所举二解均未安。钱玄同先生谓“舍”即今浙江绍兴方言之“啥”，意即“什么”；言无论什么都可取之于他的家中而用之也。其说甚精。古时凡居室皆可称“宫”。秦始皇以后，“宫”字始专指帝王所居。“不惮烦”，犹说不怕厌烦。以上孟子向陈相问许子的生活情形，所以絮絮不休者，全在逼出“百工之事不可耕且为”一语。下文便以此语为根据，说出一番大道理来。

“然则治天下独可耕且为与？有大人之事，有小人之事。且一人之身，而百工之所为备。如必自为而后用之，是率天下而路也。故曰：‘或劳心，或劳力。’劳心者治人，劳力者治于人。治于人者食人，治人者食于人，天下之通义也。”

此节仍是孟子之言。“与”，同“欤”。百工之事既不可耕且为，则治天下独可耕且为乎？“大人”即上章所谓“君子”，治人者也；“小人”即上章所谓野人，治于人者也。治天下，大人之事也；耕稼，小人之事也。一人之身，衣食住行各方面，备具百工之所为；如必一切自为而后用之，则是率天下之人而路也。赵《注》云：“是率导天下之人以羸路也。”“路”与“露”通。“羸露”谓瘦瘠暴露。朱《注》云：“路，谓奔走道路，无时休息也。”与赵说异。《管子·四时》篇云：“不知五谷之故，国家乃路。”房《注》云：“路，谓失其常居。”失其常居者，言日常生活亦不得安也。一人既不能兼为百工之事，故分工互助，为人类生活之原则。耕织陶冶之类，为体力的劳动；政治教育之类，为精神的劳动。其为人类社会工作则一也。《左传》襄公九年记知武子语，《国语·鲁语》记公父文伯之母语，皆云："君子劳心，小人劳力，先王之制也。"是"劳心劳力"，古有此语，故加"故曰"。"食"，音嗣。"食人"，谓耕稼以养人；"食于人"，谓为人所养。此就理论上驳许行君民并耕之说也。

"当尧之时，天下犹未平，洪水横流，泛滥于天下。草木畅茂，禽兽繁殖，五谷不登，禽兽偪人。兽蹄鸟迹之道，交于中国。尧独忧之，举舜而敷治焉。舜使益掌火，益烈山泽而焚之，禽兽逃匿。禹疏九河，瀹济漯，而注诸海；决汝汉，排淮泗，而注之江。然后中国可得而食也。当是时也，禹八年于外，三过其门而不入，虽欲耕，得乎？"

尧的时候，有洪水之灾。"洪水"，大水；"横流"，不由其道；"泛滥"，陆上到处都是水也。"畅茂"，长盛也；"繁殖"，生殖繁多也。"登"，成熟也。"偪"同"逼"。印着禽兽的蹄迹的道路，纵横于中国，言禽兽多，且逼人也。帝尧独以此为忧，遂举了舜出来，叫他敷治。"敷"，分也。尧一人独忧之，不能一人独治之，故举舜而分治焉。下文益掌火，禹治水，后稷教民稼穑，契司教育，即分治也。"烈"，炽也。烈而焚之，犹云燃火以烧之。烧去山泽中之草木驱禽兽也。"疏"，分导也。"疏九河"，即《禹贡》之"播为九河"。九河者，徒骇、太史、马颊、覆釜、胡苏、简、洁、钩盘、鬲津也。盖分黄河下游为九道，一以杀水势；一则每年可以濬一河之淤，周而复始，使不致壅塞也。"瀹"，亦疏通之意。"漯"，音"塔"。决，排，皆濬于导水也。济漯入海，汝汉入长江。朱子谓据《禹贡》，及今水路入江者仅汉水，汝泗皆入淮，而淮自入海，此云四水皆入江，乃记者之误。按：《禹贡》无汝水。《汉书·地理志》言汝水入淮。孙兰《舆地隅说》，孙星衍《分江导淮论》则谓淮泗合流之后，有由庐州巢湖胭脂河入江者，有由天长六合入江者，其本流则至清江浦入海。“排”者，通其上游支流以杀水势也。可以证《孟子》之非误。洪水既平，中国之地然后可耕而食。

“后稷教民稼穑，树艺五谷。五谷熟而民人育。人之有道也，饱食暖衣，逸居而无教，则近于禽兽。圣人有忧之，使契为司徒，教以人伦：父子有亲，君臣有义，夫妇有别，长幼有序，朋友有信。放勋曰：‘劳之来之，匡之直之，辅之翼之，使自得之，又从而振德之。’圣人之忧民如此，而暇耕乎？”

后稷，是管农事的官名，按：《尚书·尧典》，那时候做后稷的人名弃，是周朝的始祖。“稼穑”，农艺也。“树艺”，种植也。“育”，养也。“人之有道也”，与本篇第三章“民之为道也”同。“有”“为”古通用。“有忧之”者，“又忧之”也。上云“尧独忧之”，故此云“又忧之”。“契”，音薛，人名，商朝的始祖。司徒，掌教育之官。契为司徒，亦见《尧典》。放勋，尧之号。“曰”，一作“日”，言尧日日劳来匡直辅翼之。（见焦循《正义》，据孙奭《孟子音义》。）“来”，亦作“徕”。《尔雅》：“劳来，勤也。”“劳之来之”，谓勉之以勤；匡之直之，谓正之以义；“辅之翼之”，谓助之以教化，使能自得其本善之性也。“振”，救也。“振德”，谓加惠穷民，救其困乏也。朱《注》则云：“又从而提撕警觉以加惠焉。”盖以“提撕”训“振”，“加惠”训“德”，以“放勋曰”以下云云，为命契之辞也。

“尧以不得舜为己忧，舜以不得禹、皋陶为己忧。夫以百亩之不易为己忧者，农夫也。分人以财谓之惠，教人以善谓之忠，

为天下得人者谓之仁。是故以天下与人易，为天下得人难。孔子曰：'大哉！尧之为君！惟天为大，惟尧则之。荡荡乎，民无能名焉！君哉，舜也！巍巍乎，有天下而不与焉！'尧舜之治天下，岂无所用其心哉？亦不用于耕耳。"

"皋"，音"高"。"陶"，读如"遥"。皋陶为士，掌司法，亦见《尧典》。"不易"之"易"，去声，即"易其田畴"之易，治也。"与人易"之"易"，亦去声，为"难易"之易。"为天下"之"为"，去声。"则"，效法也。言尧能取法乎天。"荡荡"，大貌。"民无能名"者，言民不能指其德而名之也。"君哉"言其能尽人君之道也。"巍巍"，高貌。"不与"，犹言不相关。言舜虽然得了天下，却像毫不相关，只以救民为心，并不以天子的地位自足也。所引孔子语，与《论语·泰伯》篇所记略异。——此又引历史事实以驳许行君民并耕之说也。

"吾闻用夏变夷者，未闻变于夷者也。陈良，楚产也。悦周公仲尼之道，北学于中国。北方之学者，未能或之先也。彼所谓豪杰之士也。子之兄弟，事之数十年，师死而遂倍之。昔者，孔子没，三年之外，门人治任将归，入揖于子贡，相向而哭，皆失声，然后归。子贡反，筑室于场，独居三年，然后归。他日，子夏、子张、子游以有若似圣人，欲以所事孔子事之，强曾子。曾子曰：'不可！江汉以濯之，秋阳以暴之，皜皜乎不可尚已！'今也南蛮鴃舌之人，非先王之道，子倍子之师而学之，亦异于曾子矣。吾闻出于幽谷迁于乔木者，未闻下乔木而入于幽谷者。《鲁颂》曰：'戎狄是膺，荆舒是惩。'周公方且膺之，子是之学，亦为不善变矣！"

孟子驳许行君民并耕之说既竟，乃复责陈相背其师陈良而去学许行也。“夏”指中国，“夷”指蛮夷。夏，是文明的民族，应该用文化去启导野蛮民族，使他也变成文明；从不曾听说文明民族，反愿变成野蛮的。故曰：“吾闻用夏变夷者，未闻变于夷者也。”“产”，生也。“楚产”即是生长于楚国。周公孔子之道，儒家之道也。那时候，楚国称荆蛮，尚无文化，故陈相特地到中国来求学。北方的学人，没有一个赶得上他。不为地方习俗所囿，力求上进，故称之为豪杰之士。子之兄弟，指陈相陈辛两人。“倍”同“背”。“任”，担也。“治任”，整治行李也。子贡主办孔子丧事，故门人入揖告辞。“相向”，相对也。“失声”，悲极、哭不成声也。“反”者，子贡送别了众人回来。“场”，冢旁空地。子贡筑室于孔子墓旁，独住三年然后去也。子夏、子张、子游以有若似圣人者，如《檀弓》所记，子游谓有若之言似夫子，《史记·仲尼弟子列传》谓有若状似夫子之类。“强”，上声，勉强也。“濯”，音浊，洗涤也。周正建子，其七八月，即夏正建寅之五六月；其秋，即夏正之夏。秋阳，夏日也。“暴”同“曝”。朱《注》云：“皜皜，洁白貌。尚，加也。”朱意盖谓濯以江汉，曝以秋阳，故洁白无以复加。焦氏《正义》则谓“皜”通“颢”，言孔子德如天之元气颢颢也。“尚”，上也。不可上，即子贡所谓“如天之不可阶而升”。江汉非池沼可拟，秋阳非燔燎之伦，盖以江汉、秋阳及天比孔子云。说亦可通。“鴃”，音决。是一种小鸟。“鴃舌之人”，谓口音特别，讲话像鸟声的人。“南蛮”，指楚“南蛮鴃舌之人”，指许行。其并耕之说，亦非先王之道也。“幽谷”，即很深的山谷，指黑暗低下的地方。“乔木”，即高大的树木，指光明高大的地方。《诗经·小雅·伐木》云：“出自幽谷，迁于乔木。”孟子用其意为喻。《鲁颂》，是鲁国的颂诗。所引，见《鲁颂·閟宫》篇。“膺”，击也，伐也。“荆”，即楚。“舒”，古国名，近楚者也。“惩”，犹今云“惩戒”。言周公所伐者戎狄，所惩者荆舒。朱子谓《閟宫》本颂僖公，孟子以指周公，是断章取义，翟颢《孟子考异》则谓《閟宫》一诗，第七第八二章，方颂僖公，此在第四章，确指周公。

“从许子之道，则市贾不贰，国中无伪。虽使五尺之童适市，莫之或欺。布帛长短同，则贾相若；麻缕丝絮轻重同，则贾相若；五谷多寡同，则贾相若；屦大小同，则贾相若。”曰：“夫物之不齐，物之情也。或相倍蓰，或相什伯，或相千万。子比而同之，是乱天下也。巨屦、小屦同贾，人岂为之哉？从许子之道，相率而为伪者也，恶能治国家？”

此陈相又称赞许子之道以答孟子也。“贾”今作“价”。“贰”同“二”。陈相以为推行许子的学说，能使市价划一不贰，国中的人都不敢作伪，虽使五尺长的童子到市上去买东西，决没有人会欺骗他。许子的主张，对于货物，只问量的多寡，而不管质的好坏。故布与帛，长短相同，价钱就一样；麻缕丝絮，轻重相同，价钱就一样；连五谷也不问它是米是麦，只要容量的多少相同，价钱也是一样。至于所穿的鞋，也只须大小相同，价钱也是一样。“曰”字以下，又孟子驳陈相之辞。“夫”，音“扶”。“物之不齐，物之情也”，是说货物的不能划一，正是货物的实在情形，所以在价值也自然不同了。“倍”，是一倍，“蓰”，是五倍，“什”，是十倍，“伯”，是百倍，“千万”，是千倍万倍。“比”，音必二反，次也。现在你们要把它画成同一的价钱，是反使天下扰乱了。大的鞋如与小的鞋卖同一价钱，制鞋的人还肯做它吗？质料相同的，大小不同，价尚不能划一；何况质量本有高低呢？你以为从许子之道，可以国中无伪，我却以为从许子之道，正是使国人相率为伪，怎能治国家呢？“恶”，平声，何也。

3.5　墨者夷之，因徐辟而求见孟子。孟子曰："吾固愿见。今吾尚病，病愈，我且往见。"夷子不来。他日，又求见孟子，孟子曰："吾今则可以见矣。不直，则道不见；我且直之。吾闻夷子墨者，墨之治丧也，以薄为其道也。夷子思以易天下，岂以为非是而不贵也？然而夷子葬其亲厚，则是以所贱事亲也。"

《汉书·艺文志》有墨家，以墨翟为始祖。墨者，是宗墨子学说的人。夷之，姓夷名之，是当时的一位墨者。徐辟，孟子弟子。夷子，即夷之。直者，直言以相质也。"见"，音现。言不直言以质之，则无以现示儒家之道。故我且直言以质之也。墨子书有《节葬》篇，以为儒家厚葬靡财病民，久服丧生害事。《庄子·天下》篇亦言墨子"死无服，桐棺三寸而无椁"。夷子既宗墨子，故思以薄葬改变天下之风气，是以薄葬为贵，而所贱为厚葬；今夷子厚葬其亲，则是以所贱事亲矣。此即孟子直言质问夷子之辞。

徐子以告夷子。夷子曰："儒者之道，古之人'若保赤子'，此言何谓也？之则以为爱无差等，施由亲始。"徐子以告孟子。孟子曰："夫夷子信以为人之亲其兄之子为若亲其邻之赤子乎？彼有取尔也。赤子匍匐将入井，非赤子之罪也。且天之生物也，使之一本，而夷子二本故也。盖上世尝有不葬其亲者，其亲死，则举而委之于壑。他日过之，狐狸食之，蝇蚋姑嘬之。其颡有泚，睨而不视。夫泚也，非为人泚，中心达于面目。盖归，反虆梩而掩之。掩之，诚是也。则孝子仁人之掩其亲，亦必有道矣。"徐子以告夷子，夷子怃然，为间，曰："命之矣！"

徐子即徐辟，把孟子的话，转告夷子也。"道"，言也。孟子为儒家，故夷子引儒者之言以反质孟子。赤子，是初生的婴儿。因初生婴儿皮肤色红，故曰"赤子"。"若保赤子"，见《周书·康诰》言古之圣王爱民如保赤子也。“之”，夷之自称其名。墨子主“兼爱”，以为“爱人之父若其父，爱人之子若其子”，故曰“爱无差等”。但施爱由亲始耳。盖夷之以为儒者之言“若保赤子”，即是墨家兼爱之意；但爱虽无差等，而施爱则始于亲，故不妨厚葬其亲也。“夫”，音扶。孟子以为人之亲其兄之子，与亲其邻之赤子，是有差等的。“彼有取尔也”之“彼”，指“若保赤子”之言。所谓“若保赤子”者，盖别有取意也。“匍匐”，手足着地爬行也。赤子无知，在地上匍匐将入于井，犹愚民无知而陷于罪，皆非其罪。故今之人保民若赤子也。人物之生，各有其唯一之父母，故曰“一本”。今夷子以为爱无差等，则视路人如父母，是有二父母矣，故曰“二本”。此就夷之之言驳之也。“上世”，太古之世。“委”，抛弃也。“壑”，山间涧谷也。“蝇”，苍蝇。“蚋”，小虫名，蚊的一类。“姑”，古通“蛄”，也是一种小虫。“嘬”者，攒聚在一处吮吸之也。“颡”，前额。“泚”，出汗的样子。“睨”者，斜着眼也。“蔂”，盛土之草具；“梩”，掘土的器械。“掩”，盖也。言上古之世，也曾有不葬其亲之人。其父母死，则抬到山中，弃之于壑。过了几天，偶然重经弃尸之地，见狐狸在那里吃他，蝇蚋蝼蛄在攒集着吮吸他，不觉爱亲之念油然而生，既不忍，又惭愧，额上汗也出来了，斜着眼不忍再看。他的出汗，并不是为了别人，乃是爱亲之念，发于内心，在颜面上表现出来。于是回到家里，取了蔂梩转去，用泥土把他掩埋起来。这便是葬礼的起源。由此可见孝子仁人之葬其亲，也本于爱亲之心，厚葬之礼，即因于此。其不当以薄葬为贵可知。此孟子因夷之厚葬其亲，以启发其本心，而解其蔽也。“怃然”，茫然如有所失的样子。“为间”即“有间”，间，顷也。“命之”，犹云“教之”。夷之闻孟子之言，大为感动，故怃然有间，曰：“孟子已教我矣。”

3.6　陈代曰："不见诸侯，宜若小然。今一见之，大则以王，小则以霸。且志曰：'枉尺而直寻'，宜若可为也。"孟子曰："昔齐景公田，招虞人以旌，不至，将杀之。'志士不忘在沟壑，勇士不忘丧其元。'孔子奚取焉？取非其招不往也。如不待其招而往，何哉？"且夫枉尺而直寻者，以利言也。如以利，则枉寻直尺而利，亦可为与？"

陈代，孟子弟子。"宜"，殆也。"宜若小然"，殆若褊小也；"宜若可为"，殆若可为也。八尺曰"寻"。"枉"，屈也，曲也；"直"，伸也，正也。"枉尺直寻"，言所屈者小，所伸者大。代欲孟子去见诸侯，屈己以伸道，故有此言。"田"，打猎。虞人，是专管山泽苑囿的小官。"旌"，是一种旗。按古礼：国君招大夫用旌，招虞人用皮冠。齐景公招虞人用旌，是失礼的。虞人因守礼而不肯至。景公以为违抗命令，将要杀他。"在沟壑"者，死于冻馁，无棺椁，委尸沟壑中也。丧，去声，亡失也。元，头也。"丧其元"，谓被杀也。这两句，是孔子当时赞美虞人的话。按：齐景公事亦见《左传》昭公十二年，所记与此不同。"奚取焉"，言孔子对于虞人何所取也。孔子所取，即在这个虞人对于齐景公用旌去招他，决定不去，虽死不顾耳。如不待诸侯来招，我先去见他们，那是什么道理呢？"夫"，音扶。而且你所说的"枉尺直寻"，无非在利益上计算。如果单以利益为标准，那么如所屈的有一寻，所伸的只有一尺，难道也可以做的吗？"与"，今作"欤"。

"昔者，赵简子使王良与嬖奚乘，终日而不获一禽。嬖奚反命曰：'天下之贱工也。'或以告王良，良曰：'请复之。'强而后可，一朝而获十禽，嬖奚反命曰：'天下之良工也。'简子曰：'我使掌与女乘。'谓王良，良不可。曰：'吾为之范我驰驱，终日不获一；

为之诡遇，一朝而获十。《诗》云：“不失其驰，舍矢如破。”我不贯与小人乘，请辞！’御者且羞与射者比，比而得禽兽，虽若丘陵，弗为也。如枉道而从彼，何也？且子过矣！枉己者，未有能直人者也。”

赵简子，晋大夫赵鞅也；“简”是谥。“嬖”，是宠爱的意思。奚，是人名。王良，是当时善于驾马的人。《左传》哀公二年作邮无恤，字子良；《国语·晋语》作邮无正，即邮良，伯乐。“乘”，去声，御车也。“与”，为也。使王良为嬖人奚驾车去打猎也。反命，复命于简子。“请复之”者，请再为奚驾车出猎也。“强”，上声，勉强也。奚不肯，故强之。“朝”，犹云上午。“女”同“汝”。“使掌与汝乘”者，使王良掌为嬖奚御车之职也。“范”，法也。“为”，去声。“范我驰驱”者，按御车之法驰驱也。诡遇，不按御车之法，使与禽遇也。所引《诗经》，见《小雅·车攻》篇。“不失其驰”，谓不失其驰驱之法，即“范我驰驱”也。“舍”，上声。“舍矢”，发箭也。“如破”，言发箭必中，贯禽而杀之也。“贯”同“惯”。言为此等小人驾车，我是不惯的，故请辞也。孟子引王良不肯给嬖奚驾车的故事，意在说明自己不肯屈己从人的道理。故述故事完毕后，再加断语。“御者”，指王良。“射者”，指嬖奚。“比”，阿私也。言驾车的人，尚且以与射箭的人阿私为羞耻，因阿比而可以多获禽兽，虽堆积着像山陵般高，也不肯做。如要我枉屈了自己所守之道，去依附那些无道的诸侯，这是什么道理呢？矫枉当以直；己已枉曲，岂能正人。此直指陈代“枉尺直寻”之言之误。

3.7　景春曰：“公孙衍、张仪，岂不诚大丈夫哉！一怒而诸

侯惧,安居而天下熄。”孟子曰:“是焉得为大丈夫乎?子未学礼乎?丈夫之冠也,父命之。女子之嫁也,母命之,往送之门戒之曰:‘往之女家,必敬必戒,无违夫子。’以顺为正者,妾妇之道也。居天下之广居,立天下之正位,行天下之大道。得志与民由之;不得志,独行其道。富贵不能淫,贫贱不能移,威武不能屈:此之谓大丈夫。”

景春,人名姓。公孙衍、即犀首,衍与张仪,都是魏国人,为纵横家的主要人物,见《史记·张仪列传》。怒则游说诸侯,使相攻伐,故诸侯惧;安居则各国战争之事也就消灭,故曰“安居而天下熄”也。“是”,指衍仪等人。“焉”,平声,安也。“丈夫”,指男子。“冠”,去声,行冠礼也。古礼男子二十而冠,始为成人。“父命之”者,男子冠,父主其事也。此是喻中之宾。“母命之”者,女子出嫁,母主其事也。“女家”之“女”,同“汝”。女子以夫家为家,故曰汝家。“夫子”,女之婿也。言女子嫁人,在临去的时候,母亲送她到门口,告诫她道:“到你夫家去,必要恭敬,必要谨戒,不可违反丈夫的话。”此是喻中之主。由此可见以顺从为正当的,那是做妾妇之道。这是说:公孙衍、张仪这种人,只知奉承国王,好像妻妾之奉承丈夫一样。朱《注》云:“广居,仁也;正位,礼也;大道,义也。”“与民由之”,使人民共由此道也。“独行其道”,安贫乐道,守之不失也。朱《注》又云:“淫,荡其心也;移,变其节也;屈,挫其志也。”盖大丈夫于其道,能笃信死守,达不离道,故富贵不能淫;穷不失义,故贫贱不能移;有杀身以成仁,无求生以害义,故威武不能屈。必如此,方可谓之大丈夫也。

3.8　周霄问曰:“古之君子仕乎?”孟子曰:“仕。传曰:‘孔

子三月无君，则皇皇如也。出疆必载质。'公明仪曰：'古之人，三月无君则吊。'"

周霄，魏国人，亦见《战国策·魏策》。"传"者，指前代所遗留的传记。"无君"，谓不得仕而无君可事也。"皇皇"，是求取不到心中不安的样子。《礼记·檀弓》云："皇皇焉如有求而弗得也。"《问丧》云："皇皇然如有求而弗得也。""皇皇如"，即"皇皇焉""皇皇然"也。"出疆"谓失官去国。疆，境也。"质"，同"贽"，亦作"挚"，臣所执以见君者，如士用雉之类。出疆载质而行，以备见所适之国之君也。"三月"，虚数，言其久也（用汪中《述学·释三九》说）。言久不得仕，则吊之。

"三月无君则吊，不以急乎？"曰："士之失位也，犹诸侯之失国家也。《礼》曰：'诸侯耕助，以供粢盛；夫人蚕缫，以为衣服。牺牲不成，粢盛不洁，衣服不备，不敢以祭。惟士无田，则亦不祭。'牲杀、器皿、衣服不备，不敢以祭，则不敢以宴，亦不足吊乎？"

"以急"，太急也。此句为周霄又问。"曰"字以下，孟子又答也。古者天子诸侯皆亲耕以供粢盛，王后夫人皆亲蚕以供祭服，见《礼记·祭统》。"盛"音成。"助"，藉田也。天子诸侯所耕曰藉田。藉者，助也，借百姓的助力，故名。"粢盛"，是祭祖时上供的稷稻。"蚕缫"，饲蚕缫丝也。诸侯夫人饲蚕缫丝，是用以制成祭祀所穿的礼服的。牺牲是祭祀所用的牛羊豕；不成，没有长成。"田"，即本篇第三章的"圭田"。"无田"，没有圭田也。失位不仕，则无圭田，故不祭也。《礼记·曲礼》云："无田禄者，不设祭器。"《王制》云："有田则祭，无田则荐。"并无田不祭之证。"牲杀"，指祭祀时特杀的牺牲；"皿"，所以覆器者，"器皿"，指祭器；

“衣服”，指祭祀的礼服；三者不备，不敢以祭。不祭，则不宴也。

“出疆必载质，何也？”曰：“士之仕也，犹农夫之耕也，农夫岂为出疆舍其耒耜哉？”曰：“晋国，亦仕国也。未尝闻仕如此其急。仕如此其急也，君子之难仕，何也？”曰：“丈夫生而愿为之有室，女子生而愿为之有家，父母之心，人皆有之。不待父母之命，媒妁之言，钻穴隙相窥，逾墙相从，则父母国人皆贱之。古之人，未尝不欲仕也，又恶不由其道；不由其道而往者，与钻穴隙之类也。”

“出疆必载质，何也？”周霄又问。“曰”字以下，孟子又答也。孟子以仕为士之职业，故曰犹农夫之耕。“舍”，弃置也。“晋国，亦仕国……”，周霄又问。周霄魏人，魏为三晋之一，故据晋为问。难仕，谓不轻易出仕。“丈夫生……”孟子又答。男以女为室，女以男为家。“妁”，酌也，亦媒也。此言凡为父母者，皆愿为子女婚嫁；若不待父母之命，媒妁之言，而私通淫奔，是不为婚姻之正道，则父母国人皆贱之；以喻君子未尝不欲仕，但不由其道而仕，则亦为人所贱也。“恶”，去声，厌恶也。焦氏《正义》谓末句无“之”字，言与钻穴隙相类。孔广森《经学卮言》谓“与”，同“欤”，属上句。王引之《经传释词》谓“与”，语助词，无义。

3.9　彭更问曰：“后车数十乘，从者数百人，以传食于诸侯，不以泰乎？”孟子曰：“非其道，则一箪食不可受于人。如其道，则舜受尧之天下，不以为泰，子以为泰乎？”

彭更，孟子弟子。彭更此问，疑孟子无功受禄也。“后车”，弟子所乘以随孟子者。“数十乘”，数十辆也。“从者”，从孟子之弟子。“乘”“从”皆去声。“以”，同“已”，太也。“泰”，侈也，甚也。“箪”，盛饭之竹器。

曰：“否。士无事而食，不可也。”曰：“子不通功易事，以羡补不足，则农有余粟，女有余布。子如通之，则梓匠轮舆，皆得食于子。于此有人焉，入则孝，出则弟，守先王之道，以待后之学者，而不得食于子。子何尊梓匠轮舆，而轻为仁义者哉！”

“否。……”彭更又问也。“易”，音亦。“羡”，有余也。农耕女织，各尽所能；余粟余布，互相交换，各取所需；即所谓“通功易事，以羡补不足”也。此分功互助之法，为人类社会生活之原则。梓人、匠人，皆木工；轮人、舆人，皆车工。“弟”，今作“悌”。入孝出弟，守先王之道以待后之学者，即儒者，亦即“为仁义者”。

曰：“梓匠轮舆，其志将以求食也。君子之为道也，其志亦将以求食与？”曰：“子何以其志为哉！其有功于子，可食而食之矣。且子食志乎？食功乎？”

“与”，同“欤”。此彭更又问也。“曰”字以下，孟子又答。四“食”字皆音嗣，子之食也。“食志”，因其志在求食而子之食也；“食功”，因其有功于我而子之食也。

曰：“食志。”曰：“有人于此，毁瓦画墁，其志将以求食也，则子食之乎？”曰：“否。”曰：“然则子非食志也，食功也。”

“墁”，音幔。“曰：‘食志。’”彭更又答也。“曰”字以下，孟子又设一个譬喻答他。“毁瓦”者，把屋上的瓦毁坏；“画墁”者，把粉饰好的洁白的墙壁涂污也。假定有个人在这里，毁坏屋瓦，涂污墙壁，而他的志愿，是要向你求饭吃的，那么，你也给他饭吃吗？彭更听了这话，回答道：“否。”孟子因又说道：“然则子非食志也，食功也。”

3.10　万章问曰:"宋,小国也,今将行王政,齐楚恶而伐之,则如之何?"孟子曰:"汤居亳,与葛为邻,葛伯放而不祀。汤使人问之曰:'何为不祀?'曰:'无以供牺牲也。'汤使遗之牛羊,葛伯食之,又不以祀。汤又使人问之曰:'何为不祀?'曰:'无以供粢盛也。'汤使亳众往为之耕,老弱馈食。葛伯率其民,要其有酒食黍稻者,夺之。不授者,杀之。有童子以黍肉饷,杀而夺之。《书》曰:'葛伯仇饷。'此之谓也。为其杀是童子而征之,四海之内,皆曰:'非富天下也,为匹夫匹妇复仇也。'汤始征,自葛载,十一征而无敌于天下。东面而征西夷怨,南面而征北狄怨,曰:'奚为后我?'民之望之,若大旱之望雨也。归市者弗止,芸者不变。诛其君,吊其民,如时雨降,民大悦。《书》曰:'徯我后,后来其无罚。'"

万章,孟子弟子。周广业《孟子出处时地考》谓孟子去齐,居休,归邹,闻宋王偃将行仁政,往游焉。万章之问,当在此时。殆其初政有足观者。《史记·宋世家》乃谓偃射天,淫于酒色,杀谏者,诸侯谓之"桀宋"。盖晚节不终者。"恶",去声,厌恶也。"亳",音仆,汤都也。"葛",国名。葛伯,国之君。"放",放纵无道;"不祀",不祭祀也。"遗"同"馈",赠送也。"粢盛",供祭祀之稷稻。要同邀。亳人老弱馈食于耕者,葛伯率其民邀截而夺其所馈之食也。两"食"字皆音嗣。"葛伯仇饷",见伪古文《尚书·仲虺之诰》。王鸣盛《尚书后案》据《书序》:"葛伯不祀,汤始征之,作《汤征》。"以为此句当在《汤征》篇中。《汤征》篇,今逸。"仇饷"者,谓葛伯如以馈饷者为仇也。"为",去声。"非富天下",言汤非以天下为富而欲得之。"载",亦始也。"十一征",言征伐十一次。"奚为后我",言何为不先伐我国也。"芸"同"耘"。

“吊”，哀而抚慰之也。“徯”，待也。“后”，君也。按：《梁惠王》篇述汤征葛事，与此大同小异。引《书》语，作“后来其苏”。

“‘有攸不惟臣，东征，绥厥士女，匪厥玄黄，绍我周王见休，惟臣附于大邑周。’其君子，实玄黄于匪以迎其君子；其小人，箪食壶浆以迎其小人。救民于水火之中。取其残而已矣！”

此节自“有攸不惟臣”至“惟臣附于大邑周”，是引《尚书》中记周武王伐纣的事。伪古文《尚书·武成》篇中所记，与此大同小异。“攸”，所也。“有攸不惟臣”，朱《注》以为指那时尚有助纣为虐，不愿为周武王的臣子者。焦氏《正义》以为“不从”即“惟”，惟，念也。“有攸”即“有所”；“有攸不惟”，即“有所念”；所念惟执臣子之节耳。与朱子说异。东征，武王东征伐纣也。“绥厥士女”，抚慰纣的男女子民也。“匪”，同“篚”，竹编的器具。“玄黄”，黑色黄色的币帛。言用竹编的器具，盛黑色黄色的币帛也。朱《注》又云：“绍，继也，犹言事也。”焦氏则谓“绍”者，绍介见周王。亦与朱子不同。“休”，美也，善也。周王，指武王。“我”者，亲之之辞；“大邑”者，尊之之辞也。以上孟子引《尚书》之言。“君子”，指有爵位者；“小人”，指百姓。“箪食壶浆”，以箪盛饭，以壶盛浆也。“食”音嗣。“取其残”，谓取其残民之独夫而诛之。

“《太誓》曰：‘我武惟扬，侵于之疆，则取于残，杀伐用张，于汤有光。’不行王政云尔。苟行王政，四海之内，皆举首而望之，欲以为君。齐楚虽大，何畏焉！”

《太誓》，《尚书》的一篇，是记武王伐纣的文字。今《泰誓》后得，非伏胜所传（见惠栋《古文尚书考》），无此文。“侵于”“取于”二“于”字，皆句中助词，无义。言武王奋威扬武，侵纣之疆土，取残民之独夫，以张残伐，继汤而行吊民伐罪之事，故曰“于汤有光”也。孟子既引汤武往事以告万章，乃以己意断之。言所虑者宋王未必能真行仁政耳。苟真行仁政，则天下之民皆欲归之，齐楚又何足畏哉！

3.11　孟子谓戴不胜曰：“子欲子之王之善与？我明告子。有楚大夫于此，欲其子之齐语也，则使齐人傅诸？使楚人傅诸？”曰：“使齐人傅之。”曰：“一齐人傅之，众楚人咻之，虽日挞而求其齐也，不可得矣。引而置之庄岳之间数年，虽日挞而求其楚，亦不可得矣。子谓薛居州善士也，使之居于王所。在于王所者，长幼卑尊，皆薛居州也，王谁与为不善？在王所者，长幼卑尊，皆非薛居州也，王谁与为善？一薛居州，独如宋王何！”

戴不胜，宋大夫。“子”，指戴不胜；“子之王”，指宋王。“与”同“欤”。齐语，是齐国的方言。“传”，教也。“诸”，之乎也。“挞”，责打也。“咻”，喧扰也。庄、岳，街里名，是齐国繁盛的地方。此以学习方言为喻。薛居州，也是宋国人。“所”，处也。“居于王所”，在宋王左右也。“长”，上声。“皆薛居州”，言皆如薛居州为善士也；“皆非薛居州”，言皆非善士，不像薛居州也。盖环境移人，其力最大，故近朱者赤，近墨者黑。所谓蓬生麻中，不扶自直；白沙在涅，不染自黑也。

3.12　公孙丑问曰：“不见诸侯何义？”孟子曰：“古者，不为臣不见。段干木逾垣而辟之，泄柳闭门而不内，是皆已甚。迫，斯可以见矣。阳货欲见孔子，而恶无礼。大夫有赐于士，不得受于其家，则往拜其门。阳货瞰孔子之亡也，而馈孔子蒸豚。孔子亦瞰其亡也，而往拜之。当是时，阳货先，岂得不见？曾子曰：

‘胁肩谄笑，病于夏畦。’子路曰：‘未同而言，观其色赧赧然，非由之所知也。’由是观之，则君子之所养可知已矣。”

不在这个国内做官，则和这国的国君没有君臣之义，所以不见也。段干，复姓，木名，魏人，与文侯同时。泄柳，鲁人，与缪公同时。按：《史记・魏世家》言文侯客段干木，过其闾，未尝不轼；《吕氏春秋・下贤》篇言文侯见段干木，立倦而不敢息；本书《公孙丑》篇言泄柳、申详无人乎缪公之侧，则不能安其身；则初虽逾垣闭门，其后仍见之矣。“辟”，同“避”。“内”，同“纳”。“已甚”，太过也。“迫”，切也。言诸侯求见之意，甚迫切也。阳货，即阳虎，鲁大夫。“恶”，去声。“瞰”，伺也。“亡”，不在家也。“馈”，赠送也。“蒸豚”，蒸熟的小猪也。此事亦见《论语・阳货》篇。“胁肩”，是耸着双肩。“谄笑”，是奉承人家的笑。“夏畦”，夏天治畦灌田也。夏天治畦灌田是很劳苦的工作；而胁肩谄笑，其精神上苦痛，实在比夏畦尤其厉害。“未同而言”，谓与他人意见并不相同，因为要奉承他，勉强和他谈话，所以看他的面色，总是涨红了的。“赧”，赤也；中心惭愧，故色赧赧然也。“非由之所知”者，子路言这种人，究竟是什么心理，真是我所不知道的。孟子引了曾子、子路的话，又说道：君子平日之所养，已可知了。君子所养者廉耻，若奔走诸侯之门，以求富贵，则廉耻丧尽矣。

3.13　戴盈之曰：“什一，去关市之征，今兹未能。请轻之，以待来年，然后已，何如？”孟子曰：“今有人日攘其邻之鸡者，或告之曰：‘是非君子之道。’曰：‘请损之，月攘一鸡，以待来年，然后已。’如知其非义，斯速已矣，何待来年？”

戴盈之，也是宋国的大夫。“什一”，十分之一也。“征”，征税。田赋收十分之一，阓市讥而不征，是孟子的主张。“今兹”，今年。《左传》僖公十六年，“今兹鲁多大丧，明年齐有乱”，亦以“今兹”与明年对举。“已”，免除之也。“攘”，偷也。“是非君子之道”，言偷鸡不是君子之道。损，减少也。孟子以攘鸡为喻，明非义之事，当立即革除，不必有所待也。

3.14　公都子曰：“外人皆称夫子好辩，敢问何也？”孟子曰：“予岂好辩哉！予不得已也。天下之生久矣，一治一乱。当尧之时，水逆行，泛滥于中国，蛇龙居之。民无所定，下者为巢，上者为营窟。《书》曰：‘洚水警余。’洚水者，洪水也。使禹治之，禹掘地而注之海，驱蛇龙而放之菹，水由地中行，江、淮、河、汉是也。险阻既远，鸟兽之害人者消，然后人得平土而居之。”

“好”，去声。“好辩”，喜欢和人家辩论也。“天下之生久矣”，言天地间自生有人民以来，已经长久了。“水逆行”者，洪水不循河道，冲到陆地上来也。水既泛滥于大陆，于是水族中蛇龙等物，都跟着大水住到陆地上来了。百姓奔避灾害，没有了一定住所。低下的地方，只好架木为巢，躲在树上；较高的地方，便在泥土上掘了洞，住在里面。“洚水警余”，见伪古文《尚书・大禹谟》。“洚水”，是古时候的话，“洪水”是孟子时通行的话，故以洪水释洚水。“掘地”，去壅塞以疏导之也。“放”，逐也。“菹”，低洼有水草之泽。“水由地中行”者，行于两岸之中，各循其道也。那就是长江、淮河、黄河、汉水，这几条大川。危险阻害，即指洪水。“远”，去也；“消”，除也。然后一般人民，得到平地而可以安居。此一乱而一治也。

“尧、舜既没，圣人之道衰。暴君代作，坏宫室以为污池，民

无所安息；弃田以为园囿，使民不得衣食。邪说暴行又作，园囿、污池、沛泽多而禽兽至。及纣之身，天下又大乱。周公相武王，诛纣伐奄，三年讨其君，驱飞廉于海隅而戮之，灭国者五十；驱虎、豹、犀、象而远之，天下大悦。《书》曰：'丕显哉，文王谟！丕承哉，武王烈！佑启我后人，咸以正无缺。'"

"宫室"，指民居。"污池"，是蓄水的大池。"沛泽"，水草盛处。暴君弃民田以为园囿，坏民居以为污池，故沛泽多也。奄，是东方国名，是助纣为虐的。飞廉，纣臣，也是助纣为虐的。所引《尚书》见伪古文《君牙》篇。"丕"，大也。"显"，明也。"谟"，谋也。"承"，继也。"烈"，功也。"佑"，助也。"启"，开也。"咸"，皆也。言文王武王，皆以正道佑助开导我后人而无缺失。此又一乱而一治也。

"世衰道微，邪说暴行有作，臣弑其君者有之，子弑其父者有之。孔子惧，作《春秋》。《春秋》，天子之事也。是故孔子曰：'知我者，其惟《春秋》乎！罪我者，其惟《春秋》乎！'"

"有作"，又作也。到了孔子时，天下又一乱。孔子见了这种情形，很觉得忧惧，所以做了一部《春秋》。《春秋》本是鲁国的史书，因为是编年体，故取四季之二以为名。孔子依鲁史作《春秋》，旨在纠正乱臣贼子，以笔削褒贬寓王法，此天子之事也。所以孔子说："后世晓得我的，只在这部《春秋》；责我不应行天子的赏罚的，也只在这部《春秋》。"

"圣王不作，诸侯放恣，处士横议，杨朱墨翟之言盈天下。天下之言，不归杨，则归墨。杨氏为我，是无君也；墨氏兼爱，是无父也。无父无君，是禽兽也。公明仪曰：'庖有肥肉，厩有肥马，民有饥色，野有饿莩，此率兽而食人也。'杨墨之道不息，孔子之道不

著，是邪说诬民，充塞仁义也。仁义充塞则率兽食人，人将相食。吾为此惧，闲先圣之道，距杨墨，放淫辞。邪说者，不得作。作于其心，害于其事；作于其事，害于其政。圣人复起，不易吾言矣！”

“作”，兴也。“放恣”，犹云放纵。“横”，逆也，肆也。杨朱、墨翟，是孟子以前，孔子以后的人。杨朱之书不传，今惟伪《列子》有《杨朱》篇。墨翟有《墨子》，今存，但亦残缺。孟子又言：“杨氏取为我，拔一毛而利天下，不为也。墨子兼爱，磨顶放踵，利天下为之。”盖杨朱为极端的个人主义，不欲为社会国家尽力；此云“无君”，犹今言无国家观念也。墨子主兼爱，以为爱无差等，爱人之父若其父，故谓之“无父”。儒家之道是“人道”。无父无君，非儒家之道，故以为“非人之道”，而斥之曰“是禽兽也”。所引公明仪语，与《梁惠王》篇第三章对梁惠王所说同。“息”，灭也。“著”，明也。“诬”，欺罔也。“充塞”，犹阻塞也。“闲”，防卫也。“距”，排抵也。“放”，驱而远之也。此孟子自言所以与人辩论，是在息灭邪说，使不至深入人心，害及政事，是出于不得已，非好辩也。

“昔者，禹抑洪水而天下平，周公兼夷狄、驱猛兽而百姓宁，孔子成《春秋》而乱臣贼子惧。《诗》云：‘戎狄是膺，荆舒是惩，则莫我敢承。’无父无君，是周公所膺也。我亦欲正人心，息邪说，距诐行，放淫辞，以承三圣者，岂好辩哉？予不得已也。能言距杨墨者，圣人之徒也。”

“抑”，遏止也。“兼”，并也。“戎狄是膺，荆舒是惩”，解见《许行》章。“承”，当也。“莫我敢承”，言无人敢当我也。无父无君，夷狄之俗，故曰：“是周公所膺也。”“诐行”，偏诐不正之行，“淫辞”，放荡之言。“三圣”，指禹、周公、孔子。此节总结上文，而以己距杨墨为继三圣之功。末句又谓凡能以言论排斥杨墨等学说的，都是圣人的信徒；则不仅己欲辞而辟之，且望人亦能距之矣。

3.15　匡章曰："陈仲子，岂不诚廉士哉！居於陵，三日不食，耳无闻，目无见也。井上有李，螬食实者过半矣。匍匐往，将食之，三咽，然后耳有闻、目有见。"孟子曰："于齐国之士，吾必以仲子为巨擘焉。虽然，仲子恶能廉？充仲子之操，则蚓而后可者也。夫蚓，上食槁壤，下饮黄泉。仲子所居之室，伯夷之所筑与？抑亦盗跖之所筑与？所食之粟，伯夷之所树与？抑亦盗跖之所树与？是未可知也。"

匡章，齐人，为齐宣王将，见《战国策·齐策》及《燕策》，《吕氏春秋·不屈》篇。高诱注，则以为孟子弟子。陈仲子，亦齐人，即《战国策·齐策》赵威后问齐使所云於陵仲子，《荀子·非十二子》所云陈仲，《韩非子·外储说》所云田仲。"诚"，真也。"於"，音乌。於陵，齐国地名。"螬"，是一种小虫。"实"，即李之果实。饿极，故耳不能听，目不能视，足不能行，乃匍匐伏地爬行而往。"将食之"，取此螬食过半之李子而食之也。"咽"，音宴，吞也。"擘"，薄厄反，巨擘，是大拇指。"恶"，平声，何也。"充"，是推而极之之意；"操"，操守也。"蚓"，是蚯蚓，俗名曲蟮，是一种圆体细长的虫。"槁壤"，即干燥的泥土。"黄泉"，地下的泉水。言就仲子之操守，推而极之，必如蚯蚓之食槁壤，饮黄泉方可也。"盗跖"，是古时大盗，名跖。"树"，种也。"与"字，均同"欤"。

曰："是何伤哉！彼身织屦，妻辟纑，以易之也。"曰："仲子，齐之世家也。兄戴，盖禄万钟。以兄之禄为不义之禄而不食也，以兄之室为不义之室而不居也，辟兄离母，处于於陵。他日归，则有馈其兄生鹅者，己频顣曰：'恶用是鶃鶃者为哉？'他日，其母

杀是鹅也,与之食之。其兄自外至,曰:'是鶃鶃之肉也。'出而哇之。以母则不食,以妻则食之;以兄之室则弗居,以於陵则居之。是尚为能充其类也乎?若仲子者,蚓而后充其操者也。"

此又是匡章之言。"是何伤哉",言这有什么妨害也。"身织屦",仲子亲自编织麻鞋也。"妻辟纑",他的妻亲自纺织练麻也。辟,绩麻也。纑,练麻也。"易之",去换取食住所需的物品。元李治《古今黈》谓"世家",世禄之家。他的兄名戴。"盖",地名,其兄之采邑。每年得禄米一万钟也。"戴盖"犹云"乘轩",为大夫也。是谓"盖"为车盖,"戴"非兄名,与通解异。仲子以不肯食兄之禄,住兄之室,故避兄离母,去住在於陵的地方。"己",指仲子。"频顣",眉皱也。"频",额也。"顣",同"蹙"。"恶",平声,何也。"鶃鶃",音鱼一切,鹅鸣声。"哇",音蛙,吐也。"充类",犹云类推。言不能以母食之不食推及于妻,以兄室弗居推及于於陵所居之室。然若必欲就仲子之操守推而极之,则必蚯蚓而后可,非人之所能为矣。

［问题］

(一)何谓"道性善,称尧舜"?

(二)滕文公行三年之丧,父兄初则反对,后乃悦服,何故?

(三)何谓"贡""助""彻"?何以助法为最善?

(四)何谓"庠、序、学、校"?

(五)井田制度,大致如何?

(六)许行君民并耕之说,其缺点何在?孟子驳之,其说如何?

(七)孟子质夷之之言,其要点何在?

(八)何谓"枉尺直寻"?

（九）何谓“大丈夫”？

（十）君子急于求仕，而又不肯轻易出任，何故？

（十一）何谓“食志”“食功”？

（十二）何谓“月攘一鸡”？

（十三）杨墨之说，何以与儒家不同？

（十四）孟子对陈仲子之批评如何？

第四　离娄篇

4.1　孟子曰：“离娄之明，公输子之巧，不以规矩，不能成方员；师旷之聪，不以六律，不能正五音；尧、舜之道，不以仁政，不能平治天下。今有仁心仁闻而民不被其泽，不可法于后世者，不行先王之道也。故曰：‘徒善不足以为政，徒法不能以自行。’《诗》云：‘不愆不忘，率由旧章。’遵先王之法而过者，未之有也。”

离娄，是古时最有眼力的人。即《庄子·天地》篇、《骈拇》篇之离朱。《经典释文》引司马彪云：“黄帝时人，百步见秋毫之末。”公输子，名般，亦作斑，春秋末鲁人，能造机器，见《墨子·鲁问》篇及《战国策·宋策》。师旷，是春秋晋平公时最精音乐的一个乐师，见《左传》及《吕氏春秋》诸书。“规”，是画圆的器械；“矩”，是制方的器械。“员”，同“圆”。“六律”是以竹为筒，分六阴六阳（黄钟、太簇、姑洗、蕤宾、夷则、无射六律为阳；大吕、夹钟、仲吕、林钟、南吕、应钟六吕为阴：是谓十二律。此云六律，以阳兼阴。），是调节五音高下的一种器具。“五音”，宫、商、角、徵、羽也。此以技巧聪明喻尧舜之道，以各种工具喻仁政；“仁政”者，谓行仁之政治制度，如井田学校等，皆政治上的工具也。

“仁心”，即不忍人之心；“仁闻”，仁爱之声誉闻于远方者也。“泽”，恩泽。“不可法于后世”，言不可为后世之法则。“先王之道”，即先王所定之政治制度。“徒善”，谓仅有仁心而无仁政；“徒法”，谓仅有仁政而无仁心。所引《诗经》，见《大雅·假乐》篇。“愆”，就是过失。“忘”，就是遗忘。“率”，循也。“章”，就是法律制度。意思是：为政之道，不要有过失，不要遗忘了，须遵守着前代圣王的法度。能遵守前代圣王法度而还有过错的，那是决不会有的。

“圣人既竭目力焉，继之以规矩准绳，以为方员平直，不可胜用也；既竭耳力焉，继之以六律正五音，不可胜用也；既竭心思焉，继之以不忍人之政，而仁覆天下矣。故曰‘为高必因丘陵，为下必因川泽’。为政不因先王之道，可谓智乎？是以惟仁者宜在高位。不仁而在高位，是播其恶于众也。”

“竭”，尽也。“准”，是求平面准确的水准器。“绳”，是求直线准确的墨线。“胜”，平声。“不可胜用”，言其用无穷也。“不忍人之政”，即上所云“仁政”。“覆”，被也。言其仁可以遍被天下也。此节仍承上节之意而申说之。又引两句成句，以明为政当因先王之道，则如因丘陵以为高，因川泽以为下，事半而功倍也。但惟“仁者”能行“仁政”，所谓“有不忍人之心，斯有不忍人之政”也。故惟仁者当在高位。若不仁者而在高位，徒播其恶于众耳。此又“徒法不能以自行”之意。

“上无道揆也，下无法守也，朝不信道，工不信度，君子犯义，小人犯刑，国之所存者，幸也。故曰：城郭不完，兵甲不多，非国之灾也；田野不辟，货财不聚，非国之害也。上无礼，下无学，贼民兴，丧无日矣！”

此节从反面说明不遵先王之道之害。“揆”，度也。不遵先王之道，则君上无可揆度之道，臣下无可遵守之法。朝廷不信先王之道，百工不信先王之度。不信道，故犯义；不信度，故犯刑。此种国家，政治制度既荡然无存，其能存者幸也。“所”，或也；“国之所存者”，即国之或存者。（见王引之《经传释词》）“故曰”以下，是断语。“完”，完备也。“礼”字本可包典章制度而言。“下无学”，谓无教化及于民众。如此，则奸宄寇贼并作，而国家之丧亡无日矣。“丧”，责也。

“《诗》曰：‘天之方蹶，无然泄泄。’泄泄，犹沓沓也。事君无义，进退无礼，言则非先王之道者，犹沓沓也。故曰：‘责难于君谓之恭，陈善闭邪谓之敬，吾君不能谓之贼。’”

所引《诗经》，见《大雅·板》篇。“蹶”，是颠跌的意思。“天之方蹶”，是说天意刚要把这个国家倾覆。朱《注》云：“泄泄，怠缓悦从之貌。”焦氏《正义》则以“多言”训“泄”“沓”。《说文》口部：“呭，多言也。”言部：“詍，多言也。”均引《诗》此句。是“泄”为“呭”或“詍”之通借字。又曰部：“沓，语多沓沓也。”字亦作“誻”，见言部。“泄泄”，古语；“沓沓”，孟子时语。此以“沓沓”释“泄泄”，犹以“洪水”释“洚水”也。“泄泄”“沓沓”指“言则非先王之道”而说，所谓言多而失者也。“无然泄泄”者，犹云：“不要这样地乱说了。”“吾君不能谓之贼”者，即“谓其君不能者，贼其君者也”之意。孟子自谓“我非尧舜之道不敢以陈于王前”。故以“言则非先王之道”为“泄泄沓沓”，而深戒之也。此章要旨，在治国须有“仁心”（即“不忍人之心”），并须有“仁政”（即“不忍人之政”，亦即“先王之道”）。孟子对梁惠王、齐宣王所说制产教民之法，对滕文公所说井田学校之制，皆所谓“仁政”也。

4.2 孟子曰:"规矩,方员之至也;圣人,人伦之至也。欲为君,尽君道;欲为臣,尽臣道:二者皆法尧、舜而已矣。不以舜之所以事尧事君,不敬其君者也;不以尧之所以治民治民,贼其民者也。孔子曰:'道二,仁与不仁而已矣。'暴其民甚,则身弑国亡。不甚,则身危国削。名之曰'幽、厉',虽孝子慈孙,百世不能改也。《诗》云'殷鉴不远,在夏后之世',此之谓也。"

"至也"者,是到了极点的意思,也就是标准的意思。规矩是方圆的标准,圣人是人伦的标准,尧舜是君道臣道的标准。幽、厉,是残暴君主死后的谥。《周书·谥法解》云:"壅遏不通曰幽,杀戮无辜曰厉。"所引《诗经》,见《大雅·荡》篇。"监",同"鉴",镜也,所以自照。这两句的意思,是说商朝的明镜不远,就在夏桀之世。孟子引此说后来的人君,也应把这些暴君作为自照的明镜而知所警戒也。

4.3 孟子曰:"三代之得天下也以仁,其失天下也以不仁。国之所以废兴存亡者亦然:天子不仁,不保四海;诸侯不仁,不保社稷;卿大夫不仁,不保宗庙;士庶人不仁,不保四体。今恶死亡而乐不仁,是犹恶醉而强酒。"

"四海",犹说"四海之内",即指天子所有的天下。"社稷"者,诸侯所祭的土神与谷神,即指诸侯所有的国土。"宗庙",是卿大夫的家祠。"四体",指身体生命而言。"恶",去声。"乐",喜乐之乐。"强",上声。"强酒",勉强饮酒也。论不仁的害处,自天子至庶人,是一律的。

4.4 孟子曰:"爱人不亲,反其仁;治人不治,反其智;礼人

不答，反其敬。行有不得者，皆反求诸己；其身正而天下归之。《诗》云：'永言配命，自求多福。'"

"反"者，反求诸己也。"治人"之"治"，平声；"不治"之"治"，去声。"不得"，不能达其目的也，如爱人而人不亲我，治人而人仍不治，礼人而人不答我。能反求诸己，则责己严而身可正；其身既正，则天下人皆归向之矣。所引《诗经》，见《大雅·文王》篇。解见《公孙丑·仁则荣》章。

4.5 孟子曰："人有恒言，皆曰'天下国家'。天下之本在国，国之本在家，家之本在身。"

"恒言"，是常说的话。"天下国家"，为人所常言也。此章与《大学》以修身为齐家、治国、平天下之本同旨。

4.6 孟子曰："为政不难，不得罪于巨室。巨室之所慕，一国慕之；一国之所慕，天下慕之。故沛然德教溢乎四海。"

"巨室"，世臣大家也。这种人家，在国内很有声望，一般人民大都仰望而以为表率的。所以孟子说：施行政治是不难的，但不可开始就得罪这些有声望的大家。须先用诚意去感化，使这些有声望的大家都心悦诚服，则全国的人自然也都仰慕了。再推开去，就能使天下的人都来仰慕。"德"，道德；"教"，教化也。"溢"，充满也。"沛然"，是广大普遍的样子。为治而为天下人所仰慕，则他的道德教化，就能广大普遍而充满四海以内了。

4.7 孟子曰："天下有道，小德役大德，小贤役大贤；天下无道，小役大，弱役强。斯二者天也。顺天者存，逆天者亡。齐景

公曰：‘既不能令，又不受命，是绝物也。’涕出而女于吴。”

天下有道的时世，不论国之大小，而以道德贤能的大小相役。天下无道的时世，那就成为小国服役于大国，弱国服役于强国了。这两种情况都有一定的天理。能够顺这天理，国家就可以存在。逆这天理，国家就必至灭亡。“齐景公曰”以下，是引齐景公当时说的话。“不能令”，谓齐已衰弱，不能命令诸侯。“不受命”，谓不肯受吴之命令。“绝物”者，自绝于人也。“女”，去声，动词，谓以女嫁之也。《说苑·权谋》篇载齐景公以女妻阖闾，送诸郊，泣曰：“吾死不见汝矣。”《吴越春秋》则云嫁吴王阖闾之太子波。

“今也小国师大国而耻受命焉，是犹弟子而耻受命于先师也。如耻之，莫若师文王。师文王，大国五年，小国七年，必为政于天下矣。”

“小国师大国”，言效大国之般乐怠傲，而不修德政也。既师大国之所为，又以接受大国的命令为羞耻，这好像做了学生，以听受先生的命令为耻。如果真知道羞耻，不如师周文王，行仁政；那么，大的国家不出五年，小的国家不出七年，必定能为政于天下了。“为政于天下”，犹言宰天下，主天下之政，即王天下也。

“《诗》云：‘商之孙子，其丽不亿。上帝既命，侯于周服。侯服于周，天命靡常。殷士肤敏，祼将于京。’”

所引《诗经》，见《大雅·文王》篇。“丽”，数目也。“亿”，十万也。言商朝的子子孙孙，数目之多，不止十万也。“上帝既命，侯于周服”者，言上帝既然命周文王做天子，则商的子孙，皆当为诸侯而臣服于周也。“天命靡常”者，天命没有一定，言有德的人，都可以做天子也。“肤”，伟大也；“敏”，敏捷也。“祼”，音灌，祭祀时把酒洒在地上以迎神也。“将”，助也。言殷的士人，伟大与敏捷的，都来助祭于周京也。孟子引此诗，明周文王修德行仁，能受天命，而使殷的子孙，殷的士人，都来归向，以申说上文，师文王，可以为政于天下之意。

“孔子曰：‘仁不可为众也。夫国君好仁，天下无敌。’今也欲无敌于天下而不以仁，是犹执热而不以濯也。《诗》云：‘谁能执热，逝不以濯？’”

朱《注》云：“‘人不可为众’，犹所谓‘难为兄，难为弟’云尔。”言有仁者，则虽有十万之众，不能当之。疑孔子之言，因读《诗》而发，仅“仁不可为众也”一句。“夫”字以下，孟子推言之。“热”，热物。“濯”，以水濯手也。所引《诗经》，见《大雅·桑柔》篇。

4.8　孟子曰：“不仁者，可与言哉？安其危而利其菑，乐其所以亡者。不仁而可与言，则何亡国败家之有？有孺子歌曰：‘沧浪之水清兮，可以濯我缨；沧浪之水浊兮，可以濯我足。’孔子曰：‘小子听之！清斯濯缨，浊斯濯足矣。自取之也。’夫人必自侮，然后人侮之；家必自毁，而后人毁之；国必自伐，而后人伐之。《太甲》曰：‘天作孽，犹可违。自作孽，不可活。’此之谓也。”

“菑”，同“灾”。不仁的人，逢到危难，尚以为安；逢到灾祸，尚以为有利；荒淫暴虐，明明是所以亡国之道，而尚且自以为快乐。其颠倒昏乱，自取灭亡如此，故不可复以忠言告之也。“孺子”，小孩也。“沧浪”，或以为水名，即今之夏水；或以为地名，即武当县汉水中之沧浪洲；或谓沧浪，青色，水之色也。并见焦氏《正义》。“缨”，是帽上结的丝带。《沧浪之歌》，亦见《楚辞·渔父》篇。孟子引沧浪之歌，及孔子语，旨在喻人之荣辱无非自取。故断之以“人必自侮然后人侮之”云云。所引《太甲》语，与《公孙丑·仁则荣》章同。

4.9 孟子曰：“桀纣之失天下也，失其民也；失其民者，失其心也。得天下有道：得其民，斯得天下矣。得其民有道：得其心，斯得民矣。得其心有道：所欲与之聚之，所恶勿施尔也。民之归仁也，犹水之就下、兽之走圹也。故为渊驱鱼者獭也，为丛驱爵者鹯也，为汤武驱民者，桀与纣也。今天下之君有好仁者，则诸侯皆为之驱矣，虽欲无王，不可得已。今之欲王者，犹七年之病，求三年之艾也。苟为不畜，终身不得。苟不志于仁，终身忧辱，以陷于死亡。《诗》云：‘其何能淑？载胥及溺。’此之谓也。”

“与之”之“与”，为也。“为”，去声。言民之所欲，则为民聚之也。见王引之《经传释词》。“恶”，去声。“尔”，语助，犹云“而已”。言得民之心有道，为聚其所欲，勿施其所恶而已。“圹”，旷野也。“驱”，驱逐。“獭”，水獭，兽名，喜食鱼类。“丛”，即丛林。“爵”，同雀。“鹯”，猛鸟，喜食雀。鱼为獭所驱，则潜于渊；雀为鹯所驱，则匿于林；民为桀纣所驱，则归于汤武矣。“好”“为”“王”皆去声。言今之诸侯，皆桀纣之类；故有好仁之君，则诸侯皆为之驱民来归，虽欲不王天下而不可得也。“艾”，草本植物，其叶可用以灸，以陈者为佳。生了七年的病，方去求三年陈的艾叶，已是太晚了；假使不蓄藏艾叶，则三年之艾终身不得矣。“苟为”之“为”，使也，亦假设之词。见王引之《经传释词》。此以求艾喻“志仁”，言及今而志于仁，犹未为晚；苟不志于仁，则将终身受辱以陷于身死国亡矣。所引《诗经》，见《大雅·桑柔》篇。“淑”，善也。“载”，则也。“胥”，相也，皆也。“溺”，陷也。言如今之诸侯，其何能为善乎，则相偕陷于乱亡而已。

4.10 孟子曰：“自暴者，不可与有言也；自弃者，不可与有为也。言非礼义，谓之自暴也；吾身不能居仁由义，谓之自弃也。仁，人之安宅也；义，人之正路也。旷安宅而弗居，舍正路而不由，哀哉！”

“暴”，犹害也。“自暴”，犹言自己害自己。“弃”，抛弃也。“自弃”，犹言自己抛弃自己。一个人，说出来的话，不合礼，不合义的，叫做“自暴”。自己以为不能居仁由义的，叫做“自弃”。仁是人的安稳的房屋。义是人的正大的道路。故“仁”谓之“居”，“义”谓之“由”。“旷”，空也。“舍”，弃置也。

4.11 孟子曰：“道在尔而求诸远，事在易而求诸难。人人亲其亲，长其长，而天下平。”

“尔”“迩”，古通用。“易”，去声，“难易”之易。“长”，上声。上“亲”字、“长”字皆动词。“亲其亲”“长其长”，此道之近而易者，而平治天下之基在是，不必他求也。故曰：“尧舜之道，孝弟而已矣。”

4.12 孟子曰：“居下位而不获于上，民不可得而治也。获于上有道，不信于友，弗获于上矣。信于友有道，事亲弗悦，弗信于友矣。悦亲有道，反身不诚，不悦于亲矣。诚身有道，不明乎善，不诚其身矣。是故诚者，天之道也；思诚者，人之道也。至诚

而不动者，未之有也。不诚，未有能动者也。”

此章自“人之道也”以上，与《中庸》同。“获于上”，谓得在上者之信任；不能得在上者之信任，则凡事掣肘，不能治民矣。“信于友”，谓使朋友信任。朋友且不信任，更无怪乎在上者之不信任了。“事亲弗悦”，谓不能孝亲，使亲心悦也。“反身不诚”，即自己反省，诸事皆出于虚伪也。“诚身”之“诚”，是动词，谓使自己诚实也。诚身先须明善，即《大学》所谓“欲诚其意者先致其知”也。“诚”是天道；天道不二，天道不息，即至诚之道也。“思诚”者，思有以诚之，此人之道也。《中庸》作“诚之者，人之道也”。“动”，谓感动他人。诚之至，未有不能感动他人者；不诚，则未有能感动他人者矣。此章以“诚”为治民之本，与《大学》《中庸》相同。

4.13　孟子曰：“伯夷辟纣，居北海之滨，闻文王作，兴曰：‘盍归乎来！吾闻西伯善养老者。’太公辟纣，居东海之滨，闻文王作，兴曰：‘盍归乎来！吾闻西伯善养老者。’二老者，天下之大老也，而归之，是天下之父归之也。天下之父归之，其子焉往？诸侯有行文王之政者，七年之内，必为政于天下矣。”

“辟”，同“避”。“作”，起也，兴也，是起来的意思。“盍”，何不也。“来”，语末助词，无义。见《经传释词》。纣命文王为西方诸侯之长，故号曰“西伯”。太公，即姜太公，吕尚。姜是姓，吕是氏，尚是名。初遇文王时，尝曰：“太公望子久矣。”因号曰太公望。“大老”，父老之领袖也。“焉”，平声，何也。

4.14　孟子曰：“求也为季氏宰，无能改于其德，而赋粟倍他

日。孔子曰：'求！非我徒也，小子鸣鼓而攻之，可也。'由此观之，君不行仁政而富之，皆弃于孔子者也。况于为之强战？争地以战，杀人盈野；争城以战，杀人盈城：此所谓率土地而食人肉，罪不容于死！故善战者服上刑，连诸侯者次之，辟草莱、任土地者次之。"

"求"，是孔子弟子，冉求。季氏，是鲁国的大臣季孙氏。"宰"，家臣也。冉求尝在季氏家中做家臣。不能把季氏的道德改好，而征收的钱粮，却比从前加增了一倍。孔子大不以为然，所以不愿认他为弟子，命其余的学生，声罪致讨。此事见《论语·先进》篇。按：鲁哀公十二年，季康子用田赋，见《左传》。"赋粟倍他日"，正指此事。鲁本用"丘赋"，今更加以"田赋"，是于人民一丘所出之赋以外，复以其田之所收为标准而赋之也。孟子引孔子的话，意在为下文作根据。凡是国君不行仁政，而为之增加财富者，都是见弃于孔子的人。况且为他们强战，牺牲人民，争地争城，这真率土地去吃人民的肉了。这种人的罪恶，是死有余辜的！故善于打仗的人，应该受最重的刑罚。约纵连横的人，辟草莱、任土地的人，受更次等的刑罚。"善战者"，指孙膑吴起等兵家。"连诸侯"，即苏秦张仪等纵横家。井田之法有"莱田"。"辟草莱"，即商鞅之开阡陌。废井田，《吕氏春秋》有《任地》篇，专讲耕耨蓄藏之术，即李悝尽地力之法也。

4.15　孟子曰："存乎人者，莫良于眸子。眸子不能掩其恶。胸中正，则眸子了焉；胸中不正，则眸子眊焉。听其言也，观其眸子，人焉廋哉？"

《尔雅·释训》云："存，在也。"《礼记·文王世子》"必在视寒暖之节”句注云：“在，察也。”“存乎人”，察乎人也。“眸子”，就是眼中的瞳神。“莫良于眸子”，莫好于眸子也。“了”，是明亮。“眊”，是糊涂。“人焉”之“焉”，平声，何也。“廋”，是隐藏的意思。按《大戴礼记·曾子立事》云：“目者，心之浮也。”人心的诚伪、善恶、邪正，往往都从眼光中流露出来，所谓“传神正在阿堵中”。故听其言，察其眸子，确是观人的妙法。

4.16　孟子曰：“恭者不侮人，俭者不夺人。侮夺人之君，惟恐不顺焉，恶得为恭俭？恭俭，岂可以声音笑貌为哉？”

恭敬的人主，不肯欺侮怠慢他人；俭朴的人主，不肯夺取他人的东西。那些欺侮人、夺人东西的君主，只恐怕人民不顺着自己的欲望。这种君主，哪里能算他是恭俭呢？恭敬俭朴的行为，岂可以说话的声音、对人的笑脸假装出来呢？“恶”，平声。

4.17　淳于髡曰：“男女授受不亲，礼与？”孟子曰：“礼也。”曰：“嫂溺，则援之以手乎？”曰：“嫂溺不援，是豺狼也。男女授受不亲，礼也；嫂溺援之以手者，权也。”曰：“今天下溺矣，夫子之不援，何也？”曰：“天下溺，援之以道；嫂溺，援之以手。子欲手援天下乎？”

淳于髡，齐人，与孟子同时人。尝仕齐及魏，见《史记·滑稽列传》。“男女授受不亲”，见《礼记·坊记》。“与”，同“欤”。“溺”者，失足坠水中也。“援”者，牵持之也。男子和女子不把物件亲手授受，是正经的礼节。嫂跌入水里，用手去拉救，那是权宜的办法。淳于髡之问是譬喻，以“男女授受不亲”喻君子出处之大节，以“嫂溺”喻人民之陷于水火。其意盖欲孟子行权，稍自贬损，以救民于水火之中，与《滕文公》篇陈代“枉尺直寻”之言同旨。不知天下溺当援之以道；如枉道以求合，则如救溺者己亦溺矣，故不可也。

4.18　公孙丑曰：“君子之不教子，何也？”孟子曰：“势不行也。教者必以正；以正不行，继之以怒；继之以怒，则反夷矣。夫子教我以正，夫子未出于正也，则是父子相夷也。父子相夷则恶矣。古者易子而教之。父子之间不责善，责善则离，离则不祥莫大焉。”

“势”，指事实上的情势而言。“夷”，伤也，见《易·序卦》。伤者，谓伤父子间的情感。“夫子”“先生”，古时为对父兄之通称。“夫子教我以正……”二语，是述其子反唇相讥之言。父责其子，子讥其父，则父子之间，互伤情感，这是最不好的事体。责善，朋友之道也。父子责善，因而伤了情感，致有脱离亲子关系等事，世间不祥的事，没有比这个更大了。

4.19　孟子曰：“事孰为大？事亲为大。守孰为大？守身为大。不失其身而能事其亲者，吾闻之矣；失其身而能事其亲者，吾未之闻也。孰不为事？事亲，事之本也。孰不为守？守身，守之本也。”

“事亲”者，奉事父母也。“守身”者，守住自己的身子，不做坏事也。失其身，则辱及其亲，奉养虽厚，亦非孝矣。故事亲为事之本，守身为守之本，而事亲与守身，其关系也极密切。此节以“事亲”“守身”并举；下节则专论“事亲”。

“曾子养曾皙，必有酒肉，将彻，必请所与。问有余，必曰

‘有’。曾皙死，曾元养曾子，必有酒肉，将彻，不请所与。问有余，曰：‘亡矣。’将以复进也。此所谓养口体者也。若曾子，则可谓养志也。事亲若曾子者，可也。”

曾子，名参，曾皙，名点，曾子之父；皆孔子弟子。曾元，是曾子的儿子。彻者，饭毕，将所剩的酒肉取去也。“必请所与”者，必定请问他父亲，将所余的酒肉给哪个人吃也。“亡”，同“无”。朱《注》云：“曾元不请所与，虽有言无，其意将以复进于亲，不欲其与人也。”按：曾元但不及曾子能养志耳，何至啬饮食之费，而讳有曰无，以欺其父？且既曰无矣，而后复进之，不使曾子知其欺而怒乎？盖曾子之“必曰有”者，虽实无而仍曰有，此其不拂亲意，所谓“养志”也。若曾元，则据实答曰无矣。“将以复进”者，言如需此，将再烹饪以复进耳。果如朱《注》所云：则于曾元当云“必曰亡”；事亲如此，非但不能“养志”，且并不能养口体矣。

4.20　孟子曰：“人不足与适也，政不足间也。惟大人为能格君心之非。君仁莫不仁，君义莫不义，君正莫不正；一正君，而国定矣。”

“适”，同谪，责也，过也。“间”，去声，读如谏。“非”，尤也。“格”，正也。“人”，指君所用之人。“与”，以也。“不足与适”，即不足以责。“政”，指君所行之政。言君之用人行政，虽不当，皆不足非责；只有大才大德的人，才能用感化的法子，把君主的心改正。因为君心既仁，则用人行政，无有不仁；君心既义，则用人行政，无有不义；君心既正，则用人行政，无有不正。所以只要把君主的心纠正，全国就可以安定了。

4.21　孟子曰："有不虞之誉，有求全之毁。"

"虞"，意料所及也。行不足以致誉，而偶然得誉，出于意料，叫做"不虞之誉"。不虞之誉，在己得之，不足喜；在人得之，不足贵也。行本无可訾议，而以求全责备之故，仍加以不好的批语，叫做"求全之毁"。求全之毁，如出于善意者，则是望之切，故责之详，在己得之，反可喜；在人得之，亦未可以是轻之。若出于恶意，则是吹毛求疵而已，更无足措意也。

4.22　孟子曰："人之易其言也，无责耳矣。"

"易"，去声，"难易"之易。"易其言"者，随口讲话，不知轻重也。孟子说：凡是不顾事实，轻易发言的，是不负责任的缘故。如当局的人，往往大言不惭，是"易其言"也；将来能否做到，他是不负责任的。如旁观的人，往往喜唱高调，说风凉话，是"易其言"也；事实上能否做到，他是不负责任的。孟子此言，可谓切中今人之病。朱《注》以"未遭失言之责"释"无责"，以为此系孟子有为而言，于义似有未安。

4.23　孟子曰："人之患在好为人师。"

"好"，去声。朱《注》引王勉云："好为人师，则自足而不复有进，此人之大患也。"按《扬子法言》云："师者，人之模范。"为人师，非易事也。故孟子以好为人师，为人之大患。

4.24　乐正子从于子敖之齐。乐正子见孟子。孟子曰："子亦来见我乎？"曰："先生何为出此言也？"曰："子来几日矣？"曰："昔者。"曰："昔者，则我出此言也，不亦宜乎！"曰："舍馆未定。"

曰:"子闻之也,舍馆定,然后求见长者乎?"曰:"克有罪。"

子敖,王驩字,即孟子和他同行出吊于滕,而不与谈话的人。"之",往也。时孟子在齐,乐正子与王驩同来齐也。"昔者",前日也。"舍馆",所住之客舍。"长",上声。克,乐正子名。孟子痛责乐正子,疑另有他故,否则,舍馆定后,再见长者,亦不为大过也。

4.25 孟子谓乐正子曰:"子之从于子敖来,徒馎啜也。我不意子学古之道,而以馎啜也。"

此章与上章相接,乐正子与子敖同行之故,而责之。再责乐正子也。"徒",但也。"馎",食也。"啜",饮也。"徒馎啜",言但为饮食计。"不意",料不到也。乐正子与王驩同行,决不是真的为了饮食,孟子不过借此责问他罢了。

4.26 孟子曰:"不孝有三,无后为大。舜不告而娶,为无后也,君子以为犹告也。"

赵岐《注》云:"于礼,有不孝者三事:阿意曲从,陷亲不义,一也;家贫亲老,不为禄仕,二也;不娶无子,绝先祖祀,三也。三者之中,无后为大也。"舜娶帝尧的女为妻,并没有禀告父母,因为舜虽是个孝子,但他的父亲瞽瞍,非常顽劣,舜若禀告,一定不能允许。所以孟子推论舜的不告而娶,因为是恐怕绝了后代。故君子以为舜的不告,犹之禀告,不能说他是错的。

4.27 孟子曰:"仁之实,事亲是也;义之实,从兄是也。智之实,知斯二者,弗去是也;礼之实,节文斯二者是也;乐之实,乐斯二

者，乐则生矣。生则恶可已也？恶可已，则不知足之蹈之、手之舞之。”

“事亲”，孝也；“从兄”，弟也。孝弟为仁义之本质，故以“事亲”为“仁”之实，“从兄”为“义”之实。“斯二者”，事亲与从兄也，即孝弟也。能知此二者而不离去之，是“智”也。至于“礼”，亦自“事亲”“从兄”起。“节”，品节之也；“文”，加以种种仪式也。就事亲从兄二事而品节之，加以种种仪式，如《礼记·内则·少仪》诸篇所记，此即礼之本质。第一“乐”字是音乐之乐，后二“乐”字是欢乐之乐。于事亲从兄二者，能雍容和乐，无所勉强，孝弟之心，天伦之乐，自油然而生。“恶”，平声。欢情快感既已发生，必有不能自已，且不自知其手舞足蹈者，此乐之所自起也。此章言仁义智礼乐五者，皆起于事亲从兄；“尧舜之道，孝弟而已矣”。

4.28　孟子曰：“天下大悦而将归己；视天下悦而归己，犹草芥也，惟舜为然。不得乎亲，不可以为人；不顺乎亲，不可以为子。舜尽事亲之道而瞽瞍厎豫；瞽瞍厎豫而天下化；瞽瞍厎豫而天下之为父子者定：此之谓大孝！”

视犹草芥，言轻之也。“不得乎亲”，不能得亲之欢心也。“不顺乎亲”，不能顺亲之志，使之欢乐也。瞽瞍，舜父。“厎”与“致”，音义并同。“豫”，乐也。“厎豫”者，由不乐而使之至于乐也。舜能尽子道，使瞽瞍亦受其感化而乐悦，故天下亦化之，天下之为父子者，亦从此定矣。此《诗》所谓“孝子不匮，永锡尔类”者也，故谓之“大孝”。

4.29　孟子曰：“舜生于诸冯，迁于负夏，卒于鸣条，东夷之

人也。文王生于岐周,卒于毕郢,西夷之人也。地之相去也,千有余里;世之相后也,千有余岁。得志行乎中国,若合符节;先圣后圣,其揆一也。”

诸冯、负夏、鸣条,皆地名。岐周,岐山下周之旧都。毕郢,也是地名。“郢”,亦作“程”,《吕氏春秋·具备》篇所谓“武王尝穷于毕程”也。“东夷西夷”之“夷”,指“夷服”而言。夷服为九服之一,见《周礼·职方氏》。“符节”,以竹或玉或金属为之,篆刻文字而中分之,彼此各藏一半,合之以为信。“若合符节”,言其相同。“揆”,度也。言其道不二。

4.30 子产听郑国之政,以其乘舆,济人于溱、洧。孟子曰:“惠而不知为政。岁十一月徒杠成,十二月舆梁成,民未病涉也。君子平其政,行辟人可也。焉得人人而济之?故为政者,每人而悦之,日亦不足矣!”

“溱”,音臻。“洧”,音委。“杠”,音缸。“焉”,音烟。子产,春秋时郑国的贤大夫,公孙侨也。“听”,治也。溱、洧,郑国的两条水名。“乘舆”所坐的车子也。“济”,渡也。“杠”,桥也。“徒杠”,可通徒步之桥。“梁”,也是桥。“舆梁”,可行车子的桥也。冬日水涸,可以造桥。有桥则不必涉水,故民不以涉水为病。子产在郑国执政时,把他所坐的车子,在溱水洧水地方,渡来往的人。孟子说他只知道以恩惠待百姓,不知道真正办理政治的道理,故曰:“惠而不知为政。”“辟人”,辟除行人,使之避己也。“焉”,平声。为政者在能平其政,而不在以小惠待人民。郑国之水,不仅溱洧,如不治桥政,则病涉者众,安得人人以乘舆济之?故为政者,若欲使人人悦其小惠,则虽日日为之,亦不足也。

4.31 孟子告齐宣王曰:"君之视臣如手足,则臣视君如腹心;君之视臣如犬马,则臣视君如国人;君之视臣如土芥,则臣视君如寇仇。"王曰:"礼为旧君有服,何如斯可为服矣?"曰:"谏行,言听,膏泽下于民;有故而去,则君使人导之出疆,又先于其所往;去三年不反,然后收其田里:此之谓三有礼焉。如此,则为之服矣。今也为臣,谏则不行,言则不听,膏泽不下于民;有故而去,则君搏执之,又极之于其所往;去之日,遂收其田里:此之谓寇仇。寇仇何服之有?"

君之于臣,视如手足,恩礼之至也。视如犬马,只供玩好骑乘,已贱之矣,但尚有豢养之恩。视如土芥,则蹂躏斩艾,毫不顾恤矣。臣之于君,视如腹心,亲爱之至也。"国人",犹路人;视如国人,则休戚不相关矣。如寇仇,则仇恨之至也。"服",丧服。《仪礼》曰:"以道去君而未绝者,服齐衰三月。"是为旧君有服也。王意为旧君,尚有丧服,岂可以寇仇视其君子乎,故有此问。"膏泽下于民",言恩泽下及于人民。"故",事故。导之出己国之境,又于其所适之国,预为先容也。"田里",谓在己国时所授之圭田里宅。此于在位、去国及去国以后,君之待臣,三次皆有礼也。"搏执",逮捕之也。"极之于其所往"者,设法使其所往之国,皆不收容之,使穷无所之也。孟子所说,二事适相反。明有服无服,当以旧君待其臣如何而定。此章论君臣相互的待遇,至为平等。后世腐儒,乃倡为"臣罪当诛,天王圣明"之谬说,于是专制君主之淫威,遂比虎狼还厉害了。明太祖读《孟子》此章,竟不许孔庙中祭祀孟子,可笑亦复可恨。难怪黄梨洲《明夷待访录》,要痛斥小儒的无识而肇祸了。

4.32 孟子曰:"无罪而杀士,则大夫可以去;无罪而戮民,

则士可以徙。”

此章言明哲保身，须见机而作。《易》曰：“履霜坚冰至。”其所由来者渐也。

4.33　孟子曰：“君仁莫不仁，君义莫不义。”

朱《注》引张氏说，以为重出；然本篇第二十章重在能格君心之非，此章则直诫人君，语虽相同，旨则有异。

4.34　孟子曰：“非礼之礼，非义之义，大人弗为。”

察理不精，则其所谓礼者非礼，所谓义者非义矣；此大人所弗为也。

4.35　孟子曰：“中也养不中，才也养不才，故人乐有贤父兄也。如中也弃不中，才也弃不才，则贤不肖之相去。其间不能以寸。”

“中”者，无过与不及，恰到好处也。“养”，谓涵育薰陶之也。“乐”，音洛。言人之所以乐有贤父兄者，以其能教育之也；若为父兄者，以其子弟为不中不才而遽弃之，则所谓贤父兄者，与不肖之父兄，相去能有多少？“不能以寸”，极言其相去之少也。

4.36　孟子曰：“人有不为也，而后可以有为。”

有所不为者，行己有耻，以廉隅自饬者也。必如此，方可以有为。若寡廉鲜耻，无所不为之人，则败事有余，成事不足，决不能有所作为。今世往往视有所不为者为迂执，为消极，以为不足有为；奔走钻营，非但恬不知耻，且群目为干练之才；此国事之所以不可为也！

4.37　孟子曰："言人之不善，当如后患何！"

自命能干的人，最喜欢说人家的不好，不知其有后患，故孟子有此叹。

4.38　孟子曰："仲尼不为已甚者。"

"已甚"，就是太过。做人做事，都要适中，只有孔子能够如此，故孟子称之。

4.39　孟子曰："大人者，言不必信，行不必果，惟义所在。"

此章重在"惟义所在"一句。言义之所在，则言不必信，行不必果耳。若必求其言之信，行之果，而不问是义之所在与否，则为硁硁之小人而已。

4.40　孟子曰："大人者，不失其赤子之心者也。"

"赤子"，初生的婴孩也。婴孩的心，诚实无妄，纯然天理。大人之心，也是如此，故曰："不失其赤子之心。"按赵岐《注》云："大人谓君。国君视民当如赤子；不失其民心之谓也。"此别一解。

4.41　孟子曰："养生者，不足以当大事，惟送死，可以当大事。"

养生送死，指人子事亲而言。养生固当竭力；至送死，则为人子自尽其心之最后的机会,不能尽心,将抱恨终身矣。故孟子云然。

4.42　孟子曰:"君子深造之以道,欲其自得之也。自得之,则居之安;居之安,则资之深;资之深,则取之左右逢其原,故君子欲其自得之也。"

此章论教学之法。"造",音七到反,诣也,致也。深造之者,致其极也。博学而不深造,则不能精而有所得。《学记》云:"人不学,不知道。"又云:"虽有至道,弗学,不知其善也。"是学以知道为目的也。故曰:"深造之以道。"《学记》又云:"君子之教,喻也;道而弗牵,强而弗抑,开而弗达。"又云:"力不能问,然后语之;语之而弗知,虽舍之可也。"《论语》记孔子之教人,亦曰:"不愤,不启;不悱,不发;举一隅,不以三隅反,则不复也。"此皆"欲其自得之"也。自得之,则默识心通,如其性之所自有,而所以处之者安矣。处之既安,则不至见异思迁,浅尝自画,非浅袭于口耳之间,非强拟于形似之迹,而资之深矣。资,犹借也。所资借者既深,则日用之间,取之无尽,不待远求,无不逢其本原矣。自得之,得此道也;居之,居此道也;资之,资此道;取之,取此道也。此章所论,与现代教育学说重自学辅导的原理,不谋而合。

4.43　孟子曰:"博学而详说之,将以反说约也。"

此章论研究学问的方法。《中庸》言博学审问慎思明辨,即博学而详说之也。学不博,则孤陋寡闻;说不详,则不能尽解。然博学详说,非欲以夸多斗靡也,欲其融会贯通,能反而说到至约之地,得其至要之旨耳。"约",即简要的意思。若徒事博学详说，而不能反乎约，其学文则博而寡要，其说必芜杂支离矣。“多学而识”，博而详也；“一以贯之”，反乎约也。“博学切问”，博学详说也；“笃志近思”，反乎约也。此章所说，与现代研究科学的归纳法，同一原理。

4.44　孟子曰：“以善服人者，未有能服人者也；以善养人，然后能服天下。天下不心服而王者，未之有也。”

此章言以善去服人，是不能叫人心服的。只有以善去教养人，天下的人才能心服。也可以说空口说善，是无益的；必须有实惠及人，然后人能服他。现在一班人，最喜发表议论，虽所说的都是所谓“善”，但人家是不会服从他的。要把所说的善，实实在在地做出来，加惠于人，然后能服天下的人也。天下的人不心服，是断不会王天下的。

4.45　孟子曰：“言无实，不祥。不祥之实，蔽贤者当之。”

此章，朱《注》列举二解：（一）“天下之言，无有实不祥者。惟蔽贤为不祥之实。”此以“实不祥”三字相连，“实”字为形容“不祥”二字之副词。（二）“言而无实者不祥，故蔽贤为不祥之实。”则以“无实”二字相连；“实”字为“无”字之止词。朱子又云：“二说未知孰是，疑或有阙文焉。”按《晏子·春秋谏》下云：“国有三不祥：有贤而不知，一不祥；知而不用，二不祥；用而不任，三不祥也。”与此以“蔽贤”为“不祥之实”同旨。蔽贤者之言，往往无实，故曰“言无实不祥”也。似以第二说为长。

4.46　徐子曰：“仲尼亟称于水曰：‘水哉！水哉！’何取于水

也?”孟子曰:“原泉混混,不舍昼夜,盈科而后进,放乎四海,有本者如是,是之取尔!苟为无本,七八月之间雨集,沟浍皆盈,其涸也,可立而待也。故声闻过情,君子耻之!”

徐子,赵《注》谓即徐辟,介绍夷之见孟子者。仲尼,孔子的字。“亟”,音去吏反,屡次也。“原”同“源”,混混,古音读如衮,俗作滚滚,水涌出不断之貌。“舍”,止也。“科”,坎也,坑也。“放”,至也,达也。“本”谓水源。“是之取尔”,言孔子之取于水者此耳。“集”,聚也。“沟浍”,田间路旁行水之沟。“涸”,水干也。“声闻”,声名闻望也。“情”,实也。按:《论语·子罕》篇《子在川上》章即记孔子称水之语。此云“亟称”,当不仅一次矣。水流昼夜不止,似君子之自强不息。盈科后进,似君子之循序渐进,而不躐等。放乎四海,似君子之欲罢不能,必求至道。故孔子取之也。若纯盗虚声,而实不足以副之,则如大雨之后,沟浍中一时充满的水;虽亦有泛滥之势,终是无源之水,不久即干;故君子耻之也。

4.47　孟子曰:“人之所以异于禽兽者,几希!庶民去之,君子存之。舜明于庶物,察于人伦,由仁义行,非行仁义也。”

“人之所以异于禽兽者几希”者,言人与禽兽所异的地方,只有这一些也。寻常的庶民,不知道这所异的一些,把它丢掉了。只有君子,才把这一些保存着。“庶物”,种种事物也。舜明白这种种事物的道理,体察人伦之所以然,一切的动作,就都自然合于仁义,不是晓得了仁义的好处,特地照着仁义去行的。“行仁义”者,“利而行之”者也。“由仁义行”者,“安而行之”者也。

4.48　孟子曰:“禹恶旨酒,而好善言。汤执中,立贤无方。文王视民如伤,望道而未之见。武王不泄迩,不忘远。周公思兼三王,以施四事。其有不合者,仰而思之,夜以继日;幸而得之,坐以待旦。”

“恶”,去声。“旨”,味好的意思。禹厌恶味好的酒,而喜欢听善的言语。仪狄作酒而甘,进之禹。禹饮而美之,遂疏仪狄,绝旨酒曰:“后世必有以酒亡其国者!”见《战国策·魏策》。《尚书·皋陶谟》曰:“禹拜昌言。”昌言即善言。《论语》亦云:“禹闻善言则拜。”“中”者,做事刚刚合着要处,没有过头或不及的毛病。“执中”,即《论语·尧曰》篇所谓“允执其中”也。“方”,法也,“立贤无方”,言用贤人,没有一定办法,不拘资格阶级也。“视民如伤”者,是看得百姓,总像还有伤害,必定要把他医好。“而”亦“如”也,古通用。“望道而未之见”者,言文王虽然已经知“道”行“道”,但他自己,还像没有看见道的一般。“泄”者,狎也。“不泄迩,不忘远”者,言武王对于近者不狎,对于远者不忘也。“三王”,三代圣王,禹、汤、文、武也。“四事”,即上面所说禹、汤、文、武的四件事体。自己有不合的地方,仰着头想,日里想不通,夜里继续想下去。如果想到了,那么,就夜里坐着,再也不睡,一直等到天亮,连忙就去做。

4.49　孟子曰:“王者之迹熄而《诗》亡,《诗》亡,然后《春秋》作。晋之《乘》,楚之《梼杌》,鲁之《春秋》,一也。其事,则齐桓、晋文。其文,则史。孔子曰:‘其义,则丘窃取之矣!’”

“熄”,灭也。“王者之迹熄”,言周自平王东迁,文、武、成、康王业的遗迹,都像火一般地熄灭了。朱《注》云:“《诗》亡者,谓

《黍离》降为国风，而雅亡也。"《黍离》为《诗·王风》篇名。《王风》所采本周都之王城之《诗》，今降而列入国风，则王都之雅亡，而颂扬文、武、成、康等诗从此无人再咏。故曰：《诗》亡也。按：周室盛时，有采诗之官，叫做"𬨎轩使者"，故各国风诗，均得上之太师。及平王东迁以后，政令不行于诸侯，故采诗之官亦废，于是各国之诗无人采辑，故《诗经》之诗，至春秋中世以前为止，所谓"《诗》亡"，当即指此。采诗之制既废，则各国之政治风俗如何，不得而知。于是孔子作《春秋》，记各国之事，寓王者褒贬之意，故曰"《诗》亡，然后《春秋》作"也。晋之史，名曰《乘》；乘，载也。史所以记载事实，故名。楚之史，名曰《梼杌》；梼杌本恶兽，史记恶人之事以重戒，故名。鲁之史，名曰《春秋》；因为是编年史，故于四季错举其二以为名。孔子作《春秋》以鲁史为根据。其事，无非齐桓公晋文公等的事；其文，则鲁史之旧文。但孔子笔则笔，削则削，褒则褒，贬则贬，自己有一种义法在内，故曰："其义，则丘窃取之矣。""窃取"，是孔子自谦之辞。

4.50　孟子曰："君子之泽，五世而斩。小人之泽，五世而斩。予未得为孔子徒也，予私淑诸人也。"

"泽"者，一个人的事业，学术，或此人所造之风尚，遗留于后人者也。"斩"，绝也。孟子言无论君子或小人，他的事业学术，或风尚之传于后人者，到了五世，都断绝了。父子相继为一世，师生相传亦为一世。孟子去孔子的年代已远，不能亲受业为孔子的弟子，而受业于子思之门人。自孔子而曾子，而子思，而子思之门人，传至孟子，恰好五世。故虽未得为孔子之徒，而尚得私淑于人也。"淑"，善也。"私淑"者，间接地私下受其好处也。

4.51　孟子曰："可以取，可以无取，取伤廉；可以与，可以无与，与伤惠；可以死，可以无死，死伤勇。"

"廉"是不苟取于人；"惠"是有利益给人；"勇"是对于应该做的事，毫不退缩。"可以取，可以无取"者，言某项利益，在可以取可以不取之间的。我若把这利益取来，是反有伤于廉的。"可以与，可以无与"者，言某项利益，在可以给人，可以不给人之间的。我为要见好于人，竟给了人，这是给得没有什么道理的，是反有伤于惠的。"可以死可以无死"者，言遇着一件生死关头的事体，但是在可以死可以不死之间的。我若不顾一切，竟以死殉了，这是反有伤于勇的。如公西华为孔子使齐，而取冉求五秉之粟，则在公西华为伤廉，在冉求为伤惠。（事见《论语》）子路死卫孔悝之难，是为伤勇。（事见《史记·仲尼弟子列传》）

4.52　逢蒙学射于羿，尽羿之道，思天下惟羿为愈己，于是杀羿。孟子曰："是亦羿有罪焉。"公明仪曰："宜若无罪焉。"曰："薄乎云尔，恶得无罪？"

羿，夏少康时有穷国君，为夏之诸侯，善射，百发百中。"逢"，音庞。逢蒙，《荀子·王霸》篇作蠭门，《吕氏春秋·具备》篇作蠭蒙，《淮南子·原道训》作逢蒙子，羿之弟子。"愈"，胜也。逢蒙既尽得羿之射法，以为天下能胜己者惟羿一人，于是杀之。《楚辞·离骚》王逸《注》言羿田猎将归，寒浞使其家臣逢蒙射而杀之。这是一个传说的故事。"是亦羿有罪焉"，是孟子对于此事的批评。"宜若"，殆也。公明仪，见《滕文公》篇第一章，是孟子以前的人。此非与孟子对语，特因仪有此言，故孟子引之。"曰"字以下，乃复申说己意。"薄乎云尔"者，言羿罪但较逢蒙为薄而已。“恶”，平声，何也。

“郑人使子濯孺子侵卫，卫使庾公之斯追之。子濯孺子曰：‘今日我疾作，不可以执弓，吾死矣夫！’问其仆曰：‘追我者，谁也？’其仆曰：‘庾公之斯也。’曰：‘吾生矣！’其仆曰：‘庾公之斯，卫之善射者也；夫子曰“吾生”，何谓也？’曰：‘庾公之斯，学射于尹公之他；尹公之他，学射于我。夫尹公之他，端人也；其取友必端矣！’庾公之斯至，曰：‘夫子何为不执弓？’曰：‘今日我疾作，不可以执弓。’曰：‘小人学射于尹公之他，尹公之他学射于夫子；我不忍以夫子之道，反害夫子。虽然，今日之事，君事也，我不敢废。’抽矢扣轮，去其金，发乘矢而后反。”

郑、卫，二国名。子濯孺子，庾公之斯，尹公之他，都是人名，此孟子引另一故事，以明羿之不得无罪也。“之”字是助词。古人姓与名字间，往往加“之”字，如孟之反、介之推之类。“侵”，袭也。“疾作”，病发也。病，故不能执弓而射。“夫”，音扶，同“吧”。“仆”，御者也。“夫子”，御者及庾公之斯，称子濯孺子也。“端”，正也。“小人”，庾公之斯自称。“金”，箭头的镞。去其镞，则不至伤人。“乘矢”，四支箭也。乘，去声。按：《左传》襄公四年，载卫献公奔齐，公孙丁御。初，尹公佗学射于庾公差，庾公差学射于公孙丁，二子追公。庾公差曰：“射为背师，不射为戮。”射两鞠而还。尹公佗曰：“子为师，我则远矣。”公孙丁乃授公辔而射之，贯其臂。所载姓名大同小异，而行事适与此反。此章之旨，重在“取友必端”一语，羿之罪，正以不能取端人而授以射法也。

4.53　孟子曰：“西子蒙不洁，则人皆掩鼻而过之。虽有恶人，斋戒沐浴，则可以祀上帝。”

西子，即世所称春秋时越国美女西施，按：《管子》言毛嫱西施天下之美人，《庄子》亦言厉与西施，疑西施为古美女之名，而越人以号其美女。犹善射者皆称羿，大盗皆称跖也。“蒙”，被也。“不洁”，污秽有臭气的东西，西子虽美，而身上蒙被着污秽之物，人家见了她，也都把鼻头捻住走过去，不要看她了。“恶人”，貌丑之人。只要斋戒沐浴，也可以去祭祀上帝。此章全是譬喻之辞。西子，比本质良善的人；恶人，比本质不好的人。言本质恶的人，只要能改过自新，则君子亦许其为善也。

4.54　孟子曰：“天下之言性也，则故而已矣。故者，以利为本。所恶于智者，为其凿也。如智者，若禹之行水也，则无恶于智矣。禹之行水也，行其所无事也。如智者，亦行其所无事，则智亦大矣。天之高也，星辰之远也，苟求其故，千岁之日至，可坐而致也。”

此章，自来注家多以为是孟子论性之言，其实是孟子批评当时言性者之言。孟子之时，言性者甚多。或谓性恶，或谓性有善有不善，或谓性无善无不善，或谓性可以为善可以为不善，要皆持之有故。故曰：“天下之言性也，则故而已矣。”故者，即《荀子》所谓“持之有故”之“故”，《墨子》所谓“故，所若而然也”，“故者，有之必然”之“故”，为议论之根据，断定之前提者也。“则”是效法，根据之意。《墨子·小取》云：“故中效，则是也；不中效，则非也。”“中效”之“故”，方可以为“则”。例如《墨子·经》云：“圆，一中同长也。”“一中同长”即“圆”之“故”。凡以“一中同长”画成者，皆是圆形，故“一中同长”之“故”为“中效”者，而可以为画圆之“则”。“以利为本”之“利”，顺也，宜也。孟子所谓“利”，即《墨子》所谓“中效”。此谓天下之言性者，皆各有其所据为论证之“故”；但所谓“故”者，当以“利”为本，若所依据之“故”为不“利”者，则其言为穿凿之论，而不合于自然矣。但喜为穿凿之论者，皆自命为智者；人以其持之有故，言之成理，亦群誉为智者。故又曰：“所恶于智者，为其凿也。”“凿”，即穿凿，谓诡辩者奋其私智臆说，取不足据或并非事实之论证，牵强附会，发为架空之言论也。“恶”，去声，厌恶也。“行水”，即治水。禹之治水，因势利导，纯任自然，绝无奋其私智，师心自用之事，故能行所无事。如此谓“智者”，亦能绝不矫揉造作，附会穿凿，如禹之行所无事，则方可谓为真智，故曰“则智亦大矣”。此以禹之治水为喻也。“日至”即冬至之日。“致”者，推算而得之。言虽以天之高，星辰之远，苟能求其“故”，则善历法者，能推算得千年之冬至。天文历法，尚可以其“故”推算之，况水之“性”乎？

4.55　公行子有子之丧，右师往吊。入门，有进而与右师言者，有就右师之位而与右师言者。孟子不与右师言。右师不悦曰：“诸君子皆与驩言，孟子独不与驩言，是简驩也。”孟子闻之曰：“礼，朝廷不历位而相与言，不逾阶而相揖也。我欲行礼，子敖以我为简，不亦异乎？”

“行”，音杭。公行子，齐大夫。“右师”，官名，即王驩，字子敖者也。“简”，慢也。“历”，涉也。“历位”，谓历过他人之位。逾阶相揖，谓彼此不同阶而遥相揖。今右师后至，入门，即进与之言；及就位，又历位以就之而与之言，皆非礼也。王驩是齐王的宠臣，所以一班官员见他来，就赶过去奉承。孟子不肯做这种献媚权贵的事，所以老是不理他。他一责问，孟子就引用两句礼为根据，说“我欲行礼”，使他再无话说。原来孟子是心恶王驩，并看不起一班没有骨气的官员，却用礼来解释自己的行动，不明白地斥责他人，这是孟子善于措辞处。

4.56　孟子曰：“君子所以异于人者，以其存心也。君子以仁存心，以礼存心。仁者爱人，有礼者敬人。爱人者，人恒爱之；敬人者，人恒敬之。”

此章言君子所以不同于寻常的一般人者，因他的存心，是以仁待人，以礼律己。因为以仁存心，所以爱人，因为以礼存心，所以对人恭敬。又因为爱人之故，所以人也回转来爱他；因为敬人之故，所以人也回转来敬他。

“有人于此，其待我以横逆，则君子必自反也：我必不仁也，必无礼也，此物奚宜至哉？其自反而仁矣，自反而有礼矣，其横逆由是也，君子必自反也：我必不忠。自反而忠矣，其横逆由是也，君子曰：‘此亦妄人也已矣！如此，则与禽兽奚择哉？于禽兽，又何难焉？’是故君子有终身之忧，无一朝之患也。乃若所忧则有之：舜人也，我亦人也。舜为法于天下，可传于后世，我由未免为乡人也，是则可忧也。忧之如何？如舜而已矣。若夫君子所患则亡矣。非仁无为也，非礼无行也，如有一朝之患，则君子不患矣。”

“有人于此”，是假设之辞。“横逆”者，强横不讲理也。“自反”，自己反省也。“我必不仁也，必无礼也”，即自己反省之语。物，事也。“此物”，指“以横逆待我”之事而言。“由”，同“犹”，言其待我之横逆仍如此也。忠者，尽己之心以待人也。若两次反省，于仁、于礼、于忠，皆内省不疚，而此人之横逆仍如此，则其为妄人也可知。“择”,别也。言与禽兽有何分别也。“难”,去声,责难也。“又何难焉”,言不足责也。“朝”,如字读。“一朝之患”,谓意外无妄之灾,突如其来者。他人无故以横逆待我,我如忿而与妄人争执斗很,亦一朝之患也。所谓“终身之忧”,即下文所言“忧不如舜”也。“我由”之“由”,同“犹”。“若夫”之“夫”,音扶。“亡矣”之“亡”,同无。此章言做人只要自己做得不错,至于横逆之来,只要问心无愧,都可置之不顾。所宜忧的,就是恐怕自己不能像舜那样的好。此为人处世之道,最宜玩味也。

4.57　禹稷当平世,三过其门而不入,孔子贤之。颜子当乱世,居于陋巷,一箪食,一瓢饮,人不堪其忧,颜子不改其乐,孔子贤之。孟子曰:“禹、稷、颜回同道。禹思天下有溺者,由己溺之也。稷思天下有饥者,由己饥之也。是以如是其急也。禹、稷、颜子,易地则皆然。今有同室之人斗者,救之,虽被发缨冠而救之,可也。乡邻有斗者,被发缨冠而往救之,则惑也,虽闭户可也。”

“平世”,有道之世。“乱世”,无道之世。“三过其门而不入”,是禹治水时的事。此言禹、稷,是连类及之。古人作文,不讲逻辑,此类甚多,不独孟子也。颜子,即孔子弟子颜回,字渊。颜子事,见《论语》。“由己”之“由”,同“犹”。“被发缨冠”而往救之,言不及束发,即结冠而往排解也。此章先述禹、稷、颜回之事,然后加以评论。盖圣贤所抱之道皆同,只因所处的境遇不同,故所做的事亦异。又以同室之人与乡邻有斗者为喻,申明其义。

4.58　公都子曰:“匡章,通国皆称不孝焉;夫子与之游,又

从而礼貌之,敢问何也?”孟子曰:“世俗所谓不孝者五:惰其四支,不顾父母之养,一不孝也;博弈,好饮酒,不顾父母之养,二不孝也;好货财,私妻子,不顾父母之养,三不孝也;从耳目之欲,以为父母戮,四不孝也;好勇斗很,以危父母,五不孝也。章子有一于是乎?夫章子,子父责善而不相遇也。责善,朋友之道也。父子责善,贼恩之大者。夫章子,岂不欲有夫妻子母之属哉?为得罪于父,不得近,出妻屏子,终身不养焉。其设心以为不若是,是则罪之大者,是则章子已矣。”

匡章,齐人。见《滕文公》篇末章。“礼貌之”者,用礼节待他也。“惰其四支”,手足懒惰,不肯做事也。不顾父母之养者,不管奉养父母的衣食也。“养”,去声。“好”,亦去声。“从”,放纵;言放纵着耳目对于声色的嗜欲。“戮”,辱也。“斗很”者,因意气忿戾而与人斗争也。上言匡章,此言章子,是于名下加一“子”字,古有此称,“夫”,音扶。“不相遇”,不相合也。“父子责善,贼恩之大者”,即前答公孙丑问所谓“责善则离,离则不祥莫大焉”之意。“贼”,害也。“为”,去声,因为也。“屏”,必井反。“不养”,匡章不受其妻子之奉养也。此章所说,是“众恶必察”之意。孟子以为匡章因为得罪于父,而知自责,其人非全无心肝者,并且这也不是不孝,故不与之绝交也。

4.59　曾子居武城,有越寇。或曰:“寇至,盍去诸?”曰:“无寓人于我室,毁伤其薪木。”寇退。则曰:“修我墙屋,我将反。”寇退,曾子反。左右曰:“待先生如此其忠且敬也!寇至,则先去以为民望。寇退则反,殆于不可?”沈犹行曰:“是非汝所知也。昔沈犹有负刍之祸,从先生者七十人,未有与焉。”子思居于卫,有

齐寇，或曰："寇至，盍去诸？"子思曰："如伋去，君谁与守？"孟子曰："曾子、子思同道。曾子，师也，父兄也；子思，臣也，微也。曾子、子思，易地则皆然。"

武城，鲁国县名。越寇，越国的兵来攻鲁也。"盍"，何不也。"诸"，之乎也。"薪木"，树木。"左右"，曾子之门人。"以为民望"，使民望而效之也。沈犹行，曾子弟子。"负刍之祸"，挑柴的人暴动也。一云，负刍，人名。"与"，去声。言曾子舍于沈犹氏，适有负刍之祸，曾子亦率其弟子去之，未预其难也。"齐寇"，齐兵来攻卫也。伋，子思名。"师也，父兄也"，言曾子居师的地位，和父兄的地位相等，是没有守城的责任的。"臣也，微也"，言子思在卫国，是居臣的地位，其身分是微贱的。此章着重"师"和"臣"的分别。言君子处世，其道本同；只因为地位不同，所以有时行止会不同。

4.60　储子曰："王使人瞯夫子，果有以异于人乎？"孟子曰："何以异于人哉？尧、舜与人同耳。"

储子，齐国人。"瞯"，音谏。一作瞰，窥伺窃视的意思。一说使人瞰之者，使善相人者相孟子之形貌也。《荀子·非相》篇言姑布子卿及唐举能相人之形状颜色而知其吉凶妖祥。则孟子时已有相人之法矣。故孟子答以尧舜之相，亦与人同。

4.61　齐人有一妻一妾而处室者，其良人出，则必餍酒肉而后反。其妻问所与饮食者，则尽富贵也。其妻告其妾曰："良人出，则必餍酒肉而后反，问其与饮食者，尽富贵也，而未尝有显者来。吾将瞯良人之所之也。"蚤起，施从良人之所之。遍国中无

与立谈者。卒之东郭墦间之祭者,乞其余。不足,又顾而之他。此其为餍足之道也。其妻归,告其妾曰:"良人者,所仰望而终身也。今若此!"与其妾讪其良人而相泣于中庭。而良人未之知也,施施从外来,骄其妻妾。由君子观之,则人之所以求富贵利达者,其妻妾不羞也,而不相泣者,几希矣!

"良人",妇人称丈夫也。古称"良人",后世称"郎",良郎一声之转。"餍",吃饱也。"瞯",窥伺之也。"蚤起",即早晨起来。蚤早,古通用。"施",音迤,斜行也。不欲使其良人觉之。"遍国中",就是走遍城中的意思。"卒",终也;"之",往也。"东郭",东方城门外也。"墦",音藩,塚也。"墦间之祭者",谓扫墓者。"讪",讥骂也。"施施",俨然自得之貌;犹今人言"像煞有介事"也。朱《注》谓此章章首当有"孟子曰"三字。今无之者,阙文也。按:本章为求富贵利达者乞怜昏夜、骄人白日而发。齐人之事,为孟子之寓言。

[问题]

(一) 何谓"徒善不足以为政,徒法不能以自行"?

(二) 何谓"泄泄沓沓"?

(三) 孔孟于孺子沧浪之歌,何所取义?

(四) 何谓"自暴自弃"?

(五) 古人何易子而教?

(六) 孟子论君臣关系如何?

(七) 孟子论教学之道如何?

(八) 何谓"王者之迹熄而《诗》亡"?

(九) 何谓"私淑"?

（十）何谓“端人取友必端”？

（十一）孟子谓禹、稷、颜子、曾子、子思易地则皆然，其义如何？

（十二）何谓“墦间乞余”？

第五　万章篇

5.1　万章问曰：“舜往于田，号泣于旻天，何为其号泣也？”孟子曰：“怨慕也。”万章曰：“父母爱之，喜而不忘；父母恶之，劳而不怨。然则舜怨乎？”曰：“长息问于公明高曰：‘舜往于田，则吾既得闻命矣；号泣于旻天于父母，则吾不知也。’公明高曰：‘是非尔所知也。’夫公明高以孝子之心，为不若是恝，我竭力耕田，共为子职而已矣；父母之不我爱，于我何哉！”

万章，齐人，孟子弟子。“号泣”，且诉且泣也。“旻”，音闵。朱《注》云：“仁覆闵下，谓之旻天。”为古《尚书》说，见《说文》日部引。《尔雅·释天》云：“秋为旻天。”刘熙《释名》云：“旻，闵也。物就枯落，可闵伤也。”“恶”，去声。公明高，曾子弟子。长息，公明高弟子。“恝”，音苦八反，同“忿”，忽忘也。故赵朱均以“无愁之貌”释之。“共”，平声，同“恭”。“我竭力耕田”至“于我何哉”，为设身处地代舜设想之辞，言我竭力耕田，恭为人子之职而已；父母之不爱我，不知我有何罪。此舜自怨自责之辞，非怨父母也。

“帝使其子九男二女，百官牛羊仓廪备，以事舜于畎亩之中。天下之士多就之者。帝将胥天下而迁之焉。为不顺于父母，如穷人无所归。”

“帝”，尧也。《史记·五帝本纪》言尧以二女妻之，以观其内;九男事之,以观其外。二女,长娥皇,次女英。尧使子女事舜,又命百官致牛羊仓廪,甚完备也。“畎”,田间水道。“畎亩”,田亩也。《史记》又云:“一年所居成聚,二年成邑,三年成都。”即此所谓“天下之士多就之者”也。“胥”,皆也。“迁”,移以与之也。

“天下之士悦之,人之所欲也,而不足以解忧;好色,人之所欲,妻帝之二女,而不足以解忧;富,人之所欲,富有天下,而不足以解忧;贵,人之所欲,贵为天子,而不足以解忧。人悦之,好色,富贵,无足以解忧者,惟顺于父母,可以解忧。人少,则慕父母;知好色,则慕少艾;有妻子,则慕妻子;仕则慕君,不得于君则热中。大孝终身慕父母,五十而慕者,予于大舜见之矣!”

“人少”之“少”,去声,少年时也。“知好色”之“好”,去声。“少艾”,年青女子也。“热中”,心中焦急也。此章言舜之所以为大孝,因一切幸福,都不在意,惟以得父母的欢心为遂愿;故年五十而犹如孺子之思念父母也。

5.2 万章问曰:“《诗》云:‘娶妻如之何?必告父母。’信斯言也,宜莫如舜。舜之不告而娶,何也?”孟子曰:“告则不得娶。男女居室,人之大伦也。如告,则废人之大伦,以怼父母,是以不告也。”万章曰:“舜之不告而娶,则吾既得闻命矣;帝之妻舜而不告,何也?”曰:“帝亦知告焉则不得妻也。”

所引《诗经》,见《齐风·南山》篇。言一个人娶妻,必须告知父母也。“信斯言也”,言真如这句话。“男女居室,人之大伦也”,言男婚女嫁,是做人最大的伦理。舜如告知瞽瞍,则婚事必不成,故曰“如告,则废人之大伦”也。“怼”,音特禄反,仇怨也。因父母不许,而废了人的大伦,便怨怼父母了。“妻”,去声,以女儿嫁人，亦叫做“妻”。

万章曰：“父母使舜完廪，捐阶，瞽瞍焚廪。使浚井，出，从而揜之。象曰：‘谟盖都君，咸我绩。牛羊父母，仓廪父母，干戈朕，琴朕，弤朕，二嫂使治朕栖。’象往入舜宫，舜在床琴。象曰：‘郁陶思君尔！’忸怩。舜曰：‘惟兹臣庶，汝其于予治。’不识舜不知象之将杀己与？”曰：“奚而不知也？象忧亦忧，象喜亦喜。”

“廪”，藏米的屋子。“完廪”，修治仓廪也。“捐阶”，把走上廪去的梯子拿掉也。“浚井”，把井底的泥掘出也。“揜”者，从井上投下土石，将井堵塞也。象，瞽瞍后妻所生之子。“谟”，谋也。都君者，因舜所住的地方，附从的人甚多，三年成都，故称舜为“都君”。“咸”，都也。“绩”，功劳也。“咸我绩”，言都是我的功劳。“干戈”，舜用的兵器。“弤”，舜的弓。“栖”，寝也。“朕”，古人自己的通称，言象欲以二嫂为妻也。“宫”，舜所住之屋。“在床琴”，在床上弹琴也。“郁陶”，烦闷得很的意思。“忸怩”，极惭愧的神色。“兹”，此也。“臣庶”，官及百姓也。“于”，为也，助也。舜谓象“汝其助我治之”。以上述舜故事。末句是万章问语。“与”同“欤”。“奚而不知”，何为不知也。按《史记》，焚廪时，舜以两顶笠帽，当作两翼，自廪上跳下。掘井时，舜从井旁另一洞穿出。

曰：“然则舜伪喜者与？”曰：“否。昔者有馈生鱼于郑子产，子产使校人畜之池。校人烹之，反命曰：‘始舍之，圉圉焉，少则洋洋焉，攸然而逝。’子产曰：‘得其所哉！得其所哉！’校人出，曰：‘孰谓子产智？予既烹而食之，曰：得其所哉！得其所哉！’故君子可欺以其方，难罔以非其道。彼以爱兄之道来，故诚信而喜之，奚伪焉！”

此节万章又问，孟子引子产故事以释之。“与”，今作“欤”。

“校人”，管池沼的小吏。“圉圉”，困而未舒之貌。“洋洋”，舒缓摇尾之貌。“攸然”，自得其乐之貌。“逝”，往也，去也。一云，“攸”同“悠”。悠，远也。“攸然而逝”，迅走水深处也。欺罔，义同“可欺以其方”者，言可以情理之所常有者欺之也。“难罔以非其道”者，言不可以情理之所必无者欺之也。象以爱兄之道来，所谓“以其方”也，故舜真信而喜之耳。

5.3　万章问曰：“象日以杀舜为事，立为天子，则放之，何也？”孟子曰：“封之也，或曰放焉。”

“放”者，把人驱逐到远地方，派人把他管束起来也。万章以为是“放”，孟子以为是“封”。

万章曰：“舜流共工于幽州，放驩兜于崇山，杀三苗于三危，殛鲧于羽山，四罪而天下咸服，诛不仁也。象至不仁，封之有庳，有庳之人奚罪焉？仁人固如是乎：在他人则诛之，在弟则封之？”曰：“仁人之于弟也，不藏怒焉，不宿怨焉，亲爱之而已矣。亲之，欲其贵也。爱之，欲其富也。封之有庳，富贵之也。身为天子，弟为匹夫，可谓亲爱之乎！”

“流”，就是放逐。“共”音恭，共工，是官名。舜所流放之人，时为共工之官也。幽州，地名。驩兜，人名。崇山，地名。三苗，是国名，即今南方山洞中的苗人。三危，地名。朱《注》云：“杀，杀其君也。”按：《尚书・尧典》“作窜三苗”。焦氏《正义》引段玉裁《说文》注，谓“窜”字本作“𢾬”，《孟子》作“杀”，即《左传》“𣧑蔡叔”之“𣧑”。“𢾬”，塞也，谓塞之使不得通中国；“𣧑”，谓放之令自匿；与言“流”言“放”一例。“窜”，“杀”，皆假借字。朱《注》又云：“殛，诛也。鲧，禹父名。”羽山，地名。焦氏谓“殛”为“极”之借字,《周礼注》“舜极鲧于羽山”,字正作“极”,《尚书·洪范》“鲧则殛死”,《左传》昭七年,“昔尧殛鲧于羽山”,《释文》本亦均作“极”。极亦放也。极死者,被放逐而死,非谓杀之也。诛,谓罚其罪。万章问舜放象事,故举舜流放四凶,以例之云。说较朱《注》为长。有庳,地名。朱《注》云:“藏怒,谓藏匿其怒;宿怨,谓留蓄其怨。”

“敢问或曰放者,何谓也?”曰:“象不得有为于其国,天子使吏治其国,而纳其贡税焉,故谓之放。岂得暴彼民哉?虽然,欲常常而见之,故源源而来。‘不及贡,以政接于有庳’,此之谓也。”

此万章又问也。孟子答以象虽在有庳国内为君,舜另行派官,代他治理国政,而纳其贡税于象,所以人家说他是“放”。象虽暴虐,亦不得暴虐那一方的百姓。舜因为象是兄弟,要常常和他见面,所以使象源源不绝地到都城里来。“不及贡,以政接于有庳”,言等不到诸侯朝贡的时期,日以政事,接见有庳的君主也。下云“此之谓也”,则这句话当是古书所载,而孟子引之。

5.4 咸丘蒙问曰:“语云:‘盛德之士,君不得而臣,父不得而子。’舜南面而立,尧帅诸侯北面而朝之,瞽瞍亦北面而朝之。舜见瞽瞍,其容有蹙。孔子曰:‘于斯时也,天下殆哉,岌岌乎?’不识此语诚然乎哉?”孟子曰:“否,此非君子之言,齐东野人之语也。尧老而舜摄也。《尧典》曰:‘二十有八载,放勋乃徂落,百姓如丧考妣,三年,四海遏密八音。’孔子曰:‘天无二日,民无二王。’舜既为天子矣,又帅天下诸侯以为尧三年丧,是二天子矣。”

咸丘蒙,孟子弟子。“语”,传说的古语也。君南面,臣北面。“帅”,今作“率”。“朝”音潮,朝见也。“蹙”,皱眉蹙额,心有不安之貌。“殆”,危也。“岌岌”,危殆之状。“齐东野人”,是齐国东部的乡下人。赵《注》谓东野人即东作田野之人。是以“东野”二字连读。东作,谓春日力田。“摄”,代也。《尧典》,《尚书》首篇。放勋,尧帝之号。“徂落”,死也。“徂”,同“殂”。一无“落”字。朱《注》云:“徂,升也;落,降也。人死则魂升而魄降,故古者谓死为徂落。”“遏”,止也;“密”,寂静也。金、石、丝、竹、匏、土、革、木八种乐器的声音,叫做“八音”。父母死后称为“考妣”,今日犹如此。

咸丘蒙曰:“舜之不臣尧,则吾既得闻命矣。《诗》云:‘普天之下,莫非王土;率土之滨,莫非王臣。’而舜既为天子矣,敢问瞽瞍之非臣如何?”曰:“是诗也,非是之谓也。劳于王事而不得养父母也。曰:‘此莫非王事,我独贤劳也。’故说诗者,不以文害辞,不以辞害志。以意逆志,是为得之。如以辞而已矣,《云汉》之诗曰:‘周余黎民,靡有孑遗。’信斯言也,是周无遗民也。”

“舜之不臣尧”者,言舜并不以尧为臣也。所引《诗经》,见《小雅·北山》。“普”,遍也。遍天之下,莫非王之土。“率”,循也。“滨”,水边。率土之滨,犹云“四海之内,莫非王臣”也。孟子答道:“这首诗,不是这样说的。做此诗者,是劳于王家之事,而不得养父母;所以说大家都是王家的臣子,为什么我一个人,为了有贤才而独辛苦勤劳呢?”说诗是解说诗句。“文”,字也。“辞”,语也。“志”,作者之意也。“逆”,迎也。《诗》是纯文学的作品。读诗者不可拘于文字,反把诗中的辞句看错;不可拘于辞句,反把作者的意思误会。须以我之意去推度迎合作者言外之意,方能得着真正的理解。这是孟子的读诗方法。《云汉》,《大雅》之一篇。此诗写当时大旱情形。“黎民”,庶民。

“孑”，孤独也。“遗”，留存也。如以辞害志，以为这句诗是真的，则周真无一个遗留下来的人民了。

“孝子之至，莫大乎尊亲；尊亲之至，莫大乎以天下养。为天子父，尊之至也；以天下养，养之至也。《诗》曰：‘永言孝思，孝思维则。’此之谓也。《书》曰：‘祗载见瞽瞍，夔夔齐栗，瞽瞍亦允若。’是为父不得而子也？”

孟子既说明咸丘蒙引《诗》之误，又接下去说明孝子的道理。“至”，是极顶的意思。言孝之极，莫大于尊敬他的父母。尊敬他父母之极，莫大于以天下来供养父母。“养”，去声。现在舜使瞽瞍为天子之父，是尊敬父母之极了；以天下去奉养瞽瞍，是奉养父母之极了。所引《诗经》，见《大雅·下武》。言人当永久说着孝思而不忘记；这种孝思，可以做天下的法则。所引《书经》，见伪古文《舜典》。“祗”，敬也。“载”，事也。“齐”同“斋”，戒也。“栗”，同“慄”，惧也。“夔夔齐栗”者，敬谨恐惧的状貌。“允”，信也。“若”，顺也。言舜敬事瞽瞍，露着敬谨恐惧的状貌，就是瞽瞍，也相信舜是真孝顺的。“是为父不得而子也”者，朱子《集注》说：“瞽瞍不能以不善及其子，而反见化于其子，即是所谓父不得而子也。”按：王引之《经传释词》，此句“也”字同“乎”，表反诘语。言“如此者，尚为父不得而子乎”。

5.5　万章曰：“尧以天下与舜，有诸？”孟子曰：“否，天子不能以天下与人。”“然则舜有天下也，孰与之？”曰：“天与之。”“天与之者，谆谆然命之乎？”曰：“否，天不言，以行与事示之而已矣。”

“与”，给予也。“诸”即“之乎”。“谆谆然”，是说话很诚恳的样子。万章因孟子说舜的天下，是天给与的，因反诘道："天把天下给与舜，是很诚恳地对舜说的吗？"孟子道："不是的。天不会说话的。只用人的行为和事情表示出天意而已。"

曰："以行与事示之者，如之何？"曰："天子能荐人于天，不能使天与之天下；诸侯能荐人于天子，不能使天子与之诸侯；大夫能荐人于诸侯，不能使诸侯与之大夫。昔者尧荐舜于天而天受之，暴之于民而民受之。故曰：天不言，以行与事示之而已矣。"

此万章再问，孟子再答也。"暴"同"曝"，宣示也。

曰："敢问荐之于天而天受之，暴之于民而民受之，如何？"曰："使之主祭，而百神享之，是天受之；使之主事而事治，百姓安之，是民受之也。天与之，人与之，故曰：天子不能以天下与人。舜相尧，二十有八载，非人之所能为也，天也。尧崩，三年之丧毕，舜避尧之子于南河之南。天下诸侯朝覲者，不之尧之子而之舜；讼狱者，不之尧之子而之舜；讴歌者，不讴歌尧之子而讴歌舜，故曰，天也。夫然后之中国，践天子位焉。而居尧之宫，逼尧之子，是篡也，非天与也。《泰誓》曰：'天视自我民视，天听自我民听。'此之谓也。"

此万章又问，孟子又答也。"天与之"，谓天意欲与之；"人与之"，谓民意欲与之。"相"，去声，辅佐也。舜之相尧，如此之久，这是天意，非人所能为力。南河，水名。"不之"及"之舜"之"之"，往也。"讴歌"，以讴歌颂扬也。"夫"，音扶。"之中国"，从南河之南，复往国都也。"践位"，即位也。"而"，如也。言舜如居尧之宫，逼尧之子，则是篡夺，不是天给与之矣。《泰誓》，《尚书》篇名。言天不能视听，天之视听，从我民之视听表现出来。

5.6　万章问曰:“人有言,至于禹而德衰,不传于贤而传于子,有诸?”孟子曰:“否,不然也。天与贤,则与贤;天与子,则与子。昔者,舜荐禹于天,十有七年,舜崩。三年之丧毕,禹避舜之子于阳城。天下之民从之,若尧崩之后,不从尧之子而从舜也。禹荐益于天,七年,禹崩。三年之丧毕,益避禹之子于箕山之阴。朝觐讼狱者,不之益而之启,曰:‘吾君之子也。’讴歌者,不讴歌益而讴歌启,曰:‘吾君之子也。’丹朱之不肖,舜之子亦不肖。舜之相尧,禹之相舜也,历年多,施泽于民久。启贤,能够承继禹之道。益之相禹也,历年少,施泽于民未久。舜、禹、益相去久远,其子之贤不肖,皆天也,非人之所能为也。莫之为而为者,天也;莫之致而至者,命也。”

“有诸”即“有之乎”。阳城,地名。箕山,山名。启,禹子名。朱,尧子名;丹,所封国。《史记·五帝本纪》,舜之子曰商均。“舜、禹、益相去久远”,谓舜相尧二十八年,禹相舜十七年,而益相禹仅七年,所历之年,相差甚多。“致”,求而得之也。“莫之致而至”,言不求而自至也。

“匹夫而有天下者,德必若舜、禹,而又有天子荐之者。故仲尼不有天下。继世以有天下,天之所废,必若桀、纣者也。故益、伊尹、周公不有天下。伊尹相汤以王于天下。汤崩,太丁未立,外丙二年,仲壬四年。太甲颠覆汤之典刑,伊尹放之于桐。三年,太甲悔过,自怨自艾,于桐处仁迁义。三年,以听伊尹之训己也,复归于亳。周公之不有天下,犹益之于夏,伊尹之于殷也。孔子曰:‘唐、虞禅,夏后、殷、周继,其义一也。’”

“匹夫”,犹言平民。仲尼之德,虽过舜禹,而无天子荐之,故不有天下也。启继禹,太甲继汤,成王继武王皆贤主,天不废之,故益、伊尹、周公不有天下也。“相”,“王”,皆去声。赵岐云:“太丁,汤之太子,未立而死。外丙立二年,仲壬立四年,皆太丁弟也。太甲,太丁子也。”“太甲颠覆汤之典刑”者,言太甲立后,把汤的旧规矩,一切废掉也。那时伊尹为相,就把太甲安置在桐的地方。过了三年,太甲懊悔,自己改过,自己怨自己不好,自己责治自己。住在桐的地方,以仁自处,见义则迁,这三年里头,一切听受伊尹的教训,所以伊尹仍旧把他迎回亳来。“亳”,音薄,汤都。“禅”,谓让国于贤者。“继”,谓子孙相继为天子。

5.7　万章问曰:“人有言,伊尹以割烹要汤,有诸?”孟子曰:“否,不然。伊尹耕于有莘之野,而乐尧、舜之道焉。非其义也,非其道也,禄之以天下,弗顾也。系马千驷,弗视也。非其义也,非其道也,一介不以与人,一介不以取诸人。汤使人以币聘之,嚣嚣然曰:‘我何以汤之聘币为哉!我岂若处畎亩之中,由是以乐尧、舜之道哉!’汤三使往聘之,既而幡然改曰:‘与我处畎亩之中,由是以乐尧、舜之道,吾岂若使是君为尧、舜之君哉!吾岂若使是民为尧舜之民哉!吾岂若于吾身亲见之哉!天之生此民也,使先知觉后知,使先觉觉后觉也。予,天民之先觉者也;予将以斯道觉斯民也。非予觉之而谁也!’”

“要”,平声,求也,干也。“割烹”,割肉烹羹,为庖人也。伊尹以割烹要汤,《墨子·尚贤》《庄子·庚桑楚》《史记·殷本纪》《吕氏春秋·本味》言之甚详。“有莘”,国名。“乐”,音洛。四马曰“驷”,千驷,四千匹马也。“介”,同“芥”,草也。一介不与不取,极言其取与之不苟。“嚣嚣然”,闲暇自得之貌。“幡”同“翻”。“幡然”,改变之貌。以下是引伊尹之言。

“思天下之民，匹夫匹妇，有不被尧、舜之泽者，若己推而内之沟中，其自任天下之重如此，故就汤而说之以伐夏救民。吾未闻枉己而正人者也，况辱己以正天下者乎！圣人之行不同也，或远或近，或去或不去，归洁其身而已矣。吾闻其以尧、舜之道要汤，未闻以割烹也。《伊训》曰：‘天诛造攻自牧宫，朕载自亳。’”

“思天下之民，……”是孟子推想伊尹的意思。“匹夫匹妇”，男女百姓也。“内”，今作“纳”。“说”，音“税”。“远”，隐遁；“近”，仕近君也。《伊训》，古文《尚书》篇名。朱《注》云：“今《书》‘牧宫’作‘鸣条’。”“造”，“载”，皆始也。按：朱云“今书”，即伪古文《尚书》。赵《注》“造”训“造作”，言“造作可攻讨之罪者，从牧宫桀起，自取之也”。故以“牧宫”为桀宫。江声《尚书集注音疏》谓“朕”是伊尹自称。

5.8　万章问曰：“或谓孔子于卫主痈疽。于齐主侍人瘠环。有诸乎？”孟子曰：“否，不然也。好事者为之也。于卫主颜雠由。弥子之妻，与子路之妻，兄弟也。弥子谓子路曰：‘孔子主我，卫卿可得也。’子路以告。孔子曰：‘有命。’孔子进以礼，退以义，得之不得，曰有命。而主痈疽，与侍人瘠环，是无义无命也。孔子不悦于鲁、卫，遭宋桓司马，将要而杀之，微服而过宋。是时孔子当厄，主司城贞子，为陈侯周臣。吾闻观近臣，以其所为主；观远臣，以其所主。若孔子主痈疽与侍人瘠环，何以为孔子？”

朱《注》云：“主，谓舍于其家，以之为主人也。痈疽，疡医也。侍人，奄人也。瘠姓，环名。皆时君所近狎之人也。”按：《史记·孔子世家》：“卫灵公与夫人同车，宦者雍渠骖乘，出，使孔子为次乘。”《报任安书》云：“卫灵公与雍渠同载。”痈疽，即雍渠，因为声音相同，所以写法各别。“侍”，亦作“寺”。侍人，俗称太监。“好”，去声。好事者，是喜欢造谣生事的人。颜雠由，卫国的大夫。全祖望《经史问答》谓即颜浊邹，为子路的妻兄。孔子在卫，住在颜雠由家里。弥子，是卫君的宠臣，叫弥子瑕。弥子之妻，与子路之妻，是姊妹。“兄弟”，即姊妹也。弥子见孔子住在妻兄家里，所以对子路说：“孔子若肯来住在我家里，我对卫君说一声，他就可得卿相的位子。”子路把这话告知了孔子。孔子说“有命”者，意言得不得卫卿有命，不必去投奔弥子也。“而”，如也。如孔子住在痈疽与瘠环家里，是没有道义，不知天命了。宋桓司马，宋国的司马桓魋也。孔子过宋，与弟子习礼大树下，桓魋欲杀之，事见《论语》及《史记·孔子世家》。孔子不得已，乃改装微服，逃过了宋国。这时候，孔子遇了患难，并没有乱投人家。司城贞子，赵《注》朱《注》均以为宋大夫，因宋名司空之官为司城也。焦氏《正义》则以贞子为陈大夫，司城是以官为氏，其先本宋人，后奔陈，因以司城为氏者。周，陈君之名。为陈侯周臣者，言孔子在陈为羁旅之臣。按：《史记·孔子世家》亦云：“孔子遂至陈，主于司城贞子家。”是为焦说之证。“为陈侯周臣”，疑指司城贞子言。正因司城为宋官名，上文又牵涉宋事，故加此句，免人误会贞子乃宋人耳。“所为主”是他所留的家人；“所主”是他所住的主人。

5.9　万章问曰：“或曰，百里奚自鬻于秦养牲者，五羊之皮，食牛，以要秦穆公，信乎？”孟子曰：“否，不然。好事者为之也。百里奚，虞人也。晋人以垂棘之璧，与屈产之乘，假道于虞以伐虢。宫之奇谏，百里奚不谏，知虞公之不可谏而去，之秦，年已七十矣。曾不知以食牛干秦穆公之为污也，可谓智乎？不可谏而不谏，可谓不智乎？知虞公之将亡而先去之，不可谓不智也。时

举于秦，知穆公之可与有行也而相之，可谓不智乎？相秦而显其君于天下，可传于后世，不贤而能之乎？自鬻以成其君，乡党自好者不为，而谓贤者为之乎？”

百里，复姓；奚，名。百里奚事，见《左传》《史记》各书者甚多，秦人号之为五羖大夫。奚因虞公不听宫之奇之谏而许晋假道，知虞之将亡，乃先亡之秦。后又亡秦至宛。秦穆公知其贤，乃托言为晋之媵，以五羊皮赎之楚人，而使为相。其实媵晋伯姬者是虞大夫井伯，非奚也。详见焦氏《正义》。“鬻”，卖也。“食”，同“饲”，万章所引传说，谓奚自卖于秦之养牲者而为之食牛。五羊之皮，即奚卖身之值。言以此干求秦穆公也。“垂棘”，地名；其地产美玉。“屈”，亦地名；其地产良马。“假道”，借路也。宫之奇，亦虞大夫。晋献公因荀息之计，借道于虞以伐虢，灭虢后，并灭虞。事见《左传》。“有行”，有所作为也。“自好”，谓知自爱者。

5.10　孟子曰：“伯夷，目不视恶色，耳不听恶声。非其君不事，非其民不使。治则进，乱则退。横政之所出，横民之所止，不忍居也。思与乡人处，如以朝衣朝冠，坐于涂炭也。当纣之时，居北海之滨，以待天下之清也。故闻伯夷之风者，顽夫廉，懦夫有立志。”

“横”，不循法度也。“横政”，暴政；“横民”，乱民也。“顽”，无知而贪也。“廉”，廉洁也。“懦”，柔弱也。“立志”，自立之志。余均已见前篇。

“伊尹曰：‘何事非君？何使非民？’治亦进，乱亦进，曰：‘天之生斯民也，使先知觉后知，使先觉觉后觉。予，天民之先觉者

也，予将以此道觉此民也。'思天下之民，匹夫匹妇，有不与被尧、舜之泽者，若己推而内之沟中，其自任以天下之重也。"

伊尹的思想与伯夷正相反。"何事非君，何使非民"者，凡我所事者即是我之君，凡我所使者即是我之民也。"内"，今作"纳"。"自任以天下之重"，即"以天下之重自任"也。余均已见前篇。

"柳下惠不羞污君，不辞小官。进不隐贤，必以其道。遗佚而不怨，厄穷而不悯。与乡人处，由由然不忍去也。'尔为尔，我为我，虽袒裼裸裎于我侧，尔焉能浼我哉?'故闻柳下惠之风者，鄙夫宽，薄夫敦。"

柳下惠又是另一种性情。"鄙夫"，胸襟狭隘之人；"薄夫"，性情刻薄之人。"宽"，大也。"敦"，笃也，厚也。余均已见前篇。

"孔子之去齐，接淅而行；去鲁，曰：'迟迟吾行也！'去父母国之道也。可以速而速，可以久而久，可以处而处，可以仕而仕，孔子也。"

"接"，承也。"淅"，渍米也。"接淅"，是说米已淘浸，将下锅造饭，为了要走，来不及炊，就将米捞了起来，用手承着，立刻动身。"接淅而行"，是极言其动身之快。至于离开鲁国，则说"迟迟吾行"，这是因为鲁是父母之国，不忍即别也。孔子做人，看时局，看环境，随机应付。如去齐，可速即速。去鲁，可久则久。不做官，即可隐处则隐处。做官，即可仕则仕。不像前三人之固执不移也。

孟子曰："伯夷，圣之清者也；伊尹，圣之任者也；柳下惠，圣之和者也；孔子，圣之时者也。孔子之谓集大成。集大成也者，金声而玉振之也。金声也者，始条理也；玉振之也者，终条理也。始条理者，智之事也；终条理者，圣之事也。智，譬则巧也；圣，譬

则力也。由射于百步之外也，其至，尔力也；其中，非尔力也。”

此段与上文是一章。特加“孟子曰”三字者，因上文都是孟子叙述四人的话，以下则是孟子的批评也。集大成者，言集先圣之长以成一己之德也。《尚书》言“箫韶九成”，众乐合奏完成曰“一成”，故下文即以音乐为喻。“金”，镈钟。“声”，发声也。“玉”，特磬。“振”，收也。凡奏乐，先击镈钟以发其声，终击特磬以收其音。“条理”，指众乐合奏之节奏言。言以镈钟始之，以特磬终之也。凡做人，始用修养工夫，是智之事，《中庸》所谓“诚身”必先“明善”也。智者始能“择善”，而“固执”以底于成，则有赖乎毅力，能始终如一，则为圣矣。下文又以射为喻。“由”同“犹”。能射到百步之外，这是“力”；其射中正鹄，则是巧也。“中”，去声。

5.11 北宫锜问曰：“周室班爵禄也，如之何？”孟子曰：“其详，不可得闻也。诸侯恶其害己也，而皆去其籍。然而轲也，尝闻其略也：天子一位，公一位，侯一位，伯一位，子男同一位，凡五等也。君一位，卿一位，大夫一位，上士一位，中士一位，下士一位，凡六等。天子之制，地方千里，公侯皆方百里，伯七十里，子男五十里，凡四等。不能五十里，不达于天子，附于诸侯，曰附庸。天子之卿，受地视侯，大夫受地视伯，元士受地视子男。大国地方百里，君十卿禄，卿禄四大夫，大夫倍上士，上士倍中士，中士倍下士，下士与庶人在官者同禄。禄，足以代其耕也。次国地方七十里，君十卿禄，卿禄三大夫，大夫倍上士，上士倍中士，中士倍下士，下士与庶人在官者同禄。禄足以代其耕也。小国地方五十里，君十卿禄，卿禄二大夫，大夫倍上士，上士倍中士，

中士倍下士，下士与庶人在官者同禄，禄，足以代其耕也。耕者之所获，一夫百亩；百亩之粪，上农夫食九人，上次食八人，中食七人，中次食六人，下食五人，庶人在官者，其禄以是为差。"

北宫，姓，锜，名，卫人。"锜"，鱼倚反。"班"，列也。一说北宫锜问孟子，周代所定的爵位俸禄之制是如何的。"恶"，去声。"籍"，典册也。诸侯强大僭越，皆背周初之制，故恶其有害于己，而毁灭其典籍也。天子、公、侯、伯、子、男，是五等的封爵。君、卿、大夫、上士、中士、下士，是六等的职位。一千方里，一百方里，七十方里，五十方里，是四等的国土。比五十方里更小的国家，不能直达于天子，只能附在诸侯下面，称为"附庸"。"视"者，以此为标准也。大的诸侯，国土一百方里。国君之俸禄，十倍于卿。卿之禄，四倍于大夫。大夫，比上士加倍。上士倍中士，中士倍下士。下士，则与百姓在官办差的人，受一样的俸禄。这种俸禄，适足以代替他耕田的收入。次国是伯爵的国土，小国是子男的国土。算法都可类推。耕田的人，一夫可以受田百亩。"粪"，治田也，加肥种田也，肥料多而力勤者为上农，其所收可供九人之食；以下，则用力不齐，所收能供给的人数也不同，共有五等。庶人在官者，其受禄的多少，也以这个为标准，而有所相差，为五等也。食音嗣，以食养人也。

5.12　万章问曰："敢问友。"孟子曰："不挟长，不挟贵，不挟兄弟而友。友也者，友其德也，不可以有挟也。"

此章记万章问交友之道也。"挟"者，有所挟持而自恃也。"长"，此处读如掌。赵《注》谓"不挟贵"者，不挟恃自己之贵，"不挟兄弟而友"者，不挟恃兄弟之富贵。江永《群经补义》则谓"兄弟”即婚姻，如中张载与程颢、程颐为中表兄弟之类。赵佑《温故录》则谓兄弟为等夷之称，言必其人与己等夷，始友之也。与赵说异，亦均可通。

“孟献子，百乘之家也，有友五人焉：乐正裘、牧仲，其三人，则予忘之矣。献子之与此五人者友也，无献子之家者也。此五人者，亦有献子之家，则不与之友矣。”

孟献子，仲孙蔑也，鲁国之贤大夫。“百乘之家”，大夫之家也。他有朋友五人，孟子只记得乐正裘、牧仲二人的姓名，其余三人，则已忘记。献子对于这五人，完全以友道相待，并不挟恃着自己的家世；而这五人所以肯和献子为友，也是不将献子的家世放在心中的。假使这五人的心中，也有献子是贵族的观念，献子也就不与他们为友了。此言大夫的不挟贵。

“非惟百乘之家为然也，虽小国之君亦有之。费惠公曰：‘吾于子思，则师之矣。吾于颜般，则友之矣，王顺、长息，则事我者也。’”

“费”，音祕，小国名；惠公，费国的君主也。他曾说过，对于有道德学问的子思，则师事之。于次一等的颜般，则友事之。若王顺、长息，道德学问不及自己，就当事我了。此言小国之君的不挟贵。

“非惟小国之君为然也，虽大国之君亦有之。晋平公之于亥唐也，入云则入，坐云则坐，食云则食，虽疏食菜羹，未尝不饱，盖不敢不饱也。然终于此而已矣。弗与共天位也，弗与治天职也，弗与食天禄也，士之尊贤者也，非王公之尊贤也。”

晋平公名彪，悼公子。亥唐，晋之隐士，事见皇甫谧《高士传》。"疏"，粗也；"食"，音嗣。平公对于亥唐，无不听命。亥唐叫他进内则进内，叫他坐则坐，叫他吃则吃，亥唐和他同吃饭，虽然是粗饭和菜羹，也未尝不吃饱，因为他在亥唐的面前不敢不吃饱。然平公之待遇亥唐，终于以此为止。位，职，禄，皆天所授；故位曰天位，职曰天职，禄曰天禄。此三者，平公弗能与亥唐共有也。故平公的交友，是和士人的尊贤一般，不是用王公的身份来尊贤的。此言大国之君的不挟贵。

"舜尚见帝，帝馆甥于贰室，亦飨舜，迭为宾主，是天子而友匹夫也。"

"帝"，尧帝也。"尚"，上也。"舜尚见帝"者，舜上朝去见尧也。"馆"，房舍也。《礼》妻之父曰外舅。舅之相对待者为甥，所以婿可以称甥。"贰室"，副官也。言尧帝请舜，住在副宫里也。时时到舜的地方去吃饭，故曰"亦飨舜"。"迭为宾主"，互相为宾主也。因尧馆舜于贰室，是尧为主，尧亦往舜处吃饭，是又尧为宾了。此言尧以天子而友匹夫，是天子的不挟贵。

"用下敬上，谓之贵贵；用上敬下，谓之尊贤。贵贵尊贤，其义一也。"

以在下位的人，敬重上位的人，叫做"贵贵"；以在上位的人，敬重在下位的人，叫做"尊贤"。贵贵尊贤，皆事理之当然，故曰"其义一也"。当时只知贵贵，不知尊贤，故孟子云然。

5.13　万章问曰："敢问交际何心也？"孟子曰："恭也。"曰："却之却之为不恭，何哉？"曰："尊者赐之，曰：'其所取之者，义乎？不义乎？'而后受之，以是为不恭，故弗却也。"曰："请无以辞却之，以心却之。曰'其取诸民之不义也'，而以他辞无受，不可

乎?"曰:"其交也以道,其接也以礼,斯孔子受之矣。"

"交际"者,指以礼仪币帛相交接而言。"却之",谓人以币帛来,不受之也。"曰其所取之者,义乎不义乎",言长者以物赐我,假使我心里想一想道:他所得来的东西,是合义的还是不合义的也。经过考虑之后,合义的才收它,这样就是不恭敬了。所以不要推却不受。"以辞却之",言不显然用说话来推却;"以心却之",谓只在自己的心里来推却。"曰其取诸民之不义也",即是心中的猜想。知道他送来的是不义之物,另外用一种婉转的言词来推却,这样,难道不可以吗?孟子说:"只要他的交接是以道以礼的,送来的东西,就是孔子也受他了。"

万章曰:"今有御人于国门之外者,其交也以道,其馈也以礼,斯可受御与?"曰:"不可。《康诰》曰:'杀越人于货,闵不畏死,凡民罔不譈。'是不待教而诛者也。殷受夏,周受殷,所不辞也。于今为烈,如之何其受之!"

朱《注》云:"御,止也。止人而杀之,且夺其货也。国门之外,无人之处也。"按:"御",强御也,谓以暴力加人,而夺其货物也。"受御"之"御",则指御人而得之物而言。"与"同"欤"。万章以为苟不问他货物的来历,假使有人在国门之外,抢夺了他人的货物,也用道理来和我交际,用礼貌来馈送我,那么,可收受他这御得之物吗?孟子说不可。乃引《尚书》中《康诰》篇的话来作证。"越",颠越也。"于",取也。"杀越人于货"者,言杀了他的人,取了他的货物。"闵"本作"暋",强也。言闵然不怕死也。"罔",无也。"譈",怨恨也。可以不必教训他,即把他诛戮。"殷受夏……于今为烈"十四字,朱子以为衍文。赵《注》以"不待教"为不待教命,即可讨之;以"不辞"为"不须辞问";以"于今为烈"为于今犹为烈烈明法。按：辞问，即审讯也。此言杀人劫物之盗匪现行犯，可以格杀勿论，不必再加教训，不必加以审问，三代皆然，至战国时犹厉行此种法律也。怎么可以受他抢来的赃物呢？

曰："今之诸侯，取之于民也，犹御也。苟善其礼际矣，斯君子受之，敢问何说也？"曰："子以为有王者作，将比今之诸侯而诛之乎？其教之不改而后诛之乎？夫谓非其有而取之者盗也，充类至义之尽也。孔子之仕于鲁也，鲁人猎较，孔子亦猎较。猎较犹可，而况受其赐乎？"

此万章又问，孟子又答也。"比"，连也。"比而诛之"，犹云一律杀了他们。夫，音扶。言"非其有而取之者盗也"这句话，是就其类而扩充之，推其意而至于尽，极言之耳；非便以为真盗也。故杀人劫货之真盗，则不待教而诛；今之诸侯，则虽有王者起，亦必教之不改而后诛也。朱《注》不详"猎较"。赵氏云："猎较者，田猎相较夺禽兽，得之以祭，时俗所尚以为吉祥。孔子不违而从之，所以小同于世也。"按：古时诸侯将祭则田猎。猎毕，除取供君祭者外，余与士，众习射于射宫。射而中者，虽田猎不得禽，亦可得之，不中者，虽田猎得禽，亦不得也。猎较，则惟于猎毕较其所得之禽之多且异，不复习射矣。及三家僭礼，于其祭时亦行猎较之礼，以夸其祭品之丰富，且多异物矣。曰猎较所获之禽，自互相攫夺，此古礼变坏之一端也。

曰："然则孔子之仕也，非事道与？"曰："事道也。""事道奚猎较也？"曰："孔子先簿正祭器，不以四方之食供簿正。"曰："奚不去也？"曰："为之兆也。兆足以行矣，而不行，而后去，是以未尝有所终三年淹也。"

"与"，今作"欤"。"事道"，以行道为事也。孟子说，孔子所以猎较者，因为孔子仕于衰世，不能立刻尽变一切习俗，所以先立簿书，而正宗庙之祭器；祭器一正，则祭品均有规定，不必以四方的珍食供簿中所规定的正式祭品了；这样，猎较之俗，也就可以渐渐废止了。“奚不去也”者，言孔子如此委曲周全，终于行不通为什么不就走也。“为之兆”者，小试其道，示人以成绩，使人知其道之可行也。兆足以行，而道终不行，于是去之。所以孔子虽没有立刻就走，也没有作三年之久的淹留的。

“孔子有见行可之仕，有际可之仕，有公养之仕。于季桓子，见行可之仕也；于卫灵公，际可之仕也；于卫孝公，公养之仕也。”

此节仍为孟子之言。“见行可”者，见其道之可行也。“际可”者，交际上有礼也。“公养”者，国君能养贤也。季桓子，鲁大夫季孙斯也。孔子在鲁为司寇，正季桓子秉政之时，所以谓之“见行可之仕”。卫灵公尝郊迎孔子，所以谓之“际可之仕”。按《史记》，卫并无孝公，恐即出公辄。辄尝致粟于孔子，所以谓之“公养之仕”。

5.14　孟子曰：“仕非为贫也，而有时乎为贫；娶妻非为养也，而有时乎为养。为贫者，辞尊居卑，辞富居贫。辞尊居卑，辞富居贫，恶乎宜乎？抱关击柝。孔子尝为委吏矣，曰‘会计当而已矣’。尝为乘田矣，曰‘牛羊茁壮长而已矣’。位卑而言高，罪也；立乎人之本朝而道不行，耻也。”

“养”，去声。“恶”，音乌。“朝”，音潮。“长”，上声。做官本为行道，不是为了家贫，但有时候确是为了家贫而谋禄。娶妻本为嗣续，不是为了奉养，但有时候，却也为了奉养而娶妻。如果为贫而做官，当辞尊位而居小官，辞重禄而受薄俸。“抱关”，管城门也。“击柝”,敲更也。极言其位之卑,禄之薄。孟子又引孔子来证明他的话。“委吏”,管仓廪的小吏;“乘田”,主苑囿刍牧的小吏。孔子做委吏的时候说,只要会计不错就罢了。做乘田的时候说,只要牛羊肥壮长大就罢了。因为孔子深知道,位子卑的人而高谈朝政,是有罪的。若位子高了,立在人的朝廷上而其道不能行,也是可羞耻的事情。

5.15 万章曰:“士之不托诸侯,何也?”孟子曰:“不敢也。诸侯失国而后托于诸侯,礼也;士之托于诸侯,非礼也。”万章曰:“君馈之粟,则受之乎?”曰:“受之。”“受之何义也?”曰:“君之于氓也,固周之。”曰:“周之则受,赐之则不受,何也?”曰:“不敢也。”曰:“敢问其不敢,何也?”曰:“抱关击柝者,皆有常职以食于上;无常职而赐于上者,以为不恭也。”曰:“君馈之,则受之,不识可常继乎?”曰:“缪公之于子思也,亟问,亟馈鼎肉。子思不悦,于卒也,摽使者出诸大门之外,北面稽首再拜而不受,曰:‘今而后知君之犬马畜伋。’盖自是台无馈也。悦贤不能举,又不能养也,可谓悦贤乎?”

《孟子》中所用的“士”字,有两种意义:与卿大夫同提及的,例如《北宫锜》章所云,是有位的士;此章所云,则是无位的士,指读书明道而未入仕的人。“托”,寄也,谓若寓公,寄食于所居之国也。失国之君,寄食邻国,叫做“寓公”。士若比于寓公,托于诸侯,则为非礼,故曰“不敢”。“氓”,民也。“周”,赒济也。士虽不得托于诸侯,若所居之国之君以粟馈之,则亦可受;因君之于民,固可以粟米周济之也。“周”是济急,“赐”是不问其贫窘与否而赐予之。周之则受,赐之则不受者,因士有常职,方可食君上之禄，即抱关击柝者，亦有其常职；若无常职而受其赐，则不恭也。孟子复引子思事以答万章可否常继之问。“亟”，音器，屡次也。“鼎肉”，《礼记·少仪注》云：“谓牲体已解，可升于鼎。”卒，终也。“摽”，麾也。“稽首”，叩头也。伋，子思名。“犬马畜伋”，言畜己如犬马也。“台”，亦作“佁”，主使令之贱吏。《左传》昭公七年，言人有十等，王、公、大夫、士、皂、舆、隶、僚、仆、台。言鲁缪公悦子思之贤，而不能举用之，又不能终养之也。

曰：“敢问国君欲养君子，如何斯可谓养矣？”曰：“以君命将之，再拜稽首而受。其后廪人继粟，庖人继肉，不以君命将之。子思以为鼎肉，使己仆仆尔亟拜也，非养君子之道也。尧之于舜也，使其子九男事之，二女女焉，百官牛羊仓廪备，以养舜于畎亩之中，后举而加诸上位。故曰：王公之尊贤者也。”

孟子讥鲁缪公不能养贤，故万章又问：国君要养君子，应当怎样。“将”，送也。言第一次以国君的命令送东西去，君子则再拜叩头而受。以后国君只需叫管谷仓的廪人，继续送米，管庖厨的庖人，继续送肉，不必再用国君的命令送去，以免其拜赐之劳。子思那时的不高兴，是因为缪公时常差人用君命送鼎肉去，使他仆仆不休地屡次下拜，这便不是尊养君子之道。“仆仆尔”，犹仆仆然，烦劳猥顿之貌。此下又引尧帝之待虞舜为例。“二女女焉”，把两个女儿嫁他也。下“女”字去声，作动词用。百官牛羊仓廪，无不完备，以养舜于田亩之间。后来举他起来，登了上位。像这样，才可以说是王公之尊养贤人也。

5.16 万章曰：“敢问不见诸侯，何义也？”孟子曰：“在国，曰市井之臣。在野，曰草莽之臣。皆谓庶人。庶人不传质为臣，不

敢见于诸侯,礼也。"

万章"不见诸侯"之问,与陈代同。而答之较详。两章可以参看。"国",都邑也。"野",乡里田间也。所谓"市井之臣""草莽之臣",都是庶人百姓。"质"同"贽"。这种庶人,不曾执始见时的贽,自通于诸侯,而正式为诸侯之臣,就不敢进见诸侯,这是合乎礼的。

万章曰:"庶人,召之役,则往役。君欲见之,召之,则不往见之,何也?"曰:"往役,义也;往见,不义也。且君之欲见之也,何为也哉?"

万章又道:"君主用命令召庶人充工役,则庶人去做工役。君主平时要见庶人,特地召他,却不去见君主,是何意义呢?"孟子道:"去做工役,是应该的。去见君主,是不应该的。而且君主要召见庶人,究竟为了什么呢?"

曰:"为其多闻也。为其贤也。"曰:"为其多闻也,则天子不召师,而况诸侯乎?为其贤也,则吾未闻欲见贤而召之也。缪公亟见于子思,曰:'古千乘之国以友士,何如?'子思不悦,曰:'古之人有言,曰事之云乎!岂曰友之云乎?'子思之不悦也,岂不曰,'以位,则子君也,我臣也;何敢与君友也?以德,则子事我者也,奚可以与我友?'千乘之君,求与之友而不可得也,而况可召与?齐景公田,招虞人以旌,不至,将杀之。志士不忘在沟壑,勇士不忘丧其元,孔子奚取焉?取非其招不往也。"

万章答孟子道:"君主要见庶人,因为他博学多闻,因为他有贤德。"孟子道:"既是为他多闻,是要请教他了。那么天子尚且不敢召师,何况是诸侯呢?若是为他有贤德,那么,我没有听见过要见贤德的人,而用命令去召他来的。”“亟”音器。从前鲁缪公屡次去见子思,他对子思道:“古时候有千乘国家的君主,而和士人做朋友的,你以为怎样呢?”子思就不喜欢起来。子思的话是说:人君之于贤士,古之人有言,说事他咯!难道说友他吗?“岂不曰”以下,是孟子解释子思的意思。子,指缪公;我,子思自称。由子思之事看来,国君求与贤人,尚且不可得,何况召他呢?“与”同“欤”。下又引齐景公招虞人事,解已见前。

曰:“敢问招虞人,何以?”曰:“以皮冠。庶人以旃,士以旂,大夫以旌。以大夫之招招虞人,虞人死不敢往;以士之招招庶人,庶人岂敢往哉?况乎以不贤人之招招贤人乎!欲见贤人而不以其道,犹欲其入而闭之门也。夫义,路也。礼,门也。惟君子能由是路,出入是门也。《诗》云:‘周道如底,其直如矢,君子所履,小人所视。’”

万章又问,国君招虞人,该用什么东西也。孟子道:“国君招虞人当用皮冠,招庶人当用旃,招士则用旂,招大夫则用旌。当时齐景公以招大夫的旌,去招虞人,虞人死也不敢去的。若以招士的东西去招庶人,庶人岂敢去呢?何况用招不贤人的方法去招贤人呢!国君要见贤人,而不用延见贤人之道,犹之乎要他进房屋里来,却把门关闭起来也。”“夫”,音扶。义,是一条路;礼,是一扇门。只有君子能走这条路,进出这扇门。所引《诗经》,见《小雅·大东》篇。“周道”,通行的大道,“底”同“砥”,音纸,磨东西的石头;“如底”,喻其平也。“矢”,箭也;“如矢”,喻其直也。“履”,践行也。引此《诗》以惟君子能践行此平直之道,喻惟君子能由义之路出入礼之门。

万章曰:“孔子‘君命召,不俟驾而行’,然则孔子非与?”曰:

“孔子当仕有官职，而以其官召之也。”

此万章又问也。“孔子君命召，不俟驾而行”，见《论语·乡党》。今言君召亦不往见，则孔子非与？“与”，同“欤”。孟子答道：“孔子那时候正在做官，有他的职务，鲁君以他的官召之，故不俟驾而行也。”

5.17　孟子谓万章曰：“一乡之善士，斯友一乡之善士。一国之善士，斯友一国之善士。天下之善士，斯友天下之善士。以友天下之善士为未足，又尚论古之人。颂其诗，读其书，不知其人，可乎？是以论其世也。是尚友也。”

此章言自己为如何人，才可以与如何人为友，自一乡推至一国天下，都是一样。友了天下之善士，尚以为不足，又须上论古之人。诵古人之诗，读古人之书，而不知古人的生平行事，岂可乎？所以又要考论他的时代。这样，就是上友古之人了。“尚”同“上”。“颂”同“诵”。

5.18　齐宣王问卿。孟子曰：“王，何卿之问也？”王曰：“卿不同乎？”曰：“不同。有贵戚之卿，有异姓之卿。”王曰：“请问贵戚之卿。”曰：“君有大过则谏，反复之而不听，则易位。”王勃然变乎色。曰“王勿异也。王问臣，臣不敢不以正对。”王色定。然后请问异姓之卿。曰：“君有过则谏，反覆之而不听，则去。”

“问卿”者，问为卿之道，应该怎样也。与国君有亲族关系的，叫“贵戚之卿”。与国君不同姓的，叫“异姓之卿”。贵戚之卿与国君关系密切，国君有大过，反覆地谏他而不听，则将危及国家，故易置其君也。异姓之卿，则与国君关系既疏且无易君之权，故君有过失，则谏，反覆地谏他而仍旧不听，惟有离去这个国而已。“勃然”，变色之貌。

第六　告 子 篇

6.1　告子曰："性，犹杞柳也；义，犹桮棬也。以人性为仁义，犹以杞柳为桮棬。"孟子曰："子能顺杞柳之性而以为桮棬乎？将戕贼杞柳而后以桮棬也！如将戕贼杞柳而以为桮棬，则亦将戕贼人以为仁义与？率天下之人而祸仁义者，必子之言夫！"

“戕”，音墙。“与”，作欤。“夫”，音扶。告子，见《公孙丑》篇注。“杞柳”，是一种落叶灌木，山东、河北等处产生尤多。“桮”，音杯。“棬”，音圈。“桮棬”，是一种屈木所制的器具，有如卮匜之类。告子言人的性质，自然生成，犹如杞柳，也是自然生成的。而义，则有如桮棬，是人工制成的。若要以人性为仁义，有如把杞柳制成桮棬，非加人工不可。告子盖以“善”为由于“人为”，非天性本然，故有此喻。孟子主性善，以仁义为性所固有，而非出于“人为”，故就告子之喻以驳之。“戕贼”，犹言残害。用杞柳制桮棬，须用刀斧劈之、斫之，故曰“将戕贼杞柳，而后以为桮棬”。既不能顺杞柳之性以制成桮棬，而须加以戕贼，则亦将戕贼了人去做仁义吗？率天下的人，以仁义为祸害的，必定是这句话了！

6.2　告子曰："性，犹湍水也。决诸东方则东流，决诸西方则西流。人性之无分于善不善也，犹水之无分于东西也。"孟子曰："水信无分于东西。无分于上下乎？人性之善也，犹水之就下也！人无有不善，水无有不下。今夫水，搏而跃之，可使过颡；

激而行之,可使在山,是岂水之性哉? 其势则然也。人之可使为不善,其性亦犹是也。”

“湍”,他端反。“湍水”,波流潆洄的水也。告子又说:“人的性,犹如湍水,决它向东则东流,决它向西则西流。人性的分不出什么善和不善,犹水之分不出向东或向西也。”孟子道:“水,的确是分不出向东向西的;难道分不出向上向下吗? 人的性是善的,犹水的性是向下流的。所以人性无有不善,水性无有不向下的。水,把它打着,可使它跳起来,高过人的额头;把它壅激起来,可使它反而流到山上去。这难道是水的本性吗? 它是迫于势而这样的。一个人之可使他为不善,也如水的过颡在山一样,被迫而然,并非本性也。”

6.3 告子曰:“生之谓性。”孟子曰:“生之谓性也,犹白之谓白与?”曰:“然。”“白羽之白也,犹白雪之白;白雪之白,犹白玉之白与?”曰:“然。”“然则犬之性,犹牛之性;牛之性,犹人之性与?”

“与”,同“欤”。朱《注》云:“生,指人物之所以知觉运动者而言。”又云:“与近世佛氏所谓‘作用是性’者略相似。”按《白虎通·性情》篇云:“性者,生也。”“性”字从“心”“生”声;以“生”释“性”,亦音训也。“生”,即“生活”“生命”。“生之谓性”,是谓凡有生命的皆有此性,即赵州和尚所谓“狗子亦有佛性”也。故孟子以“生之谓性犹白之谓白与”反问之。盖以凡白色之物皆有谓之白,比凡有生命之物皆有此性也。故告子径应之曰“然”。孟子又询以白羽之“白”,白雪之“白”,白玉之“白”,是否无别。告子又应之曰“然”。犬、牛、人,皆有生命的动物;如告子所言,则犬之“性”、牛之“性”、与人之“性”同矣。知人之性与犬牛之性不同，则“生之谓性”之说自破。孟子之意，以为人之所以异于犬牛者，正以其性之善也。

6.4　告子曰：“食色，性也。仁，内也，非外也；义，外也，非内也。”孟子曰：“何以谓仁内义外也？”曰：“彼长而我长之，非有长于我也；犹彼白而我白之，从其白于外也；故谓之外也。”曰：“异于白马之白也，无以异于白人之白也；不识长马之长也，无以异于长人之长与？且谓长者义乎？长之者义乎？”

饮食男女，人之大欲存焉，故食欲性欲，为人之本能，因谓之性也。仁爱之心亦出于人的本性，从内里发出，故告子以为是“内”非“外”者，宜也。事之宜不宜，似乎在事的本身，故告子以为是“外”非“内”。孟子是主张人性皆善的，仁义都是人性所固有，故反问之曰：“何以谓仁内义外也？”长，上声。“彼长”，彼年长也。“我长之”，我以彼为长也。“彼白”，彼色白也。“我白之”，我以为白也。彼色白而我以为白，“白”不在我；彼长而我长之，“长”亦不在我而在彼，故告子以为是“外”而非“内”。“长长”，即是“义”。告子以此释其“义外”之说也。“曰异于白……”以下，孟子又答也。朱《注》谓“异于”二字为衍文，当删去。“白马之白也，无以异于白人之白也”，是承告子以“白”喻“长”之说而言。赵《注》则“异于白”三字为一句。言“长”与“白”不同也。白马之白，与白人之白同；长马之长，则与长人之长异；故曰“异于白”也。“长马”，以马为老也。以马为老，并无敬此老马之意；“长人”，则有敬长之心；故不同也。且所谓“义”者，不是指他的年长而言，是指“我以为长而尊敬之”之意而言。此则发于我之内心者也。故“义”亦是“内”而非“外”。按：《公孙丑》篇，孟子尝云:“告子未尝知义,以其外之也。”即指此。

曰:“吾弟则爱之,秦人之弟则不爱也,是以我为悦者也,故谓之内。长楚人之长,亦长吾之长,是以长为悦者也,故谓之外也。”曰:“耆秦人之炙,无以异于耆吾炙。夫物则亦有然者也,然则耆炙亦有外与?”

“耆”,音自。“炙”,音只。“夫”,音扶。“与”,作欤。此告子又辩也。爱我之弟而不爱秦人之弟,则爱与不爱,完全以“我”为主,故谓之“内”。此即“仁内”之说。楚国人的长辈,我亦长之敬之;我自己的长辈,我亦长之敬之;则长之与否,完全以“彼”之是否年长为主,故谓之“外”。此即“外义”之说。孟子又以耆炙为喻驳之。“耆”同“嗜”,是喜欢吃的意思。“炙”,是烧好的肉。秦人烧的肉我喜欢吃,我自己烧的肉也喜欢吃;这和告子所说“长楚人之长亦长吾之长”正同。若以此为长长之义是“外”非“内”之证,则此嗜炙之心情亦是“外”非“内”矣。但告子明云“食色性也”;嗜炙,即是“食欲”,决不是在“外”的,是发自内心的。“嗜炙”既是在内的,则“长长”也是在内的了。

按:本篇记告子论性之言,四章相连,而其说不同。第一章,以杞柳桮棬为喻,是疑仁义出于人为的造作也;此与荀子“人之性恶,其善者伪也”之说相近。第二章,以湍水为喻,是疑人性无善不善之分也;此即性可以为善可以为恶之说也。第三章,言“生之谓性”,此即佛氏“作用是性”之旨也。第四章,则又主“仁内义外”之说。曰仁内,则已承认“性善”说矣;但犹以“义”为“外”耳。“仁内义外”之说,见《管子·戒》篇及《墨子·经上》篇。是告子屡问孟子而屡变其旨,盖举所闻当时论性之说,向孟子质疑问难,为请益之辞,非自立一说,以与孟子抗衡也。孟子之不惮烦渎，反复辩证，亦因其问难而启发之，非如距杨墨之言之辞而辟之也。赵岐谓告子是孟子弟子，或亦因此乎？

6.5　孟季子问公都子曰："何以谓义内也？"曰："行吾敬，故谓之内也。""乡人长于伯兄一岁，则谁敬？"曰："敬兄。""酌则谁先？"曰："先酌乡人。""所敬在此，所长在彼，果在外，非由内也。"公都子不能答，以告孟子。孟子曰："敬叔父乎？敬弟乎？彼将曰：'敬叔父。'曰：'弟为尸，则谁敬？'彼将曰：'敬弟。'子曰：'恶在其敬叔父也？'彼将曰：'在位故也。'子亦曰：'在位故也。庸敬在兄，斯须之敬在乡人。'"季子闻之曰："敬叔父则敬，敬弟则敬，果在外，非由内也。"公都子曰："冬日则饮汤，夏日则饮水，然则饮食亦在外也？"

朱《注》疑孟季子即孟仲子之弟。赵氏无注。《疏》则以季任当之。翟灏《考异》谓经文未有"孟"字，赵佑《温故录》亦云非孟子从弟。他听了告子仁内义外之说，也以告子为是，所以问公都子道："何以说义是内的？"公都子答道："因为行我的恭敬，所以说他是内。"孟季子又道："假如一个同乡的人，他大于长兄一岁，则应该敬重哪一个？"公都子道："应该敬长兄。"孟季子道："请他们两人吃酒，先酌哪一个？"公都子道："这应该先酌乡人。"孟季子驳道："所敬的是兄，年长的却是乡人；照此看来，所谓义者，果然是在外而不是在内的了。"公都子听了这话，不能对答，只得去告诉孟子。孟子道："你只问他：'一个人敬叔父呢？还是敬弟呢？'他将说道：'敬叔父。'你再问他：'弟在祭祀时作代表神的尸，那么在弟和叔父之间，你将敬谁呢？'他将说道：'敬弟。'你再问他：'这样，怎么能说敬叔父呢？'他将说道：'为了在尸位的原故。'你也就可以说:'所以敬乡人的原故,也是为了"在位"的缘故。'平时的敬重,是在兄;暂时的敬重,是在乡人。"孟季子听了这句话,又说道:"敬叔父则这样敬,敬弟则那样敬,这样看来,则所谓义者,果然是在外,不是在内的了!"公都子道:"冬日则饮热汤,夏日则饮冷水。照你这样说,则饮食也是在外的了!""恶在"之"恶",音乌,何也。

6.6 公都子曰:"告子曰:'性无善,无不善也。'或曰:'性可以为善,可以为不善。是故文、武兴则民好善,幽、厉兴则民好暴。'或曰:'有性善,有性不善。是故以尧为君而有象,以瞽瞍为父而有舜,以纣为兄之子,且以为君,而有微子启、王子比干。'今曰性善,然则彼皆非与?"

公都子引告子的话道:"一个人的性,无所谓善,亦无所谓不善。"又引或人的话道:"人的性,是可以使他为善,也可以使他为不善的。所以文王、武王兴起来了,则百姓都跟着好善。幽王、厉王兴起来了,则百姓都跟着好暴。"又引另一个或人的话道:"人的性,有生来是善的,也有生来是不善的。故以尧帝为君,而有暴戾的象;以瞽瞍为父,而有纯孝的舜;以纣王为其兄的儿子,而且是人君,而有微子启、王子比干这些善人。"如今说人性是善的,那么,上面诸人所说的话,都不对吗?按:微子是纣王的庶兄,比干才是纣王的叔父。此处并在一处言,是因行文的便利。此顾炎武说,见《日知录》。翟灏《考异》据陆九渊《答周元忠书》:以为微子启与王子比干皆纣父帝乙之弟。《孟子》与《史记》不同,不当因《史记》而疑《孟子》,其说亦可通。"好",去声。"与",同"欤"。

孟子曰："乃若其情，则可以为善矣，乃所谓善也。若夫为不善，非才之罪也。恻隐之心，人皆有之；羞恶之心，人皆有之；恭敬之心，人皆有之；是非之心，人皆有之。恻隐之心，仁也；羞恶之心，义也；恭敬之心，礼也；是非之心，智也。仁义礼智，非由外铄我也，我固有之也，弗思耳矣。故曰，求则得之，舍则失之。或相倍蓰而无算者，不能尽其才者也。"

程瑶田《通艺录》谓"乃若"为转语词；"其情"，谓为不善者之情；恻隐、羞恶、恭敬、是非之心，即情也。为不善者之情，本亦可以为善，此乃我所谓"善"也。若夫成为不善，则非才之罪；"才"，质也，材也。戴震《孟子字义疏证》则谓"情"，犹素也，实也，非性情之情；才，以体质言；性，以本始言。焦氏《正义》则谓人"性"同具神明之德，故"情"可旁通，而可以为善；运旋乎情，使能旁通，以致穷理尽性之功者，则为"才"。才不才，即智愚之别。三说实小异而大同。"铄"，以火销金属也，从外面热进去，故曰外铄。倍是一倍，蓰是五倍，四端为我内心所固有，求则得之，舍则失之，有得有失，以致人的善不善相差一倍或五倍，甚而至于无数倍，都是不能尽其天生的材质之故也。"夫"，音扶。"恶"，去声。"舍"，去声。"蓰"，音徙。

"《诗》云：'天生蒸民，有物有则。民之秉夷，好是懿德。'孔子曰：'为此诗者，其知道乎！'故有物必有则，民之秉夷也，故好是懿德。"

所引《诗经》，见《大雅·烝民》篇。"蒸"，众也，《诗》作"烝"。"物"，事也。"则"，法也。"秉"，执也。"夷"，常也。"好"，去声。"懿"，美也。言天生众民，有事物必有法则，众民所秉的常性，都是喜好懿美的道德的。孟子引此诗，又引孔子之言，并加以说明也。

6.7　孟子曰:"富岁子弟多赖,凶岁子弟多暴。非天之降才尔殊也,其所以陷溺其心者然也。今夫麰麦,播种而耰之,其地同,树之时又同,浡然而生,至于日至之时,皆熟矣。虽有不同,则地有肥硗,雨露之养,人事之不齐也。故凡同类者,举相似也。何独至于人而疑之?圣人与我同类者。故龙子曰:'不知足而为屦,我知其不为蒉也。'屦之相似,天下之足同也。"

"富岁",丰年也。赵岐以"善"训"赖"。朱《注》云:"赖,藉也。丰年衣食饶足,故有所顾藉而为善。"与赵说略异。阮元谓"赖"即"嬾",懈也。言富岁粒米狼戾,民多懈怠。较赵朱二注为长。盖年丰,则生活裕如,故青年子弟多懈嬾;年凶,则生活窘迫,故青年子弟多暴戾。"尔",如此也。言非天生之材质如此不同,所以陷溺其心之环境如此也。"夫",音扶。"麰麦",大麦。凡麦,下种之后,当覆以土,故曰:"播种而耰之。""树",种也。"浡然",犹云蓬蓬勃勃地。"日至之时",当成熟之期也。孔广森、赵佑谓"日至"指夏至,夏至,则麦之迟者亦熟。《管子·轻重》篇亦云:"夏至而麦熟。""肥",沃也;"硗",苦交切,薄也。此以麰麦喻人性,以地之肥硗,雨露人事之不齐,喻后天环境之不同。"屦",麻鞋。"蒉",草器。织屦者虽不知人足之大小,但必似足形,不至做成蒉的形状;因为天下之足,形状是同的。

"口之于味,有同耆也。易牙,先得我口之所耆者也。如使口之于味也,其性与人殊,若犬马之与我不同类也,则天下何耆皆从易牙之于味也?至于味,天下期于易牙,是天下之口相似也。惟耳亦然。至于声,天下期于师旷,是天下之耳相似也。惟目亦然。至于子都,天下莫不知其姣也。不知子都之姣者,无目者也。故曰:口之于味也,有同耆焉;耳之于声也,有同听焉;目

之于色也，有同美焉。至于心，独无所同然乎？心之所同然者，何也？谓理也，义也。圣人先得我心之所同然耳。故理义之悦我心，犹刍豢之悦我口。”

“耆”，同嗜。易牙，春秋时齐桓公之饔人，最善烹调，名巫，字易牙。师旷，晋平公乐师，善音乐。子都，古之美貌者。《诗·郑风·山有扶苏》云：“不见子都，乃见狂且。”按：《左传》隐十一年杜预注云：“子都，郑大夫公孙阏。”“姣”，美也。同然者，皆以为是者也。牛羊食草，草即刍，所以即称牛羊为刍；犬豕食谷，豢饲于人，所以即称犬豕为豢。此刍豢，指牛羊犬豕之肉。此章以理义为人心之所同然，明人性之皆善。

6.8　孟子曰：“牛山之木尝美矣。以其郊于大国也，斧斤伐之，可以为美乎？是其日夜之所息，雨露之所润，非无萌蘖之生焉；牛羊又从而牧之，是以若彼濯濯也。人见其濯濯也，以为未尝有材焉，此岂山之性也哉？”

牛山，齐国城外的一座大山。它的树木，本来是极其盛美的。因为它在大国的近郊，人人拿斧头去砍伐它，可以保全它的盛美么？“甚”，滋生也。日日夜夜之所生息，雨露之所滋润，不是没有萌芽生出来；无奈牧童又把牛羊驱上去嚼吃，去践踏，所以一座草木盛美的山，弄得一无所有了。人们见它一些没有草木，就以为这座山未尝有过材木，这个，岂是这座山的本性吗？“萌”，芽也；“蘖”，芽之旁出者也。“濯濯”，光洁之貌。

“虽存乎人者，岂无仁义之心哉？其所以放其良心者，亦犹斧斤之于木也。旦旦而伐之，可以为美乎？其日夜之所息，平旦之气，其好恶与人相近也者几希；则其旦昼之所为，有梏

亡之矣。梏之反覆，则其夜气不足以存；夜气不足以存，则其违禽兽不远矣。人见其禽兽也，而以为未尝有才焉者，是岂人之情也哉？”

上节说山，实是以山比人，此节就说到人了。存乎人心的仁义，也是和山上固有的草木一样。仁义之心，就是人的良心。人们之所以放失其良心，亦犹斧头的伐木一样，一天一天地把树木砍伐，怎么还能够盛美呢？不过良心，仍时有滋息，也如牛山，日日夜夜地生息草木。当天初明时，神气清明，良心时一发现，这叫做“平旦之气”。他心中的所好或所恶，与一般人只有几希相近者，因为他白天里所作所为，又将他的良心扰乱（梏）了，亡失了也。反反覆覆地搅乱，所以弄到后来，良心发现的夜气，也一些不足以保存；夜气一些都不存在，那么他和禽兽的相去也不远了。人家见他是与禽兽一样了，便以为他未尝有可以为善的材质，这岂是人的实情吗？“平旦”，平明，天初晓的时候。“好”，“恶”，皆去声。“有”，同“又”。“梏”，同“捁”，搅也。“情”，诚也，实也。

“故苟得其养，无物不长；苟失其养，无物不消。孔子曰：‘操则存，舍则亡。出入无时，莫知其乡。’惟心之谓与？”

此是上两节的总结。言良心与草木，得其养，则长；失其养，则消也。下又引孔子的话来作证。“操”，持也；操持之，即得其养。“舍”，舍弃之，即失其养。操则存，即“求则得之”；舍则亡，即“舍则失之”。入，谓心存于内而不亡失；出，谓心放于外而不知求。出入无时，故所以操之求之者，无刻之可懈；少懈，则放心难求，而莫知其所向矣。“乡”，同“向”。“与”，同“欤”。此章言人之所以不善，由于不知操持，而放失梏亡其良心。

6.9 孟子曰:"无或乎王之不智也。虽有天下易生之物也,一日暴之,十日寒之,未有能生者也。吾见亦罕矣。吾退而寒之者至矣,吾如有萌焉何哉? 今夫弈之为数,小数也;不专心致志,则不得也。弈秋,通国之善弈者也。使弈秋诲二人弈,其一人专心致志,惟弈秋之为听。一人虽听之,一心以为有鸿鹄将至,思援弓缴而射之,虽与之俱学,弗若之矣。为是其智弗若与? 曰:非然也。"

"或",同"惑"。"暴",作"曝"。"王",疑指齐宣王。大概那时有人怪王不智,而孟子又不帮他的忙,所以孟子说这一番话。凡物之生长,皆需要日光暖气。所以即使天下最易生长的东西,在太阳下晒了一日,就要使它冷十日,当然是不会生长的了。意思是以晒太阳比喻人君近贤人。"吾见亦罕矣"者,孟子自言见王甚少也。"我退而寒之者至矣"者,言我退而王又与小人接近也。则虽有善心之萌,吾亦无如之何矣。"弈",就是着围棋。弈秋是古时一个最能着围棋的人,名秋。"数",术也。着棋,本来是一件小技艺,可是若不专心致志,就得不到著法的诀窍。假定使弈秋去教诲两个人学棋。其中一人,专心致志,只听弈秋的话。其他一人,虽然也听着弈秋的话,心里却以为有一只鸿鹄将要飞来了,想拿了弓,将绳系了箭(缴)去射鸿鹄,心思一分,学棋的成绩,必定不及专心致志那一个人了。难道因为他的聪明不及那一人吗? 这当然可以说不是的。"今夫"之"夫",音扶。"缴",音灼,以绳系矢而射也。"射",入声,食亦反。"弗若与"之"与",同"欤"。

6.10 孟子曰:"鱼,我所欲也。熊掌,亦我所欲也。二者不

可得兼，舍鱼而取熊掌者也。生，亦我所欲也。义，亦我所欲也。二者不可得兼，舍生而取义者也。生亦我所欲，所欲有甚于生者，故不为苟得也。死亦我所恶，所恶有甚于死者，故患有所不辟也。"

"舍"，弃也。此以鱼与熊掌喻生与义，明虽同为我之所欲，但如得生而有害于义，宁舍生而取义也。所欲之甚于生者，即指"义"。不为苟得，不苟得生也。所恶之甚于死者，即指"不义"。不避患，言虽死亦所不避也。"恶"，去声。"辟"，同"避"。

"如使人之所欲，莫甚于生，则凡可以得生者，何不用也？使人之所恶，莫甚于死者，则凡可以辟患者，何不为也？由是则生而有不用也，由是则可以辟患而有不为也。是故所欲有甚于生者，所恶有甚于死者，非独贤者有是心也。人皆有之，贤者能勿丧耳。"

此节承上节而言。以"由是则生而有不用"，"由是则可以辟患而有不为"为据，以明人之所欲有甚于生，所恶有甚于死；且不独贤者有此心，人人皆有此心，不过贤者能勿丧失而已。"丧"，去声。

"一箪食，一豆羹，得之则生，弗得则死。嘑尔而与之，行道之人弗受；蹴尔而与之，乞人不屑也。万钟，则不辨礼义而受之。万钟于我何加焉？为宫室之美，妻妾之奉，所识穷乏者得我与？乡为身死而不受，今为宫室之美为之；乡为身死而不受，今为妻妾之奉为之；乡为身死而不受，今为所识穷乏者得我而为之：是亦不可以已乎？此之谓失其本心。"

"食"，音嗣。"嘑"，今作"呼"。"蹴"，音促，以足踢之也。

"与",同"欤"。"乡",作"向"。"为",去声。"一箪食",一筲箕的饭;"一豆羹",一木碗的羹。饥饿的人对于这些儿东西,是得之则生,弗得则死的。假使拿着这饭这羹,大声呼叱:"来吃这些东西罢!"这样,就是路过的陌生人,也是弗愿意领受的。假使更进一步,把这些东西放在地下,蹬着脚,表示给他吃,就是叫化子,也不屑意领受了。可见人皆有羞恶之心,宁可饿死,不肯受辱。这一段是证明上文所谓"所欲有甚于生,所恶有甚于死"的心,是人皆有之的。但是万钟的厚禄,则世人往往不辨礼义而受之。万钟之禄虽厚,于我有什么益处呢?为了所住的房屋的华美,三妻四妾的奉事,我所素识的穷乏朋友,可以得我些恩惠吗?从前情愿忍着冻饿,不肯为免死而受人的箪食豆羹,现在则为了房屋的华美,妻妾的奉事,所识的穷乏朋友可以得我些恩惠,而竟受万钟之禄。这不是可以罢休的事吗?这个,可以说是失了他的本心了。

6.11　孟子曰:"仁,人心也。义,人路也。舍其路而弗由,放其心而不知求,哀哉!人有鸡犬放,则知求之;有放心,而不知求。学问之道无他,求其放心而已矣!"

仁,是人人固有的爱人之心,故曰"人心也"。义,是应该做的事,是人人应该走的大路,故曰"人路也"。"由",从也。舍其路而弗由,谓弃义也。放其心而不知求,谓弃仁也。人有鸡犬放到外面去,则晓得去求它们回来,放了心出去,倒不晓得去求它回来。所以学问之道,没有其他的方法,只要把放心求回来就好了!

6.12　孟子曰:"今有无名之指,屈而不信,非疾痛害事也。

如有能信之者，则不远秦、楚之路，为指之不若人也。指不若人，则知恶之；心不若人，则不知恶，此之谓不知类也。”

“信”，今作伸。“恶”，音污。无名指，左右手第四指也。无名指弯曲着不会伸直，既没有病痛，也不碍于做事。可是如果有人能把这无名指伸直的，那么这个人一定会不怕秦国楚国的远路，而去求治的。这是为了无名指的不如人咯。为了一个手指不如人，心里便很厌恶；自己的心不如人，则不知道厌恶。这个就可以叫做“不知类”，“不知类”就是不知轻重之别。

6.13　孟子曰：“拱把之桐梓，人苟欲生之，皆知所以养之者。至于身，而不知所以养之者，岂爱身不若桐梓哉？弗思甚也。”

两只手围拢来叫做“拱”，一只手握拢来叫做“把”。一拱一把大的桐树梓树，人们苟要它长大起来，都晓得所以培养它的方法。只有自己的身子，倒勿晓得培养他的道理。难道是爱身子不及爱桐梓吗？实在是太不思想了。

6.14　孟子曰：“人之于身也，兼所爱；兼所爱，则兼所养也。无尺寸之肤不爱焉，则无尺寸之肤不养也。所以考其善不善者，岂有他哉？于己取之而已矣。体有贵贱，有小大。无以小害大，无以贱害贵。养其小者为小人，养其大者为大人。今有场师，舍其梧槚，养其樲棘，则为贱场师焉。养其一指，而失其肩背而不知也，则为狼疾人也。饮食之人，则人贱之矣，为其养小以失大也。饮食之人无有失也，则口腹岂适为尺寸之肤哉？”

此言人于自己的一身，无有尺寸的体肤是不爱的，所以也无有尺寸的体肤是不养的。考察一个人所养的善不善，没有其他的法子，只有反求诸己罢了。人体，也有贵贱小大的分别，如心脑，为一体中之贵者大者；口腹，则为贱者小者。人既爱养其身体，不可只爱养其贱者小者，以害其贵者大者。若只养其小者，则将自己养成小人；养其大者，方能把自己养成大人。“场师”，管理场圃之师。“梧”，梧桐；“槚”，梓树，是有用的大木；“樲棘”，是一种小枣树，无材料可取的。假使有个场师，对于树木，舍弃梧槚有用之树，而培养小枣无用之树，则为下贱的场师了。假使一个人对于自己的身体，只养了一指，失了肩背，而自己尚不知道，这样，就成为狼疾的人了。只知饮食专顾口腹的人，大家都看轻他，因为他养了小的而失了大的了。如果养小而不失大，喜欢饮食的人，于心脑的修养并不忘记，那么口腹本来也是重要的，岂但是尺寸之肤而已。按：朱《注》云：“狼善顾，疾则不能，故以为失肩背之喻。”赵氏则训“狼疾”为“狼藉”。狼藉，纷乱也。“养其一指，失其肩背”，似即用上章“无名之指屈而不伸”之喻。盖一指之屈而不伸，病根在于肩背。今只知医养一指，而反失其肩背，则此人为昏乱不知轻重之人也。故赵氏云：“此为狼藉乱不知治疾之人也。”“适”“啻”古通。《国策·秦策》，“疑臣者不适之人。”亦以“适”为“啻”。啻，但也。

6.15　公都子问曰：“钧是人也，或为大人，或为小人，何也？”孟子曰：“从其大体为大人，从其小体为小人。”曰：“钧是人也，或从其大体，或从其小体，何也？”曰：“耳目之官，不思而蔽于物，物交物，则引之而已矣。心之官则思，思则得之，不思则不得也。此天之所与我者，先立乎其大者，则其小者不能夺也。此为大人而已矣。”

“钧”，今作“均”。“大体”，心也。“小体”，耳目口腹之类。“官”，犹今云“器官”。人身上耳目，这些器官，是不会思想的，易为外物所蔽的，所以也只能算是物。以此物与外来之事物相接，自然被外来之事物引去了。只有心这器官，是能思想的；但须能思想，则能得其理；不思想，也不能得其理。耳目与心，都是天之所给与我的。我只要先把大的心立定了，则小的耳目，就不能夺心的主宰之权。这样就是大人物了！“此天”之“此”，按赵《注》当作“比”。今从朱《注》作“此”。

6.16　孟子曰：“有天爵者，有人爵者。仁义忠信，乐善不倦，此天爵也。公卿大夫，此人爵也。古之人，修其天爵而人爵从之。今之人，修其天爵以要人爵；既得人爵而弃其天爵，则惑之甚者也，终亦必亡而已矣。”

“乐”，音洛。仁义忠信，乐善不倦，自然为人所尊，叫做“天爵”。由人给予的官职，如公卿大夫，叫做“人爵”。“人爵从之”者，不待求之而自至也。“要”，音邀，求也。言现今的人，修养道德的目的只在要求做官，等到做了官，就把道德丢掉了；这样做人，真是糊涂透顶。终必并其所得之人爵而亡失之也。

6.17　孟子曰：“欲贵者，人之同心也。人人有贵于己者，弗思耳！人之所贵者，非良贵也；赵孟之所贵，赵孟能贱之。《诗》云：‘既醉以酒，既饱以德。’言饱乎仁义也，所以不愿人之膏粱之味也。令闻广誉施于身，所以不愿人之文绣也。”

“闻”，去声。“人人有贵于己者”，即天爵也。“良”犹“良知良能”之良。言别人所给的贵，不是真正本来的贵也。晋卿赵文子名武，赵简子名鞅，赵襄子名无恤，皆称赵孟。焦氏《正义》引吴斗南云："赵盾字孟，故其子孙皆称赵孟。"赵孟，是晋国有势力的贵族；他能给人做官，使之贵，也能夺人的官，使之贱。所引《诗经》，见《大雅·既醉》篇。"膏"，肉之肥者；"粱"，米之精者。"令闻"，美名。"广誉"，大名。"文绣"，华美的衣服。言仁义胜于膏粱之味，令名胜于文绣之美。

6.18　孟子曰："仁之胜不仁也，犹水胜火。今之为仁者，犹以一杯水，救一车薪之火也。不熄，则谓之水不胜火。此又与于不仁之甚者也，亦终必亡而已矣。"

此以水必灭火喻仁必胜不仁。但一杯之水，则不能灭一车柴薪之火，水少而火大也。今之为仁者，为之不力；其所谓"仁"者，亦仅如一杯之水而已，故不能胜不仁。但不当因此而谓仁不能胜不仁也。朱《注》云："与，犹助也。""与于不仁之甚者"，谓"有以深助于不仁者也"。孟子之意，盖言此种仁不胜不仁之言，适足助长不仁；犹本篇首章所谓"率天下之人而祸仁义者必子之言"也。焦氏《正义》引《仪礼·士昏礼记》注云："与，犹兼也。"又引《广雅·释诂》云："兼，同也。""此又与于不仁之甚者也"，即"此又同于不仁之甚者也"。其说亦通。"亡"，朱如字读，故曰："终必并其所为而亡之。"赵《注》云："亡，无也。终亦必无仁矣。"

6.19　孟子曰："五谷者，种之美者也。苟为不熟，不如荑稗。夫仁亦在乎熟之而已矣。"

"荑"，音蹄。"稗"，音蒲卖反。荑稗，像五谷的二种野草，其实亦可食。言五谷虽然是美种，然必须成熟，乃有益于人。倘若不成熟，反不如野草之成熟者尚有用处也。所以为仁，必须成熟方好，不可功亏一篑。“夫”，音扶。

6.20　孟子曰：“羿之教人射，必志于彀；学者亦必志于彀。大匠诲人，必以规矩；学者亦必以规矩。”

“羿”，古时善于射箭的人。“彀”者，弓开满也。言羿教人射箭，必须专心致志，把弓开满了再射；学的人亦然。大匠教人制器，必须要用制圆的规，制方的矩；学的人亦然。此以喻教人及为学。

6.21　任人有问屋庐子曰：“礼与食孰重？”曰：“礼重。”“色与礼孰重？”曰：“礼重。”曰：“以礼食，则饥而死；不以礼食，则得食，必以礼乎？亲迎，则不得妻；不亲迎，则得妻，必亲迎乎？”屋庐子不能对，明日之邹，以告孟子。孟子曰：“于答是也何有？不揣其本，而齐其末，方寸之木，可使高于岑楼。金重于羽者，岂谓一钩金，与一舆羽之谓哉？取食之重者，与礼之轻者而比之，奚翅食重？取色之重者，与礼之轻者而比之，奚翅色重？”

“任”，国名。“任人”者，一个任国的人。屋庐子，名连，孟子弟子。屋庐子既以礼重于食于色为答，任人又驳道：“假使一个人按礼而吃饭，则必饥饿而死；若不按礼而吃饭，就有饭吃；在这生死关头，难道一定要按礼而食吗？古时娶妻，以新郎须往女家行亲迎之礼。假使一个人想按礼亲迎，就不能得妻；不按礼亲迎，倒可以得妻；难道一定要行亲迎的礼吗？”屋庐子不能对答，第二日到邹国，便将这话请教孟子。“于答是也何有”与《论语》“于从政乎何有”为同一句法，言对答这句话，有什么难呢？赵

《注》云:“岑楼,山之锐岭者。”按《尔雅》:“山小而高,岑。”“楼”同“塿”。培塿,邱山也。朱《注》云:“岑楼,楼之高锐似山者。”方寸之木,其高亦仅一寸。如不揣其本使其下相平,而徒齐其在上之末则置方寸之木于岑楼之上,亦可使高于岑楼也。“钩”,带钩。金重于羽,物理之当然。若以一带钩之金与一舆之羽相比,则羽重于金矣。“翅”,“啻”,古通。奚翅,犹云“何但”。不得食则死,是食之重者;男女居室,人之大伦,则娶妻为色之重者。食时之礼与新迎之礼,乃礼之轻者也。二者相比,何但食重色重而已,言其相去悬绝也。

“往应之曰:‘紾兄之臂而夺之食,则得食;不紾,则不得食,则将紾之乎?逾东家墙而搂其处子,则得妻;不搂,则不得妻,则将搂之乎?’”

“往应之曰”以下,是孟子教屋庐子回答任人的说法。“紾”,音轸,扭转也。言扭转了兄的臂膀,把兄手里的食物,夺了来自己吃,这样,才能得食;否则就不得食;那么就扭转兄的臂膀去夺食吗?“逾”,越过去也。“东家墙”,东边人家的墙壁也。“搂”,强力抱住也。“处子”,即处女。言跳过东边人家的墙上,用强力去抱牢他家的处女,如此,就可以得妻;不这样,就不能得妻;那么就去强抱她吗?夺食而紾兄臂,逾墙而搂处子,背礼极矣。故以与得食得妻较,礼就重得多了。

6.22　曹交问曰:“人皆可以为尧、舜,有诸?”孟子曰:“然。”“交闻文王十尺,汤九尺,今交九尺四寸以长,食粟而已,如何则可?”曰:“奚有于是?亦为之而已矣。有人于此,力不能胜一匹雏,则为无力人矣。今日举百钧,则为有力人矣。然则举乌获之

任，是亦为乌获而已矣。夫人岂以不胜为患哉？弗为耳。”

曹交，曹国君主之弟，名交。“有诸”，即“有之乎”。“食粟而已”，言只能吃饭，没有别的才德也。“奚有于是”，即“于此何有”，言“这有什么呢？”“亦为之而已矣”者，言要做尧舜那样的人，只要去做就好了！胜，平声。朱《注》云：“匹字本作鴄，鸭也，省作匹。《礼记》说匹为鹜是也。”按：《礼记》说见《曲礼》注。则“匹”字当音木，匹雏，小鸭也。赵《注》以“小雏”释“匹雏”。按：《方言》：“尐，小也。”音节。“尐”误作“疋”，又误作“匹”耳。王念孙《广雅疏证》谓“尐”同“鸐”。《玉篇》：“鸐，小鸡也。”是赵以匹雏为小鸡。一钧，三十斤。百钧，三千斤也。乌获，古之力士，《史记·秦本纪》。举乌获之任，言乌获之力所能任者，亦能举之也。按：此章与首篇《齐桓晋文之事》章以“为长者折枝”喻“不为”，以“挟太山超北海”喻“不能”同，盖以“胜一匹雏”喻“不为”，以“举百钧”喻“不能”。“力不能胜一匹雏”者，自谓不能胜，非真不能胜也。“曰举百钧”者，自谓能举百钧，未必果能举也。故必能举乌获之任，始可为乌获；此不可强而致者也。若夫尧舜则人皆可为，而所以为之之道，不外孝弟；如尚自谓不能，则犹自谓“力不能胜一匹雏”，不为耳，非不能也。“夫”，音扶。

“徐行后长者谓之弟，疾行先长者谓之不弟。夫徐行者，岂人所不能哉？所不为也。尧、舜之道，孝弟而已矣。子服尧之服，诵尧之言，行尧之行，是尧而已矣。子服桀之服，诵桀之言，行桀之行，是桀而已矣。”

“徐”，慢也；“疾”，快也。“弟”，今作“悌”。“夫”，音扶，下同。“之行”之“行”，去声，行为也。此言做人的道理，从孝悌做起。孝悌之事，并没有难处。故为尧为桀，在乎人之自择而已。

曰："交得见于邹君，可以假馆，愿留而受业于门。"曰："夫道，若大路然，岂难知哉？人病不求耳。子归而求之，有余师。"

曹交听了孟子的说话，大为佩服，因此说，要去见邹国的君主，他若肯借一间馆屋，情愿留在这里做个弟子也。孟子答道："做人的道理，如大路一样。并没有什么难知的。一个人只患不肯自己去探求罢了。你回去求之于事亲敬长之间，则仁义礼智，本为吾心所固有，随处发见，无不可师，不必住在这里也。"

6.23　公孙丑问曰："高子曰：'《小弁》，小人之诗也。'"孟子曰："何以言之？"曰："怨。"曰："固哉，高叟之为诗也！有人于此，越人关弓而射之，则己谈笑而道之，无他，疏之也。其兄关弓而射之，则己垂涕泣而道之，无他，戚之也。《小弁》之怨，亲亲也；亲亲，仁也。固矣夫，高叟之为诗也！"

赵朱并云："高子，齐人。"按：高子，亦见前《公孙丑·尹士》章及后《尽心·追蠡》章。《尹士》章赵《注》以为齐人，孟子弟子。此章孟子以"叟"称之，疑非弟子，或各为一人。"为诗"，治诗也。《小弁》，是《诗经·小雅》里的一篇诗名。"弁"，音盘。《诗》小《序》及《毛传》以为作者是周幽王太子宜臼（即平王）的先生。因为幽王得了褒姒，黜申后废太子宜臼，所以作此诗以叙其哀痛迫切之情。朱《注》从此说。赵《注》则以为伯奇之诗。伯奇，尹吉甫之子。伯奇母死，吉甫娶后妻，生伯邦。信后妻之谗，逐伯奇。伯奇以荷叶为衣，楟花为食，清晨履霜而行，自伤见逐，作《履霜操》。事见《琴操》。按下云，"《小弁》，亲之过大者"，似以从《毛诗》说为长。"固"，陋也，固执而不逊也。"关"，同"弯"。"射"，音食亦反。"道"，说也。"戚"，亲也，疏之反。"夫"，音扶。其兄弯弓射人，弟与兄有密切关系，故垂涕泣而道之。这是比喻。幽王宠褒姒，废申后及宜臼，势将危及国家，故《小弁》之诗，陈其哀怨之情。此正是亲亲之仁。这是孟子正意。

曰："《凯风》何以不怨？"曰："《凯风》，亲之过小者也；《小弁》，亲之过大者也。亲之过大而不怨，是愈疏也；亲之过小而怨，是不可矶也。愈疏，不孝也；不可矶，亦不孝也。孔子曰：'舜其至孝矣，五十而慕！'"

《凯风》，《诗经》里《邶风》中的一篇诗名。朱《注》云："卫有七子之母，不能安其室，七子作此以自责也。"此采郑玄《笺》说。焦氏《正义》据《诗序》言"孝子能尽其孝道以慰其母心而成其志"，孔颖达《疏》有"母遂不嫁"之说，谓七子之母仅有欲嫁之心，后为七子所感，而不复嫁，故孟子以为过之小者。"愈"，益也。"矶"，激也。言亲仅有小过，微激之而遽怒也。末引孔子舜五十而慕之言，明舜犹怨慕，则《小弁》之怨，不为不孝矣。

6.24　宋牼将之楚，孟子遇于石丘。曰："先生将何之？"曰："吾闻秦、楚构兵，我将见楚王说而罢之。楚王不悦，我将见秦王说而罢之。二王，我将有所遇焉。"

宋牼，姓宋名牼。即《庄子·天下》篇、《荀子·非十二子》篇之宋钘。"牼"，音铿。"之"，往也。石丘，地名。"构兵"，交战也。"说"，音税。言将先见楚王，说之罢战；如楚王不悦，将再见秦王，说之罢战也。"遇"，合也。

曰："轲也，请无问其详，愿闻其指：说之将何如？"曰："我将言其不利也。"曰："先生之志则大矣，先生之号则不可。先生以利说秦、楚之王，秦、楚之王悦于利，以罢三军之师，是三军之士

乐罢而悦于利也。为人臣者,怀利以事其君;为人子者,怀利以事其父;为人弟者,怀利以事其兄。是君臣、父子、兄弟终去仁义,怀利以相接,然而不亡者,未之有也。先生以仁义说秦、楚之王,秦、楚之王悦于仁义,而罢三军之师,是三军之士乐罢而悦于仁义也。为人臣者,怀仁义以事其君;为人子者,怀仁义以事其父;为人弟者,怀仁义以事其兄。是君臣、父子、兄弟去利,怀仁义以相接也。然而不王者,未之有也。何必曰利!”

“指”,大指。问宋牼说秦楚罢兵,大指如何也。“号”,用以号召之主张名义也。“乐”,音洛。“王”,去声。此论说秦楚罢兵,不当以“利”为号,而当以“仁义”。以“利”为主,未有不亡;以仁义为主,未有不王。与首篇第一章告梁惠王之旨相同。

6.25　孟子居邹,季任为任处守,以币交,受之而不报。处于平陆,储子为相,以币交,受之而不报。他日由邹之任,见季子;由平陆之齐,不见储子。屋庐子喜曰:“连得间矣。”问曰:“夫子之任见季子,之齐不见储子,为其为相与?”曰:“非也。《书》曰:‘享多仪,仪不及物曰不享,惟不役志于享。’为其不成享也。”屋庐子悦。或问之。屋庐子曰:“季子不得之邹,储子得之平陆。”

季任,任君之弟。“任”,小国,风姓。焦氏《正义》据《春秋》称蔡君之弟为蔡季,纪君之弟为纪季,谓此当作任季,传写误倒。储子,齐相也。“处”,上声。“处守”,留守也。孟子住在邹国的时候,任君往邻国朝会,季任为留守,以币帛来交结孟子,孟子受了他的币帛,不去答他。孟子住在平陆的时候,储子时为齐相,也以币帛来交结孟子,孟子也受了不去报他。后来孟子从邹到任，去见季子。又一次，从平陆到齐，却不去见储子。屋庐子见了这情形，喜得乘间去问他一见一不见的道理也。“为其为相与”，上“为”字去声。“与”，同“欤”。言因为储子为相的缘故吗?孟子道：“不是的。”“享多仪，仪不及物曰不享，惟不役志于享”，见《书经·洛诰》之篇。“享”，献也。“多”，动词，重也。“仪”，礼也。“物”，指币帛。“役”，用也。言献享以礼仪为重；礼薄而币多，便是“仪不及物”，叫做“不享”；以其不用志于享故也。“为其不成享也”，是孟子解释《书经》的话。屋庐子听见了这道理很喜悦。别人却还不懂，因此有人来问屋庐子。屋庐子道：“季子不得之邹，储子得之平陆。”因季子为君居守，不得往他国见孟子，则以币交而礼意已备。储子为齐相，可以至齐之境内，而不来见，则虽以币交，而礼意不及其物也。所以孟子到任去见季子，到齐却不去见储子也。

6.26　淳于髡曰：“先名实者，为人也。后名实者，自为也。夫子在三卿之中，名实未加于上下而去之，仁者固如此乎?”孟子曰：“居下位，不以贤事不肖者，伯夷也；五就汤，五就桀者，伊尹也；不恶污君，不辞小官者，柳下惠也。三子者不同道，其趋一也。一者何也? 曰，仁也。君子亦仁而已矣，何必同?”

“名”，指道德之令名。“实”，指治国惠民之事功。言以令名事功为先者，志在兼善，故曰“为人”，以令名事功为后者，志在独善，故曰“为己”。“为”，去声。夫子，称孟子。在三卿之中，言为卿于齐也。名实未加于上下者，言未能上匡其君，下泽其民也。仁者志在救人，故以为不当如此，言未可遽去也。伯夷，伊尹，柳下惠，已见前。伊尹五就汤，五就桀，亦见《鬼谷子·忤合》篇。

伊尹之五就桀，盖汤进之，欲桀用之。五就而不见用，乃佐汤以伐桀也。“恶”，去声。“趋”，去声。言其旨趣则一，仁而已矣。

曰：“鲁缪公之时，公仪子为政，子柳、子思为臣，鲁之削也滋甚，若是乎贤者之无益于国也？”曰：“虞不用百里奚而亡，秦穆公用之而霸。不用贤则亡，削，何可得与！”

“与”，作欤。公仪子名休，鲁缪公之相。子柳就是泄柳。“削”，国境被侵夺也。髡此问，意在讥孟子。故孟子引虞国因不用百里奚而亡，秦穆公用了他而霸，不用贤人，就要亡国，并削亦不可得以答之。

曰：“昔者王豹处于淇，而河西善讴；绵驹处于高唐，而齐右善歌；华周、杞梁之妻善哭其夫，而变国俗。有诸内，必形诸外。为其事而无其功者，髡未尝睹之也。是故无贤者也，有则髡必识之。”曰：“孔子为鲁司寇，不用。从而祭，燔肉不至。不税冕而行。不知者以为为肉也。其知者以为为无礼也。乃孔子则欲以微罪行，不欲为苟去。君子之所为，众人固不识也。”

王豹，卫国人。“淇”，水名。“讴”，歌唱也。“河西”，指卫。绵驹，齐国人。高唐，地名，在今山东禹城县西南。“齐右”，齐国西边的地方。华周名还，杞梁名殖，皆齐国的大夫，庄公伐莒时，二人同时战死。事见《左传》襄公二十三年及《列女传》。髡举此三事以明苟有所长，必能移风易俗，所谓“有诸内必形诸外”也。此直讥孟子仕齐无功，不足称贤者矣。孟子又引孔子去鲁事以答之。“燔”，炙也。“燔肉”，谓胙肉。据《史记》，鲁君受齐女乐，三日不朝。及郊，又不以胙肉分给大夫，孔子乃去。“税”，同“脱”。“冕”，与祭时所戴礼冠。“不脱冕而行”，极言其去之速，非真戴冕而去也。“为肉”“为无礼”，二“为”字皆去声。言在不知孔子者，以为孔子为不得肉而去；即在知孔子者，亦以孔子为无礼而去；不知孔子的真意，不欲彰鲁君之过，又不欲无故而苟去，故借此微罪而行。则君子之所为，庸众人固不识之。此句针对淳于髡"髡必识之"语而发。

6.27　孟子曰："五霸者，三王之罪人也；今之诸侯，五霸之罪人也；今之大夫，今之诸侯之罪人也。天子适诸侯曰巡狩，诸侯朝于天子曰述职。春省耕而补不足，秋省敛而助不给。入其疆，土地辟，田野治，养老尊贤，俊杰在位，则有庆，庆以地。入其疆，土地荒芜，遗老失贤，掊克在位，则有让。一不朝，则贬其爵；再不朝，则削其地；三不朝，则六师移之。是故天子讨而不伐，诸侯伐而不讨。五霸者，搂诸侯以伐诸侯者也；故曰，五霸者，三王之罪人也。"

"五霸"，春秋时的五个霸主：齐桓公、晋文公、秦穆公、宋襄公、楚庄王也。"三王"，三代之王者，夏禹、商汤、周文武也。此章先下断定，然后逐句说明。"天子适诸侯"者，言天子每过十二年到诸侯的国里去考察一次，叫做"巡狩"。诸侯照礼，每过五年去朝一次天子，称述自己的职务，叫做"述职"。治国的要务，全在教养人民，故春则省察百姓的耕种而补充他们的不足。秋则去省察百姓的收成而资助他们的不足。所以天子巡狩入诸侯之国境，见他土地开辟，田野整理得很好，能够养老尊贤，有才能的俊杰在位做官，就与以奖赏庆贺，加封土地。如果天子入了诸侯的国境，见土地荒芜不治，把老人遗弃不养，贤人失掉不用，只有掊克聚敛的人在位做官，就要加以责罚。"让"，责也。诸侯一次不入朝，把他的官爵贬一级；再不入朝，则削他所封的土地；三次不朝，则起了天子的六军去征讨他，而另立别人。“移”者，易置一诸侯也。所以天子只是讨有罪而不是伐人国；诸侯对诸侯的争战，是不应该的，所以只是伐而不是讨。像五霸诸人，他是牵率了各国诸侯，去伐别个诸侯的，所以说他们是三王的罪人。“搂”，牵也。

“五霸桓公为盛。葵丘之会诸侯，束牲载书而不歃血。初命曰：‘诛不孝，无易树子，无以妾为妻。’再命曰：‘尊贤育才，以彰有德。’三命曰：‘敬老慈幼，无忘宾旅。’四命曰：‘士无世官，官事无摄，取士必得，无专杀大夫。’五命曰：‘无曲防，无遏籴，无有封而不告。’曰：‘凡我同盟之人，既盟之后，言归于好。’今之诸侯，皆犯此五禁，故曰，今之诸侯，五霸之罪人也。”

“歃”，音杀。“籴”，音狄。葵丘，春秋时宋国的地名，在现在河南省考城县。孟子说春秋时的五霸，以齐桓公为最盛。他在葵丘地方，会合诸侯，只把牲畜束缚，上载盟书，并不杀那牲畜来歃血。一云“载书”即盟书。歃血，盟时杀牲而同饮其血也。那盟书的第一条是说：“诛不孝，无易树子，无以妾为妻。”“树”，立也。树子，已立之太子。第二条说：“尊贤育才，以彰有德。”“彰”者，显扬之也。第三条说：“敬老慈幼，无忘宾旅。”宾旅，他国人之在境内者，不要忘记他使他流落也。第四条说：“士无世官，官事无摄。取士必得，无专杀大夫。”“摄”，兼治也。言一官专治一事，不得兼职；取士必得其人；大夫有罪，诸侯不得擅杀，当请命于天子也。第五条说：“无曲防，无遏籴，无有封而不告。”曲防者，曲为提防，或壅之使不流入邻国，或决之以邻国为壑也。遏籴者，邻国凶歉，禁其来籴米谷也。封而不告者，诸侯私封大夫以食邑而不告诸天子也。以上五条，是齐桓公会诸侯的盟约。

“凡我同盟之人，既盟之后，言归于好。”是盟后相约之辞。按：葵丘之会，见《左传》僖公九年。孟子述了这事之后，又道：“现在的诸侯都犯这五条禁令，所以说，现在的诸侯，是五霸的罪人。”

“长君之恶其罪小，逢君之恶其罪大。今之大夫皆逢君之恶，故曰，今之大夫，今之诸侯之罪人也。”

君有过，臣不能谏止，随他滋长，叫做“长君之恶”。“长”，上声。君的过处，还没有发现，为臣的先把这种坏事去引诱他，叫做“逢君之恶”。“长君之恶”，其罪还小，“逢君之恶”，其罪更大。现在的大夫，都是逢君之恶的，所以说如今的大夫，都是如今的诸侯的罪人。

6.28　鲁欲使慎子为将军。孟子曰：“不教民而用之，谓之殃民。殃民者，不容于尧、舜之世。一战胜齐，遂有南阳，然且不可。”慎子勃然不悦曰：“此则滑釐所不识也。”

“滑”，音骨。“釐”，音离。慎子，名滑釐。南阳，齐国地名，就是现在山东的邹县。这时鲁国想夺齐国的南阳地方，所以使慎子为将军。“殃”，害也。《论语》言：“以不教民战，是为弃之。”故孟子以为殃民。殃民之人，非尧、舜之世所能容；就使打了一仗，就胜齐国，遂取得了南阳，还是不可也。慎子听了这话，突然变色说道：“你这种话，真是我慎滑釐所不懂的了。”

曰：“吾明告子：天子之地方千里；不千里，不足以待诸侯。诸侯之地方百里；不百里，不足以守宗庙之典籍。周公之封于鲁，为方百里也；地非不足，而俭于百里。太公之封于齐也，亦为方百里也；地非不足也，而俭于百里。今鲁方百里者五，子以为有王者作，则鲁在所损乎？在所益乎？徒取诸彼以与此，然且仁

者不为；况于杀人以求之乎？君子之事君也，务引其君以当道，志于仁而已。”

“子”，指慎子。周初定制，天子畿内之地，是一千方里；诸侯的地方是一百方里。周公之封于鲁，太公之封于齐，也只各得一百方里；不是土地不足而只给他百里，实在为了定制的关系。现在鲁国的地方，已经有一百方里的五倍，是已背周之定制了。“徒”，空也。言不必战争杀人，把那南阳地方，取来给与鲁国，有仁心的人尚且不肯为，何况还要杀了人去求这地方呢？君子事他的君上，务须引导他的君上做合理的事，一心在于施行仁政而已。盖是时鲁弱齐强，今使慎子为将，欲攻取南阳，挑衅强邻，胜负不可知；即幸而取得南阳，兵连祸结，亦非鲁国之福，故孟子非之也。

6.29　孟子曰：“今之事君者曰：‘我能为君辟土地，充府库。’今之所谓良臣，古之所谓民贼也。君不乡道，不志于仁，而求富之，是富桀也。‘我能为君约与国，战必克。’今之所谓良臣，古之所谓民贼也。君不乡道，不志于仁，而求为之强战，是辅桀也。由今之道，无变今之俗，虽与之天下，不能一朝居也。”

“辟土地”，谓辟草莱，尽地力也。“良臣”，能干的臣子。“民贼”，残害百姓的盗贼。“约与国”者，连合和好相与的国家。“乡”，今作“向”。不向道不志仁之君，是暴君也，故以桀拟之。“由今之道”云云者，言照着现今所行之道做去，不改变现今这种人心风俗，虽然把天下给与了他，也是不能够一日住得稳的。

6.30　白圭曰：“吾欲二十而取一，何如？”孟子曰：“子之道，貉道也。万室之国，一人陶，则可乎？”曰：“不可，器不足用也。”

曰:“夫貉,五谷不生,惟黍生之。无城郭、宫室、宗庙、祭祀之礼,无诸侯币帛饔飧,无百官有司,故二十取一而足也。今居中国,去人伦,无君子,如之何其可也?陶以寡,且不可以为国,况无君子乎?欲轻之于尧、舜之道者,大貉小貉也;欲重之于尧、舜之道者,大桀小桀也。”

白圭,名丹,周人。“貉”,音陌。是北方的一种夷狄。“陶”是烧窑。“万室之国,一人陶”,是孟子的譬喻。貉人所居的地方,不生五谷,只生高粱。他们是未开化的游牧民族,所以没有城郭宫室宗庙,以及祭祀之礼;没有诸侯来往,要用币帛送礼,饔飧请客;也没有百官吏胥。一切用途都很省,所以二十分取一分,就够用也。现今居在中国,废去人伦,没有君子做官,怎样可以呢?“以”同“已”,太也。烧窑的人太少了,尚且不可以成国家,何况没有主持政事的君子呢?要想轻于尧舜十分取一的制度的,是大小貉种那样的夷狄。要想重于尧、舜十分取一的制度的,是大小桀王那样的暴君。

6.31 白圭曰:“丹之治水也愈于禹。”孟子曰:“子过矣!禹之治水,水之道也。是故禹以四海为壑。今吾子以邻国为壑。水逆行,谓之洚水;洚水者,洪水也,仁人之所恶也。吾子过矣!”

白圭自以为治水的才能,胜过大禹。故孟子驳之。“水之道”,犹云水之路。言大禹之治水,是顺着水之故道而导之入海。白圭则把水挤到邻国去,以邻国为贮水的地方。“水逆行”,谓不顺其故道而泛滥于陆上也。“恶”,去声。洪水为仁人之所恶,而白圭把水挤到邻国,叫邻国的人去受祸害,故孟子斥之。

6.32　孟子曰："君子不亮，恶乎执？"

朱《注》云："恶，平声。亮，信也，与谅同。恶乎执，言凡事苟且，无所执持也。"赵《注》同。何异孙《十三经问对》谓"恶"，读去声。"君子不亮"，即《论语》"君子贞而不谅"之意。谅者，信而不通之谓。言君子所以不谅者，非恶乎信，恶乎执也。故孟子又曰："所恶执一者，为其贼道也。"似较赵、朱为长。

6.33　鲁欲使乐正子为政。孟子曰："吾闻之，喜而不寐。"公孙丑曰："乐正子强乎？"曰："否。""有知虑乎？"曰："否。""多闻识乎？"曰："否。""然则奚为喜而不寐？"曰："其为人也好善。""好善足乎？"曰："好善优于天下，而况鲁国乎！夫苟好善，则四海之内，皆将轻千里而来，告之以善。夫苟不好善，则人将曰訑訑，'予既已知之矣'。訑訑之声音颜色，距人于千里之外。士止于千里之外，则谗谄面谀之人至矣。与谗谄面谀之人居，国欲治，可得乎？"

孔子尝云，"由也果，赐也达，求也艺"，可以从政。（见《论语·雍也》）"强"，即"果"也；"有知虑"，即"达"也；"多闻识"，即"艺"也。"知"，同"智"。"识"，同"志"。"好善"之"好"，去声。优者，绰有余裕之谓。"夫"，音扶。轻，易也。"轻千里而来"，犹云"不远千里而来"。"訑"，音怡。訑訑，自足其智，不喜善言之貌。"人将曰訑訑"者，言人将说他訑訑也。"予既已知之矣"，述不好善者之言；自以为智，故人以"訑訑"目之也。此种訑訑之声音颜色，直可以拒人于千里之外。正士既远，则谗谄面谀之人至矣，此国之所以不得而治也。乐正子虽非强果达艺之才，而能好善，故孟子闻其将为政，喜而不寐也。

6.34 **陈子曰："古之君子，何如则仕？"孟子曰："所就三，所去三。迎之致敬以有礼，言将行其言也，则就之。礼貌未衰，言弗行也，则去之。其次：虽未行其言也，迎之致敬以有礼，则就之。礼貌衰，则去之。其下：朝不食，夕不食，饥饿不能出门户，君闻之曰：'吾大者不能行其道，又不能从其言也，使饥饿于我土地，吾耻之。'周之，亦可受也，免死而已矣。"**

陈子，即陈臻。此章孟子言君子去就之道。"致"，尽也。言人君来迎接他，能尽恭敬之心，而有礼貌，又说将行他的言语，则可以就职做官。人君对他的礼貌，虽然还是如前，未尝衰薄，但他的言语，不肯照行，就可以去了。其次的，虽然未能照行他的言语，但来接他，能尽恭敬之心而有礼貌，则可以就职做官。礼貌衰薄了，就可去了。下等的，朝晚没有饭吃，饥饿得不能出门户，人君听得他这个情形，说道："我，大之不能够行他之道，又不能从他的言语，使他饥饿在我的国境里面，我也觉得惭愧的。"因此，把俸禄周济他，这样，也还可以收受的；这不过是免死罢了。按：朱子于三就，言第一等为"见行可之仕"，第二等为"际可之仕"，第三等为"公养之仕"。

6.35 **孟子曰："舜发于畎亩之中，傅说举于版筑之间，胶鬲举于鱼盐之中，管夷吾举于士，孙叔敖举于海，百里奚举于市。故天将降大任于是人也，必先苦其心志，劳其筋骨，饿其体肤，空乏其身，行拂乱其所为，所以动心忍性，曾益其所不能。人恒过，然后能改。困于心，衡于虑，而后作；征于色，发于声，而后喻。入则无法家拂士，出则无敌国外患者，国恒亡。然后知生于忧患而死于安乐也。"**

按《尚书·尧典》《史记·五帝本纪》，舜尝耕于历山，是由畎亩之间起而为天子也。“版筑”，以版夹起，实土其中，舂之以筑墙也。“说”，音悦。傅说在傅岩做版筑的事，武丁举之以为相。见《尚书序》及《史记·殷本纪》。胶鬲，殷末贤人，亦见《公孙丑》篇，以为辅纣之人。但纣非能举贤人者，当是文王举而进之于纣，如汤聘伊尹，使之就桀耳。“鱼盐”，贩鱼盐为生也。管夷吾，即管仲，助公子纠，与齐桓公争国。子纠死，鲁囚管仲致之齐，桓公以鲍叔牙之荐举以为相。“士”，士师，狱官。事见《左传》及《史记·齐世家·管晏列传》。孙叔敖，楚蒍敖，字孙叔。（孙星衍有《孙叔敖名字考》）其父蒍贾被杀，乃窜处淮海之滨，而庄王举以为相也。（从毛奇龄说）百里奚见前篇。“市”，买卖也。奚尝为人养牲；养牲贩卖，故曰“市”。“大任”，重大的责任。饿则体羸肤瘠，故曰“饿其体肤”。“空”即“乏”也，空乏，谓匮乏。“拂”，逆也，戾也。“动心”，使其心竦动；“忍性”，使其性坚忍也。“曾”，同“增”。“衡”，同“横”，不顺也。“作”，奋发也。“征”，验也。“喻”，晓也。言常人不能独于几微未发之先，必事已暴著，验于人之颜色，发于人之声音言语，然后能警悟而通晓也。此皆中人之常，故曰“人恒……”云云。“拂”同“弼”。“入”，谓国内，法家，有法度之世家；拂士，能辅弼之正士。“出”，指国外。“乐”，音洛。言由此可知人之生全，往往在忧患之中，而安乐反可以致人于死亡也。此章最足激发青年人志气。稍遭挫折，即志气沮丧者，读之尤当猛省。

6.36　孟子曰：“教亦多术矣。予不屑之教诲也者，是亦教诲之而已矣。”

"术",方法也。"予不屑之教诲",即"予不屑教诲之"也。孟子言教人方法很多。有时我不屑教诲他,恰是一种教诲方法。按:《论语》孔子托疾不见孺悲,取瑟而歌,使之闻之,就是"不屑教诲"的教诲。

[问题]

(一) 告子论性,有杞柳之喻,有湍水之喻,有"生之谓性"之说,有"仁内义外"之论,何以主张屡变?孟子如何驳他?

(二) 公都子论性,所举三说如何?孟子如何答他?

(三) 孟子何以知理义为心之同然?

(四) 何谓"夜气""平旦之气"?何以不能余存夜气?

(五) 何谓"一暴十寒"?何谓"一心以为有鸿鹄将至"?

(六) 何谓"舍生取义"?何谓"失其本心"?

(七) 何谓"求放心"?

(八) 何谓"先立乎其大者"?

(九) 何谓"天爵""人爵"?

(十) 何谓"杯水车薪"?

(十一) 孟子答曹交之言,与《梁惠王》篇何节相类?

(十二) 孟子告宋牼之言,与《梁惠王》篇何章同旨?

(十三) 孟子同受季任储子之币,何以见季任而不见储子?

(十四) 孔子去鲁时,燔肉不至,即刻动身,其意安在?

(十五) 何谓"长恶""逢恶"?

(十六) 何谓"大貉、小貉""大桀、小桀"?

(十七) 孟子论去就之道如何?

(十八) 何谓"生于忧患,死于安乐"?

第七 尽心篇

7.1 孟子曰:"尽其心者,知其性也。知其性,则知天矣。存其心,养其性,所以事天也。夭寿不贰,修身以俟之,所以立命也。"

"心"者,思虑之官。吾人所以能悟众理,应万事者,完全是心的作用。"性"者,天之所命,心之所具,有仁义礼知四端者也。上篇云:"心之官则思,思则得之,不思则不得也。"不能尽其心以思虑,则无以自知其本善之性,有是四端而自谓不具矣。惟能尽其心,则可以致知而知至,必能自知其心之本善矣;故曰:"尽其心者,知其性也。"《中庸》云:"天命之谓性。"既能知其性,则可以知天道与人道,天地之德与人性之德,理无二致;故曰:"知其性,则知天矣。""存"者,操而不舍之谓;"养"者,顺而不害之谓。存心即所以养性,养性亦即所以存心。性既为天之所赋,则存心养性即所以事天。"事"者,奉承而不遗之谓。父母生我之身,不敢毁伤己之身体,即所以事父母;天赋我以本善之性,则存心养性,以扩充我固有之四端,亦即所以事天。尽心知性似偏于"知"的方面,存心养性似偏于"行"的方面;然存养亦须求其"尽",《大学》所谓"无所不用其极"也;而所以尽其心者,亦不外乎存养,《大学》所谓慎独方能诚意也。此亦即知即行之义。"夭",谓短命,"寿",谓长寿。"贰",疑也。命有夭寿,君子惟修身以俟之而已,此即《中庸》所谓"居易以俟命"也。存心养性,即修身之道。"不贰",即《论语》所谓"不惑",谓不以夭寿婴其心,而有所疑贰,致存养之功,有所怠忽也。盖能"知命",故不惑;此即君子所以立命之道。

此章言心性命，实开宋儒理学之端；理极微妙，学者当细心读之。

7.2　孟子曰："莫非命也，顺受其正。是故知命者，不立乎岩墙之下。尽其道而死者，正命也；桎梏死者，非正命也。"

"岩墙"者，如山岩向外面倾斜的墙壁，易倒塌者。"桎梏"，是拘罪人的镣铐。此章承上章而言。"莫非命也，顺受其正"者，言人之夭寿，莫非命也，但当顺受其正命耳。能顺受正命，则夭寿不贰矣。立乎岩墙之下而压死，陷罪被刑，至桎梏而死，皆非正命。"尽其道"，谓能尽修身之道，尽存养之道。如此而死，无论或夭或寿，皆是顺受其正，故曰"正命"。就本章所言观之，则所谓"俟命"者，非如一般颓废的定命论者之委心任运；所谓"立命"者，亦非如一般反定命论者之行险侥幸。惟努力于己之存养工夫，以修其身，以尽其在我；至于或夭或寿，则命定自天，但顺受其正而已，此所谓"居易以俟命"也。若正命所遭，非杀身无以成仁，非舍生无以取义，则患亦所不苟避也，难亦所不苟免也。盖虽杀身，亦是正命顺受之而已。此义亦不可不知。

7.3　孟子曰："求则得之，舍则失之，是求有益于得也，求在我者也。求之有道，得之有命，是求无益于得也，求在外者也。"

"舍"，上声。"在我"者，指吾心固有之仁义，所谓天爵是也。"在外"者，指富贵利达，所谓人爵也。天爵在我，求可必得，故"求"有益于"得"也。人爵在外，虽求之亦有其道，而得与不得则有命存焉，非可以人力强也，故"求"无益于"得"。"求之有道"者，赵云："谓贤者修其天爵而人爵从之。"朱云："有道，言不可妄求。"按：如赵氏所云，则贤者之修天爵，志在求人爵矣；朱子虽曰“不妄求”，终有求之之心，似非孟子本旨。“道”即方法也。孟子盖谓世之求富贵利达者，虽亦有其求之之道，但果能得富贵与否，终有命在，不能必也。圣贤惟知修其天爵而已；所以修其天爵，非欲以此为要求人爵之地也；所以不求人爵，亦非因其不可必得也。此章之旨，在醒世人之弃天爵而求人爵者。与《论语》孔子所云，“富而可求也，虽执鞭之士，吾亦为之；如不可求，从吾所好”，同一用意。学者不可误会。

7.4 孟子曰：“万物皆备于我矣，反身而诚，乐莫大焉。强恕而行，求仁莫近焉。”

“乐”，音洛。“强”，上声，即“勉强”之“强”。“万物”，指一切关于为人的事物，就是人伦物理。这本来是人人所有的，都备具在我的性分之中，故曰“万物皆备于我”也。“诚”者，真实无妄之谓。《大学》谓诚意在无自欺。不自欺，即反身而诚也。其实，反身而诚，即是“恕”。“有诸己而后求诸人，无诸己而后非诸人”，恕也，即反身而诚也。“所恶于上，无以使下，所恶于下，无以事上，……”即“施诸己而不愿，亦勿施于人”也，恕也，亦即反身而诚也。“所求乎子以事父，所求乎臣以事君，……”即以己所欲施之于人也，亦恕也，亦即反身而诚也。能反身而诚，则己立立人，己达达人，可以成己，可以成物，可以尽其性以尽物之性，可以参天地赞化育矣，此所谓“仁”也，故曰：“乐莫大焉。”其未能至此者，则当强行恕道以求“仁”。反身而诚者，安而行之者也；强恕而行者，勉强而行之者也；及其成功，一也。“恕”者推己以及人。《论语》以“能近取譬”为“为仁之方”，即此所谓“强恕而行，求仁莫近”也。

7.5 孟子曰:"行之而不著焉,习矣而不察焉,终身由之而不知其道者,众也。"

"著"者,知之明;"察"者,识之精。"由之"者,由此道也。"终身由之",则既行之而且习之矣。而终不明不察,故不知其道也。道不远人,本为人人所共由而不可须臾离者,故虽夫妇之愚,可以能行。然人莫不饮食,鲜能知味,此亦行之不著,习矣不察之一例也。终身由之而不知其道者多,故孔子曰:"民可使由之,不可使知之。"

7.6 孟子曰:"人不可以无耻;无耻之耻,无耻矣。"

做人不可以无耻,故《论语》曰:"行己有耻。""耻",即羞恶之心也。"无耻之耻无耻矣"者,赵岐注曰:"人能耻己之无所耻,是为改行从善之人,终身无复有耻辱之累也。"按:"无耻之耻",犹云"惟无耻是耻",言以无耻为可耻也。此句上"无耻",即上句"人不可以无耻"之"无耻",谓无羞耻之心。下"无耻",谓无耻辱。

7.7 孟子曰:"耻之于人大矣!为机变之巧者,无所用耻焉。不耻不若人,何若人有?"

"耻之于人大矣"即上章"人不可以无耻"之意。有耻,则可进于圣贤;无耻,则将沦为禽兽;故所关极为重大。赵《注》"造机变阱陷之巧以攻战",即释"为机变之巧"。其实,以机心变诈之巧术欺人害人者,其无形之阱陷,反较有形者为阴险也。此种人直是无耻之尤,故无所用其羞耻之心。"不耻不若人"者,己不如人,不以为可耻也。不耻己之不如人,则必毫无进步,故曰"何若人有",言必事事不如人也。盖无耻者,非机变之小人,即甘为人下之懦夫,故曰"耻之于人大矣"。

7.8　孟子曰:"古之贤王,好善而忘势。古之贤士,何独不然? 乐其道而忘人之势。故王公不致敬尽礼,则不得亟见之。见且由不得亟,而况得而臣之乎?"

"好",去声。"乐",音洛。"亟",音器,屡次也。古时候贤明的国王,好人之善而忘却自己的权势。古时候贤明的士人,也是如此,乐自己所信之道,而忘却别人的权势。假使王公大人,对于他不致敬尽礼,就不能常常与贤士相见。常常相见,尚且不可得,何况要把贤士作臣下,听己使令呢?

7.9　孟子谓宋句践曰:"子好游乎? 吾语子游。人知之,亦嚣嚣。人不知,亦嚣嚣。"曰:"何如斯可以嚣嚣矣?"曰:"尊德乐义,则可以嚣嚣矣。故士穷不失义,达不离道。穷不失义,故士得己焉;达不离道,故民不失望焉。古之人,得志,泽加于民;不得志,修身见于世。穷则独善其身,达则兼善天下。"

"句",音钩。宋句践,姓宋名句践,战国时人。"游"者,游说诸侯也。"语",去声。嚣嚣,自得无欲之貌。孟子对宋句践道:"你喜欢游说吗? 我告你游说的道理。人家晓得你这个人,你固然可以悠然自得,不必求人;人家不晓得你这个人,你也要悠然自得,不去求人。"言游说尽管游说,不必把得失放在心上也。宋句践因问:"怎样,方可以嚣嚣呢?""乐",音洛。"见",读若现。孟子道:"士能尊德乐义,那就可以嚣嚣了。"故士虽穷困,不可失义;即使显达,也不可离开素来所怀抱的道德。贫贱不能移,故穷不失义;富贵不能淫,故达不离道。得己者,不失自己的身份也。穷而失义，则失自己的身份；达而离道，则人民对他都失望了。古时候的人，得志了，显达了，则行其道而加恩泽于人民，此即“兼善天下”也。不得志，则修身以自见于世，亦不至没世而名不称，此即“独善其身”也。战国时游说之士，皆戚戚于贫贱，汲汲于富贵，故穷则失义，而不能独善其身，达则离道，而不能兼善天下，故孟子以此语之。孔孟虽亦周游列国，而与游说之士绝不相同者，即在此。

7.10　孟子曰：“待文王而后兴者，凡民也。若夫豪杰之士，虽无文王犹兴。”

“凡民”，指一般的平常凡庸之人。“豪杰之士”，有志之士也。“兴”，感动奋发也。凡民不能自奋，必待如文王者，鼓舞教导之，而始能奋发。有志之士，则能自奋，不为环境所囿，不为时势所抑，故虽无鼓舞教导之者，尚能奋发有为，日进于善也。“夫”，音扶。

7.11　孟子曰：“附之以韩、魏之家，如其自视欿然，则过人远矣。”

“欿”，音坎。韩魏，晋国之卿，富贵之家也。“附”，加也，言以韩魏之家的富贵加诸其人也。如其能自视欿然，不自满足，可知他不以富贵为怀而志于道，故曰：“过人远矣。”

7.12　孟子曰：“以佚道使民，虽劳不怨；以生道杀民，虽死不怨杀者。”

“以佚道使民”者，言如教。民种田，本欲其收获米谷，有安佚的日子可过也,故虽劳苦而不怨。“以生道杀民”者,言如国君诛戮杀人的罪犯,本意是使社会间,不复有杀人的凶手,而良民得以生活,不但其他人民决无怨者,即凶手亦以罪有应得,死而无怨矣。

7.13 孟子曰:“霸者之民,驩虞如也。王者之民,皞皞如也。杀之而不怨,利之而不庸,民日迁善而不知为之者。夫君子所过者化,所存者神,上下与天地同流,岂曰小补之哉!”

“驩”,同“欢”。“虞”,同“娱”。古字通借。“霸者之民,驩虞如也”,言霸国的百姓,好像欢乐愉快的样子。所以如此者,因霸者之治,有意为之,故民易知之而乐之也。“皞”,音浩。皞皞者,广大自得的态度,所谓“不识不知,顺帝之则”者也。“杀之而不怨”者,即前章所说,“以生道杀民,虽死不怨”也。“庸”,功也。“利之而不庸”者,言王者利民,民亦不知他的功劳,所谓“帝力何有于我”也。“民日迁善而不知为之者”,言百姓受了王者的教化,日迁于善,竟不知道是哪个使他这样的也。此三句即是“王者之民”的“皞皞如”也。君子,谓“王者”也。朱《注》谓“所过者化”,言身所经历之处,无人不化;如舜之耕于历山,田者让畔,陶于河滨,器不苦窳。“所存者神”,言心所存主处,便神妙不测,如孔子之立之斯立,导之斯行,绥之斯来,动之斯和,莫知其所以然而然。焦氏《正义》谓“过”即行动之义。行动著于外,存者运于中。所行动者民即变化,由于所存者神也。又引《易·系辞》云:“神而化之,使民宜之。”“所过者化,所存者神”,即神而化之也。按:上指天,下指地,“上下与天地同流”,言王者神化,与天地运行化育万物之功相同。故能神而化之,不但小补于民而已。神而化之,与天地之运行同,即所谓“唯天为大,唯尧则之”,故“荡荡乎民无能名”也。

7.14　孟子曰：“仁言不如仁声之入人深也。善政不如善教之得民也。善政民畏之，善教民爱之。善政得民财，善教得民心。”

此章承上章而申说王霸之不同也。“仁言”者，程子谓以仁爱之言加于民。“仁声”者，程子谓有仁之实而为众人所称道者也。则仁言者，是为政者口头所说的好听话，如现在一般政府之宣言，无不仁至义尽者也。仁声，则不尚空谈，而将实惠施及民身，于是有了仁爱的名声。这种名声比了空洞的好话，更能深入人心。故曰：“仁言不如仁声之入人深也。”“善政”，道之以政，齐之以刑也。“善教”，道之以德，齐之以礼也。霸国之政今虽善，不如王者之教化，更能得到人民的悦服。故曰：“善政不如善教之得民也。”霸国之善政，以整理财政为第一要务，故曰：“善政得民财。”王者之善教，则使人民心悦诚服，故曰：“善教得民心。”善政易，善教难。善政易见功效，但善政人亡政息，亦易消失。善教功效迟缓，善教既得民心，一时不易即失。故齐桓公为五霸之首，身死国即不振。汤武之王，传世数百年未易动摇也。

7.15　孟子曰：“人之所不学而能者，其良能也；所不虑而知者，其良知也。孩提之童，无不知爱其亲也；及其长也，无不知敬其兄也。亲亲，仁也；敬长，义也。无他，达之天下也。”

“良能”，本来自有的善的能力；“良知”，本来自有的善的知识；所以是不学而能，不虑而知的。孩提，是二三岁的孩童。《说文》云：“咳，小儿笑也。孩，古文咳。”提，以一手提挈，初学步也。

二三岁的孩童,没有不知道爱他父母亲的。等他稍长大些,没有不知道敬重其兄的。亲爱自己的父母亲就是仁;敬重自己的兄长就是义。则仁义本人人所固有之良知。能把这人人备具的亲亲敬兄之良知,扩而充之,推而达之于天下,则圣人之道,尽于此矣。亲亲即是“孝”,敬兄即是“弟”。此与上篇所云,“尧舜之道,孝弟而已矣”,同一意思。又按:本章首以“不学而能,不虑而知”并提,下文于“爱其亲”,“敬其兄”,俱只曰“无不知”,而不曰“无不能”者,盖“不虑而知”者,由于性之善,此人人所同然也。由“知之”而“能之”,则在常人必有待于“学”矣。由自己爱亲之孝、敬兄之弟而推之,固是所谓“达之天下”;由人人同具的爱亲敬兄之良知,以启导其天性之良能,使人人皆能孝弟,亦是所谓“达之天下”也。

7.16　孟子曰:“舜之居深山之中,与木石居,与鹿豕游,其所以异于深山之野人者,几希。及其闻一善言,见一善行,若决江河,沛然莫之能御也。”

“行”,去声。此章言舜微贱时,耕于历山,居于深山之中,和树木土石在一处,和麋鹿猪羊在一处,与深山里没有知识的农夫野人,相去没有多少。及其听到他人一句善言,见到他人一件善行,立刻去照做,好像长江大河决了口,浩浩荡荡地谁也阻挡不住。所以人只要存心向善,不管出身如何,环境如何,总可以成为圣贤。

7.17　孟子曰:“无为其所不为,无欲其所不欲,如此而已矣。”

赵《注》云："无使人为己所不欲为者，无使人欲己之所不欲者，每以身况之，如此，则人道足矣。"按：赵《注》似与孟子本旨未合。"无"，同"毋"。言不要"为"其所"不为"，不要"欲"其所"不欲"，为人之道，如此而已。墦间乞余，人人所"不为"；箪食豆羹，呼蹴而与，人人所"不欲"。苟能推而广之，毋为其所不为，毋欲其所不欲，则乞怜昏夜，以求富贵利达，亦我所不为；万钟之禄，不合礼义，亦我所不欲矣。有所不为，有所不欲者，羞恶之本心；其终至于无所不为，无所不欲者，由未能就此羞恶之心，扩而充之耳。

7.18　孟子曰："人之有德慧术知者，恒存乎疢疾。独孤臣孽子，其操心也危，其虑患也深，故达。"

"知"，去声，同"智"。"疢"，音趁，病也。此云疢疾，犹言患难。孤臣、孽子者，不见容于君父者也。孟子言人之有德行、智慧、道术、才智的，常常是在患难中磨炼出来的。所以只有在远的孤臣，和庶出的孽子，他所担着的心思很危险，所忧虑的患难很深刻，故能成一个明达事理的人。此与上篇《舜发于畎亩》章之旨相同。

7.19　孟子曰："有事君人者，事是君则为容悦者也。有安社稷臣者，以安社稷为悦者也。有天民者，达可行于天下而后行之者也。有大人者，正己而物正者也。"

"有事君人者"，言有一种事君的人也。朱《注》云："阿徇以为容，逢迎以为悦，此鄙夫之事，妾妇之道也。"按：《吕氏春秋·似顺》篇高诱《注》云："容，悦也。"容悦二字双声，同义叠用。这是最下的一等。又有安社稷之臣,以安社稷为悦者,又是一等。“天民”者,是能全尽天理的人,一定要有机会可行他的道理于天下,才肯出来事君行道的。按:前篇称伊尹为“天民之先觉者”,则此“天民”亦指伊尹之类。这又是一等。所谓“大人”者,是最高的一等,正己而人化之,即上章所云“所过者化,所存者神,上下与天地同流”者也。“正己而物正”,则“笃恭而天下平”矣。事君为容悦者,是佞臣;安社稷者,是一国之臣;天民,则非一国之士矣,然尚有待于作为;至于大人,则非尧舜不足以当之。

7.20 孟子曰:“君子有三乐,而王天下不与存焉。父母俱存,兄弟无故,一乐也。仰不愧于天,俯不怍于人,二乐也。得天下英才而教育之,三乐也。君子有三乐,而王天下不与存焉。”

“乐”,音洛。“王”,去声。“与”,去声。此言君子有三种快乐,王天下却不在其内。“父母俱存,兄弟无故”,是一乐。“无故”者,言兄弟和乐也。“怍”亦“愧”也。仰起头来对天,低下头来对人,都没有惭愧,这也是一乐。得天下英才而教育之,使能成大材大器,亦是一乐。

7.21 孟子曰:“广土众民,君子欲之,所乐不存焉。中天下而立,定四海之民,君子乐之,所性不存焉。君子所性,虽大行不加焉,虽穷居不损焉,分定故也。君子所性,仁义礼智根于心;其生色也睟然,见于面,盎于背,施于四体,(四体)不言而喻。”

“广土众民”,指为大国诸侯;地辟而民聚,可以行其道,施其泽,故君子欲之。但君子所乐者不在此。“中天下而立,定四海之民”,指王天下。其道大行,匹夫匹妇无不被其泽,故君子乐之。但君子所性者不在此。“分”，去声，分量之分。所性，谓所禀受之天性；“分定”者，性禀自天，其分量不可增损也。“大行”，指上文“中天下而立，定四海之民”而言。虽达而兼善天下，于性分无所增加；虽穷居独善其身，于性分无所灭损；故曰“所性不存”也。君子所禀受之天性，仁义礼智四德，皆本于其心，不由外铄。诚于中，必形于外。故根于心之仁义礼智，发而著见于容颜、仪态、动作者，睟然有纯粹中正，清和润泽之貌也。“睟”与“粹”同(见焦氏《正义》)。“睟然”，当依周广业《孟子逸文考》连上句读，兼下“见于面，盎于背，施于四体”而言。“见”同“现”。“盎”音乌浪反，丰厚盈溢之意。“盎于背”者，谓流露于仪容态度之间；“施于四体”者，谓流露于动作周旋之际也。俞樾谓下“四体”二字为衍文。其说甚是。“喻”，晓也。君子之盛德既形于容颜、仪态、动作之间，则自“不动而敬，不言而信”矣，故曰“不言而喻”。此即《中庸》所谓“诚则形，形则著，著则明，明则动，动则变，变则化；惟天下至诚为能化”也。

7.22　孟子曰：“伯夷辟纣，居北海之滨，闻文王作，兴曰：‘盍归乎来！吾闻西伯善养老者。’大公辟纣，居东海之滨，闻文王作，兴曰：‘盍归乎来！吾闻西伯善养老者。’天下有善养老，则仁人以为己归矣。”

“以为己归”者，以善养耆老的人，为自己之所归也。余已见《离娄》篇注。

“五亩之宅，树墙下以桑，匹妇蚕之，则老者足以衣帛矣。五母鸡，二母彘，无失其时，老者足以无失肉矣。百亩之田，匹夫耕之，八口之家，足以无饥矣。”

此节亦与《梁惠王》篇告梁惠王、齐宣王者大致相同。此“蚕”字作动词用。

“所谓西伯善养老者，制其田里，教之树畜，导其妻子，使养其老。五十非帛不暖，七十非肉不饱；不暖不饱，谓之冻馁。文王之民，无冻馁之老者，此之谓也。”

“田”，指百亩之田；“里”，指五亩之宅；“树”，指耕桑；“畜”，指鸡彘。无帛肉之不暖不饱，与无衣食之冻馁本不同；而亦谓之冻馁者，由文王笃念耆老也。此章言文王之善养老，在教导人民使各养其老，非家赐而人益之也。

7.23　孟子曰：“易其田畴，薄其税敛，民可使富也。食之以时，用之以礼，财不可胜用也。民非水火不生活，昏暮叩人之门户求水火，无弗与者，至足矣。圣人治天下，使有菽粟如水火。菽粟如水火，而民焉有不仁者乎？”

“易”，去声，治也。“畴”，耕治之田也。“敛”，去声。“税敛”，即税收。在下者，易治其田畴，则地无遗利；在上者，又薄其赋敛，则国无横征；故民皆可令其富足也。食之以时，用之以礼，则食用舒，而财有余，故不可胜用也。水火为人民生活所必需，但昏暮之时，有敲人之门户而求水火者，没有不给他的。因为水火是顶多的东西，故不吝惜。圣人治理天下，一定要使百姓所有的菽粟如水火之多。这样，大家有饭吃了，百姓还有不仁爱的吗？盖百姓的不仁爱，或至于为盗，大都是为衣食所迫，铤而走险的也。按：《管子》亦言：“衣食足，知荣辱；仓廪实，知礼节。”《韩非子》亦言：“丰岁则饷过客，而饥岁则不食幼弟。”盖人之为非作恶，大多由经济所迫，所谓饥寒生盗心也。故治国必先解决民生问题。先哲见到此义者多矣。

7.24　孟子曰:"孔子登东山而小鲁,登泰山而小天下。故观于海者难为水,游于圣人之门者难为言。观水有术,必观其澜。日月有明,容光必照焉。流水之为物也,不盈科不行。君子之志于道也,不成章不达。"

东山,鲁国境内之山。泰山,齐鲁两国共有之山。所登愈高,所望愈远,眼界亦愈大,故"登东山而小鲁,登泰山而小天下"也。所见愈广,所知愈多,眼界亦愈高,故"观于海者难为水,游于圣人之门者难为言"也。盖游于圣人之门者,见圣人之德高智广,名言说论,层出不穷,就觉得难为言了。此以登山观海,喻游圣人之门;以"小鲁""小天下"及"难为水",喻"难为言"。观水也有方法,见波澜之湍急,则知水来有源,所以滔滔不绝,故"必观其澜"也。日月亦然。日月的本体是有光明的,所以凡是容得光亮的地方,就无隙不照。此言以水与日月比道之有本。流水这样东西,不把坎陷的地方都满溢了,是不向前进的。君子志在学道,不先学成一个体段,是不躐等而进,由此达彼的。此以流水喻学道之必须循序渐进。此章言学道,当有识见;识广见高,不至故步自封;而求进步之法,尤须循序渐进,决不能一蹴而就。青年学子当三复之。

7.25　孟子曰:"鸡鸣而起,孳孳为善者,舜之徒也。鸡鸣而起,孳孳为利者,跖之徒也。欲知舜与跖之分,无他,利与善之间也。"

"孳",音之。"孳孳"即孜孜,努力不倦之意。跖,古时候的大盗。舜与跖皆鸡鸣而起，孳孳不倦；其分别便在一是为善，一是为利而已。为善，便是舜之徒；为利，便是跖之徒了。此所谓“差以毫厘，失之千里”者也。

7.26　孟子曰：“杨子取为我，拔一毛而利天下，不为也。墨子兼爱，摩顶放踵，利天下，为之。子莫执中，执中为近之。执中无权，犹执一也。所恶执一者，为其贼道也，举一而废百也。”

杨朱之书，今已不存。伪《列子》有《杨朱》篇。张湛注云：“或云字子居，战国时人，后于墨子。”此篇载朱之言曰：“古之人，损一毫利天下，不为也；悉天下奉一身，不取也。人人不损一毫，人人不利天下，天下治矣。”又云：“禽子（名滑釐，墨子弟子）问杨朱曰：‘去子体之一毛，以济一世，汝为之乎？’杨子曰：‘世固非一毛所能济。’禽子曰：‘假济，为之乎？’杨子弗应。禽子出语孟孙阳。孟孙阳曰：‘子不达夫子之心。吾请言之。有侵若肌肤获万金者，若为之乎？’曰：‘为之。’孟孙阳曰：‘有断若一节得一国者，子为之乎？’禽子默然有间，孟孙阳曰：‘一毛微于肌肤，肌肤微于一节，省矣。然则积一毛以成肌肤，积肌肤以成一节，一毛固一体万分中之一物，奈何轻之乎？’”此杨朱不肯拔一毛以利天下之理论也。墨子名翟，鲁人，曾为宋大夫，为墨家之祖。其书今存，有《兼爱》篇。“摩顶”者，赵朱均云：“摩突其顶。”按：“突”，同“秃”。《庄子·说剑》“蓬头突鬓”，《荀子·非相》“叔敖突秃”，皆以“突”为“秃”。放，至也。“摩顶放踵”，犹云牺牲全身，对杨朱之不拔一毛而言。子莫，赵氏以为鲁之贤人。焦氏疑《庄子》“儒墨杨秉四”之“秉”，即指子莫执中一派，亦为确据。杨墨各趋极端，便是“执一”。子莫知“执中”，执中为近道矣。但执中而无权衡，则其所执仍是一定之中，而非“时中”，则犹之执一耳。“恶”，去声。“贼”，害也。执一而不知通，故举其一而废其百也。杨朱是极端的个人主义，只知“我”，不复知有社会国家。墨子反之，只知有社会国家，而不复知有个人之“我”。子莫自以为能执二者之中。此如一主衣葛，一主衣裘，各执一端，而子莫则主衣袷，以为执其中，而不知当视四时寒暑之变，故曰“无权”，故曰“犹执一也”。禹稷之己饥己溺，劳身苦思，有似墨子之兼爱；颜子之箪瓢陋巷，自乐其乐，有似杨朱之为我；其易地皆然者，因“有权”以度其所处之地位也。子思之居卫不去，不避越寇，有似墨子；曾子之寇至则去，寇退则反，有似杨朱；其易地皆然者，因“有权”以度其所处之地位也。子莫之“执中”，所以与舜汤之“执中”、孔子之“时中”不同在此。

7.27　孟子曰：“饥者甘食，渴者甘饮，是未得饮食之正也，饥渴害之也。岂惟口腹有饥渴之害，人心亦皆有害。人能无以饥渴之害为心害，则不及人，不为忧矣。”

人在饥极渴极的时候，不论什么食，什么汤，只要有得吃喝，都觉得是甘甜的；这个是没有得着饮食的正当味道，是饥渴害他的。不但口腹有饥渴之害，人心也有同样的害处。人们能够不把饥渴害口腹般的事件去害着心，那么就是道德不及他人，也就不必忧虑了。盖不正当的行为，本非吾人心之所愿，有时因经济压迫，或其他不得已的缘故而为之。正如饥渴之人，不知滋味，饮食皆甘一样。人能把持己心，使心不受害，便不必以不及人为忧了。

7.28　孟子曰：“柳下惠不以三公易其介。”

“介”者，自己坚定的操守也。柳下惠虽为圣之和，做了小官，又被三黜，但即以三公之高爵诱之，亦不肯失其操守，故曰“不以三公易其介”也。古以太师、太傅、太保，为三公。

7.29 孟子曰：“有为者，辟若掘井。掘井九轫而不及泉，犹为弃井也。”

“辟”，今作“譬”。“轫”，音刃，与“仞”同。八尺为仞。此言有作为的人，必须把目的达到，不可功亏一篑。譬如掘一口井，虽已掘得九轫之深，而没有掘到泉水，如其停止不掘了，还是个无用的弃井也。此以喻半途而废、一无所成者，等于尽弃前功。

7.30 孟子曰：“尧、舜，性之也。汤、武，身之也。五霸，假之也。久假而不归，恶知其非有也？”

“尧舜性之”者，言尧舜之仁，出于天性，是“安仁”者也。“汤武身之”者，言汤武能身体力行之，是“体仁”“行仁”者也。“五霸假之”者，言五霸假借仁义，挟天子以令诸侯也。“恶”，平声。“久假而不归，恶知其非有也”，有三说。（一）赵《注》云：“五霸若能久假仁义，譬如假物久而不归，安知其非真有也。”（二）“言窃其名以终身，而不自知其非真有。”（三）“盖叹世人莫觉其伪。”后二说，均见朱《注》。三说中以第二说为长。

7.31 公孙丑曰：“伊尹曰：‘予不狎于不顺。’放太甲于桐，民大悦。太甲贤，又反之，民大悦。贤者之为人臣也，其君不贤，则固可放与？”孟子曰：“有伊尹之志则可，无伊尹之志则篡也。”

“与”，作欤。“狎”者，习见也。“不顺”者，不合理也。“予不狎于不顺”，是公孙丑引伊尹的话，言我看不惯不合理的行为也。伊尹把太甲放到桐的地方，百姓大为欢喜。后来太甲改过了，伊尹又把太甲迎归到京城，仍做天子，百姓又大欢喜。以上是引伊尹的事。“贤者之为人臣也，其君不贤，则固可放与？”是公孙丑问孟子的话。孟子曰“有伊尹之志则可，无伊尹之志则篡也”者，言有伊尹那样公正的志向，自己不贪天子之位，方可以如此做；否则，就是篡位了。伊尹放太甲，后世只霍光学之，废昌邑王，立汉宣帝，而不篡位。其余废君立君，无不为自己，或为子孙谋天子之位。皆所谓“无伊尹之志则篡”者也。

7.32　公孙丑曰：“《诗》曰：‘不素餐兮！’君子之不耕而食，何也？”孟子曰：“君子居是国也，其君用之，则安富尊荣。其子弟从之，则孝弟忠信。‘不素餐兮’，孰大于是！”

“弟”，作悌。“素餐”，犹今人言“吃白饭”，谓无功受禄也。“不素餐兮”，是《诗经·伐檀》篇里的一句诗。公孙丑引了这《诗》问孟子道：“今世的君子，多是不耕而食禄的，是何意义呢？”孟子道：“君子住在这个国里，这国的君主用了他，就能安富尊荣；这国的青年子弟从了他，就能修着孝悌忠信的品行；这样看来，所谓‘不吃白饭’者，还有谁能够比得过呢？”这是说君子受人奉养，并不是吃白饭；他的功劳很大，谁也比不上也。若无君子之实，窃君子之名，而受人奉养，便是吃白饭了。

7.33　王子垫问曰：“士何事？”孟子曰：“尚志。”曰：“何谓尚志？”曰：“仁义而已矣。杀一无罪，非仁也。非其有而取之，非义也。居恶在？仁是也。路恶在？义是也。居仁由义，大人之事备矣。”

"垫",音店。王子垫,齐王之子,名垫也。垫以为公卿大夫,有政治之事,农工商贾,亦各有其职业;独士则不作事而坐食,故有此问。"尚志"者,言做士的,既不得行公卿大夫之道,又不就农工商贾之业,只是怀抱着一种高尚的志向罢了。垫又问:"何谓尚志?"孟子答以"仁义而已矣"者,言所谓尚志者,即志在仁义也。"杀一无罪,非仁也;非其有而取之者,非义也。"这是释"仁义"二字。居者,所以处其身;路者,所遵由之道。"恶",音乌,何也。士所自处者"仁"也,所由循行者"义"也。如能居仁,行义,则大人的事,已完备了。

7.34 孟子曰:"仲子不义与之齐国而弗受,人皆信之。是舍箪食豆羹之义也。人莫大焉亡亲戚君臣上下。以其小者,信其大者,奚可哉!"

仲子,即居於陵之陈仲子。如不合于义,即使把齐国给与仲子,他必定不肯受,这是大家都相信他的。孟子却批评道:"是舍箪食豆羹之义也。"言其廉洁,不过守小义耳;未尝知大义也。"焉",于也。见《经传释词》。"亡",同无。"人莫……"十一字当作一句读,言人莫大于无亲戚君臣上下也。陈仲子避兄离母,是无亲戚也;以兄戴之盖禄为不义,是无君臣上下也。以其小廉而信其大节,岂可乎?孟子此章,与《论语》子路责荷蓧丈人知长幼之节之不可废,而废君臣之大伦,同一用意。

7.35 桃应问曰:"舜为天子,皋陶为士,瞽瞍杀人,则如之何?"孟子曰:"执之而已矣!""然则舜不禁与?"曰:"夫舜,恶得而禁之!夫有所受之也。""然则舜如之何?"曰:"舜视弃天下,犹弃

敝蹝也。窃负而逃，遵海滨而处，终身欣然乐而忘天下。”

“与”，同“欤”。“夫”，音扶。“蹝”，音徙。“乐”，音洛。桃应，孟子弟子。“士”即士师，法官也。“敝蹝”，破草鞋也。“欣然”，高兴的样子。桃应问道：“舜做天子，皋陶做士，这时候，倘若瞽瞍杀了人，则怎么样呢？”孟子道：“这时候的皋陶，只有把瞽瞍捉来罢了！”桃应又问道：“然则舜不去禁止他吗？”孟子道：“皋陶之执法捕人，是曾受舜的委任的。舜怎么可以禁止他呢！如禁止他捕人，则舜自坏其法矣。”桃应又道：“然则这时候的舜，将怎么样呢？”孟子道：“舜看得弃掉天下，犹之乎丢掉一双破草鞋。他只好把天子丢掉不做，私下把父亲驮在背上逃走，沿着海边住下。这样也是他终身很高兴的，快活得把天下都忘记了。”此章本是孟子师生假设的问答，由此可见孟子把国法私情分得很明白，天子的父亲犯了法，亦不能禁司法官之拘捕，实具有近世法律平等之精神。

7.36　孟子自范之齐，望见齐王之子，喟然叹曰：“居移气，养移体，大哉居乎！夫非尽人之子与？”孟子曰：“王子宫室车马衣服，多与人同；而王子若彼者，其居使之然也。况居天下之广居者乎！鲁君之宋，呼于垤泽之门，守者曰：‘此非吾君也，何其声之似我君也！’此无他，居相似也。”

“范”，是齐国的一邑。“自范之齐”，从范县到齐国都城去也。“望见”，望而见之。“居”，所处的地位与环境也。“养”，奉养也。地位环境不同，则气度因之而异；奉养不同，则身体因之而异；故曰“居移气，养移体”也。“大哉居乎”，言地位环境的力量之伟大也。“夫”，音扶，彼也，指王子。言王子亦人之子也。

“孟子曰”三字，朱《注》以为衍文。盖此二节语意衔接，当合为一章也。王子的房屋车马衣服，多与人同，而王子的气体像那样的不与人同者，是他的地位环境使他这样的。何况居天下之广居的仁人呢？自然生色睟然，见于面，盎于背，施于四体，心广体胖了。“垤泽”，宋城门名。鲁君到宋国去，叫管垤泽城门的人开门。管城门的人说道：“这个人不是我们的国君，何以他的声音，这样像我们的国君呢！”这没有其他的缘故，因为鲁君与宋君的地位环境相像罢了。此章是说地位环境会变化人的气度，意思是说仁人居天下之广居，故其气度自然与众不同。王子，鲁君，不过用作说明此旨的比喻例证而已。

7.37　孟子曰：“食而弗爱，豕交之也。爱而不敬，兽畜之也。恭敬者，币之未将者也。恭敬而无实，君子不可虚拘。”

此章论诸侯对于士的交际。“食”，音嗣。但予以吃食而没有爱之之心，则其交士像养猪一样。能爱之矣，而没有恭敬之心，则其养士，也和畜养犬马无异。“币”，指交际时所送的币帛而言。“将”，犹奉也。交际重在恭敬之心，不在币帛之丰。币帛者，不过以之表示恭敬而已。币帛是有形之物，是可以将奉的；恭敬是无形之心，是不能掬出来将奉的；故曰：“恭敬者，币之未将者也。”但必须有恭敬之实。若仅将奉币帛，貌为恭敬，而实际上无此恭敬之心，则君子固不可以此虚伪之恭敬拘留之也。按：孟子此言，虽为当时国君接待贤士而发，也可以引用于一般人的交际。与人交际，总要看他有无恭敬的诚心，不可贪一些礼物，就为人所牢笼也。

7.38　孟子曰：“形色，天性也；惟圣人然后可以践形。”

“形”,指人的身体形状;“色”,指人的面貌颜色。形色即是天性。禽兽之形不同乎人,故禽兽之性亦不同乎人。“践”,犹“践言”之践。惟圣人能尽人之性,故惟圣人能践人之形。若徒有人之形,而不知努力以尽人之性,则陷溺梏亡,终且沦于禽兽,形虽犹人,性已非人矣,所谓“人面兽心”者是也。举形可以包色,故不曰“践形色”而曰“践形”也。

7.39　齐宣王欲短丧。公孙丑曰:“为期之丧,犹愈于已乎?”孟子曰:“是犹或紾其兄之臂,子谓之姑徐徐云尔,亦教之孝弟而已矣。”

齐宣王以为穿三年的丧服太长久,想把丧期减短。公孙丑听见了,就去问孟子。“期”,一年也。言能穿一年的丧服,总比不穿好些吧?“已”者,止也;言不穿丧服也。孟子答道:“你这个办法,犹之乎有人捩转其兄的臂膊,你叫他且慢慢地捩转来。兄的臂,是不应该捩转的;捩转得慢些,难道好算敬兄吗?你只要教他孝弟好了。懂得孝弟,便不会紾兄之臂;和他说紾得慢些,终不是根本办法也。”

王子有其母死者,其傅为之请数月之丧。公孙丑曰:“若此者,何如也?”曰:“是欲终之而不可得也。虽加一日愈于已。谓夫莫之禁而弗为者也。”

这时候,刚巧有个王子的生母死了。他的生母是庶母,因为有嫡母在,不能穿长期丧服。照古礼,他的生母一落葬,就要把丧服除掉的。这王子的师傅,就为他向齐王请求,为生母服数个月的丧。公孙丑就引了这件事,问孟子道:“像这件事何如呢?”孟子说:“这王子是本来想要穿三年之丧而不可得的。不但数月，就是能够加一日，也比不加好些。我所以不赞成你‘为期之丧，犹愈于已’的话，是对那些并没有谁禁止他，而自己不肯终丧的人说的。”“为之”，“为”，去声。“夫”，音扶。

7.40　孟子曰：“君子之所以教者五：有如时雨化之者，有成德者，有达财者，有答问者，有私淑艾者。此五者，君子之所以教也。”

此章言君子教人的法子有五种。第一种是“如时雨化之者”。“时雨”，及时之雨。言如时雨润化万物，使之发荣滋长也。第二种是“成德者”，言因他固有的德性，教之使有成就也。第三种是“达财者”，“财”同材，言因他的材料，教之使通达而有用也。第四种是“答问者”，言就其所问而答之，以解他的疑惑也。第五种是“私淑艾者”，赵朱二《注》均云：“淑，善也。艾，治也。”言虽未能直接教诲，而其人私慕其道，取以善治其身也。上篇孟子自言：“予未得为孔子徒也，予私淑诸人也。”即无异孔子之教之也。焦氏《正义》谓“淑”同“叔”。叔，拾取也。见《说文》“艾”，音乂，通“刈”。刈，取也。见《诗·周南·葛覃》“是刈是濩”句《释文》引《韩诗》。是“淑艾”二字同义叠用，“私淑艾”，即“私淑”，言未亲受业，而间接地私取诸人。其说亦通。草木受时雨之化，勃然而兴；此喻圣人不言之教，化人至速，如孔子之于颜曾是也。成德，则如孔子之于冉闵；达材，则如孔子之于由赐；各因其材而笃之者也。答问，则如孔子之于樊迟，孟子之于万章，足以解其惑者也。私淑艾，则如孟子之于孔子是矣。

7.41　公孙丑曰：“道则高矣，美矣，宜若登天然，似不可及

也。何不使彼为可几及,而日孳孳也?"孟子曰:"大匠不为拙工改废绳墨,羿不为拙射变其彀率。君子引而不发,跃如也。中道而立,能者从之。"

"宜若",殆若也。"几",平声,庶几也。"不为"之"为",去声。"率",音律。"彀",张弓;"彀率",张弓之度也。公孙丑对孟子说:"夫子之道,高极了,美极了,好像登天一样,似乎是不可以及到的。何不把你的道稍稍降低一点,使我庶几可以及得到,而日日孳孳不倦地去学呢?"孟子答道:"大匠不为了笨拙的徒弟而改变废弃他用绳墨的方法,羿不为了学射的人的笨拙而改变张弓的限度以求速效。君子的教人,如教人射箭,虽只张着弓而不发箭,发箭中的姿势已跃跃然在人的心目中。'中道'者,无过与不及也。君子教人,不为过难,不为过易,中道而立,犹教射者之引而不发,让能够学的人都去跟他学习,不能为学者降低其'道'也。"

7.42 孟子曰:"天下有道,以道殉身。天下无道,以身殉道。未闻以道殉乎人者也。"

"殉",同徇,从也。天下有道的时候,身见而道随之行,此道殉身也。天下无道的时候,道既不行,当退隐守道,此以身殉道也。若枉道以迁就他,则是以道殉人矣。此古之君子所决不为,故曰"未闻"。

7.43 公都子曰:"滕更之在门也,若在所礼,而不答,何也?"孟子曰:"挟贵而问,挟贤而问,挟长而问,挟有勋劳而问,挟故而问,皆所不答也。滕更有二焉。"

滕更,滕君之弟。"在门",在门下为弟子也。"若在所礼",

言似亦在所礼待之列。"挟"者,有所挟持而自负也。"挟贵",自负其贵。"挟贤",自负其贤。"长",上声。"挟长",自负年长。"挟有勋劳",自负有功。"挟故",自负为师长之亲戚故旧。凡有所挟持而自负者,其来问也,往往望其师之答教,对己特别巴结,其意已不诚敬,故不答也。滕更有二挟,赵氏以为是挟贵挟贤。按:滕更有无贤名,已无可考;或系因滕文公与孟子的关系而挟故,亦未可知。

7.44　孟子曰:"于不可已而已者,无所不已。于所厚者薄,无所不薄也。其进锐者其退速。"

"已",止也。"不可已",指不可止的事。不可止的事而竟止矣,则无论什么事,都可以停止了。故曰:"于不可已而已者,无所不已。""所厚",指关系密切,应该厚待的人。应厚待的人,尚且薄待,则无论什么人,都可以薄待了。故曰:"于所厚者薄,无所不薄。"吾人求学做事,易有欲速之心。欲速成者,当初或有很快的进步。但是其气易衰,其力难继,他的退下来,也一定是很快的。故曰"其进锐者其退速"也。按:赵氏以"已"为"弃",指罢斥而言;以"进退"为用人之进退。今从朱《注》。

7.45　孟子曰:"君子之于物也,爱之而弗仁;于民也,仁之而弗亲。亲亲而仁民,仁民而爱物。"

"物",人类以外之物也。言君子于物,但当爱育之而弗当以仁加之。若牺牲,则不得不杀也。对于人民,当仁爱之而弗当亲之,以爱有差等也。能亲其亲,然后能仁民。所谓"老吾老,以及人之老;幼吾幼,以及人之幼"也。能仁民,然后能爱物。否则,恩足以及禽兽，而功不至于百姓矣。此章可以见儒家与墨家之异。墨家言无论何人何物，皆当兼而爱之。儒家之仁，虽亦训爱人，但须由亲而及疏，由近而及远也。

7.46　孟子曰："知者，无不知也，当务之为急；仁者，无不爱也，急亲贤之为务。尧、舜之知而不遍物，急先务也；尧、舜之仁不遍爱人，急亲贤也。不能三年之丧，而缌小功之察；放饭流歠，而问无齿决。是之谓不知务。"

"知者"及"之知"之知，同"智"。言有智者，对于人情物理，无不通晓；但总拣应当用力干的事情先去做。仁者对人，无一不爱；但总先急急地亲爱贤者。故以尧舜之智，而不事事物物都去整治，因为他们是急急地办那些应该先办的事也。以尧舜之仁，而不遍爱一切人民，因为急于先要亲爱贤人也。这正是所谓"知所先后"。三年之丧，服之最重者。"缌"，是缌麻，是三个月的丧服；"小功"，是五个月的丧服；都是丧服之轻者。不能服三年之丧，则是大不孝矣；乃偏偏注意细察三个月的缌麻服和五个月的小功服，这就是不知轻重缓急了。"放饭"，大吃而饭粒狼藉也。"流歠"，大喝而汤水从口角流溢也。"齿决"，牙齿咬断干肉也。"问"，讲究的意思。在尊长前面吃饭，狼吞虎咽地大吃大喝，这是大不敬了；乃偏偏讲究那不要用牙齿咬断干肉的小礼节，这又是不知轻重缓急了。这两层是举例以明事有轻重缓急；做事应知当务之急，先其重者急者，后其轻者缓者。上章言亲亲而后仁民，仁民而后爱物，亦是此旨。

7.47　孟子曰："不仁哉，梁惠王也！仁者以其所爱，及其所

不爱。不仁者，以其所不爱，及其所爱。”公孙丑曰：“何谓也？”“梁惠王以土地之故，糜烂其民而战之。大败，将复之。恐不能胜，故驱其所爱子弟以殉之。是之谓以其所不爱，及其所爱也。”

“以其所爱，及其所不爱”者，即由亲亲推而仁民也。“以其所不爱，及其所爱”，则适得其反矣。孟子以此论梁惠王之不仁，公孙丑不解其意，所以问孟子。糜烂，烂如粥糜也。梁惠王为争夺土地之故，不管百姓身体的糜烂，迫百姓去打仗。打了一个大败仗，又想复仇；恐怕不能够得胜，所以又驱自己所爱的子弟，压着百姓去打。不料又打了一个大败仗，连自己的子弟，也死在里头。百姓是他所不爱的，子弟是他所爱的。故曰：“以其所不爱，及其所爱。”

7.48　孟子曰：“春秋无义战，彼善于此，则有之矣。征者，上伐下也，敌国不相征也。”

“义战”，是合理的战事。言春秋时没有合理的战事。交战的两方彼善于此的，则有之矣。“征”者，声罪致讨也。只有诸侯犯罪，天子下令讨伐，方可叫做“征”。“征”者，正也，正其不正者也。若彼此都是诸侯，是同等的国家，只能说是“战”，不能说是征也。按：此是就春秋战国的时局而言，读者不可以辞害意。如汤武的吊民伐罪，即是以下伐上，亦可叫做“征”。所以只要看这战争的义不义，就可以定它是不是“征”。如近代合理的革命，以武力推翻暴虐腐败的政府，抵抗侵略的战争，以武力维护国家民族的独立自由，便都是义战，便可以说是“征”也。

7.49　孟子曰：“尽信书，则不如无书。吾于《武成》，取二三

策而已矣。仁人无敌于天下。以至仁伐至不仁,而何其血之流杵也?”

“书”,赵《注》以为《尚书》,太泥。此盖泛指古书而言。不过以《武成》为例耳。《武成》,《尚书》中之篇名,记周武王伐纣的战事,因武王武功告成,故名《武成》。“策”,竹简也。仅取二三策,言不可尽信也。《武成》里面有“血流漂杵”一句话,杵者,舂米的木杆。“杵”一说作卤,楯也。楯即是藤牌。言杀人之多,流血成河,连杵都漂浮着也。仁人是无敌于天下的。以周武王之至仁去伐纣王之至不仁,决没有十分激烈的抵抗的。如此,则不必杀很多的人了。哪里会有血流漂杵的事呢?按:文人之辞,往往形容过甚,前篇所引《云汉》之《诗》的“周余黎民,靡有孑遗”,也和“血流漂杵”相同。王充《论衡》的《艺增》,刘勰《文心雕龙》的《夸饰》,汪中《述学·释三九》的论“词之形容”,论之甚详。

7.50 孟子曰:“有人曰:‘我善为陈,我善为战。’大罪也。国君好仁,天下无敌焉。南面而征北狄怨,东面而征西夷怨,曰:‘奚为后我?’武王之伐殷也,革车三百两,虎贲三千人,王曰:‘无畏,宁尔也,非敌百姓也。’若崩厥角稽首。征之为言正也,各欲正己也,焉用战?”

“陈”,今作“阵”。“好”,去声。“两”,今作“辆”。“贲”,音奔。“焉”,平声,安也,何也。孟子痛斥战事,故曰:“有人说:‘我善于摆阵,我善于作战。’这便是大罪。”国君好仁,就可以无敌于天下。“南面而征北狄怨,东面而征西夷怨,曰,奚为后我?”是引用汤的事情,已见前篇。古时用车战,革车者,以皮革为帷的战车也。其数只有三百两。虎贲,犹言勇猛如虎的兵士也。《司马法》曰："革车一乘，士十人，徒二十人。"虎贲，即士也。每车十人，故革车三百两，虎贲三千人也。王，指武王。武王对殷人说：你们不要怕，我是来安抚你们的，不是来和你们百姓做对敌的。"厥"，顿也。"角"，额角。"厥角"，即顿首也。"稽首"，磕头至地也。"若崩厥角稽首"，即"厥角稽首若崩"。言殷民听了武王的话，一起跪下顿首磕头，人多势骤，故如山之崩也。征字的意义，原是正其不正。各处受暴虐的百姓，都想有仁人来矫正他本国的不仁之政，对于仁人的军队，只有欢迎，没有抵抗，哪里用得着战争呢？

7.51　孟子曰："梓匠轮舆，能与人规矩，不能使人巧。"

此章全是比喻之辞。梓人、匠人、轮人、舆人之教学徒，只能以规矩法度传授之，不能使拙工巧也。盖法度可以言传，巧妙全在心悟。与《庄子》轮扁论斫轮之旨相同。一切技艺、文学、兵法、政治，以至道德之修养，莫不皆然。

7.52　孟子曰："舜之饭糗茹草也，若将终身焉。及其为天子也，被袗衣，鼓琴，二女果，若固有之。"

"饭"，上声，吃也。"糗"，去久反，干粮也。"茹"，音汝，亦吃也。"被"，音披，穿也。"袗"，音轸，赵朱二《注》皆曰"画衣也"。古者衣用绘，裳用绣。"袗衣"，黼黻之衣。又《说文·衣部》云："袗，盛服也。"钱大昕《养新录》引梁同书说，谓《三国志·魏文帝纪》注"舜承尧禅，被珍裘，妻二女，若固有之"当本《孟子》。"袗衣"，即珍裘，其说亦通。"果"，说文作"婐"，乌果反，侍也。袗衣及琴，皆尧所赐。"二女"，尧之二女，妻舜者也。"若将终身焉"

者，言其安贫自得；“若固有之”者，言其行所无事，不改常态。

7.53　孟子曰：“吾今而后知杀人亲之重也。杀人之父，人亦杀其父；杀人之兄，人亦杀其兄。然则非自杀之也，一间耳！”

“间”，去声。“一间”者，言相去仅一间而已。杀人之父兄，致人亦杀其父兄，则己虽不杀父兄，父兄实由己而死。故杀人之亲，是一件极重大的事情。

7.54　孟子曰：“古之为关也，将以御暴。今之为关也，将以为暴。”

“关”者，关卡城门之类。古时候人的造关，是用以抵御盗贼或邻国的兵之残暴的。今时人的造关，只知征收捐款，阻难行旅，暴虐人民，是“御暴”者，适所以“为暴”也。

7.55　孟子曰：“身不行道，不行于妻子；使人不以道，不能行于妻子。”

此言自身不行道，即不能使其道行于妻子；使令人而不以道，则其命令不能行于妻子。妻子且然，更不必论他人了。

7.56　孟子曰：“周于利者，凶年不能杀。周于德者，邪世不能乱。”

“周”者，足也。言积财足者，虽遇凶年，不至饿杀。积德足者，虽处邪世，不能乱他的志也。上二句是比喻，下二句是本旨。

7.57　孟子曰：“好名之人，能让千乘之国。苟非其人，箪食

豆羹见于色。”

“好”“乘”“食”，皆去声。“见”，音“现”。此章言好名的人，矫情干誉，能让千乘的大国。然若本非真正能轻富贵的人，则有时为了一箪箕饭，一木碗羹，得失喜怒之情，反不知不觉地从脸色上流露出来了。所谓“观人必于其微”也。按：此从朱《注》。赵氏以“诚非好名者”释“苟非其人”，与朱《注》异。

7.58　孟子曰：“不信仁贤，则国空虚。无礼义，则上下乱。无政事，则财用不足。”

“空虚”，言无人也。《韩非子·有度》篇云：“亡国之廷无人焉。”与此言“空虚”，是一样的意思。礼义者，所以辨上下，定民志，没有了礼义，上下当然大乱了。不知生财之道，取之无度，用之无节，就是无政事；这样，自然出多入少，财用不足了。

7.59　孟子曰：“不仁而得国者有之矣。不仁而得天下，未之有也。”

“得国”，指为诸侯。“得天下”，指为天子。孟子时诸国之君未有能仁者，而皆有得天下之野心，故发此言。

7.60　孟子曰：“民为贵，社稷次之，君为轻。是故得乎丘民而为天子，得乎天子为诸侯，得乎诸侯为大夫。诸侯危社稷，则变置。牺牲既成，粢盛既洁，祭祀以时，然而旱干水溢，则变置社稷。”

“盛”，音成。“社”，是土神。社坛设在东面，祭祀五土的。“稷”，是谷神。稷坛设在西面，祭祀五谷的。古时是神权政治，中国又是农业国，故建国时候必立社稷坛，且以社稷代表国家。凡国家的成立，以得民心为第一，以民为邦本也。故曰："民为贵。""社稷次之"，犹云国家次之。因建国家以设制度，施政治，无非为民，故其重要次于人民。君者，不过办理国家政治的人罢了，故曰："君为轻。"朱《注》云："丘民，田野之民。"王念孙《广雅疏证》云："丘，众也。""丘民"，犹今言"民众"。能得民众的心，然后可为天子。这样推下去，则得了天子之心，天子可以封之为诸侯；得了诸侯之心，诸侯可以命之为大夫。这是说明"民为贵"的道理。"诸侯危社稷，则变置"者，言诸侯无道，危及国家者，就可以废掉他，另置贤君。这是说明"君为轻"的道理。"牺牲"是祭祀用的牲畜；"粢盛"是祭品，黍稷叫做"粢"，在器中的食物叫做"盛"。如果祭祀的牛羊已经肥硕齐备，祭祀的饭食已经清洁，祭祀是按着时候举行的，然而社稷之神，却不能保佑这国家，而有水旱之灾，那么就当毁坏旧的社稷坛，另置新社稷坛以奉祀之，以为神不能保护人民之惩罚。这是说明社稷轻于人民的道理。世界各国，都经过神权政治的阶段。只有中国古代，虽奉神权，然以人民为神的代表。如《尚书·皋陶谟》言："天工，人其代之。"《泰誓》言："天视自我民视，天听自我民听。"是天子虽尊贵，仍须受人民之监督也。孟子此言，固为当时视民如草芥的国君而发，然而正合近世民权的真谛。

7.61　孟子曰："圣人，百世之师也；伯夷、柳下惠是也。故闻伯夷之风者，顽夫廉，懦夫有立志；闻柳下惠之风者，薄夫敦，鄙夫宽。奋乎百世之上，百世之下闻者莫不兴起也。非圣人而能若是乎？而况于亲炙之者乎？"

伯夷、柳下惠之风云云，已见前篇。奋起乎百世之上，百世之下，闻其风者莫不兴起，要不是圣人，能够这样的么？“亲炙”者，言亲身受过圣人的教化，好像被火薰炙过一样。百世以下的人，尚能仰慕圣人而以为师，何况亲身受过圣人的教化的呢？

7.62　孟子曰：“仁也者，人也；合而言之，道也。”

儒家的中心学说，就是一个“仁”字。仁者，就是所以为人的道理。“合而言之”者，合仁与人言之；人而能仁，就是“道”也。按：“仁”字古文为“忎”，从千从心会意，是说一千个人，都同此一心也。小篆为“仁”，从人从二。盖一人独处空山荒岛，无所谓人道；必与人相偶，由二人以上，至全体人类，人道乃见。故仁者，即做人之道也。

7.63　孟子曰：“孔子之去鲁，曰：‘迟迟吾行也。’去父母国之道也。去齐，接淅而行，去他国之道也。”

此章已见《万章》篇，系重出。但无“去他国之道也”句。

7.64　孟子曰：“君子之厄于陈、蔡之间，无上下之交也。”

“君子”，指孔子。孔子之困厄于陈蔡之间，甚至绝粮，为了在这两国的君臣，没有与他交往的也。

7.65　貉稽曰：“稽大不理于口。”孟子曰：“无伤也。士憎兹多口。《诗》云：‘忧心悄悄，愠于群小。’孔子也。‘肆不殄厥愠，亦不陨厥问。’文王也。”

“貉”，有二读，一音陌，为北方人种名；一音鹤，姓也。赵氏以为貉稽姓貉，名稽。焦氏引《纂文》以为貉人名稽，未知孰是。“不理于口”者，赵氏云：“为众口所讪。理，赖也。”焦氏引《国语·晋语》韦昭《注》，“赖，利也”；谓“不理于口”，即“不利于众口”。意与赵氏同。孟子答以“无伤”者，言“不理于口”，是无妨的。赵氏以“益多口”释“憎兹多口”，朱《注》因谓“憎”为“增”字传写之误。按：赵氏之意谓为士者益为此众口所讪，盖以“憎”为“增”之通借字耳。翟灏《考异》则谓“理”字兼条分修治之义，“不理于口”者，稽自痛其言之无文。孟子答以“士憎兹多口”者，谓徒理于口，亦为士君子所憎恶；多口者，即《论语》所谓“御人以口给”也。惟能以文王孔子之道理其身心，即有憎其不理于口者，亦仅群小而已，已之声闻，无陨越也。求理于口，徒兹多口，反为有道之士所不取耳。翟氏之说，与赵氏异，且读“兹”为“滋”。但按之下引《诗》语，孟子之意，盖谓文王孔子亦不免为群小所愠，则多口之讪，圣人且不免，故曰“无伤”。翟氏之意，似不如赵《注》为长。“忧心悄悄，愠于群小”，是《诗经·邶风·柏舟》篇的两句诗。“悄悄”，忧貌。“愠者”，怨恨也。“群小”，一班小人也。此言为群小所愠也。诗本非为孔子而作，孟子引以况孔子耳。“肆不殄厥愠，亦不陨厥问”，是《诗经·大雅·绵》篇的句子。“肆”，是发语词，无义。“殄”，绝也。“陨”，失坠的意思。“问”，同“闻”，声闻也。此诗是咏文王，言虽不能殄绝小人的怨恨，然而也不至于丧失文王的令闻也。

7.66　孟子曰：“贤者以其昭昭，使人昭昭。今以其昏昏，使人昭昭。”

“昭昭”，明也。“昏昏”，暗也。贤者，先自明其明德，然后以先知觉后知，以先觉觉后觉，教人也明白。今日在位的人，自己已是昏昏，不明义理，只知贪污自私，却要教人明白义理，奉公守法，岂可得乎？

7.67　孟子谓高子曰："山径之蹊间，介然用之而成路。为间不用，则茅塞之矣。今茅塞子之心矣。"

朱《注》谓"径"是小路；"蹊"是人行处；"介然"是倏然之顷；"用"，由也；"路"，大路也；"为间"，少顷也。朱子之意，山上小路人所行处，倏然之间有人走它，便成为一条大路；少顷没有人走了，便又有茅草生长，塞住了。按：《礼记·月令》："孟冬塞徯径。"郑玄《注》："徯径，鸟兽之道也。""徯"，《淮南子》及《吕氏春秋》作"蹊"。《周易》郑玄《注》亦云："径路为山间鹿兔之蹊。"则"山径之蹊间"，谓山中兽蹄所经，非人行之处也。《汉书·历律志》云："介然有常。""介然用之而成路"者，言人专由此路，常常走它，则兽之所经，可以成行人之路也。《方言》云："用，行也。"用之，即行之，言走此处也；不用，即不行，言不走此路也。此以山径之蹊间，常走则成路，不走则茅塞，喻为学不可中断。若一暴十寒，则亦茅塞其心矣。"为间"之间，去声。

7.68　高子曰："禹之声，尚文王之声。"孟子曰："何以言之？"曰："以追蠡。"曰："是奚足哉？城门之轨，两马之力与？"

"尚"，加也，过也。高子言禹之乐声，过于文王的乐声。"追"，音堆，钟纽也。"蠡"，音礼，虫啮过的样子。高子以为禹所用的钟，它的纽好像虫啮过的样子，就要断绝，可见它用得多。文王的钟纽，还没有这种将断绝的形状，可见它不大为人所用，以此为禹之声，胜于文王之声的证据。“是奚足哉”，孟子言这不足以为证据也。“轨”，车轮所经之迹。城门下面，不得并行，故车轮拉过的凹痕更显。这不是一车两马拉之力所能致，车子过得多，日子长了，所以如此。言禹王的钟纽将要断绝，也是历年长久的缘故。文王在禹之后千余年，所以他的钟纽，还不见将断的形状，这并不是禹之声胜过文王之声的证据也。“与”同“欤”。

7.69　齐饥。陈臻曰：“国人皆以夫子将复为发棠，殆不可复？”孟子曰：“是为冯妇也。晋人有冯妇者，善搏虎，卒为善士。则之野，有众逐虎，虎负嵎，莫之敢撄，望见冯妇，趋而迎之。冯妇攘臂下车，众皆悦之，其为士者笑之。”

“棠”，齐邑名。“发棠”者，以前齐国饥荒，孟子曾请齐王发棠邑之仓，出谷米以赈济人民。这回齐国又饥荒了，所以陈臻来告诉孟子，国中的人，都以为孟子又将去请齐王发棠邑的谷米了。“殆不可复”者，陈臻自己猜想的话，言怕不可再请齐王发棠也。孟子就借一个故事，表明自己的意思。冯妇，冯姓妇名，是一个勇士。“搏虎”，空手打虎也。后来改从善行，终成了善士。“之”，往也。冯妇偶然到野外去也。“嵎”，山曲。“负嵎”者，在山曲处蹲着，背山向人，眈眈而视，张着嘴以待逐它的人也。“撄”，触犯也。逐虎的人见虎如此，没有人敢上前去触犯它。望见冯妇来了，大家跑过去迎接他。冯妇见猎心喜，好勇的故态复萌，所以揎袖伸臂，跳下车来。逐虎的众人见了，都很高兴；为士者则以冯妇既改行为善，忽又下车搏虎，故笑之也。孟子说这个故事，是表明自己不为冯妇，就是不复为发棠之意。盖发仓赈饥，本非齐王所愿，前次发棠之请，齐王原是勉强听从；此时已将去齐，若再请发棠，必如冯妇，为有识者所笑也。

7.70　孟子曰："口之于味也，目之于色也，耳之于声也，鼻之于臭也，四肢之于安佚也，性也。有命焉，君子不谓性也。仁之于父子也，义之于君臣也，礼之于宾主也，智之于贤者也，圣人之于天道也，命也。有性焉，君子不谓命也。"

"味"，谓美味；"色"，谓美色；"声"，谓美妙的声音；"臭"，香气也，即《易》"其臭如兰"之臭；"四体"即四肢。口之于美味，目之于美色，耳之于妙音，鼻之于香气，四肢之于安逸，是人人喜欢的，这是人的本来性质，故曰"性也"。但这五项虽为人人所喜欢，能否如愿，却有命在，君子不说它是天性而求必得之也。父子应行其"仁"，君臣应行其"义"，宾主应行其"礼"，贤者应行其"智"，圣人应行其"天道"，这原是理之当然。但以舜为子而有瞽瞍之父，以龙逄、比干为臣而有桀、纣之君，宾主之间未必能行礼，贤者未必能行其智，圣人未必能行其道，此则有命存焉。但仁义礼智天道，原在性分之中，君子不说它是命，而弃置之也。盖世人以前五者为性，虽有不得，必欲求之；以后五者为命，一有不至，不复致力。君子则于前五者之不可必得，不谓之性而诿之命，不汲汲以强求；于后者之或有所缺，不诿之命而谓之性，必孜孜而不倦也。

7.71　浩生不害问曰："乐正子何人也？"孟子曰："善人也，信人也。""何谓善？何谓信？"曰："可欲之谓善，有诸己之谓信，充实之谓美，充实而有光辉之谓大，大而化之之谓圣，圣而不可知之之谓神。乐正子，二之中，四之下也。"

浩生是姓，不害是名，齐国人。他问孟子乐正子是怎样的一个人。孟子答以乐正子是善人，又是信人。浩生不害又问何谓善，何谓信。孟子因详告之。“可欲之谓善”者，言人人都觉得他可爱而不可恶，这就叫做“善”。“有诸己之谓信”者，言凡是善的，他都实在有的，这就叫做“信”。“充实之谓美”者，言力行他的善，至于充满而积实，这就叫做“美”。“充实而有光辉之谓大”者，言善既充满在身，又能发挥而光大之，这就叫做“大”。“大而化之之谓圣”者，言既是大了，又能加以变化，这就叫做“圣”。“圣而不可知之之谓神”者，言圣人的作为，如天地自然之变化，众人无从测度，这就叫做“神”了。孟子所说，共有六等，乐正子的为人，恰在“善”与“信”二者之中，而“美”“大”“圣”“神”四者之下。

7.72　孟子曰：“逃墨必归于杨，逃杨必归于儒。归，斯受之而已矣。今之与杨、墨辩者，如追放豚，既入其苙，又从而招之。”

墨即墨翟，杨即杨朱。孟子时，墨翟、杨朱与孔孟的儒家，为三大派。按：伪《列子·杨朱》篇禽滑釐谓杨朱弟子孟孙阳曰：“以子之言问老聃、关尹，则子言当矣。”是杨朱亦道家也。战国时九流十家纷然并起，其卓然有以自立者，儒、道、墨三家而已。曰“逃”曰“归”者，脱离这一派，去入那一派也。既来归，就接受他罢了。“放豚”者，逃出猪栏外的猪也。“苙”，即猪栏。“招”音翘，罥也，羁其足也。赵朱二《注》均谓孟子主张“归斯受之”，故以追放豚者，豚既归而入苙，又罥其足，喻今之与杨墨辩者，既归而又追咎其既往，未免过甚。按：孟子于杨墨，辩斥最力。“今之与杨、墨辩者”，孟子自谓也。言我今之与杨墨辩者，如追放豚然,“既入其苙”,正以放豚为喻,谓入杨墨之苙而不知来归者;我之所以不惮辞费,与之辩者,欲从而招之,使弃杨墨而来归耳。此章所说,盖分二层:其自脱而来归者,斯受之;其迷而未反,入杨墨之苙者,则以辩说破其迷执而招之也。

7.73　孟子曰:“有布缕之征,粟米之征,力役之征。君子用其一,缓其二。用其二而民有殍,用其三而父子离。”

“征”就是收税。古时向人民收税,有上述三种。“布缕”者,所织的布与所纺的丝缕也。“粟米”者,人民的粮食也。“力役”者,国家有什么工程建筑,把人民招来,叫他们做工也。君子治国,只用一项而缓用其他的二项。如三项之中,用了二项,则人民就要成为饿殍。三项都一齐用起来,则必至人民父子离散,不能安居,而乱事起矣。

7.74　孟子曰:“诸侯之宝三:土地,人民,政事。宝珠玉者,殃必及身。”

“殃”,即祸患也。言诸侯所宝贵的,是土地、人民、政事三项。若宝贵珠玉,祸患必及到他的身上也。

7.75　盆成括仕于齐,孟子曰:“死矣,盆成括!”盆成括见杀。门人问曰:“夫子何以知其将见杀?”曰:“其为人也,小有才,未闻君子之大道也,则足以杀其躯而已矣。”

盆成是姓,括是名。“死矣,盆成括”是倒装句,犹云“盆成括将死矣”。后来盆成括果然被杀。孟子的门人问孟子道:“夫子怎么会知道他将要被杀的呢?”孟子道:“他的做人,有些小小的才能,却还没有听见君子做人的大道理,这就足以招杀身之祸了。”即此可见自负才智,不知大道,胡作妄为,是取祸之道。

7.76　孟子之滕,馆于上宫。有业屦于牖上,馆人求之弗得。或问之曰:“若是乎,从者之廋也?”曰:“子以是为窃屦来与?”曰:“殆非也。夫子(予)之设科也,往者不追,来者不拒,苟以是心至,斯受之而已矣。”

“屦”,音句。“为”,去声。“与”,作欤。赵氏云:“上宫,楼也。”朱子以为是滕君的别宫。按:上宫犹云上舍,谓上等的馆舍耳。“屦”,麻鞋也。“业屦”者,正织着尚未完成的麻鞋也。“牖”,窗也。“有业屦于牖上,馆人求之弗得”者,言有人把未完工的麻鞋,放在窗上,忽而不见,馆里的人,寻找弗得也。“廋”,藏匿也。或人疑为孟子之从者所藏匿,故问之也。“若是乎”,疑而未决之辞。“与”,同“欤”。孟子道:“你以为我的学生是专为偷麻鞋来的吗?”那人道:“这总是不至于的。”“设科”者,设教科,授弟子也。“是心”,谓求学之心。“夫子之设科也,往者不追,来者不拒,苟以是心至,斯受之而已矣。”这一段话,赵《注》以为是孟子自己说的;朱《注》以为仍是或人说的。如是孟子自己说的话,不当自称“夫子”。如是或人说的话,则仍含有讥刺孟子之意,孟子前既以“子以是为窃屦来欤”反诘之,何以或人再加讥刺,反默尔而息?按阮元《孟子校勘记》,宋、岳、廖、孔、韩诸本,“子”字均作“予”。赵《注》云:“夫我设教授之科。”则赵本“子”亦作“予”可知。“予”上之“夫”,当音扶。“往者不追”,即《论语》孔子所谓“不保其往”之意。

7.77 孟子曰："人皆有所不忍，达之于其所忍，仁也；人皆有所不为，达之于其所为，义也。人能充无欲害人之心，而仁不可胜用也；人能充无穿窬之心，而义不可胜用也。人能充无受尔汝之实，无所往而不为义也。士未可以言而言，是以言餂之也；可以言而不言，是以不言餂之也。是皆穿窬之类也。"

人皆有所不忍，有所不为者，因恻隐之心，羞恶之心，人皆有之也。不愿害人，即是有所不忍；不愿穿窬，即是有所不为。"达"者，推此心以通之彼也。其有所忍，有所为者，未能达此不忍不为之心而已。"充"，是扩大的意思。"胜"，平声。不可胜用，言仁义之心积而广大，用之不尽也。"窬"，窦也。"穿窬"，掘墙洞，做偷儿也。"窬"，一作"逾"；则穿谓掘洞，逾谓跳墙矣。"尔""汝"，为对人轻贱之称。古时对人称"子"，称"夫子"；称"尔""汝"，则轻贱之，非人所愿受。"实"，实情也。言人如能扩充不愿害人之心，即是"仁"；如能充不愿穿窬之心，不愿受人轻贱之情，即是"义"也。"餂"，音忝。餂，即以舌头舐物，试试味道而后吃也，有试探的意思。尚未可以说话时而说话，是要想用言语去试探别人；到了可以说话的时候，而不说话，是要想以不言去试探别人。这种行为，都是穿窬偷窃的一类。能充无穿窬之心者，决不肯做这类事情。

7.78 孟子曰："言近而指远者，善言也；守约而施博者，善道也。君子之言也，不下带而道存焉。君子之守，修其身而天下平。人病舍其田而芸人之田，所求于人者重，而所以自任者轻。"

"言近指远"者，所说的话虽极浅近，而所含的义指，极其远大，这是极好极有用的话，故曰"善言"。"守约而施博"者，言对于事事物物，所守的是最简约的原则，而其应用却处处可通，这是最好最有用的道理，故曰“善道”。“带”，腰带。古人视不下带，谓只视带之上，注意目前常见之事物而已。“君子之言也，不下带而道存焉”者，是说君子所说的话，都是常见之近事，而大道却存乎其间，即上文所谓“言近指远”之善言也。“君子之守，修其身而天下平”者，言君子所守之道，以修身为本，而治国平天下，皆在乎此，即上文所谓“守约施博”之善道也。“病”，患也。“芸”，同“耘”。言人之所患，在舍己之田而耘人之田；在所求于他人者重，而所以自引为责任者轻；此即不知自修其身者也。

7.79　孟子曰：“尧、舜，性者也。汤、武，反之也。动容周旋中礼者，盛德之至也。哭死而哀，非为生者也。经德不回，非以干禄也。言语必信，非以正行也。君子行法以俟命而已矣。”

尧舜所行的善事仁政，都是从本心里自然流出的，故曰：“尧舜，性者也。”汤武修身求学，回反到本性上去，故曰：“反之也。”“中”，去声。“动容周旋中礼者”，谓一切动作仪容，以及来往应对，种种细微曲折，无不合于礼节。这是君子的盛德，好到极处了，故曰：“盛德之至也。”“为”，去声。“哭死而哀，非为生者也”者，言哭死人而很悲哀，全是对于死者而感发，不是为了活的人哭给他看也。“经”，常也。“回”，曲也。“经德不回，非以干禄也”者，言守着常德，不肯邪曲，并非为了求官做也。“言语必信，非以正行也”者，言所说的话，必须信实，不是用以表示自己的品行端正也。“法”者，天理之当然者也。言君子做人，只要行天理当然之事，以俟正命而已，并非有所为而为也。为生者而哭死，为干禄而经德，为正行而信言，则或以纳交，或以求官，或以钓名，是为假饰，不由本性，便非盛德；有所干求，即存侥幸，便非俟命矣。

7.80　孟子曰："说大人则藐之，勿视其巍巍然。堂高数仞，榱题数尺，我得志弗为也；食前方丈，侍妾数百人，我得志弗为也；般乐饮酒，驱骋田猎，后车千乘，我得志弗为也。在彼者，皆我所不为也；在我者，皆古之制也，吾何畏彼哉？"

"藐"，音妙。"榱"，音衰。"般"，音盘。"乐"，音洛。"乘"，去声。"说"，音税。"大人"，指有权势富贵之人。"藐之"者，看轻他也。"巍巍"者，权大势大之貌。言去说服有权势富贵的人，要存一个看轻他的心，勿要注意他的巍巍然的势派也。八尺为一仞。"榱"者，檐下椽子也。"题"者，头也。几丈高的堂，檐下数尺长的椽子头，是大人所住的华屋，我就是得志了，也不屑这样讲究的。"食前方丈"者，言吃食的案桌，排列碗碟甚多，占有一方丈的地方也。"侍妾数百人"，言侍奉的姬妾之多。"般乐饮酒"者，任性地狂欢喝酒也。"驱骋田猎"者，骑着马奔来奔去打猎也。"后车千乘"者，言随从的仆役众多也。我就是得志了，也不屑这样纵乐的。所以在他的种种，都是我所不为；在我的种种，都是合于古先圣王的法度的。这样两方面一比较，则我何必怕他呢！所以能"藐之"也。一般人和所谓大人说话，先存一怕惧他的心理，艳羡他的心理，于是谄媚奉承无所不至；而所谓大人者，因此更看人不起了。故必如孟子所言，方能不失自己的身份。以此章与韩非《说难》一比，真有天渊之别了。

7.81　孟子曰："养心莫善于寡欲。其为人也寡欲，虽有不

存焉者，寡矣；其为人也多欲，虽有存焉者，寡矣。”

“欲”，嗜欲也。要养心，最好是减少嗜欲。“存”“不存”，指“心”。前篇云，“操则存，舍则亡”，“亡”即“不存”也。心放，故不存。嗜欲多，则心为外物所诱，放而不存。嗜欲寡，则外物不能诱之，故心存而不放也。

7.82　曾皙嗜羊枣，而曾子不忍食羊枣。公孙丑问曰：“脍炙与羊枣孰美？”孟子曰：“脍炙哉！”公孙丑曰：“然则曾子何为食脍炙而不食羊枣？”曰：“脍炙所同也，羊枣所独也。讳名不讳姓，姓所同也，名所独也。”

羊枣，形圆色黑的小枣，又叫羊矢枣。曾皙喜欢吃羊枣，后来曾皙死了，曾子不忍再吃羊枣，因为看见羊枣，就想到已死的父亲也。肉细切曰“脍”，烹炒曰“炙”。公孙丑问：“脍炙比羊枣，哪一种的味道好？”孟子道：“自然是脍炙咯！”公孙丑之意，以为脍炙既然味道比羊枣好，曾皙一定也是喜欢吃的，那么曾子为什么吃脍炙，不吃羊枣呢？孟子答道：“喜欢吃脍炙是人人所同的。喜欢吃羊枣是曾皙一人的口味。曾子因为羊枣是曾皙独自喜欢吃的东西，所以看见羊枣，就要想起父亲，因此不忍吃也。譬如避亲的讳：姓是大家所同的，所以不必讳；至于名，只有一个人独有，所以要讳也。”

7.83　万章问曰：“孔子在陈曰：‘盍归乎来！吾党之士狂简，进取。’不忘其初。孔子在陈，何思鲁之狂士？”孟子曰：“孔子不得中道而与之，必也狂狷乎！狂者进取，狷者有所不为也。孔子岂不欲中道哉？不可必得，故思其次也。”

朱《注》云："盍，何不也。狂简，谓志大而略于事。进取，谓求望高远。不忘其初，谓不能改其旧也。"赵《注》云："不忘其初，孔子思故旧也。"按：此事亦见《论语·公冶长》篇，所记孔子之言，与此略异。孔子在陈而思其乡党及门之士，即是不忘故旧。《仪礼·觐礼》注云："初，犹故也。"是"初"字有故旧之义。"盍归乎来……进取"，为孔子之言；"不忘其初"，则述孔子之言者之辞。赵说较朱为长。下"孔子在陈"二句，则为万章问孟子之言。孟子答语，亦见《论语·子路》篇。"中道"，作"中行"，义同。《国语·晋语》："小心狷介"。韦昭注云："狷者守分，有所不为也。"盖狂者过，狷者不及中道则中庸也。

"敢问何如斯可谓狂矣？"曰："如琴张、曾皙、牧皮者，孔子之所谓狂矣。""何以谓之狂也？"曰："其志嘐嘐然。"("何以是嘐嘐也？""言不顾行，行不顾言。则曰：)'古之人，古之人。'夷考其行而不掩焉者也。狂者又不可得，欲得不屑不洁之士而与之，是狷也；是又其次也。孔子曰：'过我门而不入我室，我不憾焉者，其惟乡原乎！乡原，德之贼也。'"

"敢问何如斯可谓狂矣？"万章问；"曰"字以下，孟子答。琴张，赵氏以为即颛孙师字子张者。朱子以为即琴牢，字子张。(即《论语·子罕》牢曰："子云：'吾不试，故艺。'"之"牢"。见《论语注》。)按：《庄子·大宗师》言子琴张与子桑户、孟子反友，子桑户死，二人编曲鼓琴，相和而歌。《檀弓》亦记季武子死，曾皙倚其门而歌。《论语·先进》记曾皙言志，与子路、冉有、公西华异。牧皮，未详。"何以谓之狂也？"万章又问。"曰：'其志嘐嘐然。'"孟子又答。"嘐"，音火交反。嘐嘐，志大言大也。此句下，旧径接"曰古之人，古之人。……"俞樾谓有错简。下节"何以是嘐嘐也……则曰古之人古之人”二十二字，当在此处“其志嘐嘐然”句之下。此处“曰古之人古之人”七字，乃脱烂之未尽者。“何以是嘐嘐也？”万章又问也。“言不顾行……”以下，孟子又答也。见《古书疑义举例》。今从俞说校正。盖狂者志大言大，言不顾行，行不顾言，“曰古之人古之人”，好评论古人也。但平时考察其行，不能掩覆其言者也。行不能掩其言，故曰“言不顾行，行不顾言”；其言夸大，故谓之“嘐嘐”也。不屑为污浊不洁之行者，即是“狷”。孟子之意，以中道为第一，狂次之，狷又次之。至于乡愿，则孔子以为德之贼，虽过门不入，亦不憾也。“原”，同“愿”。“乡原，德之贼也。”孔子语，见《论语·阳货》篇。

曰：“何如斯可谓之乡原矣？”曰：（何以是嘐嘐也？言不顾行，行不顾言。则曰：“古之人！古之人！”）“‘行何为踽踽凉凉？生斯世也，为斯世也，善斯可矣。’阉然媚于世也者，是乡原也。”

“曰：何如斯可谓之乡原矣？”万章又问也。“何以是嘐嘐也……古之人”二十二字，错简，已依俞樾说，移在上节“其志嘐嘐然”句之下，此处当删。“曰行何为踽踽凉凉……”以下，孟子又答也。“行”，去声。“踽”，其禹反。朱《注》云：“踽踽，独行不进之貌。凉凉，薄也，不见亲厚于人也。”按：《诗经·唐风·杕杜》“独行踽踽”，《毛传》云：“踽踽，无所亲也。”《说文》云：“踽，疏也。”无所亲，故疏。凉训为薄，亦见《说文》。薄者厚之反，亦疏而不亲之意。“踽踽凉凉”，即落落寡合也。“行何为踽踽凉凉……善斯可矣”四句，孟子述乡原之言。谓吾人之行，生于此世，即为此世之人；世俗以为善则可矣。何为落落与世寡合乎？乡原之主张如此，故阉然媚世也。《尔雅·释天》李巡注云：“阉，蔽也。”“阉然”，是遮遮掩掩的意思。

万章曰:“一乡皆称原人焉,无所往而不为原人。孔子以为德之贼,何哉?”曰:“非之无举也,刺之无刺也;同乎流俗,合乎污世;居之似忠信,行之似廉洁;众皆悦之,自以为是,而不可与入尧、舜之道。故曰:‘德之贼也。’孔子曰:‘恶似而非者:恶莠,恐其乱苗也;恶佞,恐其乱义也;恶利口,恐其乱信也;恶郑声,恐其乱乐也;恶紫,恐其乱朱也;恶乡原,恐其乱德也。’君子反经而已矣!经正则庶民兴;庶民兴,斯无邪慝矣。”

“原”,同“愿”。“原人”,犹现在所说的忠厚人。万章以为如乡原者,一乡的人,都称他是忠厚人,不论到什么地方,没有不说他是忠厚人的,独孔子以为他是“德之贼”,是何意义呢?“曰”字以下,是孟子的答辞。乡原是伪道学的一流人,遮遮掩掩地欺众媚世,故说他不是,则没有可举的事迹;讥刺他也没有可讥刺的地方也。“流俗”者,随风而靡之俗习,“污世”者,污浊的世界。“居之似忠信”者,实不是忠信而自处似乎忠信;“行之似廉洁”者,实不廉洁而行谊似乎廉洁。因此,一般人都喜欢他;他也自以为是,其实是不可以入尧舜之道的,所以孔子说是德之贼也。孟子解释了乡原为德之贼以后,又引孔子的话以证之。“恶”,去声,厌恨也。孔子所最厌恨的,为“似是而实非”者;莠与苗,佞与义,利口与信,郑声与雅乐,紫与朱,乡原与德,皆似是而非易相混乱者也。“经”,常也。真实的,可常行的常道,叫做“经”。“反经”者,回复到做人的常道也。中道,合乎经者也;狂与狷,虽不合乎经,而可以反乎经者也。反乎经,则经正矣。“慝”,隐恶也。经正,则庶民皆闻风兴起,可以无邪慝,虽有乡原自不能媚世惑众也。

7.84　孟子曰:“由尧、舜至于汤,五百有余岁。若禹、皋陶,

则见而知之。若汤，则闻而知之。由汤至于文王，五百有余岁。若伊尹、莱朱，则见而知之。若文王，则闻而知之。由文王至于孔子，五百有余岁。若太公望、散宜生，则见而知之。若孔子，则闻而知之。由孔子而来，至于今，百有余岁，去圣人之世，若此其未远也。近圣人之居，若此其甚也。然而无有乎尔！则亦无有乎尔！”

此章所举人名，前多见过。只莱朱、散宜生二人未见。赵《注》，莱朱为汤贤臣，一云就是仲虺。按：仲虺，《史记·殷本纪》作中𦉰。“𦉰”，读若“垒”，焦氏以为与“莱”字为一音之转。散宜生为文王贤臣。“今”，孟子之时。从孔子至孟子时，仅百余岁，则去圣人之世为未远也。邹鲁邻国，则去圣人之居，又如此其近也。然尧舜汤文，皆以圣人而在天子之位，其道行于天下，为人所共睹，故禹、皋陶、伊尹、莱朱、太公望、散宜生，得见而知之。若孔子，则有德无位，其道不行。即颜渊、曾子等高弟，亦仅能闻其讲述，不能见其实施。及孔子殁而微言绝，七十子丧而大义乖；至孟子之时，杨墨盛行，异端邪说，风行一时，孔子之道，衰而不著。不但无见而知之者，且亦将无闻而知之者矣。“然而无有乎尔”，谓无见而知之者也。“则亦无有乎尔”，谓恐闻而知之者亦将无有也。孟子盖叹孔子之不得行其道，不能见之行事而徒托之空言；己之生也，幸而去圣人之世未远，离圣人之居又近，虽未得为孔子之徒，尚得私淑诸人，与乎闻知之列；而道终不行，则此闻而知之者，仍不得施之天下，见之行事也。朱《注》云云，谓孟子以道统之传自任，复引程颐之言，以确指所谓“道统”之传，惟程颢能上接孟子。此后学者，遂谓此章为道统之说之所由起。此则宋儒之言，非孟子之本旨矣。

[问题]

(一) 何谓"尽心""知性""知天""立命"?

(二) 何谓"正命"?

(三) 何谓"万物皆备于我""反身而诚""强恕而行"?

(四) "耻"于人之关系如何?

(五) 何谓"独善其身"? 何谓"兼善天下"?

(六) 何谓"以佚道使民""以生道杀民"?

(七) 霸者之民与王者之民,有何不同?

(八) "仁言"与"仁声","善政"与"善教",有何不同?

(九) 何谓"良知""良能"?

(十) 何为"君子三乐"?

(十一) 君子"所欲""所乐""所性"如何?

(十二) 杨墨与子莫之道如何? 孟子何以俱非之?

(十三) 何谓"性之""身之""假之"?

(十四) 何谓"尚志"?

(十五) 何谓"居移气"?

(十六) 何谓"践形"?

(十七) 何谓君子五教?

(十八) 何谓"有所挟而问"?

(十九) 何谓"义战"?

(二十) 何谓"尽信书不如无书"?

(二十一) 孟子贵民轻君,其说如何?

(二十二) 何谓"信、善、美、大、圣、神"?

(二十三) 何谓"狂""狷""乡原"?

(二十四)《孟子》末章,其旨如何?

孔子传

孔子名丘，字仲尼，春秋时生于鲁昌平乡陬邑，就是现在的山东曲阜县。时为周灵王二十一年，父叔梁纥，母颜氏征在，孔子生三岁而父殁。儿时游戏，喜欢陈俎豆，做祭祀的礼仪。年十七，为大夫孟釐子所爱重，孟釐子的儿子懿子就请他教礼。

后来做季氏的委吏，司职吏，又做司空，但不久就离开鲁国。游历齐、宋、卫三国，都没人欢迎他。又至周，问礼于老聃。回国以后，就渐渐的多了。他又到齐国，为高昭子的家臣。齐景公很钦佩他，想封他以尼谿的田。齐相晏婴和孔子道术不同，反对他说："孔子盛容饰，繁登降之礼、趋详之节，累世不能殚其学。当年不能究其礼，君欲用之以移齐俗，非所以先细民也。"

意思是说儒家繁文缛节，不能叫全国的人都学着，后来也终于没有成为事实。齐大夫之中，也有因妒嫉他而要想害他的，他就从齐国回来。这时鲁国季氏专权，陪臣执国政，他就不想做官，只在家里修《诗》《书》《礼》《乐》。一时从远方来受业的很多。公山不狃在费反抗季氏的时候，也来请过他，他很想去，以为借此可以发挥发挥自己的理想，但弟子中却有不赞成的，后来也没有成功。

到后来鲁定公要孔子做中都宰，做司空，做大司寇。他做大司寇的时候，适值齐国要求和鲁公相会，孔子以齐是个强国，鲁常常受它的欺陵，心中有些不放心，就对定公说道：“臣闻有文事者必有武备，有武事者必有文备。”

定公听他的话，因具左右司马以行，和齐侯相会于夹谷，于那地设一坛位，土阶三级。两国君主揖让而登，献酬为礼，仪式还算隆重。不久，就有齐的官员走了上去请求说：“请奏四方的音乐。”

齐景公点一点头，接着就有一批莱人，手里拿着旍旄羽袚，以及矛戟剑拨之类的军器，鼓噪而进。孔子一见不对，立刻站了起来，跨上土阶二级，举起手来说道：“现在两国君主以友谊相会，为什么要用这种粗蛮的音乐？请齐国的官员重新换过。”

那官员当作不听见，侧着头，只管自己谈天。孔子却不慌不忙，很庄重地对齐君看看，又对晏婴看看。这样一来，他们心中却觉有些惭愧了，就立刻命令莱人回去。

但齐国的一个官员又走了上去说道：“请奏宫中的音乐。”

景公回答一声“好”就见一班奇形怪状的戏子，舞蹈着前进。孔子一看，这又是侮蔑鲁君的。于是急急忙忙地跨上了土阶，高声地说道：“匹夫而荧惑诸侯者罪当诛。请有司用刑。”

有司就依法办了。景公见了很是感动，因把从前夺去汶阳龟阴的田退还了鲁国。

后孔子摄行相事，把“心逆而险，行辟而坚，言伪而辩，顺非而泽”的大夫少正卯杀了。只三个月的时间，教化大行，男女有别，途不拾遗。齐国见孔子有这样的政绩，怕鲁国强盛起来，于己不利，就想方法去阻止他。选了八十个美貌的女子，使她们着上美丽的衣服，又教她们歌舞，特地派人送给鲁君。当她们陈列在南高门外的时候，季桓就着了便服去看过几回。又请鲁君借巡游的名义，去看了一天。鲁君看得果然不错，就叫季桓子收受了。孔子心想，国君大夫这样荒淫无度，我还能做政治事业么？就辞了职到卫国去。不久又到陈国。当他到陈经过匡地的当儿，匡人错认他是阳虎，便将他包围起来。弟子们都急得不得了，孔子却说："天之未丧斯文也，匡人其如予何？"

孔子从蒲回到卫，又到曹和宋。在宋和弟子们讲学不辍，又在一株大树下面学习礼仪。宋国的司马桓魋想杀害他，他虽不恐惧，但终于匆匆地到了郑，而和弟子们失散了。

在郑的郭东门，就常常可以看见一个长条子立着。那地方的人见了，讥诮他说："累累若丧家之犬。"有人告诉孔子，孔子想想自己的生活，也觉好笑，就说："然哉。然哉。"

孔子在郑住上三年，又从蒲回到卫。卫灵公不用他，因想渡河到赵去，听到贤臣窦鸣犊被杀，也便不去了。他回到卫，又回到陈。这时孔子年纪已经六十岁了，颇想回国去。楚昭王听到他的声名，特地差人来接他。可是陈蔡大夫却担起心来，暗中命令军士包围着，就是粮食也被截断，弟子们都生起病来。孔子却借此考询考询弟子们的修养工夫和对于当时社会的见解，有不合的一一加以纠正。楚昭王听得孔子被围，立刻派军队来迎接，又想把书社七百里的地方封给他，后以令尹子西的反对作罢。

于是孔子回卫国，又从卫回鲁。鲁不用他，他也不再想做官了，在家中从事著述。删《诗》，序《书》，作《春秋》，又以《诗》《书》《礼》《乐》教弟子。弟子三千人，通六艺的七十二人。他自己又是个"学不厌，教不倦"的人，所以能够博物多识，毋意、毋必、毋固、毋我，循循然，善诱人。他的弟子颜渊称叹他道："仰之弥高，钻之弥坚。瞻之在前，忽焉在后。"称为千古的圣人。周敬王四十一年卒,享年七十三岁。葬鲁城北泗上,弟子皆服三年丧。子贡居处于冢上,六年然后去。弟子和鲁人仰慕他而住在冢的旁边的,凡一百多家,叫做"孔里"。

蔡丙因

孟子传

孟轲，字子舆，周时邹人，就是现在山东邹县。父早殁，受母仉氏的教养，因学儒道，成为孔子以后的圣人。当初他的家是住在坟墓近边的，孟子游戏，多做坟墓间的事。他母亲说："这里不是教养我儿子的地方。"迁了。住在街市近旁。孟子看了市人，便学起商人衒卖的样儿来。他母亲又说："这里也不是教养我儿子的地方。"

后来迁居邻近学宫，孟子耳濡目染，就做陈俎豆，揖让进退的游戏。母亲看了，很是高兴，说道："这里正可以叫我儿子久住了。"

孟子去就学，不久又回了来。问他所学的是什么，却没有正确的回答，也毫不觉得着急。母亲大愤，提起一把刀割断了正在机上织着的布匹，说道："一个人不肯研究学问，也和割断了的布匹一般，还有什么方法再续呢？"

孟子自从受了母亲这样的教训以后，就一天到晚地勤学着，以子思为师，通五经，《诗》《书》尤所熟习。可惜这时正是周朝的末季，各国争强，互相用兵攻打，诸侯需要权谋之士。秦用商鞅，楚用吴起，齐用孙子、田忌，都能扩张土地，称雄于诸侯。而迂怪虚妄之谈，也为一时所欢迎。儒家守先王之道，称说尧舜三代，终不肯阿世苟合。时君都以为迂阔而远于事情，所以孟子游齐游梁，都不能获得做事的机会。心想：在这样的局面之下，要想实现自己的主张，已是不可能了。乃回国，和他的弟子万章公孙丑讲义论道，著书七篇。或者也说，《孟子》和《论语》一般，也是弟子们所记的。《论语》多说仁，《孟子》多说义；文词宏放恣肆，也不与《论语》简练含蓄相同。但孔子的学术行事，经孟子发挥阐述，更加来得透澈正确了。是很有功于儒道的，所以后世尊为"亚圣"。

蔡丙因

出版说明

1938年冬，世界书局的创始人粹芬阁主人沈知方邀请来沪避难的蒋氏伯潜润色《广解四书读本》，半年后蒋氏完成所托。1939年4月，沈知方题写了刊行序，定书名为《语译广解四书读本》。9月沈氏过世，书稿由其哲嗣，上海启明书局的创办人沈志明在1940年完成排印。

此书上海图书馆近代书库收藏了五册启明书局1941年4月的再版本，缺第一册《学庸》和第七册《四书分类》。1948年9月，启明书局又以精装袖珍本出版，当年12月再版。台湾启明书局在1952年10月将其分成八册出版，1959年9月再版。1961年加入五经，按《学庸》《论语》《孟子》及五经，共八册来出。他们甚至还做过一个版本，内含三册，配以木匣。1964年，香港启明书局以八册的形式也将之印行。20世纪80年代，浙江人民出版社照1948年的版本影印，分成上下两册出版，但对比袖珍本的初版，文句略有删改。之后又有出版社以简体并现代标点的形式将本书整理出版。

上海辞书出版社哲社编辑室在为读者奉献国学鉴赏辞典系列之后，整理了这部被誉为朱熹《四书集注》后最好注解本的四书读本。以80年代的影印本为底本，则底本字痕漫漶；以简体字本为底本，又错讹频多。只能两相参照，再由通古典文献与中国哲学的两位编辑通读，辅以中华书局整理本《四书集注》，校改刊误并核对标点，改定了书稿。

检索近八十年来的出版史，《语译广解四书读本》有近十个版本行于世，然万变不离其宗。后来者倒是能从中看看老一辈出版人的眼界与用功，或者慨叹现时所做的努力，前辈早已立范。粹芬阁主人在刊行序中写，深愿世人手此一编，以为立身行事之标准。寄望读者勿以偏见自专，勿以断章取义，勿以附会趋时，勿以违圣为高。吾辈深以为然。是为记。

图书在版编目(CIP)数据

四书读本 / 沈知方主编；蒋伯潜注释；上海辞书出版社哲社编辑室整理. —上海：上海辞书出版社，2017.12
ISBN 978-7-5326-5004-0

Ⅰ.①四… Ⅱ.①沈… ②蒋… ③上… Ⅲ.①儒家 ②四书—注释 Ⅳ.①B222-12

中国版本图书馆 CIP 数据核字（2017）第 197041 号

四书读本

沈知方 主编 蒋伯潜 注释
上海辞书出版社哲社编辑室整理

责任编辑 吴 慧 王 媛
助理编辑 马名扬
装帧设计 杨钟玮

出版发行 上海世纪出版集团
上海辞书出版社(www.cishu.com.cn)
地　　址 上海市陕西北路 457 号(200040)
印　　刷 上海展强印刷有限公司
开　　本 889×1194 毫米 1/32
印　　张 18.5
字　　数 416 000
版　　次 2017 年 12 月第 1 版 2017 年 12 月第 1 次印刷
书　　号 ISBN 978-7-5326-5004-0/B·312
定　　价 65.00 元

本书如有质量问题，请与承印厂联系。T：021-66511611